W0364059

KNAUR

CARINA
SCHNELL

A BREATH OF WINTER

RABENWINTER-SAGA 1

KNAUR

Besuche uns im Internet:
www.droemer-knaur.de
Facebook: Knaur Fantasy & Science Fiction
Instagram: @KnaurFantasy

Die Verlagsgruppe Droemer Knaur hat sich zu einer nachhaltigen Buchproduktion verpflichtet. Gemeinsam mit unseren Partnern und Lieferanten setzen wir uns für eine klimaneutrale Buchproduktion ein, die den Erwerb von Klimazertifikaten zur Kompensation des CO_2-Ausstoßes einschließt. Weitere Informationen unter: www.klimaneutralerverlag.de

FSC www.fsc.org MIX Papier | Fördert gute Waldnutzung FSC® C083411

Originalausgabe November 2023
© 2023 Knaur Verlag
Ein Imprint der Verlagsgruppe
Droemer Knaur GmbH & Co. KG, München
Dieses Werk wurde vermittelt durch
die Literarische Agentur Thomas Schlück GmbH, 30161 Hannover.
Alle Rechte vorbehalten. Das Werk darf – auch teilweise – nur mit Genehmigung des Verlags wiedergegeben werden.
Redaktion: Anika Beer
Covergestaltung: Alexander Kopainski
Coverabbildung: Alexander Kopainski unter
Verwendung mehrerer Motive von Shutterstock.com
Illustrationen der Overlays von Ben Savory
Illustrationen im Innenteil von Shutterstock.com:
Schwert von Onephic Studio, Streitaxt von maximlacrimart
Satz und Layout: Adobe InDesign im Verlag
Druck und Bindung: CPI books GmbH, Leck
ISBN 978-3-426-52875-4

2 4 5 3

KAPITEL 1
SMILLA

Lautlos segelte ein Rabe durch die klirrend kalte Winternacht. Silbernes Licht schimmerte auf seinen tiefschwarzen Federn, dann schoben sich Wolken vor die Mondsichel. Der Rabe stieß ein heiseres Krächzen aus. Eine Warnung.

Still und dunkel breitete sich das Dorf unter ihm aus. Kein Mensch war mehr wach. Niemand bemerkte die Gestalten, die sich im Schutz der Bäume heranpirschten. Niemand hörte das Seufzen der Bogensehnen.

In der Dunkelheit glomm ein Funke auf. Der Rabe krächzte erneut. Er landete vor dem Gitterfenster einer Gefängniszelle im Keller eines Hauses. Als seine Krallen über den Steinboden schabten, blickte Smilla zu der Öffnung hoch über ihrem Kopf auf. Im Mondlicht konnte sie gerade so ein glänzend schwarzes Auge erkennen. Der beißende Wind fuhr in ihre Zelle, ließ sie schaudern. Und obwohl ihr Gesicht vor Kälte kribbelte und sie ihre Zehen bereits seit Stunden nicht mehr spürte, lächelte Smilla.

Raben tauchten immer dort auf, wo bald Blut vergossen wurde. Auf den Schlachtfeldern Middangards speisten sie wie Könige. Wenn die Seherin, die Smilla an diesen götterverlassenen Ort geschickt hatte, recht behielt, war der Vogel jedoch kein Unglücksbote, sondern das Zeichen, auf das sie seit Tagen wartete – und hoffentlich auch der Verkünder ihrer Freiheit.

»Nicht mehr lange«, flüsterte Smilla in die Nacht. Ihre

Stimme klang rau. Beinahe so krächzend wie die des Raben. Seit zwei Tagen hatte sie nichts als die Schneeflocken zu sich genommen, die durch das Fenster hereinfielen und auf ihrer Zunge schmolzen.

Sie klammerte sich an diese Worte. Musste daran glauben, dass sie sich bewahrheiten würden. Zugegeben, der Abstecher ins Gefängnis war nicht Teil ihres Plans gewesen. Doch sie hatte es nicht auf sich sitzen lassen können, dass der Händler ihr, der fremdartigen Marktbesucherin, doppelt so viel Rabensilber hatte abknöpfen wollen wie seiner ortsansässigen Kundschaft.

Smilla hätte es besser wissen müssen. In kleinen Dörfern wie diesem waren die Leute misstrauisch und machten ihre eigenen Gesetze. Fremde wurden nicht gern gesehen, schon gar nicht welche, die Waffen trugen. Kein Wunder, dass sie sie kurzerhand eingesperrt hatten. Nun konnte sie nichts anderes tun, als darauf zu vertrauen, dass es trotz allem so kommen würde, wie die Seherin es ihr prophezeit hatte:

Ein Rabe in der Nacht. Ein Angriff auf das Dorf. Feuer und Rauch. Und Smillas Chance, sich der Söldnertruppe anzuschließen, die für all das verantwortlich war. Ein so wahnwitziges Unterfangen, dass es sie das Leben kosten konnte – das einzig Wertvolle, was ihr noch geblieben war. Doch was kümmerte sie das, wenn sie nichts mehr hatte, wofür es sich zu leben lohnte?

Der Rabe krächzte zustimmend, plusterte sein Gefieder auf und erhob sich in die Luft. Im selben Moment zerriss Glockengeläut die nächtliche Stille.

Der Wächter, der bis dahin auf einem Schemel neben der Treppe gedöst hatte, riss den Kopf in die Höhe. Spuckefäden flogen aus seinem Mundwinkel, während er sich orientierungslos im Halbdunkel umsah. Er wischte sich über das pockennarbige Gesicht. Dumpfes Poltern ertönte über seinem Kopf. »Ein Angriff!«, drang es gedämpft durch die Holzdielen an der Decke.

Schwankend sprang der Wächter auf und griff nach der einzigen Lichtquelle in dem feuchten Kellergewölbe, einer Fackel, die in einer eisernen Halterung an der Wand hing. Bevor er die Stufen hinaufeilte, fuhr er zu der einsamen Gefangenen in dem Verlies herum, in dem sich eine leere Zelle an die andere reihte. Das fettige Haar fiel ihm in die Stirn, als er Smilla aus blutunterlaufenen Augen anstierte.

»Mach bloß keinen Ärger, *Hexe*!« Er spuckte ihr das Wort entgegen wie einen Fluch. Eine viel benutzte Beleidigung ohne tiefere Bedeutung. Er hatte keine Ahnung, dass er damit ins Schwarze traf. Smilla hatte von Kindesbeinen an gelernt, ihre wahre Identität sorgfältig vor den Menschen zu verbergen. »Ich bin gleich zurück!«

Die morsche Holztreppe knarzte unter seinem Gewicht, als er hinaufeilte. Das Licht verschwand mit ihm. Schlüssel klirrten aneinander, bis er den richtigen gefunden und ins Schloss der Tür am obersten Treppenabsatz geschoben hatte. Kurz ertönte aufgeregtes Stimmengewirr, dann fiel die eisenbeschlagene Holztür ins Schloss und sperrte die Geräusche von oben aus.

Nicht jedoch die von draußen. Unter den anhaltenden Glockenschlägen war das Dorf erwacht. Fenster wurden aufgerissen. Dutzende Stimmen schrien durcheinander. Nach dem langen Schweigen in der Zelle bohrte sich der Lärm schrill in Smillas Ohren.

Eilige Schritte näherten sich auf der Straße vor ihrem Zellenfenster, übertönt von Hufgetrappel. Pfeile surrten durch die Luft, daraufhin brach das Läuten abrupt ab.

Männer brüllten, Kinder weinten und dann hörte Smilla es endlich. Ein leises Knistern. Sie schnupperte in die Luft. Der unverkennbare Duft von Rauch kitzelte ihre Nase.

Smilla lächelte. Rabe und Flammen. Genau wie es die Seherin vorhergesagt hatte.

»Feuer!«, schrie jemand über ihr. Durch die Holzdielen rieselte Staub auf Smillas Haar. Die dumpfen Schritte der Gefängniswärter im Stockwerk über ihr entfernten sich. Neben dem Gitterfenster über ihrem Kopf wurde eine Tür aufgerissen. Durchlöcherte Stiefel rannten vorbei. Dann war Smilla endlich allein.

Mühsam kam sie auf die Beine. Schwärze kroch in ihr Blickfeld. Einen Moment musste sie sich an der Steinwand abstützen. Zu lange hatte sie untätig herumgesessen. Zu lange hatten die Menschen sie hungern lassen. Trotz der Gitterstäbe, die Smilla zu drei Seiten umgaben, hatten sie ihre einzige Gefangene Tag und Nacht bewacht, sodass sie sich kaum auf den lang ersehnten Moment hatte vorbereiten können.

Ungeduldig schüttelte Smilla den Kopf, um den Schwindel zu vertreiben. Sie hatte keine Zeit zu verlieren. Mit zitternden Knien stapfte sie zu dem Vorhängeschloss der Zellentür, vorbei an Rattenkot und schimmeligem Stroh. Sie klammerte sich an die rostigen Eisenstäbe und lauschte. Das Knistern der Flammen kam näher. Beinahe übertönte es die Schreie und das Surren der Pfeile. Ein Glühen fiel durch das hohe Fenster hinter ihr. Es tauchte die Zelle in blutrotes Licht.

Schnell jetzt. Smilla durfte es nicht riskieren, hier unten vom Feuer eingeschlossen zu werden. Sie ging in die Hocke und fuhr mit steifen Fingern durch das Stroh. Kurz darauf ertastete sie etwas Glattes, Spitzes. Vorsichtig befreite sie das Rattenskelett von Strohhalmen und letzten Hautresten. Die Verwesung war in den letzten Tagen zu ihrer Zufriedenheit vorangeschritten. Smilla hatte das Tier bei ihrer Ankunft tot in der Zelle gefunden. Ein Geschenk der Großen Mutter?

Mit einem ihrer spitz zulaufenden Fingernägel trennte sie den winzigen Kopf von der Wirbelsäule. Die übrigen Knochen verstaute sie für später in ihrer Brustinnentasche.

Nachdem sie sich mit einem Blick zur Tür versichert hatte, dass sie wahrhaftig allein war, platzierte Smilla den Rattenschädel auf ihrer geöffneten Handfläche. Die leeren Augenhöhlen starrten sie an, die spitzen Vorderzähne stachen ihr in die Haut.

Smilla schloss die Lider. Sie konzentrierte sich ganz auf das Gewicht des Rattenkopfes. Auf die Stelle, wo der Knochen ihre Haut berührte. Dann murmelte sie die rituellen Worte. »Aus Rauch geboren, aus Asche geformt.«

Sofort setzte das vertraute Ziehen in ihrer Brust ein. Alle Geräusche verebbten, die Kälte wich aus Smillas Gliedern und die Welt stand für einen Moment still.

Die Lebensessenz des Tiers wich aus den Knochen und sank in Smillas Haut. Auf ihrer Handfläche breitete sich die erste Wärme aus, die sie seit Tagen spürte. Kribbelnd floss die Kraft durch ihre rechte Hand, wanderte den Arm hinauf und sammelte sich in ihrer Brust. Ein Pulsieren, ein Flattern. Wie ein Vogel im Käfig, der es kaum erwarten konnte, freigelassen zu werden.

Smillas eigene Knochen antworteten dem Ruf. Ein Beben ging durch ihren Körper, ein Rauschen erfüllte ihre Ohren. Wohlig schaudernd öffnete sie die Augen und legte die freie Hand auf das Eisenschloss der Zelle. Dann tastete sie wieder nach der Kraft in ihrer Brust, zupfte leicht daran. Während sie all ihre Gedanken auf das Zellenschloss richtete, wurde das Pulsieren stärker. Das Summen schwoll an.

Als es seinen Höhepunkt erreichte, schickte Smilla die rohe Macht mit nur einem einzigen Gedanken durch den linken Arm in ihre Hand. Wie flüssiges Feuer raste sie durch Smilla hindurch. Rauch quoll aus den Fingerspitzen, mit denen sie das Schloss umklammerte. Die grauen Schwaden umhüllten es, fraßen sich durch das Metall. Es barst mit einem Knall und die Gittertür schwang quietschend auf.

Das Summen verebbte. Das Pulsieren verschwand. Der Schädel auf Smillas Handfläche färbte sich schwarz und zerfiel zu Asche. Die Luft war erfüllt von dem unverkennbaren Geruch nach Rauch, Sandelholz und verbranntem Haar.

»Asche zu Asche«, flüsterte Smilla. »Ich danke dir für dein Opfer.« Sie ließ die grauen Flocken zu Boden rieseln und wischte sich die Hände an ihrer schwarzen Lederhose ab.

Als Smilla aus ihrer Zelle trat, fühlte sie sich um einiges stärker als noch vor wenigen Atemzügen. Ihre Schritte waren fester, entschlossener. In ihrer Brust kribbelte noch immer der warme Nachhall der Magie.

Mehrere Truhen säumten die sonst kahle Steinwand, auf die sie tagelang durch die Gitterstäbe gestarrt hatte. Smilla riss die erste auf und stieß erleichtert die Luft aus, als sie ihre beiden Kurzschwerter mit den schwarzen Klingen erblickte. Bei ihrer Ankunft hatten sie die Gefängniswärter so übel zugerichtet, dass Smilla sich kaum daran erinnerte, was mit ihrem Hab und Gut geschehen war.

Mit zitternden Fingern nahm sie eins der Schwerter heraus. Zärtlich strich sie über die Parierstange in Form zweier ausgebreiteter Rabenschwingen. Ein Stück Heimat in der Fremde.

Bei dem Gedanken flog ihr Geist zurück zu jener Nacht vor vier Monaten. Zu der rauchgeschwängerten Luft und dem Gestank von Blut. Wie so oft in den letzten Wochen hallten ihr die Todesschreie ihrer Schwestern in den Ohren. Das Wimmern der Sterbenden. Das Schluchzen ihrer Mutter.

Smilla dachte daran, wie fest sie die beiden Schwerter

umklammert hatte. Wie schnell sie gerannt war, die Worte der Macht auf den Lippen. Immer auf den Feuerschein und die Schreie zu. Trotzdem war sie zu spät gekommen.

Die Brust wurde ihr so eng, dass Smilla nach Luft schnappte. Ihr Blick klärte sich und sie sah wieder die Steinwand vor sich. Doch die Schreie und der Geruch nach Qualm und Tod waren noch da. Während sie einen Blick zum Fenster hinaufwarf, wappnete sich Smilla innerlich für das ähnliche Bild, das sich ihr zweifellos auf den Straßen des fremden Dorfs bieten würde, sobald sie einen Fuß aus dem Gefängnis setzte. Sie musste jetzt stark sein. Musste es durchziehen. Endlich war der Moment gekommen, auf den sie seit Wochen hinarbeitete. Der Moment, den ihr die Seherin prophezeit hatte. Also klammerte sie sich an ihre Wut und Reue. Beschwor den Hass in sich herauf, der sie beim Anblick der reglosen Körper ihrer Familie überkommen hatte. Sie ließ zu, dass sich der Zorn durch ihre Adern fraß wie tödliches Schlangengift. Bis in ihr nichts mehr übrig war als der Wunsch, die Person zu finden, die für den Tod ihres gesamten Zirkels verantwortlich war.

Sie würde nicht versagen. Diesmal nicht.

Entschlossen schob Smilla beide Klingen über Kreuz in die ledernen Halterungen an ihrem Rücken. Das Gewicht war so vertraut, als hätte sie sich zwei abgetrennte Gliedmaßen wieder angenäht.

Einen kurzen Moment nahm sie sich, um die eisige Luft in ihren Lungen, die Wut in ihren Adern und die Schwerter auf ihrem Rücken zu spüren. Sie war bereit. Seit jenem Tag vor vier Monaten lebte sie allein für diesen Moment. Den ersten Schritt auf ihrem Rachefeldzug.

Eilig suchte sie die übrigen Truhen nach ihrem Otterfellumhang und möglichen brauchbaren Waffen ab. Doch sie fand nichts als rostige Klingen und stumpfe Messer. In einem armen Dorf wie diesem gab es nur wenig, das sich zum Kämpfen eignete. Ein Grund für die verzweifelten Schreie der Dorfbewohner, die sich vermutlich gerade mit Mistgabeln und Knüppeln gegen die Angreifer wehrten.

Als sie an dem Wasserfass vorbeikam, das sie in den letzten drei Tagen immer wieder sehnsüchtig angestarrt hatte, blieb Smilla stehen. Sie warf einen prüfenden Blick auf ihr verzerrtes Spiegelbild und schob sich ein paar wirre Strähnen aus dem Gesicht. Erleichtert stellte sie fest, dass ihre Tarnung intakt war. Ihr Haar war noch immer schwarz wie Rabenschwingen, ihr Gesicht blass und hager. Mit beiden Händen schöpfte sie Wasser und trank gierig. Dann wischte sie sich über das Kinn und eilte die morsche Holztreppe hinauf, ohne einen Blick zurückzuwerfen.

Als Smilla aus dem Haus trat, in dessen Keller sich das Verlies befand, atmete sie tief durch. Sie schmeckte Rauch und Mondlicht, roch die Gewalt, die über allem schwebte. Wirbelnde Schneeflocken und knisternde Flammen.

Schritte ertönten zu ihrer Rechten. Instinktiv hob Smilla die Hand, um nach einem der Schwerter auf ihrem Rücken zu greifen. Doch im letzten Augenblick überlegte sie es sich anders und zog sich stattdessen in den Schatten des Hauseingangs zurück. Dies war nicht der Moment, um zu kämpfen.

Eine Frau mit einem weinenden Kind auf dem Arm und einem weiteren an der Hand eilte an ihr vorbei. Alle drei trugen Nachthemden, waren barfuß. Ihre Spuren vermischten sich mit den Dutzenden Fußabdrücken im rußig grauen Schneematsch. Die Frau hatte die Augen weit aufgerissen, bemerkte Smilla jedoch nicht.

Das schlechte Gewissen wand sich wie ein glitschiger Aal in Smillas Bauch. Unter anderen Umständen hätte sie den Bewohnern geholfen, auch wenn diese sie wenig freundlich behandelt hatten. Sie hätte die Angreifer abgewehrt, das Dorf beschützt. Doch in dieser Nacht durfte sie ihr Ziel nicht aus den Augen verlieren. Der Gedanke daran, sich der Söldnertruppe anzuschließen, die für diese Zerstörung verantwortlich war, ließ trotz allem einen schalen Geschmack auf ihrer Zunge zurück.

Nachdem die Fliehenden um die Ecke verschwunden waren, trat Smilla aus den Schatten. Sie blinzelte sich die Schneeflocken aus den Wimpern und sah sich um. Die rasiermesserscharfe Mondsichel spendete nur wenig Licht, doch das Feuer hatte sich in ein donnerndes Inferno verwandelt. Im Norden loderten die Flammen hoch auf und verbreiteten ihr schauriges Flackern. Sie mussten sich bereits durch einen Großteil der ärmlichen Holzbauten am Dorfrand gefressen haben. Smillas Körper vibrierte vor Spannung, während sie durch die nun leeren Gassen schlich, vom Feuerschein angezogen wie eine Silbermotte. Ein Nachhall der Magie pochte nach wie vor dumpf in ihrer Brust.

Schließlich kam sie an einen offenen Platz. Der Ort, an dem sie vor wenigen Tagen nach dem Streit mit dem Händler in Gewahrsam genommen worden war. Hier pfiff der Wind noch erbarmungsloser. Er peitschte ihr Haar, das bald vollkommen durchnässt war. Die Schneeflocken stachen ihr in die Haut wie Eissplitter. Halb verborgen unter einer Plane fand Smilla eine verschrumpelte Erdrübe, auf der sie herumkaute, während sie den Platz überquerte.

Die Schreie waren verstummt. Eine unheimliche Stille hatte sich über alles gelegt, nur untermalt vom Knistern der Flammen. Die Härchen an Smillas Armen stellten sich auf. *Nicht mehr weit*, flüsterten ihr all ihre Sinne zu. *Beeil dich, bevor sie von hier verschwinden.*

Am Dorfrand waren nichts als schwelende Ruinen übrig

geblieben. Das Feuer hatte seine schaurige Arbeit verrichtet und war dann weitergezogen. Sein flackernder Schein reichte nicht mehr bis hierher. Der Rauch mischte sich mit dem Nebel, der vom gefrorenen Boden aufstieg. Die Schwaden liebkosten Smilla und boten ihr Schutz, als witterten sie, dass Smilla aus derselben düster wirbelnden Substanz gemacht war wie sie. Aufgrund der dadurch begrenzten Sicht konnte Smilla allerdings nicht viel mehr als die Umrisse einiger Witwentröster ausmachen, deren kahle Äste sich unter der Schneelast krümmten. Die Angreifer mussten sich in dem angrenzenden Wäldchen verbergen. Oder waren sie bereits fort?

Vorsichtig setzte Smilla einen Fuß vor den anderen, während sie sich wachsam umsah. Schnee und Ascheflocken knirschten unter ihren Stiefelsohlen. Das Herz donnerte ihr in der Brust. Sie war ihrem Ziel so nah. Doch sie musste auf der Hut bleiben. Wenn sie sich verriet, würden ihr diese Leute ohne zu zögern die Kehle durchschneiden, bevor sie nahe genug herankam, um mit ihrem Anführer zu sprechen.

Pferdewiehern zerriss die Stille. Stimmen, die sich leise unterhielten. Dann ein barscher Befehl. »Aufsitzen!«

Nein, sie dürfen noch nicht davonreiten!

Eilig trat Smilla zwischen die Bäume. Bevor sich ihre Augen an die neuerliche Dunkelheit gewöhnt hatten, schlang sich ein Arm von hinten um ihre Taille und sie wurde von den Füßen gerissen.

Smilla keuchte auf – das Geräusch wurde von der Hand des Angreifers gedämpft, die sich im selben Moment über ihren Mund legte. »Wen haben wir denn hier?«, ertönte eine tiefe Stimme an ihrem Ohr. Dann riss der Kerl sie mit sich.

Vergeblich strampelte Smilla mit den Beinen in der Luft. Sobald sie wieder festen Boden unter den Füßen hatte, wollte sie herumfahren und sich gegen den Angreifer zur Wehr setzen, doch er hielt sie weiterhin so fest an sich gedrückt, dass sie sich nicht rühren konnte, während sich ihr die in Lederscheiden steckenden Schwertklingen unangenehm in den Rücken bohrten.

Der Klammergriff setzte Smilla jedoch nicht vollkommen außer Gefecht. Sie ließ den Kopf nach hinten schnellen, in der Hoffnung, die Nase des Angreifers zu zertrümmern. Der Mann wich ihr mit einem amüsierten Glucksen aus. Sein Griff war unerbittlich, die Arme breit wie Baumstämme, die Brust, an die er sie drückte, hart wie Stahl.

Smilla fluchte innerlich. Irgendwie musste sie seine Hand von ihrem Mund bekommen, um ihm begreiflich zu machen, dass sie keine Gefahr darstellte. Dass sie ihm aus einem bestimmten Grund mitten in die Arme gelaufen war – auch wenn es an ihrem Stolz kratzte, dass sie ihn nicht hatte kommen hören.

Gerade als sie nach hinten austreten wollte, näherten sich knirschende Schritte im Schnee. Smilla erstarrte und blickte umher, um festzustellen, mit wie vielen Gegnern sie es zu tun hatte. In dem dunklen Waldstück konnte sie jedoch kaum etwas erkennen.

»Wen hast du da, Andórr?«, fragte eine andere Stimme. Diesmal eine weibliche. »Wir sollten keine Gefangenen nehmen.«

Smilla spürte, wie der Mann hinter ihr mit den Schultern zuckte. »Sie hat sich an uns rangeschlichen. Jofur hat mich gewarnt, also habe ich sie aufgehalten. Wäre es dir lieber gewesen, sie hätte uns hinterrücks überfallen?«

»Warum nicht?«, fragte eine zweite Männerstimme, halb belustigt und halb fasziniert. »Das wäre ein spannendes Kämpfchen geworden.«

Smilla sah rotes Haar aufblitzen, als sich der Kerl, der sie festhielt, zu dem Sprecher herumdrehte und sie dabei mit sich zog. »Das würdest du nicht sagen, wenn du ihre Waffen gesehen hättest.« Der Hüne löste die Hand von Smillas Mund, um nach den Schwertern auf ihrem Rücken zu greifen. Sobald er einen Knauf berührte, raste Wut durch Smillas Adern – so heiß, dass sie für einen Moment die Fassung verlor.

»Nicht anfassen!« Erneut wehrte sie sich heftig gegen seinen Griff.

»Hol mich der Lindwurm!« Der Mann hatte das Schwert aus der Scheide gezogen, ließ es nun jedoch in den Schnee fallen, um ihr erneut den Mund zuzuhalten. »Sei still! Wer weiß, was du sonst anlockst.«

Smilla spürte, wie er hinter ihr den Kopf in den Nacken legte, um zum Himmel aufzusehen. Sie wollte seinem Blick folgen, doch da wurde sie von der Frau abgelenkt, die näher zu ihnen trat. Blonde Strähnen lösten sich aus ihrem zu einem Kranz geflochtenen Haar, als sie sich bückte, um das Schwert aufzuheben. Dann zog sie Smilla auch die zweite Klinge vom Rücken, während der Mann sie noch fester hielt.

Die plötzliche Leere an der Stelle, wo sich sonst das tröstliche Gewicht ihrer Klingen befand, machte Smilla ein für alle Mal klar, dass sie diesen Leuten auf Gedeih und Verderb ausgeliefert war. Die Seherin hatte ihr keine Details darüber verraten, wie ihre erste Begegnung mit der Söldnertruppe ablaufen würde. Eine kleine Warnung, dass sie dabei unbewaffnet sein würde, wäre nett gewesen.

Mühsam versuchte Smilla, ihre Gefühle zu beherrschen. Sie musste einen kühlen Kopf bewahren und sich Gehör verschaffen – vorausgesetzt, die grobschlächtigen Krieger ließen sie lange genug am Leben, um ihr zuzuhören.

»Kommt mit«, sagte die Frau. »Statt hier rumzustehen,

können wir auch einfach Gent fragen, was wir mit ihr anstellen sollen.«

Gent. Als sie den Namen hörte, stellten sich alle Härchen an Smillas Körper auf. Sie hatte jedoch keine Zeit, sich innerlich zu wappnen, da sie der Kerl, der sie festhielt, bereits grob vor sich herstieß.

Während sie der rothaarige Mann und die blonde Frau durch das Wäldchen führten, nutzte Smilla die kurze Verschnaufpause, um ihre Gegner und deren Waffen zu inspizieren. Der Rotschopf trug einen Bogen und einen gut gefüllten Köcher bei sich, von der Hüfte der Frau baumelte eine mit Eisenstacheln besetzte Peitsche. Kurz darauf schloss sich ihnen ein grimmig dreinblickender Kerl mit einem langen geflochtenen Bart und einem Schwert an der Hüfte an. Er streifte Smilla nur mit einem flüchtigen Blick aus grauen Augen und winkte die anderen dann auf eine Lichtung.

Ein letztes Mal versuchte Smilla vergeblich, sich aus dem Griff des Hünen zu befreien. Wenn sie dem Anführer schon ohne ihre Schwerter entgegentreten musste, dann vorzugsweise nicht als Gefangene. Das Gelingen ihres Plans hing davon ab, dass sie sich den Söldnern verständlich machte. Und mit dieser Pranke auf dem Mund war das unmöglich.

Bewahre Ruhe, behalte die Oberhand, wiederholte sie die Worte im Geist, die ihre Mutter ihr beim Nahkampfunterricht stets eingetrichtert hatte. *Ein Schritt nach dem anderen.*

Starr hielt sie den Blick auf ihre Schwerter gerichtet, die die blonde Frau weiterhin in einer Hand hielt. Smilla fiel auf, dass ihr linker Arm knapp über dem Ellbogen in einem Stumpf endete. Mehr Details konnte sie jedoch nicht erkennen, bevor sie von Licht geblendet wurde. Smilla blinzelte mehrmals, um sich an die plötzliche Helligkeit zu gewöhnen.

Mitten zwischen den schneebeladenen Bäumen saß ein

schwarz gekleideter Mann auf einem ebenso schwarzen Pferd. Beide hatten ihnen den Rücken zugewandt, doch als der stolze Hengst den Kopf herumwarf, erkannte Smilla, dass es sich um einen *Rashäst* aus der westlichen Tundra handelte. Ein wahrhaft königliches Pferd, ausdauernd und für den Kampf geschaffen – wie offenbar auch sein Reiter, an dessen Waffengurt ein Schwert hing, während an seinem Sattel eine mächtige Streitaxt und ein Speer befestigt waren. Die Schultern des Mannes waren so breit, sein Körper so muskulös, dass sicher nur ein derart robustes Pferd wie der *Rashäst* ihn und die schweren Waffen tragen konnte.

Einer der Männer, die Smilla begleiteten, rief ihm etwas zu. Als sich der Reiter daraufhin zu ihnen umdrehte, erhellten die Fackeln, die ringsum im schneebedeckten Boden steckten, seine Züge. Seine Augen aber waren die dunkelsten, die Smilla je gesehen hatte. Selbst der flackernde Feuerschein konnte die Düsternis nicht aus seinem Blick vertreiben.

Sie schauderte. Obwohl sie diesen Mann noch nie gesehen hatte, wusste sie sofort, wer er war.

Gent. Der legendäre Fürst der Unterwelt und Anführer der Wilden Jagd.

KAPITEL 2
GENT

Gent blickte auf, als ein Rabe krächzend an ihm vorbeiflog. Die verdammten Biester waren bereits dabei, sich an den wenigen Gefallenen zu laben. Sie folgten ihm und seiner Truppe, wohin sie auch ritten, in der Hoffnung auf ein Festmahl. Schlaue Tiere.

Er warf dem Federvieh einen warnenden Blick zu, das sich daraufhin auf einen Ast verzog. Grimbold, sein schwarzer Hengst, tänzelte zur Seite, als spürte er Gents düstere Stimmung. »Ruhig, Grim.« Seine Lederhandschuhe knirschten, als Gent die Zügel fester packte. Er ließ den Blick über den rauchgeschwängerten Himmel schweifen. Schneeflocken segelten zwischen den Zweigen des kleinen Waldstücks herab, küssten seine Wangen und Wimpern. Sie fielen immer dichter, sodass Gents schwarzes Haar bald so weiß wie das einer Hexe aussehen musste. Bei der Vorstellung verzog er das Gesicht zu einer missmutigen Grimasse.

»Gent!« Leifs raue Stimme riss ihn aus seinen Gedanken. »Andórr hat eine Dörflerin aufgegabelt, die sich im Wald herumgetrieben hat.«

Er drehte sich im Sattel herum. Gefolgt von den anderen kam Leif auf ihn zu. Andórr bildete das Schlusslicht. Er hatte eine Frau um die Hüfte gepackt und stieß sie vor sich her auf die Lichtung. Gent bedachte Leif mit einem fragenden Blick. Rußstreifen zogen sich über dessen helle Stirn und die von der Kälte geröteten Wangen, die kaum unter dem dichten dunkelblonden Bart zu erkennen waren. Sein ältester

Freund zuckte nur mit den Schultern, als wollte er sagen: *Es ist deine Entscheidung, was mit ihr passiert. Du bist hier der Befehlshaber.*

Hätte Gent vor Jahren geahnt, was dieser Titel beinhaltete, hätte er sich vielleicht anders entschieden. Die Verantwortung für seine Leute hielt ihn nachts oft genug wach – neben anderen, düsteren Dingen.

Verstimmt stieg er von Grims Rücken. Die Zügel ließ er locker über den Hals des Hengsts fallen und bedeutete Grim mit einem Schnalzen, an Ort und Stelle zu bleiben. Mit weit ausholenden Schritten stapfte er dann zu Andórr und der Frau. Diese blickte ihm mit erhobenem Haupt entgegen, was ihn für einen kurzen Moment aus dem Konzept brachte. Er versuchte, ihren stechenden Blick zu ignorieren.

»Was willst du mit ihr?«, fragte er Andórr barsch. »Der Befehl war unmissverständlich: keine Gefangenen.« Er wollte so schnell wie möglich von hier verschwinden. Den Gestank nach Feuer und Tod hinter sich lassen, ihn sich im nächstbesten Fluss aus Haut und Haaren schrubben. Wie so viele in den letzten Monaten, war dieser Auftrag unter ihrer Würde gewesen. Gewöhnlich zündete die Wilde Jagd keine Siedlungen an, nur weil die Bewohner lange keine Steuern gezahlt hatten. Nein, gewöhnlich schlachteten er und seine Leute Kreaturen, die den Menschen gefährlich werden konnten. Doch sie waren längst über den Punkt hinaus, wählerisch sein zu können. Es waren schwere Zeiten.

Andórr zuckte anhand seines Tonfalls nicht einmal mit der Wimper. Die anderen waren Gents Launen gewöhnt. »Jofur hat beobachtet, wie sie sich an uns rangeschlichen hat. Und sie sieht nicht wie eine Dörflerin aus.«

»Sie hat Feuer«, warf Óinn amüsiert ein. »Hat Andórr fast überwältigt.« Durch das ferne Glühen des brennenden Dorfs wirkte sein langes Haar noch rötlicher als sonst. Die

Sommersprossen auf seiner blassen Haut traten stark hervor.

»Und inwiefern sollte das relevant sein?« Gent verschränkte die Arme vor der Brust und baute sich vor seiner Truppe auf. Er hatte keinen Nerv für derartige Spielchen. Sie hätten längst von hier fort sein müssen.

»Sie trug das hier bei sich, Gent.« Frigga warf zwei Kurzschwerter mit rabenschwarzen Klingen vor Gent in den Schnee und wischte sich dann einige blonde Strähnen aus dem Gesicht, die sich beim Kampf im Dorf aus ihrem Haarkranz gelöst haben mussten. »Und sie ist nicht geflohen wie die anderen Dörfler.«

Die Schwerter erregten Gents Aufmerksamkeit. Rabenstahl. Seit Langem mal wieder eine passable Beute. Doch woher sollte eine Dörflerin derart wertvolle und seltene Waffen haben? Er runzelte die Stirn und musterte die Frau mit neu erwachtem Interesse. Das Blau ihrer Augen war hell wie Gletschereis. Ihr funkelnder Blick war so durchdringend, dass Gent die Gefahr, die von ihr ausging, beinahe körperlich spürte. Wie ein eisiger Windhauch, der seine Wangen streifte.

Andórrs kirschholzbraune Hand an ihrem Nacken bildete einen starken Kontrast zu ihrer blassen Haut. Sie hob sich kaum vom Schnee ab, der mittlerweile in immer dichteren Flocken fiel und das schwarze Haar der Frau weiß puderte.

»Beim Bart des Einäugigen«, fluchte Gent ergeben. Mit einem Wink bedeutete er Andórr, die Frau loszulassen. Sobald dieser seinen Griff lockerte, duckte sie sich unter seinem Arm weg und rammte ihm ihre Faust ins Gesicht. Blut schoss aus Andórrs breiter Nase. Er fluchte und sprang vor, um die Frau wieder einzufangen, doch sie entwand sich ihm geschickt. Flink wie ein Fuchs hechtete sie auf ihre Kurzschwerter am Boden zu.

Weit kam sie nicht. Óinn und Leif hoben ihre Bögen. Zwei Pfeilspitzen deuteten direkt auf das Herz der Frau, die mitten in der Bewegung innehielt. Keuchend drehte sie sich einmal um sich selbst und blickte sich um wie ein in die Enge getriebenes Tier. Ihre Hände schossen zu ihren Schultern. Doch dann erstarrte sie, als sie ins Leere griff. Ihr Blick fiel auf die schwarzen Klingen am Boden.

So nah dran, dachte Gent amüsiert. Statt die Rabenstahlschwerter aufzuheben, senkte sie ergeben den Kopf. *Eine weise Entscheidung.*

»Durchsucht sie nach weiteren Waffen«, befahl Gent. Er klang gelassener, als er sich fühlte. Diese Frau war schnell. Im Nahkampf ausgebildet. Und es sah so aus, als könnte sie mit den Schwertern umgehen. Eindeutig keine Dörflerin.

Andórr wischte sich über die blutende Nase und packte sie wieder am Arm. Bevor sie sich erneut wehren konnte, schnalzte Gent missbilligend mit der Zunge. »Wenn du leben willst, solltest du das lassen.«

»Solange *ihr* die Finger von meinen Schwertern lasst«, zischte sie zurück. Zwar fügte sie sich daraufhin, ihrem Gesicht war allerdings anzusehen, dass sie Gent in Gedanken einen Lindwurm auf den Hals hetzte.

»Also dann.« Gent trat einen Schritt auf sie zu, während Frigga die Frau nach versteckten Waffen abtastete. »Ich sehe keinen Grund, warum wir uns nicht wie zivilisierte Personen unterhalten können.«

Die Frau schnaubte. »Ich bin es nicht, die sich unzivilisiert verhält. Dein Mann hat mich zuerst angegriffen.«

»Weil du dich angeschlichen hast.« Gent erwiderte ihren Blick mit an Langeweile grenzender Teilnahmslosigkeit. »Willst du meine Leute der Lüge bezichtigen?«

Sie sah zum Himmel auf, als läge die Antwort in den Sternen – oder als wollte sie den Krieger bitten, Gent mit einem

Blitz niederzustrecken. Dann bohrte sich ihr Blick wieder in seinen. »Nein.«

»Also, was hast du hier mitten in der Nacht zu suchen?«

»Ich komme nicht aus dem Dorf, das ihr zerstört habt.« Sie warf einen Blick über die Schulter zu den aufsteigenden Rauchfahnen.

»Was du nicht sagst.« Andórr und Óinn lachten angesichts Gents trockenen Tonfalls. »Aber was willst du dann in dieser Gegend?« Gent musterte die Frau misstrauisch. So weit abseits der Handelsstraßen gab es kaum menschliche Siedlungen. Die nächste war mehrere Rabenflüge entfernt. Wie beiläufig legte er eine Hand auf seinen Schwertknauf, während er sich verstohlen umsah. Das Ganze schrie nach einem Hinterhalt.

»Ich war im Kerker gefangen. Durch den Tumult konnte ich entkommen. Deshalb …« Beinahe konnte Gent hören, wie die Frau mit den Zähnen knirschte, bevor sie ihm die nächsten Worte entgegenspuckte. »Bin ich euch zu Dank verpflichtet.«

Er musterte sie einen Moment, suchte in ihren Augen nach Unaufrichtigkeit. Die Frau starrte ungerührt zurück, ihr Blick brannte sich in ihn wie Eis. Windböen peitschten ihr das schwarze Haar ins Gesicht, doch sie schien es nicht zu bemerken.

In aller Ruhe rieb sich Gent über die Bartstoppeln. »Und wie bist du im Gefängnis dieses götterverlassenen Kaffs gelandet? Was hast du verbrochen?«

Sie sah ihm fest in die Augen, blinzelte kein einziges Mal. »Unruhestiftung.«

Warum wundert mich das nicht? Gents Mundwinkel zuckten. Über seinem Kopf krächzte der vermaledeite Rabe, als wollte er ebenfalls sein Amüsement kundtun.

»Unruhestiftung, was?« Sie deutete ein knappes Nicken an. »Und was für eine Art von Unruhe hast du gestiftet?«

»Der Preis eines Händlers auf dem Markt war unverschämt und das habe ich ihn spüren lassen.«

In ihrem Blick las Gent, dass dies nicht die ganze Wahrheit war. Er musterte die Frau von Kopf bis Fuß, ihre langen Beine, die in hohen Stiefeln und engen Lederhosen steckten. Das taillierte Wams, in dem sie ohne Umhang frieren musste. Ihr schwarzes Haar und die blasse Haut. Ein blauer Fleck bildete sich unter dem rechten Wangenknochen, wo Andórr sie zu grob gepackt hatte. Vor Kälte zitterte sie kaum merklich.

»Ich weiß, wer du bist«, sagte sie mit erhobenem Kinn. »Du bist Gent, auch bekannt als Fürst der Unterwelt, und das ist die Wilde Jagd.« Sie drehte sich langsam um sich selbst, sah jedem seiner Leute in die Augen. »Ich möchte mich euch anschließen.«

Beinahe hätte Gent gelacht, doch es blieb ihm im Hals stecken. Es war nicht von der Hand zu weisen, dass diese Frau schnell, mutig und wahrscheinlich auch geschickt im Umgang mit ihren Waffen war. Allerdings kaufte er ihr ihre kleine Geschichte nicht ab. Auch ihre Beweggründe dafür, sich der Wilden Jagd anzuschließen, waren ihm ein Rätsel. Es wunderte ihn, dass er ihre Bitte trotzdem in Betracht zog. Leif warf ihm einen warnenden Seitenblick zu. Natürlich wusste er, was in Gent vorging.

»Wir nehmen keine dahergelaufenen Unruhestifterinnen auf«, feixte Andórr.

»Das wird immer noch *meine* Entscheidung sein«, wies Gent ihn zurecht. Irgendetwas hatte diese Frau an sich. Von ihr ging eine Gefahr aus, so klirrend kalt wie die eisigste Winternacht. Und er wollte wissen, was es damit auf sich hatte. Woher sie wirklich kam. Und was sie hier zu suchen hatte. Sie war ihnen nicht zufällig über den Weg gelaufen, so viel war sicher.

Über ihnen krächzte der verfluchte Rabe erneut. Gent würde einen Pfeil in seinen Bauch jagen, bevor sie von hier verschwanden.

»Ich kann kämpfen«, sagte die Frau. »Fährten lesen, Tiere abrichten.«

»Tiere abrichten?« Andórr lachte. »Wie sollte uns das nütz–«

Ohne Vorwarnung riss die Frau einen Arm in die Höhe. Sofort spannten die anderen erneut ihre Bögen, bereit, sie auf einen Wink von Gent mit Pfeilen zu durchbohren.

Federn raschelten in der Luft, als der Rabe von seinem Ast herabstieß. Die Frau ballte die erhobene Hand zur Faust und der Vogel landete auf ihrem Unterarm. Sie murmelte etwas Unverständliches und strich dem Raben sanft über das Gefieder, während sie den Arm langsam wieder senkte.

Gent musste zugeben, dass er beeindruckt war. Nicht von ihrer Fähigkeit, einen Vogel zu befehligen, sondern von ihrer Furchtlosigkeit. Hätte er seine Leute nicht so gut im Griff, wäre sie jetzt tot.

Er trat noch einen Schritt vor und hob die Hand. Sofort senkten die anderen die Waffen, auch wenn sie einander fragende Blicke zuwarfen.

»Interessant«, murmelte er nachdenklich, während er sich der Frau näherte. »Woher kommst du?«

»Aus den Wäldern Isgards im Norden, *Fürst der Unterwelt.*« Aus ihrem Mund klang der ihm von der Bevölkerung Middangards verliehene Titel wie eine Beleidigung.

Wieder hätte Gent fast gelacht. Bei den Leuchtenden, so amüsiert war er nicht mehr gewesen, seit … Er konnte sich nicht erinnern. Er genoss es, dieses Spiel mit ihr zu treiben. Sich zu umtänzeln, zu beschnuppern und zu sehen, wer den nächsten Treffer landete. Nun war er ihr so nahe, dass er ihren Atem sah, der als weiße Wolke vor ihrem Mund tanzte. Sprach sie die Wahrheit? In ihren Augen las er nichts als störrische Entschlossenheit.

Da ertönte das unverkennbare Zischen eines herannahenden Pfeils. Gent fuhr herum. Der Pfeil raste aus der Dunkelheit zwischen den Bäumen direkt auf ihn zu. Niemand reagierte schnell genug.

Niemand außer der Frau.

Sie stieß erneut die Faust in die Höhe. Der Rabe flatterte krächzend auf – und wurde im nächsten Moment von einem Pfeil durchbohrt. Dem Pfeil, der für Gent gedacht gewesen war.

Das Tier wurde mitgerissen und prallte mitsamt des in seinem Körper steckenden Pfeils gegen Gents Brust. Er taumelte ein paar Schritte rückwärts. Warmes Rabenblut spritzte ihm ins Gesicht. Der Vogel fiel zu Boden. Ein finsterer Fleck im Schnee, umgeben von einem sich rasch ausbreitenden roten Kranz.

Gent konnte nur starren.

Auf die Frau.

Den Vogel.

Das Blut.

Nichts war zu hören als das Pfeifen des Windes und das Knistern des sterbenden Feuers im Dorf.

Seine Leute hatten augenblicklich einen Kreis um ihn und die Frau gebildet und sahen sich mit erhobenen Waffen wachsam um.

Langsam wischte sich Gent das Blut von der stoppeligen Wange. Auf dem schwarzen Leder seines Handschuhs war es kaum zu erkennen. Gegen die Schneeflocken anblinzelnd blickte er in die Richtung, aus der das Geschoss gekommen war. Es folgten keine weiteren.

Noch nicht.

Ein Angriff aus dem Hinterhalt? Ein letzter Versuch der

Dörfler, ihr verlorenes Heim zu rächen? Oder steckte mehr dahinter?

Gent fand seine Stimme wieder. »Andórr, Óinn, Frigga, findet den Schützen. Das war der letzte Pfeil, den er in seinem Leben geschossen hat.«

Mit grimmigen Mienen verschmolzen die drei mit der Dunkelheit. Nur noch Leif stand an Gents Seite. Wie immer. Mit verengten Augen musterte er die Frau.

Sie hatte den Blick auf den toten Vogel gerichtet. Ihre Lippen bewegten sich stumm. Ein Gebet an die Leuchtenden?

Gent öffnete den Mund, doch sie kam ihm zuvor. »Ich habe dir das Leben gerettet, *Fürst der Unterwelt*«, sagte sie, ohne aufzusehen. »Was gibst du mir im Gegenzug?«

Gents Kiefermuskeln spannten sich an. Beinahe hätte er gelächelt. Ihre Dreistigkeit war … erfrischend. Schon lange war er niemandem mehr begegnet, der in seiner Gegenwart nicht vor Furcht erstarrte. Er wusste, was sie von ihm verlangte, ohne es erneut auszusprechen. Und er hatte seine Entscheidung längst getroffen. »Du hast nach einem Platz in der Wilden Jagd verlangt, also sollst du eine Chance erhalten, dich zu beweisen.« Leif schnappte neben ihm kaum hörbar nach Luft.

Endlich sah die Frau auf. Triumph lag in ihrem Blick, den sie allerdings zu verbergen versuchte. Gent trat so nah an sie heran, dass es ihr nicht gelang. Er hätte die Schneeflocken in ihren Wimpern, die Risse in ihren spröden Lippen zählen können. Das gefährliche Funkeln stahl sich abermals in ihre eisblauen Augen. Es wäre ein Fehler, sie zu unterschätzen.

»Du reitest mit uns«, fuhr er fort. »Bei unserem nächsten Auftrag kannst du dich beweisen. Danach entscheide ich, ob du bleiben darfst.«

»Und was ist euer nächster Auftrag?«

»Das wird sich zeigen.«

Sie nickte und deutete eine spöttische Verbeugung an. »Wie du wünschst, *Herr.*«

Gent wandte sich ab und stapfte mit großen Schritten zu seinem Pferd. Sie hatten sich viel zu lange hier aufgehalten. Zwar hätte der Pfeil ihn beinahe getroffen, doch er machte sich keine Sorgen wegen des Schützen, da keine weiteren Geschosse gefolgt waren. Pfeile stammten von Menschen. Und mit Angriffen von Menschen wurden sie leicht fertig. Es war an der Zeit zu verschwinden, bevor der Feuerschein und die Raben andere Kreaturen anlockten. Tödlichere Kreaturen.

Während er auf Grims Rücken stieg, warf er einen Blick zum Himmel. Dann suchte er das kleine Wäldchen mit den Augen ab. Bisher keine Spur von den anderen. Ob die Frau etwas mit dem Angriff aus dem Hinterhalt zu tun hatte? Gent musterte sie verstohlen von der Seite. Ein wenig verloren stand sie zwischen den Bäumen. Ihr Blick wanderte wieder zu den Schwertern im Schnee.

»Nimm deine Waffen«, befahl er ihr mit einem Nicken. »Du wirst sie brauchen.«

Sie verzog die Lippen zu einem grimmigen Lächeln, ging in die Hocke und schob die Schwerter in einer so selbstverständlichen Bewegung in die Halterungen an ihrem Rücken, wie andere die Hände in die Hosentaschen steckten. Mit den Schenkeln lenkte Gent sein Pferd auf sie zu. Von seinem erhöhten Platz im Sattel sah er auf sie herab. »Wie ist dein Name?«

»Ich heiße Smilla«, antwortete sie mit kaum verhohlenem Stolz.

»*Smilla.*« Gent ließ den Namen über seine Zunge rollen. Er konnte den Verrat förmlich schmecken. Furchtlos erwiderte sie seinen Blick, doch ihm fiel erneut auf, dass sie am ganzen Körper zitterte. Sie hatte die Zähne fest zusammengepresst, damit sie nicht aufeinanderschlugen.

Gent löste ein schneeweißes Wolfsfell von seiner Satteltasche. Er hatte das Tier eigenhändig erlegt und gehäutet. Durch die Körperwärme seines Pferds dampfte das Fell in der kalten Luft. Er warf es Smilla zu, die es mühelos auffing. Als sie es sich um die Schultern legte, schloss sie kurz die Augen und ihr entwich ein erleichtertes Seufzen, das verriet, wie sehr sie gefroren haben musste.

Als sie die Lider wieder öffnete, lag Dankbarkeit in ihrem Blick, auch wenn sie sie nicht aussprach.

Einige Herzschläge lang musterte Gent die Frau, die ihm soeben das Leben gerettet hatte. Sie legte den Kopf schief und starrte zurück, als könnte sie in seinem Gesicht lesen wie in einem offenen Buch. Der Gedanke sandte ihm einen kalten Schauer über den Rücken.

Rasch setzte er eine stahlharte Miene auf und verlieh seiner Stimme einen warnenden Unterton, als er sagte: »Willkommen bei der Wilden Jagd, Smilla aus Isgard.«

KAPITEL 3
SMILLA

»Willkommen bei der Wilden Jagd, Smilla aus Isgard.« Noch nie hatte etwas gleichzeitig so vielversprechend und so furchterregend geklungen.

Smilla zog sich das schneeweiße Fell fester um die Schultern. Einst musste es einen Wolf warmgehalten haben. Nun roch es nach Pferd, Eisen und Schnee. Nach dem Mann, der davonritt, ohne sie eines weiteren Blickes zu würdigen. Dicht gefolgt von dem Kerl mit dem geflochtenen Bart lenkte er seinen schwarzen Hengst in die entgegengesetzte Richtung als die, in der die anderen verschwunden waren. Smilla versuchte, das in ihr aufsteigende Triumphgefühl zu unterdrücken.

Sie hatte es geschafft. Alles war so gekommen, wie es die Seherin prophezeit hatte. Trotzdem fühlte es sich nicht wie ein Sieg an. Eher wie der erste Schritt in die richtige Richtung. Denn der Weg war noch weit.

Verstohlen warf Smilla einen Blick zurück zum Dorf. Zu den Opfern, die ihr Triumph verlangt hatte. Durch den dichten Schneefall war nur noch ein schwaches Glimmen zwischen den Ästen der Witwentröster auszumachen. Asche hatte sich unter die fallenden Flocken gemischt. Smilla straffte die Schultern und wandte sich ab. Vor dem Ende würde ihre Reise weitere Opfer verlangen.

»Jofur!« Gents Ruf riss sie aus ihren Gedanken. Er hob die Hand und drehte sie in einer Geste, die Smilla nicht verstand. Dann deutete er mit dem Daumen zwischen die Bäume. »Gib Smilla eins der Packpferde. Sobald die anderen zurück sind, reiten wir los.«

Smilla sah sich um. Mit wem sprach er? Da stürzte sich etwas von oben auf sie. Smilla hechtete zur Seite und zückte in einer fließenden Bewegung beide Kurzschwerter. Nahezu lautlos landete ein Mann vor ihr auf dem Waldboden. Er parierte Smillas Schwertstreich mit einem schwarzen Stab. Smillas Klinge sprühte Funken, als sie auf das Material traf. Rabenstahl auf Rabenstahl.

Verblüfft hob sie den Blick und begegnete den haselnussbraunen Augen des Mannes. Er lächelte ihr so freundlich zu, dass Smilla die Waffen sinken ließ. »Jofur, nehme ich an?«

Sein Blick huschte zu ihren Lippen. Einen Wimpernschlag später nickte er. Ohne Vorwarnung stieß er das untere Ende seines Stabs auf den Boden. Daraufhin schrumpfte die Waffe so schnell, dass Smillas Augen kaum folgen konnten. Der Stab zog sich zusammen, bis nichts mehr übrig war als ein Stock der Länge von Jofurs Unterarm.

Smilla blinzelte beeindruckt. Offenbar waren die Mitglieder der Wilden Jagd immer für eine Überraschung gut. Ein Beweis dafür, dass sie keinem von ihnen trauen konnte, auch wenn sie keinen weiteren gebraucht hätte.

Weiterhin lächelnd befestigte Jofur den Stab an seinem Gürtel. Smillas Augen weiteten sich, als sie daneben eine ganze Reihe Wurfmesser entdeckte. Der schweigsame Mann verbarg einige tödliche Geheimnisse hinter seinem freundlichen Gebaren.

Smilla sah zum Himmel auf. »Wo bist du so plötzlich hergekommen?«

Jofur deutete auf den ihnen am nächsten stehenden Baum, dessen Äste sich weit über ihre Köpfe ausbreiteten. Er musste sich die ganze Zeit über dort verborgen haben. Unwillkürlich erinnerte sich Smilla an die Worte des breit-

schultrigen Hünen, der sie beim Betreten des Wäldchens geschnappt hatte. »*Jofur hat beobachtet, wie sie sich an uns rangeschlichen hat.*«

Hitze stieg ihr in die Wangen. Sie musste aufhören, Gents Truppe zu unterschätzen.

Anerkennend nickte sie Jofur zu und steckte ihre Waffen weg. Er bedeutete ihr mit einem Wink, ihm zu folgen. Kurz darauf hörte Smilla leises Schnauben, dann stieg ihr unverkennbarer Pferdegeruch in die Nase. Jofur steuerte auf sieben Tiere zu, die sich unter den ausladenden Ästen eines Witwentrösters gegen die Kälte aneinanderdrängten. Sie begrüßten ihn mit freudigem Wiehern, rieben ihre Nüstern an seinen ausgestreckten Händen und stießen ihn mit dem Kopf an der Schulter an.

Zögerlich näherte sich auch Smilla den Pferden. Alle sahen gut genährt und makellos gepflegt aus. Ihr Fell glänzte, das Sattelleder schien frisch geölt und alle Mähnen wiesen komplizierte Flechtmuster auf.

Staunend trat Smilla auf eine fuchsrote Stute zu. Sie streckte eine Hand aus, um das Pferd an ihren Fingern schnuppern zu lassen. Dann strich sie über die geflochtene Mähne. Jofur gesellte sich zu ihr und deutete auf die Stute. Als Smilla ihn fragend ansah, klopfte er auf die zerschlissene Decke, die über dem Rücken des Tiers hing.

»Du meinst, ich soll sie reiten?« Er nickte und zuckte entschuldigend mit den Schultern. »Oh, es macht mir nichts aus, dass sie keinen Sattel hat.« Smilla lächelte. Tatsächlich ritt sie besser ohne, wie sie es von Kindesbeinen an gelernt hatte.

Jofur erwiderte ihr Lächeln und machte sich daran, dem Pferd mehrere Satteltaschen abzunehmen. Es musste bis dahin als Packpferd gedient haben. Freudig strich Smilla der Stute über die Blesse. »Wir werden uns gut verstehen, meine

Schöne.« Noch während sie dem Pferd den Hals tätschelte, spitzte es die Ohren und drehte den Kopf. Auch Jofur wandte sich um.

Schritte näherten sich, Gesprächsfetzen wehten zu ihnen heran. »… kann ich nicht begreifen«, sagte eine tiefe Männerstimme. »Seit wann nehmen wir jede dahergelaufene Streunerin auf, die sich uns anschließen will?«

Smilla biss sich auf die Lippe. Die Person sprach eindeutig über sie.

»Um genau zu sein, hat noch nie jemand so direkt gefragt«, antwortete die Frau, die Smilla zuvor ihre Schwerter abgenommen hatte. Frigga war ihr Name, wenn sie sich recht erinnerte. »Allein dafür hat sie eine Chance verdient, sich zu beweisen.«

Smilla glaubte, einen Hauch von Respekt in ihrer Stimme mitschwingen zu hören. Als sie verstohlen den Kopf drehte, kamen die Sprecher in Sicht, angeführt von Frigga, die ihr kornblondes Haar nun wieder zu einem makellos geflochtenen Kranz auf dem Kopf trug. Sie warf Smilla einen flüchtigen Blick zu. Neben ihr ging der Mann mit dem langen Bart. Er ignorierte Smilla vollkommen. Vermutlich war er es, der sich so abfällig über ihre Aufnahme bei der Wilden Jagd geäußert hatte.

Gefolgt wurden die beiden von dem breitschultrigen Hünen, der Smilla gefangengenommen und vor Gent gezerrt hatte. Andórr. Seine Nase blutete nicht mehr. Als sich ihre Blicke trafen, warf er ihr ein freches Grinsen zu und schielte mit hochgezogenen Brauen zu den Schwertern auf ihrem Rücken. Der warnende Blick, mit dem sie ihn daraufhin bedachte, ließ ihm das Grinsen auf den Lippen gefrieren.

Der dritte Mann mit feuerrotem Haar, Sommersprossen und einem dauerverschmitzten Gesichtsausdruck kommunizierte per Handzeichen mit Jofur. Als Antwort bewegten sich dessen Finger so schnell, dass Smilla nicht folgen konnte. Da begriff sie, dass dies Jofurs Sprache war. Eine Sprache, die sie würde lernen müssen, wenn sie alles verstehen wollte, was in der Wilden Jagd gesagt wurde.

Alle trugen wild zusammengewürfelte Kleidung. An unzähligen Stellen geflickte Leinenhemden und Tuniken. Nicht zueinander passende Teile von Lederrüstungen. Selbst ihre Waffen wirkten, als hätten sie sie sich über Jahre zusammengesucht – oder ihren Opfern abgenommen. Frigga trug weiterhin ihre stachelbesetzte Peitsche am Gürtel. Die beiden Bogenschützen hatten Pfeile mit verschiedenster Befiederung in ihren Köchern. Neben dem Schwert an Leifs Gürtel und Jofurs Wurfmessern waren auch die Sattel über und über mit Waffen behangen. Altmodische zweihändige Schwerter, juwelenbesetzte Dolche, selbst einen gekrümmten Säbel aus den Ländern jenseits des Vergessenen Meers hatte Smilla entdeckt. Dann war da noch Gents riesige Axt, die nicht von dieser Welt zu schein schien. Und Smilla würde noch herausfinden müssen, was es mit Jofurs Rabenstahlstab auf sich hatte. Es bestand kein Zweifel, dass dabei Magie im Spiel war.

Nur eins hatten alle Waffen der Truppe gemeinsam: Sie wurden augenscheinlich makellos gepflegt. Gerade wischte Andórr seinen Dolch an einem Tuch ab, auf dem er rote Schlieren hinterließ. Sie mussten den Bogenschützen aufgespürt haben, der den Anschlag auf Gents Leben verübt hatte.

Wer war es?, wollte Smilla fragen. Ein einfacher Dörfler? Oder war es ein lange geplantes Attentat gewesen? Der gefürchtete Fürst der Unterwelt hatte sicher Feinde im ganzen Land. Sie bezweifelte allerdings, dass sie eine Antwort erhalten würde. Die anderen schenkten ihr keine Beachtung mehr. Sie machten sich geschäftig daran, alles für die Abreise vorzubereiten. Schweigend prüften sie die Sattelgurte, verstauten ihre Waffen in ledernen Halterungen und stiegen auf ihre Pferde.

»Gent wartet außerhalb des Wäldchens«, verkündete Leif, der Mann mit dem geflochtenen Bart und dem stechenden Blick. Smilla vermutete, dass er Gents rechte Hand war und in dessen Abwesenheit das Sagen hatte. Schon lenkte er sein Pferd in Richtung Osten. Die anderen folgten ihm und Smilla beeilte sich, auf ihre Fuchsstute zu steigen.

Sie ritten hintereinander, da die breiten Stämme kaum Platz für zwei Pferde ließen. Smilla bildete das Schlusslicht. Die anderen gaben ein forsches Tempo vor und kümmerten sich ganz offensichtlich kein Stück darum, ob sie mithalten konnte oder zurückblieb. Es sollte ihr recht sein. Schließlich war sie nicht hier, um Freundschaften zu schließen. Ganz im Gegenteil. Gent und seine Truppe waren bloß ein Mittel zum Zweck. Smillas einzige Chance darauf, den Mörder ihrer Familie zu finden, wenn sie den Worten der Seherin Glauben schenkte.

Deren Anweisungen hatte sie streng befolgt. Sie hatte auf das Zeichen gewartet – den Raben vor dem Fenster –, hatte sich durch Feuer und Rauch gekämpft und sich der Söldnertruppe angeschlossen. Alles verlief nach Plan. Unerwähnt hatte die Seherin jedoch gelassen, dass Smilla dem Anführer der Wilden Jagd bereits wenige Minuten nach ihrer ersten Begegnung das Leben retten würde. Gent stand nun in ihrer Schuld. Und diese Schuld würde sie einfordern, wenn die Zeit gekommen war.

Stille hatte sich über das Wäldchen gesenkt. Auch wenn die anderen sie nicht sehen konnten, verbot Smilla es sich, einen Blick zurück zu dem schwelenden Dorf zu werfen.

Das lag nun hinter ihr, während sich vor ihr ein neuer, blutiger Pfad auftat. Wenn sie nicht den Mut verlieren wollte, musste Smilla daran glauben, dass die Seherin sie auf den richtigen Weg geführt hatte. Sonst wäre sie unter diesen Söldnern und Halsabschneidern vollkommen verloren.

KAPITEL 4
GENT

Am Rand des kleinen Waldstücks saß Gent auf Grims Rücken und wartete auf seine Truppe. Das erste Tageslicht zeichnete sich als fahlgrauer Streifen am Horizont ab. Gent ließ den Blick über den noch dunklen Himmel schweifen. Eine innere Unruhe hatte ihn erfasst. Unbehaglich verlagerte er sein Gewicht im Sattel.

Verschneite Felder breiteten sich vor ihm aus. Wo sich in der lichten Jahreszeit ein schier endloses Meer aus goldenem Korn erstreckte, ragten in der dunklen Jahreszeit nur wenige verkümmerte Büsche hier und dort zwischen Schneewehen auf. Hier gab es kaum ein Versteck, sollte der schlimmste Fall eintreten.

Gent wusste, dass sie das perfekte Ziel für einen Angriff aus der Luft abgeben würden, doch sie mussten den Schutz des Wäldchens verlassen, um so viel Distanz wie möglich zwischen sich und die schwelenden Überreste des Dorfs zu bringen. Denn der nach wie vor aufsteigende Rauch mochte ein Grauen in diese Gegend locken, gegen das selbst er im Kampf machtlos war.

Weiter nach Norden zu reiten war keine Option. Dieser Teil des Landes war bereits vor Monaten aufgegeben worden. Dort regierten nun Schreckgestalten, die den Albträumen der fliehenden Menschen entsprungen zu sein schienen. Wie Würmer zogen sich die Flüchtlingskolonnen der wenigen Überlebenden durch Middangard – auf der Suche nach Schutz, den es nicht gab. Den selbst er und seine Truppe ihnen nicht länger bieten konnten. Auch wenn die Wilde Jagd sonst bereitwillig gefährliche Kreaturen schlachtete, mussten sie von irgendetwas leben. Und solange die Leute ihr Heil in der Flucht suchten, hatte niemand Geld für Muskelkraft und Schwertklingen übrig. So lange wie möglich hatte er den Moment hinausgezögert, an dem sie Aufträge anderer Natur annehmen mussten, um über die Runden zu kommen. Doch der Zeitpunkt war gekommen. Und nun brannte die Erinnerung an letzte Nacht wie Ascheflocken in seiner Kehle. Gents Gedanken wanderten zurück zu dem Angriff auf das Dorf.

Er hielt die Zügel mit einer Hand, in der anderen trug er eine brennende Fackel. Als sein Pferd aus dem Wäldchen stürmte, duckte er sich unter den tief hängenden Zweigen hindurch. In vollem Galopp hielt er auf das Dorf zu. Die erste Hütte schälte sich aus der nächtlichen Finsternis. Jemand hörte sie kommen. Warnschreie ertönten. Eine Glocke läutete die Bewohner aus ihren Betten. Pfeile surrten von hinten an ihm vorbei, bohrten sich in die wenigen Dörfler, die mit Mistgabeln aus ihren Ställen kamen. Gents Truppe kümmerte sich um sie. Das Läuten brach abrupt ab.

Grims Hufschläge donnerten laut in Gents Ohren, wirbelten Schnee auf, der ihn wild umtanzte. Er packte die Zügel fester, hob die Fackel höher. Ein strohgedecktes Dach kam in Sicht. Er holte aus, zögerte einen schier endlosen Moment lang, in dem ihn Zweifel zu übermannen drohten … und schleuderte den Tod.

Keuchend öffnete Gent die Augen. Grim riss den Kopf hin und her. Er hatte die Zügel zu fest gepackt. Sofort lockerte er seinen Griff und murmelte dem Pferd beruhigende Worte zu. Sein Atem ging zu schnell, in seinem Kopf drehte sich alles. Er hatte sich für einen Moment verloren. Der finstere Teil von ihm hatte die Kontrolle übernommen. Ein Gefühl, das sich vertrauter anfühlte, als ihm lieb war.

Fluchend spuckte Gent in den Schnee und rieb sich über das Gesicht. Hinter ihm hörte er leises Hufgetrappel. Wie immer erdete ihn die Anwesenheit seiner Truppe. Sie würden nie zulassen, dass er sich endgültig in der Dunkelheit verlor, die ihn manchmal überkam. Sie waren seine Rettung, so wie er ihre war.

Rasch stopfte Gent einige Strähnen zurück in den Knoten an seinem Hinterkopf und setzte eine neutrale Miene auf. Er drehte sich in dem Moment zu den anderen um, als diese aus dem Wäldchen kamen. Augenblicklich fiel sein Blick auf Smilla, die in einiger Entfernung hinter den anderen herritt. Ungerührt starrte sie ihm entgegen. Das Wolfsfell hatte sie sich um die Schultern geschlungen und schien nicht mehr so stark zu frieren wie zuvor. Er fragte sich, ob sie wohl mit der Truppe mithalten konnte. In den nächsten Tagen würde sich zeigen, ob sie das Zeug hatte, eine von ihnen zu werden. Insgeheim hoffte Gent, dass sie es schaffte. Vor Smilla würde er es nicht zugeben, doch in diesen schweren Zeiten konnten sie eine weitere Klinge gut gebrauchen.

Als die anderen ihn auf ihren Pferden erreichten, riss sich Gent von Smillas Anblick los. »Jofur!« Auf Gents Handzeichen hin lenkte der Späher sein Pferd neben seins. *»Reite zu Jarl Jörmund und heimse unsere Bezahlung ein«*, wies er ihn mit fliegenden Fingern an. *»Wir reiten gen Osten. Schau, dass du so schnell wie möglich wieder zu uns stößt. Und dann …«* Gent senkte die Hände und beugte sich dicht zu Jofur vor, damit dieser ihm jedes Wort von den Lippen ablesen, aber niemand anderes ihr Gespräch mitverfolgen konnte. »Hab ein Auge auf Smilla für mich, ja? Ich möchte verstehen, was sie antreibt. Warum sie sich uns anschließen will.«

Jofur antwortete mit einem knappen Nicken. Er verabschiedete sich rasch von den anderen und galoppierte in die entgegengesetzte Richtung davon.

Gent schickte einen letzten unheilschwangeren Blick zum Himmel und gab Grim ebenfalls die Sporen.

* *

Trotz des eisigen Winds und des immer dichter fallenden Schnees ritt Gent mit erhobenem Kopf. In all seinen Jahren als Söldner hatte er schon schlimmeres Wetter erlebt als dieses. Mit zusammengebissenen Zähnen hielt er den Blick auf den Horizont gerichtet. Der graue Streifen wurde immer breiter. Bald würden die ersten Sonnenstrahlen die Dunkelheit der Nacht vertreiben. Und hoffentlich auch die in seinem Kopf.

Vom Schnee gedämpftes Hufgetrappel ertönte, dann tauchte Leif auf seinem Braunen neben ihm auf. Sie nickten einander zu. Zwischen ihnen hatte es nie vieler Worte bedurft. Seit sie sich mit zwölf Jahren am verdreckten Hafen von Golvarsund getroffen und sich wegen einer Krabbenpastete beinahe gegenseitig den Schädel eingeschlagen hatten, waren Gent und Leif ein unzertrennliches Gespann. Damals hatte ein einziger Blick zwischen ihnen gereicht, um zu verstehen, dass beide ums Überleben kämpften und es schlauer wäre, wenn sie es von nun an zusammen täten.

Fast sah Gent nun wieder den Jungen mit den nackten Füßen, dem dreckigen Gesicht, dem matschbraunen Haar und der aufgeplatzten Unterlippe vor sich, der ihn so herausfordernd angefunkelt hatte. Auch jetzt wirkte Leif angriffslustig, jedoch auf eine andere Art. Er würde Gent mit Worten überfallen, nicht mit Fäusten.

Eine Weile ritten sie schweigend nebeneinanderher, während die Anspannung zwischen ihnen wuchs. Gerade als

Gent ihn anblaffen wollte, dass er seine Zeit nicht mit feiger Herumdruckserei vergeuden sollte, räusperte sich Leif.

»Die Neue … sie gefällt mir nicht«, sagte er so leise, dass Gent ihn über den heulenden Wind kaum verstand. Doch selbst wenn er die Worte nicht gehört hätte, hätte Gent gewusst, was Leif ihm mitteilen wollte. Er las es in dessen gefurchter Stirn, den besorgt funkelnden grauen Augen und den Lippen, die Leif nun so fest zusammenpresste, dass sie vollständig unter seinem Bart verschwanden.

»Du stellst meine Entscheidung infrage, sie mitgenommen zu haben.«

Leif antwortete nicht, schließlich war es eine Feststellung und keine Frage.

»Was genau stört dich an Smilla?«

»Sie passt nicht zu uns.«

»Inwiefern?«

»Ich traue ihr nicht.«

»Warum nicht?«

Leif seufzte. »Ist es nicht meine Aufgabe, dir zu sagen, was meiner Meinung nach das Beste für die Truppe ist?«

»Nicht, wenn du dabei von Furcht geblendet wirst.«

»Lieber von Angst geblendet werden als von ein paar hübschen blauen Augen.«

Gent grummelte verärgert vor sich hin. »Ihre Augen tun nichts zur Sache.«

»Also hast du sie aus reiner Herzensgüte mit uns reiten lassen?« Nun blitzte Belustigung in Leifs Augen auf, kaum zu erkennen im grauen Zwielicht des Morgens.

Gent zuckte mit den Schultern. »Nenn es, wie du willst. Tatsache ist, dass sie ohne unseren Angriff auf das Dorf immer noch im Gefängnis säße.«

»Irgendetwas sagt mir, dass Smilla sehr gut ohne uns zurechtgekommen wäre«, fuhr Leif fort. »Oder willst du mir wirklich weismachen, dass du sie nur mit uns reiten lässt, um sie vor einem schlimmen Schicksal zu bewahren? Du, der gefürchtete *Fürst der Unterwelt*?«

Gent zuckte entnervt mit den Schultern. Er hasste es, wenn Leif den lächerlichen Titel, den ihm das gemeine Volk vor langer Zeit gegeben hatte, gegen ihn verwendete. »Im Grunde ist es nicht anders als damals bei Frigga oder Óinn.«

»Es ist überhaupt nicht so wie bei Frigga und Óinn. Muss ich dich daran erinnern, wie gefährlich es wäre, wenn Smilla gewisse Dinge in Erfahrung bringt? Sie könnte unser aller Untergang sein.«

Gent brummte mürrisch vor sich hin. Leif hatte wirklich ein Talent, ihm den letzten Nerv zu rauben. Auch wenn er es nur gut meinte. »Sie hat um eine Chance gebeten, um sich zu beweisen«, knurrte er. »Und die habe ich ihr gegeben. Das ist mehr, als die meisten Menschen in diesem götterverlassenen Land bekommen. Außerdem hat sie mir das Leben gerettet, schon vergessen?«

»Wie könnte ich das vergessen? Deshalb müssen wir uns jetzt schließlich unsere eh schon mageren Löhne mit einer weiteren Person teilen.« Ein flüchtiges Lächeln erhellte seine sonst so ernsten Züge. Es stand in Kontrast zu seinen barschen Worten. »Du tust zwar so, als hättest du ein Herz aus Stein, aber im Grunde kannst du nicht widerstehen, Leuten in Not zu helfen.«

»Leuten, die dafür bezahlen. Nicht einfach jedem dahergelaufenen …«

»Versuch nur weiter, dich herauszureden.« Obwohl Gent seinen Blick mied, spürte er, wie Leif ihn von der Seite musterte. Leicht amüsiert und viel zu selbstgefällig. »Die anderen magst du täuschen, aber ich weiß, dass du eine Schwäche für heimatlose Streunende hast. Sieh uns nur an!« Mit einer weitausholenden Bewegung deutete er auf die Truppe, die keine Notiz von den beiden nahm. Mit grimmigen Mienen hingen alle ihren eigenen Gedanken nach. »Ein besseres Beispiel für einen Haufen einsamer Seelen, die zu einer Familie geworden sind, habe ich noch nicht gesehen.« Er wurde wieder ernster. »Und gerade weil wir so eine eingeschworene Gemeinschaft sind, gehst du ein Risiko ein, wenn du Fremde aufnimmst. Du weißt nichts über sie. Kannst ihr unmöglich vertrauen.«

Gent verdrehte die Augen. »Am Anfang konnte ich keinem von euch Tölpeln vertrauen, aber ihr habt euch mein Vertrauen und meinen Respekt verdient. Ich lasse nicht jeden der Wilden Jagd beitreten, das weißt du genau. Nur Personen, die uns nützlich werden könnten. Und in Smilla sehe ich Potenzial. Genau wie ihr alle, hat sie ein Recht, sich mir zu beweisen.«

»Ach ja? Ich sehe bereits, welchen *Nutzen* Smilla für dich haben wird.« Spöttisch zog Leif die buschigen Brauen zusammen.

Gent schlug mit der Faust nach ihm, doch sein alter Freund wich ihm mühelos im Sattel aus. Er lachte leise, wurde jedoch schnell wieder ernst. »Ich weiß, dass ich dich von nichts abbringen kann, das du dir in den Kopf gesetzt hast. Ich will ja bloß, dass du vorsichtig bist. Smilla kommt mir nicht wie eine Streunerin vor. Sie wirkt eher, als wüsste sie sehr genau, wohin sie unterwegs ist. Und als würde sie vor nichts zurückschrecken, um ihr Ziel zu erreichen.«

Bei seinen Worten kroch ein kalter Schauer über Gents Wirbelsäule. Geschmolzene Flocken tropften ihm auf die Nase, als er unter dem Kapuzenrand hervorspähte, um einen Blick in Smillas Richtung zu werfen.

Sie saß weit vornübergebeugt auf dem Rücken der Fuchsstute und hatte sich sein Wolfsfell bis zu den Ohren gezogen. Das schwarze Haar klebte ihr an Stirn und Wangen und sie blinzelte sich alle paar Sekunden Schnee aus den Augen. Trotz des sich stetig verdunkelnden blauen Flecks auf ihrer Wange und der tropfenden roten Nase verschlug ihm ihr Anblick den Atem. Wie Leif gesagt hatte, strahlte sie eine Entschlossenheit aus, die jeden anschrie: *Egal, welche Hürden du mir in den Weg legst, ich werde sie alle überwinden.* Er hoffte, nie gegen sie antreten zu müssen, denn im Kampf musste sie unerbittlich sein.

Als Smilla plötzlich den Blick hob, konnte Gent nicht schnell genug wegsehen und so erwischte sie ihn beim Starren. Sie verengte die Augen, legte den Kopf leicht schief. Seine Wangen wurden heiß, doch er hielt ihrem Blick stand. Einen Moment lang verebbte der tosende Wind. Gent spürte das Stechen der eiskalten Tropfen und den warmen Pferdekörper unter sich nicht mehr. Da waren nur ihre blauen Gletscheraugen und sein Atem, der plötzlich schneller ging, während sie einander musterten.

Smilla riss sich als Erste los. Sie hob den Blick zum Himmel, als hätte dort etwas ihre Aufmerksamkeit erregt. Gerade als sich Gent wieder Leif zuwenden wollte, um ihm zu sagen, dass er Jofur längst auf sie angesetzt hatte, wurde die frühmorgendliche Stille von einem Ruf zerrissen. Andórrs alarmierte Stimme dröhnte über das weite Feld. »Walküren!«

KAPITEL 5
GENT

Gent riss den Kopf in den Nacken. Hektisch blickte er hin und her. Und dann sah er sie.

Sechs schwarze Silhouetten, die sich kaum von der grauen Wolkenmasse abhoben.

Noch waren sie weit entfernt. Nicht viel größer als Raben. Doch sie näherten sich rasend schnell.

Einen Wimpernschlag lang konnte Gent keinen klaren Gedanken fassen. Dafür pochte sein Herz auf einmal zu schnell, das Blut rauschte ihm zu laut in den Ohren. Beim Bart des Einäugigen! Sein Plan war nicht aufgegangen. Das Feuer im Dorf musste die Kreaturen angelockt, aber ihren Blutdurst nicht gestillt haben, wie er ursprünglich gehofft hatte. Nun hätte er sich dafür ohrfeigen können, dass er seine Truppe mit diesem götterverfluchten Auftrag in Gefahr gebracht hatte. Doch die Moral war am Tiefpunkt gewesen. Sie hatten dringend mal wieder einen Sieg gebraucht. Und eine halbwegs passable Bezahlung. Das hatten sie jetzt davon.

Als die anderen wild durcheinanderriefen, erinnerte sich Gent wieder an seine Pflichten. Er schüttelte den Kopf und kehrte in die Gegenwart zurück. »Ausschwärmen! Schutz suchen!« *Kämpfen ist zwecklos*, fügte er in Gedanken hinzu, während er Grim die Sporen gab und auf ein nahes Gestrüpp zuhielt.

Grim war so gut ausgebildet und kampferprobt, dass er sich neben ihm zu Boden fallen ließ, sobald Gent im Schutz der dornigen Zweige von seinem Rücken gesprungen war. Während sich beide auf den schlammigen Boden pressten, galten Gents Gedanken seinen Leuten. Hoffentlich hatten alle ein Versteck gefunden. Hoffentlich war niemand zurückgeblieben. Hoffentlich entdeckten die Walküren sie nicht. Gent betete nicht – niemals –, doch er wiederholte diese Gedanken ununterbrochen, bis schließlich Schatten von oben auf das schneebedeckte Feld fielen.

Mit angehaltenem Atem spähte er zwischen den dornigen Zweigen hindurch. Noch konnte er nichts als dunkle Schwingen weit oben am Himmel erkennen. Es hätten Vögel sein können, doch Gent wusste es besser.

Von allen Kreaturen Middangards hasste er Walküren am meisten. Er hasste es, sich verstecken zu müssen. Hasste es, sich so schwach zu fühlen. Und doch wusste er aus Erfahrung, dass Waffen gegen diese Biester nutzlos waren. Wie von selbst wanderten seine Finger zu der Narbe an seinem Nacken. Ein Schnitt, so tief, dass ihm beinahe der Kopf abgetrennt worden wäre. Mit einem einzigen Krallenhieb.

Gent schloss beide Hände um den Stiel seiner Axt und ließ den Drang, sich den Kreaturen entgegen jeder Vorsicht im Kampf zu stellen, über sich hinwegbranden. Mit den Augen verfolgte er den Flug der finsteren Gestalten. Schwingen so breit, dass sie bald sein gesamtes Sichtfeld einnehmen würden. Schwarz gefiederte Gliedmaßen, die in rasiermesserscharfen Klauen endeten. Langes Haar, das im Wind flatterte. Ein heiserer Schrei, der die frühmorgendliche Stille zerschnitt wie eine Klinge.

Noch flogen sie so hoch oben, dass sie nicht klar zu erkennen waren. Trotzdem hörte er ihre mächtigen Flügelschläge und kehligen Rufe.

Langsam verloren die Walküren an Höhe. Mit jedem Atemzug packte Gent die Axt fester. Der Blutdurst wuchs in ihm heran, bis er kurz davor war, aus dem Gebüsch zu springen und sich ihnen brüllend entgegenzustellen.

Sie kreisten nun über seinem Versteck. *Kommt schon, ihr götterverfluchten Geschöpfe*, lockte er sie in Gedanken. *Kommt und lernt meine Axt kennen.* Gleichzeitig fühlte er sich wie gelähmt vor Angst um die anderen. Würde auch niemand etwas Törichtes anstellen? Frigga konnte sich nicht beherrschen, wenn der Kampfesrausch sie einmal gepackt hatte. Bei Óinn war es eher Neugier, die ihn aus seinem Versteck treiben könnte. Und Andórr vergaß alle Vorsicht, wenn Jofurs Leben in Gefahr geriet. Gut, dass sich Letzterer gegenwärtig weit entfernt befand, um ihre Belohnung einzustreichen.

Doch es war nicht nur Andórr, der sein Leben, ohne zu zögern, aufs Spiel setzen würde. Gent wusste, dass jedes einzelne Mitglied seiner Truppe die anderen bis auf den Tod verteidigen würde. Das hatten sie einander über die Jahre schon oft bewiesen. Alle außer Smilla …

Smilla! Mit einem Ruck richtete Gent sich auf. Auch sie stand nun unter seinem Schutz. Zumindest bis er entschieden hatte, ob sie bei der Wilden Jagd bleiben durfte. Was, wenn sie nicht schnell genug reagiert hatte? Wenn sie nun die perfekte Zielscheibe für die grausamsten Wesen Middangards abgab?

Er sah sich in alle Richtungen um, konnte aber durch das verfluchte Gestrüpp kaum etwas erkennen. Als ein schrilles Kreischen ertönte, blickte er auf. In seiner Hast hatte er sich zu hoch aufgerichtet. Eine Walküre hatte ihn entdeckt.

Schwarzgefiederte Flügel mit blutroten Spitzen rasten im Sturzflug auf sein Versteck zu. Die aufgehende Sonne, die gerade über den Horizont lugte, blendete ihn. Er sah nichts als funkelnde Krallen, die sich auf ihn niedersenkten.

Einen Wimpernschlag lang zögerte Gent. Es wäre fast schon zu einfach, sich zu ergeben. Innerhalb von Sekunden wäre es vorbei. Schnell. Beinahe schmerzfrei. Die Sehnsucht bäumte sich in ihm auf, wurde übermächtig. Dann wäre endlich Ruhe in seinem Kopf.

Neben ihm stieß Grim ein Schnauben aus. Gent fuhr herum. Das Pferd rollte panisch mit den Augen. Todesangst funkelte darin. Eine Empfindung, die Gent fremd und doch schmerzlich vertraut war. Instinktiv packte er seine Axt fester. Die Zeit für Entscheidungen war abgelaufen. Krallen blitzten im fahlen Morgenlicht. Beinahe wurde er vom Sturm der mächtigen Schwingen niedergedrückt. Der Gestank nach Tod und Verderben brannte sich in seine Nase. Gent holte aus, bereit zuzuschlagen und das Monster nach Helheim zu befördern, wo es hingehörte.

Da wurde der Boden von einer Explosion erschüttert. Gent spürte das Beben, bevor er den Knall hörte. Die Walküre kreischte so laut, dass er beinahe die Axt fallen gelassen hätte, um sich die Hände auf die Ohren zu pressen. Ein heftiger Windstoß blies ihm das Haar aus dem Gesicht, als die Kreatur kräftig mit den Flügeln schlug, um ihren Sturzflug abzufangen.

Gent blinzelte zu ihr auf. Das Wesen hatte den Kopf in die andere Richtung gedreht. Mit mächtigen Schwingenschlägen entfernte es sich von ihm, um seinen Schwestern nachzufliegen, die bereits abgedreht hatten, um dem Lärm auf den Grund zu gehen. In der Ferne stieg Rauch auf. Nicht weit entfernt von dem Dorf, das Gent und seine Leute gerade erst in Brand gesetzt hatten.

Jofur. Gent hatte keinen Zweifel daran, dass sein bester Späher die Walküren in ihre Richtung fliegen sehen und die Wilde Jagd gerettet hatte. Stumm schickte er ein *Danke* in Jofurs Richtung und hoffte, dass dieser längst über alle Berge war, nachdem er die Aufmerksamkeit der Walküren erregt hatte.

Still saß Gent da und blickte den Silhouetten nach, bis sie nicht viel mehr als schwarze Flecken am stetig heller werdenden Morgenhimmel waren. Erst dann ließ er seine Axt sinken, fast schon enttäuscht, dass es nicht zum Kampf gekommen war. Dann gäbe es jetzt vielleicht ein paar Monster weniger, um die er sich Sorgen machen musste. Doch der Rest der Wilden Jagd hätte den Kampf möglicherweise nicht überlebt.

Der Gedanke an seine Truppe riss Gent aus seiner düsteren Stimmung. Nachdem er die Axt auf seinem Rücken verstaut hatte, kämpfte er sich aus dem Gestrüpp. Dornen griffen nach seiner Kleidung, seiner Haut, seinem Haar. Er bemerkte die brennenden Schnitte kaum, musste sich dringend vergewissern, dass es den anderen gut ging.

Zuerst sah er Leif. Sein ältester Freund trat hinter den Überresten eines halb verkohlten Baums hervor, der einst vom Blitz getroffen worden sein musste. Ein miserables Versteck, doch wie Gent ihn kannte, hatte Leif sich erst einen Unterschlupf gesucht, nachdem er sichergestellt hatte, dass die anderen in Sicherheit waren. Alle, außer Smilla natürlich.

Eilig ließ Gent den Blick über die Truppe schweifen. Frigga wühlte sich einarmig aus einer Schneewehe, Andórr krabbelte aus einem anderen Busch. Óinn hatte sich in einen Fuchsbau gezwängt und schüttelte sich Erde aus dem roten Haar. Gents Herz überschlug sich beinahe, während er sich einmal um sich selbst drehte. Wo war Smilla? Hatten die Walküren sie erwischt? Die Vorstellung war wie ein Stich in die Brust. War Smillas Zeit bei der Wilden Jagd vorbei, bevor sie begonnen hatte?

Doch da entdeckte er weit aufgerissene blaue Augen, die zwischen Dornenzweigen hindurchspähten. Winterblasse Haut. Rabenschwingenschwarzes Haar. Smilla kraxelte aus demselben Gebüsch, in dem er Schutz gefunden hatte. Ihr Pferd lag keine fünf Rabenschwingen von Grim entfernt. Beide Tiere richteten sich nun ebenfalls auf und kamen zögerlich hinter Smilla aus dem Versteck getrabt.

Sie klopfte sich Schnee von der Kleidung und begegnete schließlich Gents Blick. Fragend hob sie die Brauen. Wie von selbst trat er einen Schritt auf sie zu, wollte sich unbedingt vergewissern, dass ... Abrupt blieb er stehen. Was war in ihn gefahren? Es war offensichtlich, dass Smilla unversehrt war. Sie musterte ihn hingegen von Kopf bis Fuß, als wollte sie ebenfalls sichergehen, dass es ihm gut ging. Eine gefühlte Ewigkeit verstrich, während sie einander mit Blicken maßen. Schließlich räusperte sich jemand – es musste Leif sein – und Gent riss sich endlich von Smillas Anblick los.

»Sind alle unversehrt?« Seine Stimme klang seltsam rau.

»Ja, aber das war knapp.« Frigga strich über die Peitsche an ihrer Hüfte. Sie wirkte beinahe ebenso enttäuscht darüber wie er, dass ihnen ein Kampf durch die Lappen gegangen war.

Die anderen nickten zustimmend. Niemand war verletzt worden. Erleichtert atmete Gent aus. Das Lächeln auf Andórrs Lippen verriet ihm, dass er ebenfalls wusste, wem sie die Explosion zu verdanken hatten.

»Was steht ihr dann so rum?«, blaffte Gent. »Wartet darauf, dass die Walküren zurückkommen, was?«

»Ja!« Andórr ließ seine Fingerknöchel knacken. »Damit wir diese Monster nach Helheim schicken können.«

Die anderen lachten und Gent wäre fast mit eingefallen. So absurd war der Gedanke, freiwillig einen Kampf mit Walküren anzuzetteln – geschweige denn zu überleben. Als sein Blick wieder zu Smilla huschte, blieb ihm das amüsierte Glucksen jedoch im Hals stecken. Sie lachte nicht, umklammerte die Zügel ihrer Fuchsstute stattdessen so fest, dass ihre Fingerknöchel weiß hervortraten.

Eilig wandte Gent sich ab. Er hatte jetzt keine Zeit, sich darüber zu wundern, was es mit ihrer heftigen Reaktion auf Andórrs Worte auf sich hatte. Er hatte seine Truppe zu befehligen.

»Aufsitzen!«, knurrte er. »Bewegt euch! Früher oder später werden wir schon noch die Gelegenheit bekommen, ein paar Walküren zu erlegen.«

KAPITEL 6

Mitten in der Nacht torkelte ein Mann aus einer Schenke. Kurz musste er sich an der Hauswand abstützen, da sich alles drehte. An diesem Abend hatte er schlechte Nachrichten erhalten. Sehr schlechte Nachrichten. Der Versuch, seine Furcht vor der Zukunft in Met zu ertränken, war fehlgeschlagen.

Kurz schloss er die Augen und ließ die kühle Nachtluft über sein Gesicht streichen. Musik und Gelächter drangen an seine Ohren, als die Tür hinter ihm geöffnet wurde. Jemand trat aus der Schenke, schwaches Licht sickerte durch die Öffnung nach draußen. Der Mann taumelte weiter, tastete sich im Halbdunkel an der Steinwand des Gasthauses entlang. Dann bog er um die Ecke, die Tür schlug wieder zu und er wurde von der Dunkelheit verschluckt.

In der verlassenen Gasse, in der er sich nun befand, war es noch kühler. Der Gestank von Erbrochenem verätzte ihm die Nasenlöcher. Er würgte, hatte sich jedoch schnell wieder im Griff. Mit fahrigen Bewegungen öffnete der Mann seine Hose und erleichterte sich an der Hauswand. Er wollte fort von hier. Fort von dem Gelächter, das aus den dünnen Fensterscheiben der Schenke drang. Fort von dem Gestank dieser Stadt. Doch bevor er aus der Gasse verschwand, lehnte er seine Stirn für einen Moment gegen die kühle Steinwand. Als er die Augen schloss, sah er wieder den mit dunklen Tüchern verhangenen Hinterraum der Schenke vor sich. In seinen Ohren hallten die Worte wider, die ihn an diesem Abend an die Bar getrieben hatten.

»Du hast die Wahl. Sie oder du.«

Die Worte, die angeblich sein Schicksal besiegelten. Er konnte es nicht glauben. Wollte es nicht glauben.

Ein kaum wahrnehmbares Geräusch ließ ihn die Augen aufreißen. Aus den Schatten tasteten flinke Finger nach seiner Geldbörse. Beinahe hätte er es nicht bemerkt. Doch dann klimperte es leise und der Mann fuhr herum. Orientierungslos stieß er seine Faust in die Dunkelheit. Seine Fingerknöchel trafen auf Widerstand. Ein erstickter Schrei ertönte, gefolgt von einem dumpfen Schlag.

Da öffnete sich die Tür zum Schankraum erneut, sodass ein wenig Licht in die Gasse fiel. Als sich der Mann über die reglose Gestalt am Boden beugte, erkannte er, dass es eine Frau war. So jung, dass sie kaum als Frau durchging. Verblüfft beugte er sich weiter vor, verlor beinahe das Gleichgewicht.

Eine Kette aus Knochen zierte den Hals der Frau, die sie unter einem dicken Wolltuch zu verbergen versuchte. Im fahlen Licht blitzte etwas in ihrer reglosen Hand auf. Ein Messer. Mit einem Knochenheft. Und ihr Haar ... Unter dem Tuch und der Dreckschicht, die ihre Haut und Kleidung überzog, war es gerade noch erkennbar: Weiß. Weiß wie das einer Hexe.

Der Mann schauderte. Eiseskälte lähmte ihn. Plötzlich war sein Kopf völlig klar. In diesem Moment schienen sich seine Ängste zu bewahrheiten. Wie knapp war er dem Tod soeben entronnen?

Wenn diese Frau das Bewusstsein zurückerlangte, musste er weit fort sein. Oder ... Es gab noch eine andere Möglichkeit. Der Mann zögerte, sah sich in der Gasse um. Gelächter drang aus der offenen Tür, doch hier war niemand zu sehen. Konnte er es wagen? Womöglich war dies der einzige Weg, sein Schicksal abzuwenden. Und doch war da eine Stimme in seinem Inneren, die ihn anflehte, es nicht zu tun.

Sie oder ich, *hätte er dieser Stimme am liebsten zugerufen.*

Die Frau am Boden stöhnte leise. Ihre Lider flatterten. Der Mann zuckte zusammen. Schließlich war es die Furcht, die ihn alle Vorbehalte vergessen ließ. Er musste sich selbst wählen. Denn in seinem Leben hatte sich niemand sonst je für ihn entschieden.

Hastig löste er das Messer aus den schlaffen Fingern der Frau und riss ihr die Kette vom Hals. Kurz zögerte er, während er die junge Frau musterte, die nun die Stirn runzelte, die Augen aber noch geschlossen hielt. Wie so viele Middangarder war sie wahrscheinlich in der Gosse aufgewachsen und würde auch dort enden. Mitleid wollte ihn überkommen, doch dann fiel sein Blick auf die Knochenkette in seiner Hand. In den falschen Händen war sie eine gefährliche Waffe. Er warf sie zu Boden und trat darauf, bis es knirschte.

Das Knochenmesser in seiner anderen Hand flüsterte ihm zu, dass es so einfach wäre. Die Frau hatte ihn schließlich auszurauben versucht. Er musste sich schützen. Und wenn ein anderer sie als Hexe entlarvte, würde sie vermutlich ein viel grausamerer Tod ereilen. Es war absurd, was Menschen taten, wenn sie von Angst getrieben wurden.

Der Mann schluckte, beugte sich dichter über die Frau. Mit einer einzigen raschen Bewegung schnitt er der bewusstlosen Diebin die Kehle durch.

So tötete der Schlächter seine erste Hexe. Das Knochenmesser wurde zu seinem Schutz vor dem Schicksal. Und jedes Mal, wenn sich eine weitere Hexe in seiner Nähe aufhielt, fiel sie seiner Klinge zum Opfer.

Sie oder ich, *sagte er sich jedes Mal, wenn ihn die Schuldgefühle zu übermannen drohten.*

KAPITEL 7
SMILLA

Als Smilla erwachte, brauchte sie einen Moment, um sich zu orientieren. Blasses Morgenlicht drang durch Ritzen zu ihr herein und Schatten tanzten auf dem straff gespannten Stoff über ihrem Gesicht. Waren das … Äste?

Langsam sickerte die Erinnerung in ihr Bewusstsein. Die Gefängniszelle. Der Angriff auf das Dorf. Eine Truppe bis an die Zähne bewaffneter Söldner. Ein Rabe. Blut im Schnee. Geflügelte Schemen vor einem grauen Morgenhimmel. Hasserfüllte Fratzen und scharfe Klauen.

Der Schreck des Walkürenangriffs saß ihr noch tief in den Gliedern. So nah war sie den göttlichen Wesen bisher nie gekommen. Die Geschichten, die über sie in Umlauf waren, hatten nicht übertrieben. Es war, als würde man dem eigenen Tod ins Antlitz blicken. Doch kurz bevor eine der Kreaturen Smillas Versteck entdeckt hatte, waren sie davongeflogen. Abgelenkt von einer Explosion. In der Nähe des Dorfs.

Schaudernd rieb sich Smilla über das Gesicht, als sie an die unschuldigen Dorfbewohner dachte. An die Furcht, die sie gelähmt haben musste, als sich die Schatten aus der Luft im Morgengrauen auf sie stürzten, kurz nachdem sie aufgrund des Angriffs der Wilden Jagd bereits Haus und Hof verloren hatten.

Es war Smilla zuwider, mit diesen Söldnern unterwegs zu sein. Und doch musste sie sich anstrengen. Sich beweisen. Eine von ihnen werden. Nicht nur musste sie das Vertrauen dieser Leute gewinnen, sondern dabei auch noch ihr Geheimnis wahren. Ein schier unmögliches Unterfangen. Aber ein notwendiges Übel, um ihr Ziel zu erreichen.

Smilla schüttelte den Kopf, um die düsteren Gedanken zu vertreiben, und setzte sich auf, so gut es in dem engen Zelt ging. Erfolglos versuchte sie, ihre wirren Haare zu bändigen. Die schwarzen Strähnen fühlten sich selbst nach vier Monaten immer noch falsch an.

Mühsam schlüpfte sie in ihre Stiefel. Nach zwei Tagen und einer Nacht war ihr Körper wund vom Reiten und ihre Laune am Tiefpunkt. Gent hatte sie alle hart rangenommen. Vermutlich, um keinen weiteren Zusammenstoß mit den Walküren zu riskieren. Wenigstens hatte Smilla sich mit ihrer fuchsroten Stute angefreundet – was sie vom Rest der Truppe nicht behaupten konnte. Niemand hatte in den letzten Tagen mehr als das Nötigste mit ihr gesprochen. Nur Jofur hatte von Anfang an ein Lächeln für sie übrig gehabt. Gent hatte ihn jedoch fortgeschickt und er war bisher nicht zurückgekehrt.

Mit vor Kälte steifen Fingern schob Smilla den klammen Stoff am Eingang beiseite und kletterte aus dem Zelt. Sie erinnerte sich kaum daran, es am Abend zuvor aufgebaut zu haben. Nachdem sie etwas getrunken und gegessen hatte, war sie hineingekrochen und sofort in einen tiefen, erschöpften Schlaf gefallen, während die anderen am Feuer zusammengesessen hatten.

Zitternd rieb Smilla die Hände aneinander und sah sich im Lager um. Ihr frostiger Atem tanzte vor ihrem Gesicht. Das Gras war weiß vom Reif. Bei jedem Schritt knirschte und knackte es. Sie befanden sich am Ufer eines zugefrorenen Flusses, umgeben von knorrigen Kiefern. Eiszapfen hingen von den Ästen und funkelten im grauen Morgenlicht. Neben ihrem zählte Smilla vier Zelte, die in einigem

Abstand um die Feuerstelle herum standen. Obwohl sich ihre Gedanken vor Müdigkeit zäh und klebrig anfühlten, stutzte Smilla. Selbst wenn Jofur nach wie vor fehlte, müsste es neben ihrem doch fünf Zelte geben. Suchend sah sie sich um.

Da entdeckte sie die einsame Gestalt in der Nähe der schwelenden Glut. Gent hatte sich auf einer dünnen Bastmatte ausgestreckt und die Beine an den Knöcheln übereinandergeschlagen. Das schwarze Haar fiel ihm offen bis auf die Schultern.

Hatte er die letzte Wache übernommen? Nein, das erklärte nicht, dass ein Zelt fehlte. Und sicher würde der Befehlshaber während seiner Wache kein Nickerchen halten. Er musste unter freiem Himmel geschlafen haben. Ohne Decke oder Felle, um sich warm zu halten oder sich vor der allgegenwärtigen Feuchtigkeit zu schützen. Die dünne Matte sah recht unbequem aus und er hatte nicht einmal seine Stiefel ausgezogen, um es sich gemütlicher zu machen.

Verwundert runzelte Smilla die Stirn. Seit ihrer ersten Begegnung war Gent ein Mysterium für sie. Mit seiner grimmigen, verschlossenen Art wirkte er, als wäre er wahrhaftig die Figur aus den Legenden, die sich in ganz Middangard über ihn erzählt wurden. Unnahbar. Geheimnisumwoben. Gefährlich.

So leise wie möglich wagte sich Smilla näher an ihn heran. Er atmete gleichmäßig. Eiskristalle hatten sich in seinen schwarzen Bartstoppeln gebildet. Seine Haut war ein wenig dunkler als die der meisten Middangarder im Winter. Smilla fragte sich, woher er wohl kam. Wie er zum Anführer der berüchtigtsten Söldnertruppe des Landes geworden war. Und ob er im Kampf wirklich so gnadenlos war, wie man sich erzählte.

»Gefällt dir, was du siehst, Smilla aus Isgard?«, fragte Gent, ohne die Augen zu öffnen.

Smilla zuckte zusammen. Bei der Großen Mutter, sie musste unbedingt vorsichtiger sein, wenn sie nicht bereits nach zwei Tagen entlarvt werden wollte.

»Dir auch einen guten Morgen«, entgegnete sie sarkastisch und setzte sich ihm gegenüber ans Feuer. Dabei entwich ihr ein leises Stöhnen, als ihre steifen Oberschenkel protestierten.

Gent öffnete ein Auge. »Götterfluch?«

Smilla presste die Lippen aufeinander. Sie würde ihm nicht verraten, dass ihre Beine und ihr Hinterteil nach dem langen Ritt wie Feuer brannten, was in Middangard allgemein als *Götterfluch* bekannt war. »Wohin sind wir unterwegs?«, sagte sie stattdessen. Eine Frage, die sie sich bereits seit ihrem Aufbruch stellte.

»Lass das mal meine Sorge sein.« Gent schloss das Auge und verschränkte die Arme hinter dem Kopf.

Er vertraute ihr nicht. Natürlich nicht. Von der gesamten Truppe würde er am schwierigsten zu knacken sein. Doch wenn sie ihn für sich gewinnen konnte, würden auch die anderen nachziehen. Bis dahin war es jedoch noch ein langer Weg. Niemand hatte sie zur Nachtwache geweckt. Niemand hatte ihr bisher Beachtung geschenkt. Trotzdem hatte Smilla das Gefühl, ständig unter Beobachtung zu stehen. Das würde sich ändern müssen, wenn sie Erfolg haben wollte.

Darum bemüht, ihren inneren Aufruhr zu verbergen, stocherte Smilla mit einem Ast in der Glut herum. Durch die Wärme kribbelten ihre Finger angenehm. Doch das rote Glühen erinnerte sie an brennende Hütten und Todesschreie. An eine andere Siedlung tief in den nördlichen Wäldern, die vor vier Monaten ebenfalls in Flammen gestanden hatte. An den Gestank von verbrannter Haut. An Ruß auf ihren Wangen, Rauch in ihrer Lunge und das Gefühl, alles verloren zu haben, was sie je geliebt hatte.

Der Stock brach entzwei. Ihr war nicht aufgefallen, wie fest sie ihn umklammert hatte. Eilig blinzelte sie die aufsteigenden Tränen fort und atmete tief durch. »Was hattet ihr in dem Dorf zu suchen?« Die Worte waren heraus, bevor sie sie zurückhalten konnte.

Gent grunzte etwas Unverständliches und setzte sich auf. In aller Ruhe band er sich die vorderen Haarsträhnen zu einem Knoten am Hinterkopf zusammen, bevor er den Blick aus seinen dunklen Augen auf sie richtete. »Wir sollten die Dörfler erschrecken. Sie haben seit Monaten keine Steuern gezahlt und der örtliche Jarl wollte, dass wir ein paar Häuser niederbrennen. Eine Warnung, nichts weiter. Es war *ihr* Fehler, dass sie uns angegriffen haben.«

»Ist das so?« Smilla warf die Bruchstücke des Stocks so heftig ins Feuer, dass Asche aufgewirbelt wurde. »Also haben es sich die Dörfler selbst zuzuschreiben, dass sie ihre Häuser verloren haben? Dass ihr ihnen den einzigen Besitz genommen habt? Mitten im Winter. Nur weil sie sowieso bereits nicht genug haben, um ihrem Jarl Tribut zu entrichten?«

Gent musterte sie mit hochgezogenen Brauen. »In den Augen des Jarls *haben* sie es sich selbst zuzuschreiben. Wenn du mich fragst …« Er zuckte mit den Schultern. »Es ist nicht meine Aufgabe, Fragen zu stellen. Wir arbeiten für den Höchstbietenden. Gingen wir dabei nach Moral und Anstand, bekämen wir keine Aufträge.«

»Und ich dachte, ihr jagt bloß Kreaturen, keine Menschen. Mein Fehler.« Smilla winkte ab, ließ Gent jedoch nicht aus den Augen. Sie hatte sehen wollen, wie viele Informationen sie aus ihm herauskitzeln konnte, doch dabei hatte sie offenbar unerwartet einen Nerv getroffen.

Sein Blick bohrte sich in ihren. »Wenn du ein Problem mit Aufträgen dieser Art hast, dann bist du bei uns falsch. Muss ich mir Sorgen darüber machen, dass dir dein weiches Herz im Weg stehen wird?«

Smilla funkelte zurück. »Lieber ein weiches Herz als ein gefrorenes.«

»Wie bitte?« Ein warnender Unterton schlich sich in Gents raue Stimme. Sie war zu weit gegangen, hatte ihre Gefühle nicht im Griff gehabt. Aus irgendeinem Grund fiel es ihr in seiner Gegenwart schwerer, nicht zu viel von sich preiszugeben.

Mehrere Herzschläge lang erwiderte sie seinen Blick. Er hatte die Brauen drohend zusammengezogen, seine Augen funkelten so schwarz wie das Tor nach Helheim. Etwas darin rief Smilla zu sich. Ein Sog, dem sie sich nicht entziehen konnte. Erst als in den Zweigen über ihnen ein Rabe krächzte, brach der Bann. Smilla blinzelte mehrmals und wandte dann den Blick ab. Sie musste sich an ihren Plan erinnern. An ihr Ziel.

»Nichts«, antwortete sie zähneknirschend. »Ich werde deine Führung nicht wieder infrage stellen.«

»Gut. Ich habe mich nämlich schon gefragt, wo deine Loyalitäten liegen.«

Innerlich schnaubte sie verächtlich. Keiner dieser Söldner besaß auch nur einen Funken Loyalität. Wahrscheinlich würden sie einander an den Höchstbietenden verraten, ohne mit der Wimper zu zucken.

Gent schwieg einen Moment, während er sie eindringlich musterte. Smilla bemühte sich um eine ausdruckslose Miene. »Wir tun, was wir tun müssen, um zu überleben«, fügte er schließlich leiser hinzu. »Wie jeder in diesem götterverlassenen Land.«

Die Härte, die dabei in seinen Blick kroch, ließ Smilla

schaudern. Der Titel *Fürst der Unterwelt* kam nicht von irgendwoher. Einmal mehr fragte sie sich, ob Gent sich seines fast schon legendären Rufs bewusst war. Und ob es ihn kümmerte. Die Frage lag ihr bereits auf der Zunge, da raschelte es hinter ihr.

Eine Zeltklappe öffnete sich, dann ertönten knirschende Schritte im gefrorenen Gras. Leif, Gents rechte Hand, bedachte Smilla mit einem eisigen Blick, bevor er sich so weit wie möglich von ihr entfernt am Feuer niederließ.

Die beiden Männer begannen ein einsilbiges Gespräch, während Smilla Leif unauffällig von der Seite musterte. Den geflochtenen Bart. Die stechenden grauen Augen, denen nichts zu entgehen schien. Was hatte es mit seiner offenen Feindseligkeit ihr gegenüber auf sich? Während die anderen sie ignorierten, gab er ihr unverhohlen zu spüren, wie wenig er von ihrer Anwesenheit hielt. Sie würde auf der Hut sein müssen, falls er plante, sie aus dem Weg zu räumen, bevor sie eine von ihnen werden konnte. Wenn es sein musste, würde sie nicht davor zurückschrecken, ihn auszuschalten. Alles, um ihr Geheimnis zu wahren. Die Rattenknochen in ihrer Brusttasche fühlten sich auf einmal bleischwer an.

Nach und nach gesellten sich die Mitglieder der Wilden Jagd zu ihnen. Gent sprach kein weiteres Wort mit Smilla, doch dann und wann spürte sie seinen Blick auf sich, während sie ein kaltes Frühstück aus hartem Brot und Trockenfleisch zu sich nahmen.

Nach dem Essen machten sich alle daran, das Lager abzubauen. Die anderen gingen mit geübten Handgriffen vor, während Smilla versuchte, mit ihnen Schritt zu halten. Nachdem sie es schließlich geschafft hatte, ihr Zelt zu einem unordentlichen, aber handlichen Haufen zu verknoten, schleppte Smilla es zu der Fuchsstute, die sie Tófa getauft hatte. Dort traf sie den schlaksigen Mann mit dem kupferfarbenen Haar und dem Gesicht voller Sommersprossen. Aus der Nähe erkannte sie, dass er Vogelfedern, Perlen und Lederbänder in sein rötliches Haar geflochten hatte. Er hatte ihr den Rücken zugewandt und war dabei, Tófas Mähne neu zu flechten. Neugierig sah sie ihm einen Moment dabei zu, bevor sie begann, ihr Bündel, mehr schlecht als recht, auf dem Rücken der Stute zu befestigen. Wie die anderen beachtete auch er sie nicht weiter, bis sie sich schließlich an ihn wandte. »Was machst du da? Óinn, richtig?«

Er nickte, ohne den Blick von seiner Arbeit zu lassen. »Ich flechte die Mähnen aller Pferde neu, bevor wir losreiten.« Mit dem Kinn deutete er auf die übrigen Tiere, während seine Finger wie von allein fortfuhren, Tófas Mähne zu flechten. Tatsächlich erkannte Smilla, dass von jedem Pferdehals drei bis vier frische Zöpfe baumelten.

»Und warum?«

»Zu ihrem Schutz«, fuhr Óinn fort. »In den Hügeln, durch die wir heute reiten, hausen Trolle.« Er klang so selbstverständlich, als würden seine Worte die Flechtzöpfe erklären. Smilla musterte ihn mit gerunzelter Stirn, während er sich bereits wieder seiner Arbeit widmete.

»Der Tölpel glaubt, er könnte damit verhindern, dass die Pferde von Trollen gestohlen werden.« Frigga, die einzige andere Frau der Truppe, trat zu ihnen. Wie immer hatte sie ihr kornblondes Haar zu einer makellosen Krone auf dem Kopf geflochten. Mit einem Arm lud sie ihr Gepäck um einiges geschickter auf den Rücken ihres Pferdes, als es Smilla mit zweien gelungen war. »Du wirst dich schon noch an seine seltsamen Rituale gewöhnen.«

»Ich *glaube* es nicht, ich *weiß* es.« Óinns Hand schoss zu dem filigranen Anhänger, den er an einem Lederband um den Hals trug. Das Amulett bestand aus einem Bogen, dessen untere Enden sich überkreuzten und sich wie zwei Widderhörner nach innen hin zu je einem Kreis bogen.

Damit hatte er Smillas Aufmerksamkeit endgültig für sich eingenommen. »Ist das ein Trollkreuz?«, fragte sie überrascht.

Óinn nickte zerstreut.

»Er trägt es schon, seit wir ihn kennen«, antwortete Frigga an seiner statt. »Legt es nie ab, nicht mal zum Baden.«

»Das wäre ja auch ziemlich töricht.« Óinn lachte, als hätte sie einen Scherz gemacht. »Wie sollte ich mich sonst vor Nixen, Quellbachjungfern oder einem Nöck schützen?« Er schüttelte den Kopf. »Mein Trollkreuz ablegen, dass ich nicht lache«, murmelte er zu sich selbst, während er den letzten Zopf flocht.

Frigga verdrehte die Augen. »Wenn du mich fragst, hilft gegen solche Kreaturen nur eins.« Liebevoll tätschelte sie die mit Eisenstacheln besetzte Peitsche an ihrem Gürtel, bevor sie sich abwandte.

Smilla konnte den Blick nicht von Óinns Amulett lassen. Frigga tat es als Aberglaube ab, doch Smilla spürte die Magie, die in kaum wahrnehmbaren Wellen von dem Schmuckstück ausging. Es war mit einem Schutzzauber belegt. Óinn schien Magie nicht nur mehr Respekt entgegenzubringen als die anderen Mitglieder der Wilden Jagd, sondern sie außerdem für sich zu nutzen. Bisher hatte Smilla den stets gut gelaunten, wenn auch leicht zerstreuten Mann nicht als Bedrohung wahrgenommen, doch nun fiel ihr auf, dass er ihr womöglich gefährlicher werden könnte als Leif. Sie musste in Erfahrung bringen, wie viel er über Magie und deren Anwendung wusste. Vielleicht würde sie es ja schaffen, sich mit ihm anzufreunden.

Bevor sie noch etwas zu Óinn sagen konnte, ertönte jedoch Gents brummige Stimme hinter ihnen. »Aufsitzen. Es geht weiter.«

Óinn verharrte noch einen Moment mit der Hand auf Tófas Hals. »Ich sehe heute Abend nach, ob die Zöpfe intakt geblieben sind«, murmelte er. »So kann ihr nichts passieren.«

Smilla fing seinen Blick auf und schenkte ihm ein Lächeln. »Danke, Óinn. Das weiß ich zu schätzen.«

KAPITEL 8
SMILLA

Sie ritten den ganzen Tag ohne Pause. Obwohl Gent ihr nicht verraten hatte, wohin es ging, erkannte Smilla bald, dass sie nach Südosten unterwegs waren.

Graue Wolken zogen rasend schnell über den Himmel. Der eisige Wind fuhr ihr tief in die Glieder. Sie hatte sich Gents Wolfsfell fest um die Schultern geschlungen, doch es half nicht viel.

Je weiter sie vorankamen, desto weniger Schnee bedeckte die umliegenden Hügel. Durch die Schneeschmelze war der Untergrund feucht und schlammig. Bäche waren über die Ufer getreten und hatten sich teils in reißende Flüsse verwandelt. Einige Wiesen befanden sich vollständig unter Wasser, sodass die Truppe sie weiträumig umgehen musste. Die meisten Brücken waren unpassierbar geworden, was Gent zunehmend Schwierigkeiten bereitete, sie zu führen.

Smilla beobachtete mit wachsender Faszination, wie sich die Wilde Jagd verständigte. Durch Blicke, angedeutete Gesten und das ein oder andere Grunzen oder Schnauben änderten sie plötzlich die Richtung oder ließen die Pferde schneller traben. Kaum ein Wort wurde gewechselt, schon gar nicht mit ihr. Mit grimmigen Mienen ritten sie voran, alle in ihren eigenen Gedanken versunken.

Dann und wann kamen sie an halb zerstörten Dörfern vorbei. Als Smilla in klaffende Löcher blickte, wo einst Häuser gestanden hatten, und in sich zusammengefallene Brunnen entdeckte, an denen einst Kinder gespielt haben mussten, schauderte sie. Eine Kälte ergriff Besitz von ihr, die nichts mit dem beißenden Wind und dem Nieselregen zu tun hatte. Gewalt lag in der Luft. Fast hörte sie die verzweifelten Schreie der Menschen, die vergeblich vor dem Tod aus der Luft geflohen waren. Die Zerstörung, die die Wilde Jagd in dem Dorf angerichtet hatte, war nichts im Vergleich zu dieser. Hier hatte es keine Überlebenden gegeben.

Niemand sagte etwas, doch Smilla spürte, dass die Stimmung der anderen mit jeder verlassenen Siedlung, die sie passierten, ebenfalls düsterer wurde. Der Anblick der halb verwesten Leichen, der verstreuten Habseligkeiten und verkohlten Gebäude ließ auch die abgebrühten Söldner nicht kalt. Wie Mahnmale erinnerten sie daran, dass in diesem Land niemand sicher war. Nicht, solange die Walküren ihr Unwesen trieben.

Als sie durch eine größere Siedlung kamen, hallten die Hufe der Pferde gespenstisch auf der gepflasterten Straße. Bald würde die Dämmerung einsetzen. Die Ruinen der Steinhäuser boten zwar Schutz vor dem beißenden Wind, doch Gent ließ die Truppe nicht anhalten. Niemand schien daran interessiert zu sein, an diesem götterverlassenen Ort das Nachtlager aufzuschlagen. Schweigend ritten sie durch die leeren Straßen, die Hände an den Waffen, die wachsamen Blicke gen Himmel gewandt.

Smilla zuckte zusammen, als ein schauriges Quietschen an ihre Ohren drang. Auch Tófa stellte alarmiert die Ohren auf. »Ruhig, meine Schöne.« Sie tätschelte der Stute den Hals, sah sich aber ebenso aufmerksam um. Ihr rasendes Herz beruhigte sich schnell wieder, als sie die Quelle des Geräuschs ausmachte. Ein verrostetes Schild, das schief über einer Ladentür baumelte und vom Wind in Bewegung gebracht wurde. Die verwitterten Buchstaben darauf waren gerade noch zu erkennen. Sie priesen die Dienste einer Seherin an.

GLÜCK. LIEBE. REICHTUM.
FÜR NUR EINEN RABENSILBERTALER VERRATE
ICH DIR, WAS DEINE ZUKUNFT BEREITHÄLT

Augenblicklich wurde Smilla von ihren Erinnerungen überwältigt. Ein Zelt aus straff gespannten, einander überlappenden Tierhäuten. Stickige, von Räucherwerk geschwängerte Luft. Ihr Herz hatte ebenso dumpf in ihrer Brust geschlagen wie in diesem Moment, nur dass es sich damals bei jedem Atemzug so angefühlt hatte, als bohrten sich Splitter hinein. Der Schmerz war so frisch gewesen. Einen ganzen Tag und eine ganze Nacht war sie gerannt. Geflohen. Vor den Flammen und den Schreien ihrer Liebsten. Und als sie schließlich am Ende ihrer Kräfte im Zelt der fahrenden Seherin gesessen und dieser ihre Frage gestellt hatte – die einzige Frage, deren Antwort sie von nun an interessieren würde –, hatte Smilla nicht geweint. Sie hatte keine Tränen mehr übrig gehabt. Nur noch Wut. Und den alles verzehrenden Wunsch nach Rache.

»Der Hexenschlächter«, hatte sie geflüstert. »Wo kann ich ihn finden?«

Nie würde sie die schnarrende Stimme der Seherin vergessen. Wie das Krächzen eines Raben. »Schließe dich der Wilden Jagd an«, hatte sie gesagt. »Sie werden in wenigen Wochen auf den Schlächter angesetzt. Nur, wenn du das Vertrauen der Söldner gewinnst und eine von ihnen wirst, wird der Schlächter schließlich deinetwegen sterben.«

Smilla wurde von Andórrs verächtlichem Schnauben aus ihrer Erinnerung gerissen. »Scharlatanerie und Blendwerk.« Der breitschultrige Krieger spuckte auf die Straße, direkt unter das Schild, das quietschend im Wind schwang.

Smilla zuckte zusammen, als Friggas Peitsche vorschnellte und mit einem gezielten Treffer auch die letzte Öse löste, an der das Schild baumelte. Es krachte zu Boden.

Erschrocken stoben Raben hinter einem leeren Fass auf und erhoben sich in den dunkler werdenden Himmel. Eine Ratte huschte über die löchrige Straße. Dann wurde es wieder still. Nur noch das Klappern der Pferdehufe war zu hören.

Verstohlen musterte Smilla auch den Rest der Wilden Jagd, um ihre Reaktionen auf das Schild der Seherin zu beobachten. Leise murmelnd befingerte Óinn das Amulett um seinen Hals. Leif hatte die buschigen Brauen zusammengezogen. Nur Gent wirkte unbeeindruckt. Auf seinen Zügen zeigte sich die gleiche, an Langeweile grenzende Teilnahmslosigkeit wie immer. Smilla entging jedoch nicht, dass er Leif einen undeutbaren Seitenblick zuwarf.

Vermutlich durfte es sie nicht überraschen, dass die Wilde Jagd eine Abneigung gegenüber Seherinnen hegte. Sie war allerdings bisher davon ausgegangen, dass die Söldnertruppe nur *nichtmenschliche* Kreaturen jagte. Bis heute hatte Smilla Seherinnen nicht dazu gezählt. Im Gegensatz zu denen der Hexen wurden die Fähigkeiten dieser Frauen unter den Menschen nicht gefürchtet, sondern geduldet und vielfach in Anspruch genommen. Zwar nutzten einige Betrügerinnen den Ruf der Seherinnen für sich aus, allgemein handelte es sich aber tatsächlich um Menschenfrauen, die mit der Gabe der Voraussicht geboren worden waren. Eine schwache magische Begabung, die sich weitaus größerer Beliebtheit erfreute als die gefürchtete Knochenmagie der Hexen. Nur offenbar nicht unter den Mitgliedern der Wilden Jagd. Nun, da sie Andórrs und Friggas heftige Reaktion auf ein einfaches Schild erlebt hatte, würde Smilla noch mehr auf der Hut sein müssen als ursprünglich geplant.

Nachdem sie die Siedlung endlich hinter sich gelassen hatten, ritten sie in zunehmender Dunkelheit über eine Wiese voller weiß blühender Winterheide. Gent warf immer wieder besorgte Blicke zum Himmel. Seine Unruhe wirkte sich auf die Pferde und schließlich auch auf Smilla aus. Sie konnte es ebenfalls nicht lassen, den Himmel mit den Augen abzusuchen. Vielleicht hätten sie die Nacht doch zwischen den Ruinen der Siedlung verbringen sollen? Hier waren sie ungeschützt und konnten sich im Falle eines Angriffs nirgendwo verstecken. Gent führte sie jedoch so zielstrebig an, als wüsste er, dass es eine bessere Alternative gab. Smilla blieb keine Wahl, als ihm zu vertrauen, so schwer es ihr auch fiel.

Schließlich ragte vor ihnen ein einzelner zerklüfteter Felsen auf. Von Weitem sah er aus wie eine oben spitz zulaufende Felsformation, doch im Näherkommen erkannte Smilla, dass es sich um das letzte Überbleibsel einer einst mächtigen Festung handeln musste. Übrig war nur noch ein halber Turm, während die umliegende Heide mit zu Boden gestürzten Trümmern übersät war.

Mit der Turmwand im Rücken spannten sie einige Decken über das Lager, um sich vor dem beißenden Wind und Blicken von oben zu schützen. Nachdem sie die Zelte aufgebaut und sich um die Pferde gekümmert hatten, versammelte sich die Truppe ums Feuer. Trotz ihrer bleiernen Müdigkeit und der schmerzenden Beine beschloss Smilla, sich an diesem Abend zu ihnen zu gesellen. Sie brauchte dringend etwas Wärme. Und sie musste anfangen, sich gut mit einigen von ihnen zu stellen. Außerdem hingen Wachteln über dem Feuer, die Óinn zuvor geschossen hatte, und ihr Magen knurrte beim Duft des bratenden Fleischs geräuschvoll.

Als sie sich der Truppe zögerlich näherte, verebbte das Gespräch der anderen. Smilla erstarrte. Noch nie hatte sie sich so ungewollt gefühlt. Doch da fiel ihr auf, dass alle auf etwas starrten, das sich hinter ihr befand.

Andórr sprang auf und rannte an ihr vorbei. Verwirrt

drehte Smilla sich um. Dort stand Jofur, das braune Haar windzerzaust, ein breites Lächeln auf den Lippen. Andórr stürzte sich so überschwänglich auf ihn, dass er Jofur vom Boden hob und ihn mehrmals herumwirbelte, bevor er ihn wieder absetzte und ihm einen innigen Kuss auf den Mund gab.

Smilla versuchte, ihre Überraschung zu überspielen. Auch die anderen erhoben sich, scharten sich um die beiden und begrüßten Jofur mit Umarmungen oder – in Gents Fall – einem unverbindlichen Klopfen auf die Schulter.

Einmal mehr stand Smilla allein da. Abseits vom Geschehen. Eine stille Beobachterin, die nicht dazugehörte. Und das wollte sie auch gar nicht, erinnerte sie sich. Trotzdem versetzte es ihr einen Stich zu sehen, wie herzlich die Truppe einen der ihren begrüßte. Denn einst hatte sie ebenfalls einen Ort gehabt, an dem sie derart geliebt wurde. Auch wenn dieser nun für immer unerreichbar war.

Das Gefühl, nicht dazuzugehören, wurde noch verstärkt, als Jofur grinsend einen prall gefüllten Beutel von seinem Gürtel nahm. Er reichte ihn Gent, der sich zu dem Anflug eines Lächelns hinreißen ließ. »Gute Arbeit, Jofur.« Sogleich setzte sich Gent zurück ans Feuer und begann, das Rabensilber im Beutel zu zählen. Die anderen versammelten sich um ihn und nahmen grölend und lachend ihren Anteil entgegen. Es war nicht viel, nur je ein paar Taler, doch der Stolz über ihre verrichtete Arbeit sprach aus ihren freudigen Mienen.

Auch wenn die verrichtete Arbeit darin bestand, ein halbes Dorf niederzubrennen, dachte Smilla bitter.

Die anderen fragten Jofur über seine Reise aus. Wie immer antwortete er mit verschiedenen Handzeichen, die alle zu verstehen schienen. Niemand würdigte sie eines Blickes, als sich Smilla ihnen erneut näherte. Gerade als sie sich fragte, ob sie sich eine halb durchgebratene Wachtel schnappen und allein in ihrem Zelt essen sollte, blickte Jofur auf. Er rückte ein wenig zur Seite, um ihr Platz am Feuer zu machen, und deutete mit einem Lächeln neben sich.

Smilla ignorierte die verdutzten Mienen der anderen und erwiderte sein Lächeln. »Danke.« Sie setzte sich. »Schön, dass du wieder da bist, Jofur.«

Stille breitete sich aus, nur unterbrochen vom Knistern der Flammen und gelegentlichem Zischen, wenn Fett von den über dem Feuer bratenden Wachteln tropfte. Das Schweigen hielt unangenehm lange an. Schließlich schlug Óinn sich auf die Schenkel und erhob sich. »Gehen wir zum unterhaltsamen Teil des Abends über.« Aus einer der Satteltaschen holte er einen Weinschlauch, nahm einen kräftigen Schluck und reichte ihn herum.

Frigga verteilte Holzteller. Leif machte sich daran, die inzwischen knusprig gebratenen Wachteln von den Spießen über dem Feuer zu nehmen. Ausnahmsweise war sein Bart an diesem Abend nicht geflochten, doch wie immer saß er neben Gent, als wäre er sein Schatten. Ständig warf er Smilla misstrauische Blicke zu – ebenfalls nichts Neues. Gent starrte wiederum in die Flammen, als wäre er allein, während sich die anderen lebhaft unterhielten.

Smilla nahm den Wein von Frigga entgegen, dankbar für die Wärme, die sich bereits nach dem ersten Schluck in ihrer Brust ausbreitete. Dann reichte sie den Schlauch weiter an Jofur, der ihr mit einer Geste und einem Lächeln dankte.

Nach einer Weile begann Andórr, das von Leif geschnittene Wachtelfleisch zu verteilen. Seine tiefbraune Haut glänzte im Feuerschein, als er sich vorbeugte, um die Teller zu füllen. Nachdem Smilla ihre Portion erhalten hatte, hielt Jofur ihr erneut den Weinschlauch hin und deutete auf das

Fleisch. Seine haselnussbraunen Augen funkelten einladend.

Stirnrunzelnd sah sie ihn an. »Ich verstehe nicht.«

»Er fragt, ob du ein wenig Wein über dein Fleisch geben möchtest«, erklärte Andórr, der dicht neben Jofur saß. »Dann ist es nicht mehr so trocken und hat mehr Geschmack.«

»Ja, vielen Dank.« Smilla folgte der Anweisung und musste zugeben, dass das Wachtelfleisch in Zusammenspiel mit dem würzigen Wein köstlich schmeckte.

Still saß sie da, aß und ließ sich vom Feuer wärmen. Langsam trockneten ihre feuchten Haare und die klamme Kleidung. Sie beobachtete, dass die anderen mithilfe einer Mischung aus Handzeichen und Worten mit Jofur kommunizierten, während er ihnen vieles von den Lippen abzulesen schien, jedoch ausschließlich mit Gesten antwortete. Einige wenige Zeichen konnte Smilla bereits entschlüsseln.

»Habt ihr Lust auf eine Geschichte?«, fragte Óinn in die Runde, nachdem alle Teller leer waren.

»Aber nicht schon wieder die Legende vom Wechselbalg, das sich als Troll herausstellt«, murmelte Leif in seinen Bart.

»Oder die, in der der Tempel des Einäugigen von einem *Berserkr* heimgesucht wird und die Hirtinmutter ihn mit einem Kuss nach Helheim verbannt.« Frigga verdrehte die Augen und nahm einen großen Schluck Wein. »Wenn es nach mir ginge, hätte sie ihn lieber Stahl spüren lassen sollen.«

Óinn zog eine Flöte aus seiner Brusttasche. »Wie wäre es dann mit der Ballade, in der ein Riese den Hammer des Kriegers stiehlt und dieser sich mithilfe des Narren als Frau verkleidet, um ihn zurückzuholen?«

Alle stöhnten auf. Óinn zog einen Schmollmund, wobei die vielen Sommersprossen in seinem blassen Gesicht auf lustige Weise verzerrt wurden. »Warum lassen wir nicht Smilla eine Geschichte auswählen?«, fragte er schließlich.

Aller Augen richteten sich auf sie. Smilla wand sich unbehaglich, doch dann erkannte sie, dass dies ihre Chance war, mehr über die Truppe in Erfahrung zu bringen.

»Kennst du auch Geschichten über Hexen?«, fragte sie vorsichtig, während sie die Reaktionen aller scharf beobachtete.

»Natür–«, wollte Óinn antworten, doch Leif fuhr barsch dazwischen.

»Über Hexen sprechen wir hier nicht.« Er funkelte Smilla an, als hätte sie vorgeschlagen, im Nest einer Walküre zu nächtigen.

Beschwichtigend hob sie beide Hände. »War nur so eine Idee.«

Die anderen wirkten ebenso überrascht über seine heftige Reaktion wie sie. Nur Gent stierte weiter so konzentriert in die Flammen, als verberge sich darin die Weisheit des Allvaters.

Nein, offensichtlich sprecht ihr nicht über Hexen, dachte Smilla. *Wie die meisten Menschen fürchtet ihr uns zwar und zählt uns zu den nichtmenschlichen Kreaturen Middangards, nutzt aber dennoch heimlich unsere Dienste, wenn es euch passt.* Ihr Blick fiel auf Óinns Amulett, das im Feuerschein glänzte.

Óinn bemerkte ihren Blick, auch wenn er ihn zu missdeuten schien. »Vielleicht eine Spukgeschichte über einen Tomte oder einen Wiedergänger?«, fragte er, eindeutig darum bemüht, die Stimmung wieder aufzulockern.

»Tomte«, antwortete Smilla eilig. Bei einem harmlosen Wichtelwesen konnte nicht allzu viel schiefgehen. Auch wenn Leifs von ihr provozierte Reaktion sehr aufschlussreich gewesen war.

»Diese Geschichte kennt ihr noch nicht«, versprach Óinn den anderen mit einem verschmitzten Zwinkern.

Sie brummelten zustimmend, klangen aber wenig begeistert. Smilla beugte sich hingegen gespannt vor. Ein Knistern lag in der Luft, ähnlich wie jenes, das dem Wirken von Magie vorausging. Óinn setzte sich auf, straffte die Schultern und ließ den Blick gemächlich über seine Zuhörer schweifen, um Spannung zu erzeugen. Er war eindeutig ein geübter Geschichtenerzähler und Barde. Der Feuerschein tanzte in seinem roten Haar, und als er erneut zu sprechen ansetzte, hatte seine Stimme einen anderen Klang angenommen, voller und einnehmender.

»Einst lebte auf einem Hof ein Tomte, ein Hauswichtel. Die Hofbewohner duldeten ihn, wie es Brauch ist, und besänftigten sein leicht aufbrausendes Gemüt mit regelmäßigen Gaben, damit er ihnen bei der Arbeit half. Am liebsten hatte der Tomte eine Schale Grütze am Abend mit einem Klecks Honig. Als Gegenleistung flickte er kaputte Weidenzäune, melkte die Kühe und striegelte die Pferde. Eines Nachts stand der Knecht auf, um sich draußen zu erleichtern. Verschlafen pinkelte er in die Schale, die er für seinen Nachttopf hielt. Wie aus dem Nichts traf ihn da eine heftige Backpfeife, sodass er zurücktaumelte und ein wenig Pisse verschüttete. Das hätte ihm eine Lehre sein müssen, denn er hatte versehentlich in die Grützeschale des Tomte gepinkelt. Doch er war so müde, dass er nur den Kopf schüttelte und zurück ins Bett schlurfte.«

Óinn machte eine Kunstpause. Die anderen hingen mittlerweile gespannt an seinen Lippen.

»Als der Knecht am nächsten Morgen erwachte, prangte der Abdruck einer kleinen Hand auf seiner Wange. Rote Pocken zogen sich über sein ganzes Gesicht. Als ihn die Magd sah, kreischte sie vor Schreck. Sie eilte zum Spiegel und stellte fest, dass ihr Gesicht ebenfalls von den Pocken entstellt war. Den gesamten Hof hatte die Krankheit befallen. Und die Tiere? Sie waren in der Nacht freigelassen worden und davongelaufen. Vom Tomte keine Spur. Dem Bauer blieb nichts anderes übrig, als seine Tiere wieder einzufangen und sich einen weniger tölpelhaften Knecht zuzulegen.«

Einmal mehr ließ Óinn den Blick über die Zuhörenden wandern. »Also passt heute Nacht gefälligst auf, wo ihr euch erleichtert. Auch die Gnome, die hier unter der Erde leben, mögen es nicht, wenn man auf ihre Behausungen pinkelt.«

Andórr schlug sich auf die mächtigen Schenkel. »Beim prallen Arsch der Großen Mutter, ich pisse dahin, wo ich will!« Jofur stieß ein kehliges Lachen aus, den ersten Laut, den Smilla bisher von ihm gehört hatte. Beschwichtigend legte er eine Hand auf Andórrs und dieser verschränkte die Finger mit seinen.

»Dann warne sie wenigstens vor, damit sie sich in Sicherheit bringen können.« Óinn grinste schelmisch.

»Was soll ich denn sagen? ›Achtung da unten, ich pisse euch gleich auf den Kopf‹?« Andórr lachte schallend. Jofur stimmte mit ein. Selbst Smilla ertappte sich dabei, wie sie schmunzelte. Überrascht stellte sie fest, dass Frigga grinste und sich selbst unter Leifs dichtem Bart ein Lächeln erahnen ließ. Nur Gent starrte weiterhin teilnahmslos ins Feuer.

»Besser wäre es«, brummelte Leif. »Ich möchte morgen nicht mit Pusteln am Arsch und ohne unsere Pferde aufwachen.«

»Werden die Pferde nicht durch Óinns Zöpfe geschützt?«, warf Smilla ein.

Stille legte sich über die Runde. Alle starrten sie an, als wäre ihr Gesicht bereits mit Pusteln übersät. Selbst Gent hatte den Kopf gehoben. Seine Miene war unergründlich. Smilla hätte sich am liebsten auf die Zunge gebissen. Einmal mehr hatte sie ihre Konzentration vernachlässigt, eingelullt von Wein, Wärme und Gelächter.

Die Stille zog sich unangenehm in die Länge. Smilla war drauf und dran, sich für den Rest des Abends in ihr Zelt zurückzuziehen, doch da klatschte Óinn in die Hände. »Ha! Endlich eine Person, die meine Arbeit zu schätzen weiß.« Wie selbstverständlich strich er über das Amulett um seinen Hals. »Dank meiner Schutzmaßnahmen muss sich in diesem Lager keiner Gedanken um Pusteln an Ärschen oder sonst wo machen.«

Die anderen brummelten zustimmend, wenn auch ein wenig widerwillig, bevor sie sich wieder dem Wein widmeten. Nur Gent starrte Smilla weiterhin mit verengten Augen an, als würde er aus ihr nicht schlau werden.

Smilla ignorierte ihn und lächelte Óinn zaghaft zu. Dieser nickte aufmunternd und füllte ihren Weinbecher für sie.

Als Smilla einen weiteren Schluck nahm, versuchte sie, sich das in ihr aufsteigende Triumphgefühl nicht anmerken zu lassen. Womöglich hatte sie in Óinn einen potenziellen Verbündeten gefunden.

Während der Barde weitere Geschichten erzählte, ließ sie sich weiter von Feuer und Wein wärmen, diesmal jedoch ohne zu vergessen, dass sie sich in der Gegenwart der tödlichsten Söldnertruppe Middangards befand.

KAPITEL 9

Der Schlächter schlich zwischen den Holzbauten einer Siedlung entlang. Es war so früh am Morgen, dass der große Wolf den Mond noch nicht verschlungen hatte und die Vögel ihr Lied noch nicht angestimmt hatten. Nach dem rauschenden Fest, das hier am Vorabend gefeiert worden war, schliefen die Bewohner der Siedlung tief und fest – entweder in ihren Betten oder unter den Tischen und Bänken auf dem großen Platz.

Nichts regte sich, kein Laut störte die friedliche Stille. Trotzdem huschte der Schlächter von Haus zu Haus, hielt sich in den Schatten, sah immer wieder über die Schulter. Er durfte nicht erwischt werden, während er sein blutiges Werk verrichtete. Rasend schnell hatte sich die Kunde im ganzen Land verbreitet. Nichts entfachte mehr Angst in den Menschen als das Wissen, dass ein Mörder umherging. Sosehr Hexen in Middangard auch gefürchtet wurden, so wenig konnte die Bevölkerung akzeptieren, dass diese scheinbar wahllos getötet wurden. Ein Paradoxon, das sein eigenes Inneres widerspiegelte.

Leise öffnete er die Hintertür der großen Versammlungshalle. In den hinteren Räumen wohnte die Familie des Jarls. Die Glut in der Feuerstelle glomm schwach auf, als mit dem Schlächter ein kalter Luftzug hereindrang. Im größten Bett schnarchte der Jarl, zwei dralle Frauen in jedem Arm. Es stank nach Met und Schweiß.

Der Schlächter schlich an den Schlafenden vorbei zur nächsten Tür. Als er sie aufdrückte, knarzte sie leise. Er hielt in der Bewegung inne und sah sich um. Seufzend drehte sich der Jarl im Schlaf, schnarchte dann jedoch weiter.

Auf leisen Sohlen betrat der Schlächter die angrenzende Kammer. Er schloss die Tür hinter sich und sah sich um. Der Raum war spartanisch eingerichtet. Neben dem mit Schnitzereien verzierten Kleiderschrank gab es nur wenige Möbel.

In einer Schale auf dem Tisch lag heruntergebranntes Räucherwerk, das einen schalen Duft verbreitete. Der Rauch hing noch in der Luft, sodass der Schlächter ein Husten unterdrücken musste. Was für ein schwacher Versuch, sich vor den Gefahren der Nacht zu schützen. Und doch war dies der Beweis dafür, dass er das richtige Zimmer betreten hatte.

Sein Blick fiel auf die Gestalt, die in dem Bett am anderen Ende des Raums lag. Kaum zu erkennen unter mehreren Lagen gewebter Decken. Mit nur wenigen Schritten hatte der Schlächter die kleine Kammer durchquert. Über dem Bett hing ein geflochtener Talisman, um böse Blicke abzuwehren. Beinahe war es, als hätte die Hexe gewusst, dass er ihr heute Nacht einen Besuch abstatten würde. Sie konnte nicht besonders mächtig sein. Keine ihrer lächerlichen Schutzmaßnahmen konnte ihm etwas anhaben.

Ihre hölzerne Koje war in die Wand eingelassen, sodass er sich tief über die Schlafende beugen musste. Sobald sein Atem über ihr Gesicht strich, riss die alte Frau die Augen auf. Doch er war vorbereitet, presste ihr bereits eine Hand auf den Mund. Inzwischen hatte er es schon so viele Male getan. Der Ablauf war routiniert, wäre da nicht das schlechte Gewissen, das sich immer noch jedes Mal in seinem Hinterkopf regte. Dieser flüchtige Moment, in dem er seinem Opfer in die Augen starrte und sich fragte, ob es den Tod verdient hatte. Ob diese Person *ihn verdient hatte. Die Antwort war immer dieselbe: Ja, das hatte sie. Weil sie eine Hexe war. Weil sie mit ihrer Anwe-*

senheit in seiner Nähe eine Bedrohung für sein Leben darstellte. Das durfte er nie vergessen. Sie oder ich.

Also zückte er sein Messer aus der in seiner Tunika verborgenen Brusttasche. Das Knochenheft schmiegte sich in seine Hand wie ein alter Freund. Wie so viele Male zuvor hob er das Messer. Und während er ihr in die schreckgeweiteten, von tiefen Falten umrahmten Augen blickte, schnitt er der Hexe die Kehle durch.

Warmes Blut sprudelte hervor, floss ihm über die Hand, benetzte das Kissen, dann die Decken. So viel Blut. Die Hexe zuckte und wand sich unter ihm, während er die Hand nicht von ihrem Mund nahm. Bald darauf entwich ihr die Lebenskraft mit einem letzten Atemzug und sie rührte sich nicht mehr. Nur ihre Augen starrten ihn noch immer an. Vorwurfsvoll. Wissend. Am Ende hatte sie ihn für den erkannt, der er war. Sein Ruf eilte ihm voraus.

Der Schlächter nahm die Hand von ihrem Gesicht und wischte seine Klinge am Kissen ab. Seine Hände zitterten dabei nicht, wie sie es am Anfang getan hatten. Nur sein Herz, das verräterische Ding, schmerzte, als hätte er sich das eigene Messer hineingebohrt. Aber auch das ging vorbei. Jedes Mal.

Eilig wandte er sich von der Toten ab und war mit wenigen Schritten an der Tür. Er sah nicht zurück. Das tat er nie.

Mit einem letzten Blick zu dem im angrenzenden Zimmer schnarchenden Jarl trat er hinaus in den eisigen Morgen. Ein feiner Sprühregen hatte eingesetzt. Er wusch den Schlächter rein von seinem schlechten Gewissen, während er durch die verlassenen Gassen schlich.

Niemand würde erfahren, was er getan hatte. Niemand würde ihn verdächtigen. Wenn sie die Leiche am späten Vormittag fanden, wäre er längst fort.

KAPITEL 10
GENT

Endlich erreichten sie einen Bach, der nicht zu einem reißenden Fluss angeschwollen war. Leise gurgelnd schlängelte er sich aus einem Eichenhain.

Gent hob die Faust und ließ seine Truppe absitzen. Nach einem dreitägigen Ritt unter derart unwirtlichen Bedingungen hatten sie sich eine außerplanmäßige Pause verdient.

Seine Stiefel versanken im feuchten Gras, als er von Grims Rücken stieg. Bei jedem Schritt schmatzte es laut. Gent tätschelte Grims Hals und ließ den Hengst zurück, um sich in dem Eichenwäldchen zu erleichtern.

Die knorrigen Bäume standen weit auseinander. Ihre Äste waren so ausladend, dass sie ein Dach bildeten. Zwar waren sie winterkahl, doch Gent konnte sich vorstellen, wie ihr dichtes Blattgeflecht den Hain in der lichten Jahreszeit in einen überirdischen Ort verwandeln musste – zumindest für Personen, die an die Götter glaubten.

Durch den Schutz der Zweige war der Untergrund für die dunkle Jahreszeit überraschend grün. Zwischen Moos und Wurzeln lugten hier und dort glatte Steine hervor. Überreste einer lange vergangenen Zivilisation. Gent folgte ihnen zwischen den Stämmen hindurch. Sie führten zu einem Stein, der aufrecht zwischen den zwei größten Eichen stand. Er war größer als Gent und mit Runen versehen, die er nicht entziffern konnte. Davor lag ein Opferblock für den *Blót*, ein den Göttern geweihtes Opfer. Die dunklen Flecken auf der verwitterten Oberfläche zeugten von Blutgaben.

Aus irgendeinem Grund konnte Gent den Blick nicht von dem runenbedeckten Stein lassen. Leise seufzten die Zweige der umstehenden Bäume im Wind. Auch wenn er sonst keinen Laut vernahm, hatte Gent das Gefühl, nicht allein zu sein. Er spürte eine Präsenz, die schaurige Anwesenheit von etwas Unsichtbarem. Eine Gänsehaut kroch seine Arme hinauf und er schob eine Hand auf seinen Rücken, um die Finger um den Knauf seiner Axt zu schließen.

»Spürst du den Zauber dieses Ortes?«

Gent zuckte zusammen und fuhr herum. Óinn lächelte ihn entschuldigend an. Vier Wintertränen lagen auf seiner geöffneten Handfläche. Eine für den Einäugigen, eine für die Große Mutter, eine für den Krieger und eine für den Narren. Die roten tränenförmigen Beeren hoben sich stark von Óinns blasser Haut ab.

Gent fühlte sich töricht, als hätte Óinn ihn bei etwas Verbotenem ertappt. Um seine Verlegenheit zu überspielen, fuhr er sich durchs Haar und stopfte einige Strähnen zurück in den Knoten an seinem Hinterkopf. »Das kann ich nicht behaupten, nein.« Warum hatte er das Gefühl zu lügen?

Óinn musterte ihn einen Moment forschend. Dann zuckte er mit den Achseln und ging an Gent vorbei. Er legte die Gaben auf dem behelfsmäßigen Opfertisch ab und kniete sich vor den stehenden Stein, eine Hand an dem Amulett um seinen Hals. »*Til árs og friðar*«, murmelte er in der alten Sprache. Eine Bitte an die Leuchtenden, ihm ein gutes Jahr und Frieden zu bescheren.

Gent wandte sich ab. Auch wenn er und die anderen Óinn für seinen Aberglauben aufzogen, ließen sie ihn stets gewähren. Seine Gebete und seltsamen kleinen Rituale gaben Óinn Mut und das wirkte sich positiv auf die gesamte Truppe aus. Während Gent durch den Hain stapfte, musste er an den Tag ihrer ersten Begegnung denken.

Mitten in einer stürmischen Nacht hielt Gent Wache, während Leif, Jofur und Andórr in ihren Zelten schliefen. Es war die Art von Nacht, in der Wiedergänger mit dem Wind um die Wette heulten und Draugs ihr Unwesen trieben.

Trotz des Regengeprassels und Donnergrollens hörte Gent ein Geräusch. Schleichende Schritte im Moos. Lautlos begab er sich in die Richtung, eine Hand an dem Dolch um seine Hüfte.

Eine Gestalt huschte gebückt auf die Pferde zu, die aufgrund des Unwetters bereits unruhig waren. Versuchte da etwa jemand, die Satteltaschen leer zuräumen, während sie schliefen?

Mit gezücktem Dolch sprang Gent vor und hielt dem Eindringling die Klinge an den Hals. Der schrie leise auf. Obwohl es ein derber Fluch war, klang es melodiös aus dem Mund des Fremden. Unter der Kapuze kam ein hageres, schmutziges Gesicht zutage. Gent blickte in moosgrüne Augen, die tief in den Höhlen lagen. Die schmale Gestalt schien förmlich in dem zerschlissenen Mantel zu versinken.

Gent ließ den Dolch sinken. Von diesem Fremden ging keine Gefahr aus. »Was hast du hier zu suchen?«, blaffte er.

»Ich … ich …« Die aufgeplatzten Lippen zitterten so stark, dass der Mann kaum ein Wort hervorbrachte. Er war bis auf die Haut durchnässt, eine einzelne rötliche Locke klebte ihm in der Stirn. »Bitte tut mir nichts, ich wollte nur …« Sein Blick wanderte zu dem sterbenden Feuer, über dem ein Topf mit den Überresten des Eintopfs vom Abendessen hing. Er leckte sich über die Lippen.

»Du wolltest uns beklauen.«

Der Fremde senkte den Blick, versuchte nicht, sich herauszureden. »Bitte, ich … Wenn Ihr mir ein wenig von Euren Resten abgebt, kann ich im Gegenzug für Euch spielen.« Er zog eine hölzerne Flöte unter seinem Mantel hervor. Das Instru-

ment schien sein einziger Besitz zu sein. Nicht einmal Schuhe trug er an den Füßen. »Trinklieder, Schlachtgesänge oder Götterballaden, ganz wie Ihr wünscht.«

Gent schnaubte. »Bloß keine Götterballaden.« Er bedeutete dem Barden mit einer Handbewegung, ihm zu folgen. Natürlich war er nicht an seinen Liedern interessiert, doch ihm war bewusst, dass der Mann ohne etwas Warmes im Magen den Sonnenaufgang vielleicht nicht erleben würde. Entweder weil er erfror, verhungerte oder ihn ein Draug erwischen und ihm alle Lebenskraft aussaugen würde.

Wortlos versuchte er, das Feuer wieder in Gang zu bekommen.

»Aber es ist wichtig, den Leuchtenden zu huldigen«, murmelte der Barde, als er sich neben Gent niederließ.

»Wenn man an sie glaubt.«

Erschrocken riss der Fremde die grünen Augen auf, begann jedoch keine Diskussion. Sein Blick war auf die Schale mit Eintopf gerichtet, die Gent für ihn füllte. Er setzte die Kapuze ab, sodass ein Schopf zerzauster roter Haare zum Vorschein kam. Als Gent ihm die Schale reichte, erhaschte er einen Blick auf die Schwielen an dessen Fingern.

Ein Bogenschütze, *dachte er überrascht.*

Der Mann bedankte sich überschwänglich und begann, gierig zu essen. »Ich glaube, dass die Götter mich in dieser Nacht zu Euch geführt haben«, sagte er, nachdem er fertig war. »Nichts geschieht grundlos.«

Gent zuckte nur mit den Achseln und starrte ins neu entfachte Feuer. Er wünschte, er könnte diesen Glauben teilen. Es musste tröstlich sein, zu wissen, dass jemand stets über einen wachte. Dass man nie allein war.

In dieser Nacht ließ er Óinn nicht für sich spielen, obwohl sie es so ausgemacht hatten. Er stellte nur sicher, dass der Barde genug zu essen bekam. Danach saßen sie schweigend ne-

beneinander und lauschten dem Heulen des Sturms. Genau wie in der darauffolgenden Nacht und seitdem in allen folgenden.

Gent lehnte sich mit dem Rücken an einen Baum. So wenig er auch mit Óinns unerschütterlichem Glauben anfangen konnte, sosehr wünschte er sich manchmal, er könnte die Welt durch Óinns Augen sehen. Mit einem festen Glauben daran, dass jemand über ihn wachte. Dass alles von göttlichen Fäden zusammengehalten wurde, alles so passierte, wie es vorherbestimmt war. Doch wenn Gent länger darüber nachdachte, machte dieser Gedanke alles nur noch schlimmer. Denn das würde bedeuten, dass er seit seiner Geburt von den Leuchtenden gestraft wurde. Von den Göttern verflucht, von den Menschen verstoßen. Für alle Zeit verdammt und unfähig, etwas dagegen zu unternehmen. Nein, es war doch einfacher, erst gar nicht an ihre Existenz zu glauben.

Die Zweige flüsterten im Wind und ein neuerlicher Schauer überlief ihn. Er hatte an diesem Ort nichts verloren. Gent fuhr herum, um aus dem Hain zu fliehen. Doch dabei wäre er fast in Smilla hineingelaufen. Sie stand zwischen den Wurzeln einer mächtigen Eiche und beobachtete Óinn, der weiterhin mit gesenktem Kopf vor dem Opferstein kniete.

Gent wich ihr gerade noch aus, streifte aber ihre Schulter mit seiner. »Entschuldige«, brummelte er verstimmt, so unerwartet aus seinen düsteren Gedanken gerissen, dass er sich noch nicht ganz davon befreit hatte.

Sie nickte ihm knapp zu, ohne den Blick von Óinn zu lassen. Oder von dem stehenden Stein? War sie ebenfalls gläubig? So hatte er sie nicht eingeschätzt. Doch Gent musste zugeben, dass Smilla derart unnahbar wirkte, dass er sich bisher kaum ein Bild von ihr hatte machen können. Sie ritt nun bereits seit einer Woche mit der Wilden Jagd, blieb jedoch ein Mysterium. Noch immer wusste er nicht, ob er ihr vertrauen konnte. Unwillkürlich erinnerte er sich an ihre Worte vor ein paar Tagen, nachdem sie ihm Vorhaltungen wegen des Angriffs auf das Dorf gemacht und er sie in ihre Schranken verwiesen hatte: *»Ich werde deine Führung nicht wieder infrage stellen.«*

Seit Neuestem aß und trank sie jeden Abend mit der Truppe. Als wäre sie bereits eine von ihnen. Dabei war sie weit davon entfernt. Sie würde sich ihren Platz erst verdienen müssen, auch wenn sie ihm das Leben gerettet hatte.

Ihr schwarzes Haar hob sich kaum vom dunklen Stamm der Eiche ab, sie hatte eine bleiche Hand auf die Borke gelegt. Ihm fiel auf, wie spitz ihre Fingernägel waren. Als ihn bei dem Anblick ein weiterer Schauer überkommen wollte, unterdrückte er ihn mit zusammengebissenen Zähnen. Was hatte dieser Ort an sich, dass er ihn in einen schreckhaften Jüngling verwandelte?

»Hast du den Leuchtenden ebenfalls gehuldigt?« Endlich sah Smilla ihn an.

»Ich?« Gent schnaubte. »Wohl kaum. Damit würde ich die Götter eher erzürnen als besänftigen.« Fragend hob Smilla eine Braue. Plötzlich hatte Gent ihre volle Aufmerksamkeit. »Ich meine, wenn es sie gäbe«, fügte er unbehaglich hinzu und wandte sich zum Gehen.

»Du glaubst nicht an die Existenz der Leuchtenden?« Das ehrliche Interesse in ihrer Stimme ließ ihn innehalten. Widerwillig drehte er sich wieder zu ihr um. Ihr Blick war klar, frei von jeglicher Wertung, jedoch blitzte Herausforderung darin auf. Und vor einer Herausforderung war Gent noch nie zurückgeschreckt.

»Wo sind sie denn, die Götter?« Mit einer vagen Handbewegung deutete er zum Himmel. Eigentlich wusste er es besser, als eine solche Diskussion zu beginnen, doch er wollte Smilla eine Reaktion entlocken. »Wo sind sie, während die Bauern kaum noch Ernte einbringen und das Volk langsam verhungert? Wo sind sie, während Banditen ungehindert durchs Land ziehen und die Straßen von Monstern heimgesucht werden? Wo sind sie, während die Walküren ganze Dörfer niederbrennen und einen Krieg gegen die Menschen führen, der sie über kurz oder lang ausrotten wird?«

Smilla sah ihn eindringlich an. Im Zwielicht zwischen den Bäumen waren ihre sonst hellen Augen von einem Blau, so durchdringend wie die Tiefen eines gefrorenen Sees. »Du kennst doch sicher die Gerüchte?«, fragte sie, wartete jedoch keine Antwort ab. »Es wird erzählt, dass die Walküren gegen die Götter rebelliert und sie im Himmel eingeschlossen haben. Und nun haben sie es auf ihre Schöpfung abgesehen. Auf uns.«

Gents Nackenhaare stellten sich auf. Diesmal kämpfte er nicht gegen das Schaudern an. Wenn er nicht bald aus diesem götterverlassenen Hain verschwand, würde ihm wahrscheinlich nie wieder warm werden.

»Ich weiß, was man sich erzählt, Smilla aus Isgard«, antwortete er mit spöttischem Unterton. »Der Unterschied ist, dass *ich* nicht auf Altweibergewäsch und bäuerlichen Aberglauben hereinfalle.«

»Wie sonst erklärst du dir die Abwesenheit der Götter in den letzten Monaten?«, fragte sie.

»Etwas, das nie da gewesen ist, kann nicht abwesend sein.«

»Die Walküren sind aber eine echte Bedrohung. Und jeder weiß, dass sie die Geschöpfe der Götter sind, die seit jeher die Gefallenen von den Schlachtfeldern zu ihnen führen.«

Er schnaubte. »Sie sind nicht göttlich. Bloß ein weiterer Punkt auf einer langen Liste von Kreaturen, die ausgerottet werden müssen, um dieses Land wieder sicher zu machen. Für uns Menschen.« Als er das letzte Wort aussprach, zuckte er kaum merklich zusammen. Als Mensch hatte er sich noch nie bezeichnet.

»Und warum hast du dann nicht gegen sie gekämpft?«, fragte Smilla unnachgiebig. »Warum mussten wir uns an jenem Morgen auf den Feldern vor den Walküren verstecken?«

»Die Frage kannst du doch nicht ernst meinen.« Allein bei der Vorstellung, wie sich Walkürenklauen in Smillas Brust bohrten, drehte sich Gent der Magen um. »Wenn du wirklich glaubst, wir könnten gegen einen Schwarm Walküren gewinnen, dann überschätzt du uns gewaltig, Smilla. Oder vielleicht dich selbst?« Mit hochgezogenen Brauen trat er einen Schritt auf sie zu.

Sie verschränkte die Arme vor der Brust. »Mein Fehler, entschuldige. Ich dachte, ich stehe hier vor dem großen Gent, dem Fürsten der Unterwelt, der sämtliche Kreaturen Middangards schlachtet, wenn die Bezahlung stimmt. Da dürftest du doch vor ein paar Walküren nicht zurückschrecken.«

Sie musterte ihn aus schmalen Augen. Gent stierte mit zusammengezogenen Brauen zurück. Irgendwie war er noch einen Schritt näher an sie herangetreten, ohne es zu bemerken. Nun berührten sich ihre Nasenspitzen fast. Er spürte ihren warmen Atem auf seinen Lippen. Das Blau ihrer Augen war aus der Nähe noch einnehmender. Er wollte hineintauchen und all ihre Geheimnisse an die Oberfläche holen. Wie war es nur möglich, dass er sich so zu ihr hingezogen fühlte, obwohl sie ihm den letzten Nerv raubte, wenn sie so daherredete?

Smillas Atem ging schneller, sie musste sich seiner Nähe ebenso bewusst sein. Doch sie entfernte sich nicht von ihm. Erst als Óinn plötzlich neben ihnen auftauchte, brach Gent den Blickkontakt ab. Jäh aus dem Moment gerissen stürmten all die Geräusche und Gerüche seiner Umgebung wieder auf ihn ein. Der Wind säuselte in den Zweigen über ihnen, der Bach plätscherte in der Ferne. Es war, als hätten sich Smilla und er bis dahin in einer Blase abgeschirmt von allem aufgehalten.

Gent brauchte einen Moment, um sich zu sammeln. Er räusperte sich und nickte Óinn zu. Nach seiner Opfergabe wirkte der Barde verändert. Sein Gesicht strahlte innere Ruhe und Zufriedenheit aus. Er schien die angespannte Stimmung zwischen Gent und Smilla überhaupt nicht zu bemerken. Ihn so ausgeglichen zu sehen, verstimmte Gent noch mehr, stand es doch in offensichtlichem Kontrast zu dem, was er eben über die Abwesenheit der Götter gesagt hatte.

Erfolglos suchte er nach den richtigen Worten, um den unangenehmen Moment zu überspielen. Er musste sich eingestehen, dass er sich über die Störung ärgerte. Was wäre geschehen, wenn Óinn nicht gerade in diesem Moment aufgetaucht wäre? Täuschte er sich oder wirkte Smilla ebenso durcheinander? Ihre Augen funkelten, ihre Wangen waren leicht gerötet. War es möglich, dass sie ihren kleinen Schlagabtausch auch genossen hatte?

Zerstreut räusperte Gent sich erneut, sagte dann jedoch nichts. Als Smilla und Óinn ihn erwartungsvoll ansahen, fuhr er sich frustriert durch die Bartstoppeln. »Macht euch bereit, wir reiten weiter«, sagte er schließlich barscher als beabsichtigt. »Ich will Tørrheim vor Sonnenuntergang erreichen.«

Mit großen Schritten stapfte er zu Grim, der friedlich

dort graste, wo Gent ihn zurückgelassen hatte. Die anderen hatten ihre Wasserschläuche bereits am Bauch aufgefüllt.

»Tørrheim?«, hörte er Smilla fröhlich fragen. In ihrer Stimme klang keine Spur mehr von der Angriffslust mit, mit der sie ihn noch vor wenigen Sekunden angegangen hatte. »Bedeutet das, dass wir zur Abwechslung mal in Betten schlafen werden?«

Óinn lachte. »Nur, wenn du jemanden findest, der das Bett mit dir teilt. In den nächsten drei Tagen findet in Tørrheim das Thingfest statt. Die Siedlung wird nicht mal mehr einen Tomte beherbergen können.«

»Das dürfte nicht allzu schwer werden.« Smilla klang so selbstsicher, als hätte Óinn ihr eine Aufgabe gestellt, die sie mit Leichtigkeit erfüllen würde.

Óinns Lachen hallte laut in Gents Ohren, während er in den Sattel stieg. Er fragte sich, warum seine Laune mit einem Schlag noch düsterer war. Lag es daran, dass er sich Smilla gerade im Bett irgendeines Fremden vorstellte? Er schnaubte. Gleichzeitig erinnerte ihn seine volle Blase daran, weshalb er ursprünglich in den Hain gekommen war. Fluchend stieg er wieder ab und entfernte sich von seiner Truppe, die sich nun aufgeregt über das Thingfest unterhielt.

Beim Bart des Einäugigen, konnte er denn nirgendwo ein wenig Ruhe und Frieden finden? Offenbar nicht, wenn Smilla in der Nähe war.

KAPITEL 11
GENT

Wenige Stunden später kamen sie zu einer breiten Landstraße. Obwohl Gent grundsätzlich einen Bogen um angelegte Wege machte, atmete er erleichtert auf. Am Ende der Straße warteten ein Krug Bier und eine warme Mahlzeit auf ihn und seine Truppe – und offenbar auch ein Bett für eine von ihnen.

Tiefe Wagenrillen zogen sich durch den matschigen Untergrund. Von Weitem erkannte Gent weitere Reisende. Alle machten ehrfürchtig Platz, als sie sich ihnen näherten. Mit großen Augen starrten die Leute zu ihm und seiner Truppe auf. Einige grüßten sie oder machten das Zeichen der Götter. Offenbar verlieh ihnen eine bis an die Zähne bewaffnete Söldnertruppe ein trügerisches Gefühl von Sicherheit.

Die Wilde Jagd ritt an unzähligen Karren, Packeseln und Fußgängern vorbei. Ganze Familien waren auf dem Weg zum Thing, mitsamt Kindern, Vieh und ihrem halben Hausstand.

Sie kommen nicht, um drei Tage zu feiern, dachte Gent. *Sie suchen Schutz in Tørrheim. Dabei können die Krieger des Jarls ihnen ebenso wenig Schutz bieten wie wir.* Einmal mehr blickte er mit düsterer Miene zum Himmel.

Nach der nächsten Biegung ragte der Palisadenzaun der Siedlung vor ihnen auf. Er schloss die Häuser und Ställe kreisrund ein, ließ jedoch eine breite Öffnung, durch die die Besucher hineinströmten.

Flötenklänge und entferntes Stimmengewirr drangen an Gents Ohren. Der Wind wehte den Duft von gebratenem Schweinefleisch heran. Gent schmeckte die freudige Erwartung in der Luft. Hinter ihm diskutierten Andórr und Óinn, ob sie zuerst gewässerten Stockfisch oder geschmorte Lammrippen essen sollten, während Frigga Smilla über die lange – und blutige – Geschichte der Siedlung aufklärte.

Gent hörte nur mit halbem Ohr zu, während er die Umgebung im Blick behielt. Er würde nicht den Fehler begehen, sich von der Vorfreude der anderen mitreißen zu lassen. Wenigstens einer musste einen kühlen Kopf bewahren. Es war viele Jahre her, dass er einen Fuß nach Tørrheim gesetzt hatte. Siedlungen dieser Größe machten ihn nervös. Häuser und Zäune versprachen vermeintlichen Schutz, waren im Kampf jedoch hinderlich. Und sie konnten allzu leicht eingerissen werden.

Hinter einem Karren mit Fässern, aus denen es verdächtig nach eingelegtem Aal stank, betraten sie die Siedlung. Hoch zu Ross hatte Gent einen guten Überblick über die wogende Menge der Neuankömmlinge. Rechts und links wurde der Weg von einfachen Holzbauten gesäumt – Wohnhäuser, Ställe, Scheunen und Schmieden, die sich in alle Richtungen erstreckten. Die Fenster und Türen waren für das Fest mit weißen und blauen Winterblumenkränzen geschmückt.

Die Leute schoben sich schnurstracks auf das größte Gebäude zu, vor dem sich ein Platz auftat. Das Langhaus von Tørrheim war ein beeindruckender Bau. Mächtige Holzbalken ragten zu beiden Seiten aus dem Dachfirst, als hätte ein Riese zwei Haarkämme mit den Zacken nach oben gegeneinander gelehnt. Die beiden vordersten Balken endeten in Wolfsköpfen, die in entgegengesetzte Richtungen blickten und den Eingang bewachten.

Der Platz vor der Halle wurde von Fackeln gesäumt – das Herz des Thingfests. Auf einer Seite brannten fünf offene Kochfeuer, über denen ganze Schweine und Lämmer geröstet wurden. In der Mitte standen Holzbänke um lange Tische, alle voll besetzt. Die Leute saßen eng beieinander, viele mussten stehen. Die Männer trugen feine Hemden, die bis zu den Oberschenkeln reichten, die Frauen Kleider mit langen Ärmeln und reich bestickten Säumen. Die meisten hatten ihre Winterumhänge abgelegt. Gent blickte in lachende Gesichter mit geröteten Wangen und glänzenden Augen. Kinder liefen zwischen den Bänken umher und stibitzten Honigküchlein.

Es duftete nach Holzrauch, Fleisch, Bier und verbrannten Kräutern. Flöten- und Harfenklänge erfüllten die Luft, untermalt vom Summen und Brummen vieler Dutzend Gespräche. Auf den Tellern türmten sich Fleisch, Fisch, Beeren, Brot und Honig. Es war viele Monate her, dass Gent einen solchen Überfluss gesehen hatte. Im Gegensatz zu anderen Gegenden Middangards ging es den Leuten hier gut. Das hätte ihn freuen müssen, doch Gent konnte den Gedanken nicht abschütteln, dass es nicht mehr lange so bleiben würde.

Seufzend stieg er ab. Die anderen taten es ihm gleich. »Passt auf eure Geldbeutel auf«, ermahnte er sie. »Ansonsten kümmert es mich wenig, was ihr heute Nacht treibt, solange ihr euch bei Sonnenaufgang wieder an meiner Seite einfindet. Ich werde sehen, ob der Jarl Arbeit für uns hat.«

Andórr und Jofur warfen sich vielsagende Blicke zu und verschränkten ihre Finger ineinander. Óinn hatte nur Augen für die Musiker am anderen Ende des Platzes und wippte mit dem Fuß im Takt des Lieds. Frigga und Leif wirkten ebenso wachsam wie Gent. Sie würden sich von nichts ablenken lassen. Smilla sah sich hingegen mit großen Augen um. Ein Zeichen dafür, dass sie noch nie hier gewesen war, vielleicht sogar nie zuvor eine Siedlung solcher Ausmaße besucht hatte. Vermutlich überdachte sie gerade ihr Vorhaben, ein Bett für die Nacht aufzutreiben. Bei dieser Vorstellung zuckten Gents Mundwinkel selbstgefällig.

Smillas Blick schoss zu ihm, als hätte sie seine Gedanken gehört. Sie musterte ihn eindringlich, wobei sich eine steile Falte zwischen ihren Brauen abzeichnete.

Gent ignorierte sie und wandte sich an Leif und Frigga. »Kümmert euch um die Pferde und sucht uns einen Platz außerhalb des Zauns, wo wir heute Nacht unser Lager aufschlagen können.«

Frigga nickte und machte sich daran, die Pferde einzusammeln. Leif sah aus, als wollte er protestieren. Er verließ Gents Seite nur ungern, vor allem in einer solch dichten Menschenmenge. Gent warf ihm einen strengen Blick zu, den Leif mit einer vulgären Geste erwiderte. Trotzdem führte er die Pferde gemeinsam mit Frigga davon, während sich die anderen unters Volk mischten.

Gerade als Gent seine Aufmerksamkeit wieder auf die Feiernden richtete, erhob sich ein Mann am Ende der längsten Tafel. Augenblicklich verstummte die fröhliche Musik. Stille legte sich über den Platz.

Torje von Tørrheim war seit ihrer letzten Begegnung stark gealtert. Die Schläfen des Jarls waren ergraut und er stützte sich mit beiden Händen auf den Tisch. Dennoch schallte seine Stimme laut über den Platz.

»Ich sehe viele bekannte Gesichter. Die meisten von euch guten Menschen kommen jedes Jahr her, um ihre Pflicht zu erfüllen und mir die Treue zu schwören. Aber dieses Jahr ist alles anders. Ich sehe auch viele unbekannte Gesichter. Ich lese Furcht in euren Augen. Einige von euch haben eine lange Reise hinter sich. Einige wurden aus ihrer Heimat vertrieben, sind von Haus und Hof geflohen und haben den beschwerlichen Weg hierher auf sich genommen, um Schutz zu suchen. Zu euch allen sage ich: Seid willkommen an Tørrheims Feuern!«

Die Leute grölten, trampelten auf den Boden und schlugen ihre Bierkrüge auf die Tische.

»Hier seid ihr in Sicherheit«, fuhr der Jarl fort. »Wir werden euch vor den Walküren beschützen, wie wir unsere eigenen Frauen und Kinder schützen. Gemeinsam bauen wir ein größeres, noch stärkeres Tørrheim. Niemand wird uns etwas anhaben können.«

Wieder grölte und applaudierte die Menge. Gent schnaubte abfällig. Natürlich nahm der Jarl diese Leute bei sich auf. Sie brachten zusätzliche Arbeitskräfte, Vieh, Handwerkskunst und würden ihm Tribut entrichten müssen. Im Gegenzug würde der Jarl sie nicht beschützen können, egal, was er ihnen versprach. Das konnte niemand. Doch Torje war schon immer ein eigennütziger Mistkerl gewesen.

Als Gent seine Aufmerksamkeit wieder auf den Jarl richtete, hatte dieser den Krug erhoben. Die Menge tat es ihm nach. »Auf Tørrheims glorreiche Zukunft!«

Alle wiederholten den Trinkspruch, stießen ihre Krüge gegeneinander und tranken gierig. Der Jarl schob seinen Stuhl zurück. Überall auf dem Platz erhoben sich Leute, um ihm zum Langhaus zu folgen. Zwar befand sich die offizielle Thingstätte unter einer ausladenden Linde neben dem Gebäude, doch zu diesem Anlass waren so viele Leute aus dem gesamten Herrschaftsgebiet des Jarls gekommen, dass die Versammlung im Langhaus abgehalten werden musste. Neben dem Jarl, seinen Beratern und anderen politischen Überhäuptern wurden nur die wohlhabendsten Bauern der Region zum Thing geladen. Doch selbst dieser ausgewählte Kreis hätte kaum unter der Gerichtslinde Platz gefunden.

Gent bahnte sich einen Weg durch die Menge, die Augen fest auf Torje gerichtet. Der Jarl fing seinen Blick auf. Er nickte und gab Gent mit einem Wink zu verstehen, sich ihm anzuschließen – wie Gent gehofft hatte.

Er ließ sich vom Menschenstrom in Richtung Langhaus treiben. Einige der durch das Tor tretenden Männer und Frauen torkelten bereits, viele hielten Bierkrüge in den Händen. Gent war froh, dass die endgültigen Beschlüsse erst am folgenden Tag in nüchternem Zustand gefasst wurden.

Wie es Brauch war, legte er beim Betreten der Halle eine Hand an den Türrahmen und tat so, als murmelte er den Segen für Haus und Hof. Er konnte es sich nicht leisten, dabei ertappt zu werden, wie er sich respektlos verhielt. Sie brauchten dringend einen neuen Auftrag und Torje bezahlte gut.

Auch das Innere des Langhauses bestand aus Holz. Das Dach wurde von mehreren dicken Balken getragen. Bänke waren im gesamten Raum verteilt. Rechts und links führten Treppen zu einer zur Mitte hin offenen Empore, die sich einmal rund um den Raum zog und weitere Stehplätze bot. Auf einem Podest gegenüber des Eingangs stand ein riesiger, mit Schnitzereien verzierter Lehnstuhl, gesäumt von zwei weiteren kleineren Stühlen.

Gent erklomm die Stufen ins obere Stockwerk und suchte sich einen Platz am vorderen Rand, von wo aus er den gesamten Saal im Blick hatte. Er verschränkte die Arme vor der Brust und lehnte sich mit der Hüfte gegen das Holzgeländer der Empore.

Unter ihm nahm der Jarl seinen Platz auf dem mittigen Stuhl ein, flankiert von einer gebeugten Greisin und einem jungen Mann mit Bartflaum, bei dem es sich um seinen Sohn handeln musste.

Gent ließ den Blick durch die Halle schweifen, die sich

nach und nach füllte. Da stellte sich eine Person so dicht neben ihn, dass er sich verärgert umdrehte.

»Es gibt noch genug Platz auf den Bänken … Smilla?« Gent stieß ein verblüfftes Grunzen aus. Wie schaffte es diese Frau, ständig aus dem Nichts aufzutauchen und noch dazu in eine geschlossene Veranstaltung zu platzen? »Was willst du hier?«

Draußen setzten die Musiker zu einem neuen Lied an, doch die schweren Türen wurden zugezogen und eine erwartungsvolle Stille setzte ein. Mit einem verschmitzten Funkeln in den Augen hielt sich Smilla einen Finger an die Lippen, als der Jarl von Tørrheim zu sprechen begann.

KAPITEL 12
SMILLA

Aufmerksam ließ Smilla den Blick durch die voll besetzte Halle schweifen. Sie zeugte von Tørrheims Wohlstand. Es roch nach Holz, Bier und verschwitzten Leibern. Ganz dicht neben sich konnte sie auch Gents herbe Note ausmachen – Leder, Eisen und etwas ganz Eigenes, Frostiges, das sie nicht recht deuten konnte. Es erinnerte sie an den ersten Schneefall in einer Winternacht.

Kaum hörte sie die Worte des Jarls, als er die Anwesenden begrüßte und das Thing offiziell eröffnete, denn die Frau an seiner Seite hatte Smillas Aufmerksamkeit erregt. Das glatte Haar fiel ihr in Silberbächen bis zur Hüfte. Über einem moosgrünen Kleid trug sie einen ärmellosen Wollmantel, der an der Brust mit einer Spange zusammengehalten wurde. Tiefe Furchen zogen sich durch ihr Gesicht, doch sie stand aufrecht und mit stolz erhobenem Kinn neben dem Stuhl des Jarls. Nachdem dieser seinen Sohn vorgestellt hatte, deutete er mit einer respektvollen Geste auf die Greisin und stellte sie als Weise Frau Tørrheims vor. Seine Mutter. Angeblich hatte sie eine beschwerliche Reise auf sich genommen, um heute bei ihnen zu sein. Endlich wieder vereint mit ihrem Sohn, der es in ihrer Abwesenheit weit gebracht hatte.

Weise Frau. Smilla verzog spöttisch die Lippen. Handelte es sich bei seinen Worten um die Glorifizierung einer gewöhnlichen Menschenfrau, die mit Kräutern und anderen Naturgaben umzugehen wusste, oder steckte mehr dahinter?

Tatsache war, dass Smilla sich zu ihr hingezogen fühlte – ein Kribbeln im Nacken, ein sanftes Zupfen an ihrem Herzen. Alles deutete darauf hin, dass durch die Adern dieser Greisin dasselbe Blut floss wie durch ihre, wenn es auch stark verwässert sein musste. Besonders mächtig konnte die »Weise Frau« nicht sein. Vermutlich war sie nicht bewandert in Knochenmagie. Eine von vielen, die die Kunst ihrer Vorfahren nie erlernt hatte, weil sie unter Menschen aufgewachsen war.

Smilla wurde aus ihren Grübeleien gerissen, als Gent neben ihr unbehaglich von einem Bein aufs andere trat. Sie warf ihm einen Seitenblick zu. Er starrte die Mutter des Jarls an, als hätte sich soeben ein Tor nach Helheim aufgetan und sie ausgespuckt. Im nächsten Moment blinzelte Gent und der seltsame Ausdruck verschwand aus seinen Augen. Er rieb sich über den kurzen Bart und richtete seinen Blick wieder auf den Jarl, der nun seiner Mutter und seinem Sohn bedeutete, auf den ihn flankierenden Stühlen Platz zu nehmen.

»Zu diesem Thing haben uns die Götter wahrlich gesegnet«, fuhr er dann fort. »Denn ich kann mit Freude verkünden, dass sich ein weiterer Ehrengast unter uns aufhält. Ein überraschender, aber höchst willkommener Besucher.«

Zu Smillas Überraschung deutete er nach oben zu der Empore, auf der sie stand. Unwillkürlich trat sie einen Schritt zurück, als sich aller Augen auf sie richteten. »Gent, der Anführer der Wilden Jagd und Fürst der Unterwelt höchstpersönlich.«

Ehrfürchtiges Schweigen setzte ein. Einige Leute spähten zu Gent auf, als wäre er ein Halbgott, andere ließen die Hände wie beiläufig zu ihren Waffen wandern.

Gent trat vor und deutete eine Verbeugung an. Seine Stimme hallte laut durch die Halle. »Wie immer stehen dir die Klingen meiner Truppe zur Verfügung, Jarl.«

»Ihr hättet zu keinem besseren Zeitpunkt eintreffen können«, fuhr der Jarl fort. »Wir leben in schweren Zeiten. Dank der schützenden Hand der Leuchtenden wurden wir bisher vom Schlimmsten verschont, doch ich habe trotzdem einen Auftrag von höchster Wichtigkeit für dich.«

Gent trat an das Geländer der Empore, stützte sich mit beiden Ellbogen darauf und beugte sich vor. »Ich bin ganz Ohr.«

Smilla lauschte gespannt. War der Moment gekommen? War dies der Auftrag, aufgrund dessen sie sich der Wilden Jagd angeschlossen hatte? Würde sie endlich Rache üben können?

Das Herz schlug ihr so dumpf in der Brust, dass sie ebenfalls einen Schritt nach vorn machte, um kein Wort zu verpassen. Plötzlich waren ihre Handflächen schweißfeucht, sodass sie sie an ihrer Lederhose abwischen musste. Die Worte des Jarls drangen wie aus weiter Ferne an ihre Ohren.

»Bisher mussten wir die Sicherheit unserer Siedlung verlassen, um frisches Wasser aus einer nahen Quelle zu holen, doch vor einer Woche haben wir endlich einen Brunnen in Tørrheim errichten lassen.« Gemurmel setzte ein. Einige Tørrheimer drückten ihr Wohlwollen aus, priesen die weise Entscheidung des Jarls. Dieser setzte jedoch eine traurige Miene auf.

»Das Wasser des neuen Brunnens ist vor drei Tagen auf unerklärliche Weise versiegt. Und nicht nur das: Auch die Quelle außerhalb der Siedlung, die wir seit Jahrzehnten nutzen, enthält keinen Tropfen mehr. Von einem Tag auf den anderen wurden wir unserer wichtigsten Ressource beraubt.«

Er schüttelte den Kopf und deutete dann auf seine Krieger, die rund um das Podest standen. »Nun müssen wir unsere mutigsten Männer ausschicken, um Wasser vom Fluss herzuschleppen und sich dabei den Gefahren auszusetzen, die außerhalb unserer Tore lauern. So kann es nicht weitergehen. Wie sollen wir unsere Kinder versorgen? Unser Vieh? All die Neuankömmlinge, die bei uns Schutz suchen?« Die Menge seufzte auf.

»Das ist wirklich herzzerreißend«, sagte Gent mit spöttischem Unterton. »Aber ich verstehe nicht, was das alles mit uns zu tun hat. Wasserschleppen? Du weißt, dass die Dienste der Wilden Jagd anderer Natur sind, Torje.«

»Aber die Jagd auf Kreaturen liegt in eurem Aufgabenbereich, nicht wahr?« Unschuldig blinzelte der Jarl zu Gent auf. Das Publikum fraß ihm aus der Hand. Alle hielten gespannt den Atem an.

Gent antwortete mit einem knappen Nicken. Smilla entging nicht, dass seine breiten Schultern angespannt waren. Als wollte er sich jeden Moment über die Brüstung schwingen und dem Jarl mit bloßen Händen den Schädel einschlagen.

»Wir haben den Grund des versiegten Wassers aufgedeckt«, verkündete der Jarl stolz. »Einige unserer tugendhaften Bewohner haben berichtet, nachts Geigenklänge aus dem Brunnenschacht gehört zu haben. Außerdem wurden Seerosen auf dem Teich gesichtet, von dem wir früher unser Wasser holten. Kurz bevor die Quelle versiegte.« Er richtete seinen brennenden Blick auf die gespannte Menge. »Alles deutet darauf hin, dass es sich um einen Nöck handelt.«

Enttäuscht ließ Smilla die Schultern sinken. Ganz und gar nicht der Auftrag, den sie sich erhofft hatte. Sie bemühte sich, ihre Miene unbewegt zu halten, was Gent hingegen völlig misslang. An seiner Schläfe pochte eine Ader, während er den Jarl mit Blicken erdolchte.

Dieser fuhr ungerührt fort. »Die gute Patronella Jónsdóttir hat ihn des Nachts auf dem Brunnenrand hocken und

Geige spielen sehen. Mit seiner finsteren Melodie lockt er Unvorsichtige zu sich und ertränkt sie. Und …« Er hob einen Finger, als furchtsames Flüstern ausbrach. »Laut Patronella hat er Tränen vergossen. Es ist allgemein bekannt, dass dies ein Zeichen für bevorstehendes Unglück ist.«

Das Gemurmel der Menge wurde stetig lauter.

»Wir haben alles versucht. Selbst meiner weisen Mutter ist es nicht gelungen, die Gefahr zu bannen.« Er deutete auf die Greisin mit dem Silberhaar, die bescheiden den Kopf neigte. Dann wandte sich der Jarl wieder an Gent. »Ich bitte dich demütigst, Fürst der Unterwelt, töte den Nöck und wende das Unheil von uns ab, auf dass unser Wasser wieder fließen möge.«

Die Menge brach in zustimmendes Grölen aus. Alle, die Waffen trugen, schlugen die Klingen gegeneinander. Die Leute wollten Blut sehen. Das Blut eines Nöcks, der höchstwahrscheinlich der Fantasie der abergläubischen Dörfler entsprungen war. Smilla seufzte. Unter Hexen war allgemein bekannt, dass Nöcks nur in fließenden Gewässern wie Flüssen und Bächen hausten. Offenbar fehlte den Menschen dieses Wissen. Oder steckte mehr dahinter und der Jarl hatte seine Gründe, Gent lediglich Halbwahrheiten aufzutischen?

Gent knirschte neben ihr so laut mit den Zähnen, dass sie zusammenzuckte. Der Jarl hatte ihn in eine unmögliche Lage gebracht. Die aufgewiegelte Menge würde ihn nicht ziehen lassen, bevor er Torjes Bitte nachkam. Und hier drin war er von seiner Truppe abgeschnitten, mit deren Hilfe er sich notfalls einen Weg nach draußen hätte freikämpfen können. An seiner Seite war nur Smilla, die Neue, der er kein Stück über den Weg traute.

Gent hob eine wütend zitternde Hand und die Menge verstummte. Gespannte Gesichter blickten zu ihm auf. Die erhobenen Waffen blitzten im Schein der an den Wänden hängenden Fackeln. »Ich werde euer Problem aus der Welt schaffen«, presste er zwischen zusammengebissenen Zähnen hervor. »Wenn die Bezahlung stimmt.«

Der Jarl von Tørrheim grinste siegesgewiss zu ihm auf. »Das sollte kein Problem sein.« Er machte sich an seinem Gürtel zu schaffen, um die Schnüre eines Lederbeutels zu lösen. Den Beutel warf er Gent zu, der sich weit nach vorn beugen musste, um ihn zu fangen. Dabei klirrte der Inhalt laut.

»Das ist die Anzahlung. Den Rest bekommst du, nachdem ihr Erfolg hattet.«

Smilla lugte an Gents breitem Rücken vorbei, als er den Beutel öffnete. Mehr als genug Rabensilber für drei Nöcks und einen feuerspeienden Lindwurm. Es wurde immer kurioser.

Das Geld schien Gent nicht zu besänftigen. Seine Kiefermuskeln mahlten, als er eine weitere Verbeugung andeutete. »Betrachte es als erledigt.« Er fuhr auf dem Absatz herum und stürmte an Smilla vorbei durch die Menge, die ihm sofort Platz machte. Eilig folgte Smilla ihm die Stufen der Empore hinunter.

Erst als das große Eichentor hinter ihnen zufiel, stieß Gent ein Brüllen aus und schlug mit der Faust gegen die Holzwand. Das gesamte Langhaus erzitterte. Einige der Feiernden auf dem großen Platz sahen erschrocken in seine Richtung.

Smilla legte ihm eine Hand auf den Arm und zog ihn rasch in die Dunkelheit zwischen zwei Häusern. Vermutlich würde es seinen Ruf nicht gerade verbessern, wenn der Fürst der Unterwelt einen Wutanfall wegen eines Nöcks bekam. Gleichzeitig versuchte sie, ihre eigene Enttäuschung abzuschütteln. Dies war nicht der von der Seherin prophezeite Auftrag, aber dennoch eine Chance, sich zu beweisen und offiziell in die Wilde Jagd aufgenommen zu werden. Sie musste sich in Geduld üben.

Wutschnaubend marschierte Gent auf und ab. Die Gasse war so schmal, dass seine Schultern beinahe die Holzwände auf beiden Seiten streiften. »Dieser elende …« Zorn ging in heißen Wellen von ihm aus. Es war offensichtlich, dass er sich von Torjes Auftrag beleidigt fühlte.

Smilla befürchtete, dass er jeden Moment wieder auf etwas eindreschen würde. Keine der sie flankierenden Hütten sah besonders robust aus – und offenbar war Gent wirklich stark. Unmenschlich stark. Doch das war ein Gedanke, dem Smilla sich erst später widmen konnte. Eilig riss sie ihm den Lederbeutel aus den Fingern und hielt ihn Gent vor die Nase, sodass die Münzen klimperten. »Wie wäre es, wenn du dich *darauf* konzentrierst? Alles andere werden wir schon hinkriegen.«

Gent blieb abrupt stehen und starrte sie an. Seine Augen waren schwarze Kohlen, die jeden Moment in Flammen aufgehen konnten. Smilla starrte ebenso entschlossen zurück. »Es sei denn, du möchtest noch mehr Zeit damit verschwenden, dich wie der Narr höchstpersönlich aufzuführen.«

Er blinzelte mehrmals. Seine Schultern hoben sich, als wollte er Atem schöpfen, um ihr eine passende Antwort zu geben, doch dann ließ er sie sinken.

Smilla versuchte, sich ihre Überraschung darüber nicht anmerken zu lassen. »Ich verstehe deine Verstimmtheit, auch wenn sie mir ein wenig übertrieben vorkommt, aber wir sollten uns auf den Auftrag konzentrieren«, fuhr sie fort. »Da es sich *nicht* um einen Nöck handelt, muss es eine andere Erklärung geben.«

So etwas wie Anerkennung blitzte in Gents Augen auf. Er

fuhr sich mit der Hand durch die schwarzen Bartstoppeln, wurde langsam ruhiger. »Wer weiß, was der Jarl im Schilde führt. Um ehrlich zu sein, frage ich mich, ob sich das alte Schlitzohr diesen Trollmist mit dem Nöck nur ausgedacht hat, um uns von anderen Dingen abzulenken, die in der Siedlung vor sich gehen.« Seine Stimme klang rau, als säße nach wie vor ein wütendes Brüllen in seiner Kehle fest. »Es würde mich nicht wundern, wenn wir einen vollen Brunnen vorfinden.«

Smilla nickte entschlossen. »Lass es uns herausfinden.«

KAPITEL 13
GENT

Gent bahnte sich einen Weg durch die feiernden Menschen. Da er die meisten um mindestens einen Kopf überragte, machten sie ihm bereitwillig Platz.

Smilla war ihm dicht auf den Fersen. Sie hatte ihm den Geldbeutel zurückgegeben. Er hatte sie nicht aus den Augen gelassen, während sie ihn in der Hand gehalten hatte. Wer wusste schon, welche Tricks sie auf Lager hatte? Was hatte sie dazu getrieben, ihm in das Langhaus zu folgen? Und warum war sie noch immer an seiner Seite, statt sich wie die anderen auf dem Fest zu amüsieren? Ging es ihr allein darum, sich der Wilden Jagd zu beweisen, um endlich als vollwertiges Mitglied aufgenommen zu werden, oder steckte mehr dahinter?

Nach wie vor wurde er aus ihr nicht schlau. Er unterdrückte den Drang, sich zu ihr umzudrehen. Irgendwie war es ihr vorhin gelungen, seine Wut zu zügeln. Gerade rechtzeitig. Denn er war drauf und dran gewesen, die gesamte Siedlung niederzureißen. Wenn ihn die Wut derart packte, schaffte es sonst nur Leif, ihn wieder runterzuholen. Er hasste es, derart die Kontrolle zu verlieren, doch der seit Monaten auf ihm lastende Druck, die Truppe in diesen schweren Zeiten irgendwie über die Runden zu bringen, zermürbte ihn. Einen derart lächerlichen Auftrag hätte er früher nie angenommen. Das wusste Torje. Doch offenbar gefiel es ihm, Gent und seine Leute zu erniedrigen. Dafür sollte der Jarl für immer in Helheim schmoren.

Nur langsam kühlte Gents Wut ab. Natürlich hatte Smilla recht. Er musste seinen Stolz herunterschlucken und an das Wohl der gesamten Truppe denken. Er würde den absurden Auftrag ausführen und mit etwas Glück würden sie bereits bei Sonnenaufgang wieder ihrer Wege gehen. Mit prall gefüllten Taschen.

Endlich ließen sie den Dorfplatz hinter sich und bogen in eine stillere Straße ein. Leif trat aus den Schatten und schloss sich ihnen ohne ein Wort an. Smilla stieß ein überraschtes Keuchen aus, doch Gent hatte sich längst gefragt, wann Leif zu ihm stoßen würde. Es hätte ihn nicht gewundert, wenn sein ältester Freund ebenfalls einen Weg gefunden hatte, sich in die Thingversammlung zu schleichen.

»Weißt du, wo sich der götterverlassene Brunnen befindet?«, fragte Gent gefolgt von einem raschen Seitenblick. Leifs stummes Nicken bestätigte seine Vermutung. Er wusste bereits Bescheid. Ohne zu zögern, bog er links ab. Smilla hob fragend die Brauen, folgte den beiden Männern jedoch klaglos. Sicher warteten beide auf Erklärungen oder Befehle, doch in Gents Kopf wirbelten die Gedanken durcheinander. War seine Axt denn gar nichts mehr wert? Waren die Zeiten vorbei, in denen er Wiedergänger nach Helheim befördert und Riesen geschlachtet hatte? In denen er die Leute vor *echten* Gefahren beschützt hatte? Mit dem Angriff auf das nördliche Dorf hatte er bereits seine eigene Moral verraten, auch wenn er das vor Smilla nicht zugegeben hatte. Wer war er, wenn es keine Kreaturen mehr zu erlegen gab? Wenn die Monster plötzlich unbesiegbar wurden? Einfach nur Gent. Doch selbst das war eine Lüge. Er brauchte Zeit zum Nachdenken. Musste seinen Zorn in den Griff kriegen.

Sein Blick wanderte zu Smilla, die neben ihm ging. Sie wirkte konzentriert und entschlossen, hatte sofort verstanden, dass die Geschichte mit dem Nöck erstunken und erlogen war. Vielleicht hatte sie sich bereits einen Plan überlegt. Irgendwie schaffte sie es immer wieder, Gent zu überraschen. Er musste aufhören, sie zu unterschätzen.

Der feiernden Menge ausweichend führte Leif sie auf Umwegen zurück zur Dorfmitte. Der Brunnen befand sich gleich hinter dem Langhaus. Er sah tatsächlich neu aus, was allerdings nicht bedeutete, dass sich der Rest der Geschichte ebenfalls bewahrheiten würde.

Gent beugte sich über den steinernen Rand. Ein dunkler Schlund schraubte sich in die Tiefe. Der Grund war nicht zu erkennen. Gent hob einen Kieselstein vom Boden auf und warf ihn hinein. Langsam zählte er bis fünf, bevor er ein Klirren hörte. Kein Platschen. Der Brunnen war tatsächlich leer. Er zog den Kopf ein, um sich nicht an dem Blecheimer zu stoßen, der von einem Holzgestell über dem Schacht baumelte. »Da drin ist kein einziger Tropfen Wasser.« Er rieb sich den Nacken.

Leif warf ebenfalls einen Blick hinein, während Smilla das Steinkonstrukt umrundete. Täuschte sich Gent, oder schnupperte sie dabei in die Luft?

»Ich glaube nicht, dass das Problem hier liegt«, verkündete sie, als sie sich wieder zu ihnen gesellte. »Wir sollten der Quelle einen Besuch abstatten. Wenn sie das Wasser unterirdisch hierherleiten, muss sich das Problem am anderen Ende befinden.«

Gent nickte und wandte sich an Leif. »Smilla und ich kümmern uns darum. Du solltest währenddessen den Jarl im Blick behalten. Die ganze Sache stinkt zum Himmel.«

Leif sah ihn an, als hätte Gent soeben verkündet, den Arsch des Einäugigen küssen zu wollen. Mit düsterer Miene packte er Gent am Arm und zog ihn einige Schritte von Smilla fort, die den beiden mit verengten Augen nachsah.

»Das halte ich für keine gute Idee«, zischte er. »Du kannst

doch nicht wirklich allein mit ihr da rausgehen wollen. Mitten in der Nacht. Wir wissen nach wie vor nichts über sie. Was, wenn es ein Hinterhalt ist? Wenn sie die ganze Zeit über auf eine solche Gelegenheit gewartet hat?«

Gent hob eine Hand, um seinen Redeschwall zu stoppen. Entnervt funkelte Leif ihn an. Wie immer wusste Gent seine Sorge zu schätzen. Sie hatten einander so oft gerettet. Hielten sich seit Jahren gegenseitig den Rücken frei und wahrten die Geheimnisse des jeweils anderen. Doch Leifs Misstrauen Smilla gegenüber ließ ihn eins vergessen: Gent konnte sehr gut auf sich selbst aufpassen.

Er senkte die Stimme und beugte sich dichter zu Leif vor. »Du hast recht, die Frau ist ein Mysterium, aber das ist die perfekte Gelegenheit, um ihre Loyalität auf die Probe zu stellen. Sie und ich, allein da draußen …« Bei dem Gedanken schlug sein Herz auf lästige Weise schneller. Gent versuchte, es zu ignorieren. Leif hob jedoch sofort misstrauisch die Brauen. Er konnte ihm nichts vormachen. »Ich meine, sollte sie es auf mich abgesehen haben, wird sie mich mit Sicherheit angreifen. Und ich werde bereit sein.« Gent legte eine Hand auf die Axt auf seinem Rücken.

Leif war weiterhin angespannt. Seine Kiefermuskeln mahlten, was nur daran zu erkennen war, dass sich sein dichter Bart an diesen Stellen bewegte. So einfach würde er nicht nachgeben.

Gent versuchte es mit Humor. »Was soll sie schon tun? Mich mit den zwei Zahnstochern pieken, die sie als Schwerter bezeichnet?«

Statt zu lachen, runzelte Leif bloß die Stirn. »Lass dich nicht täuschen. Ich glaube, dass sie gefährlich ist. Woher hat sie überhaupt die Rabenstahlschwerter? Läuft damit durch die Gegend wie eine Kriegerin aus der Alten Zeit. Sie verbirgt etwas. Etwas Großes. Ich bin nur noch nicht dahintergekommen, wie wir in ihren Plan passen. Was will sie von der Wilden Jagd?«

Langsam verlor Gent die Geduld. Leif hatte seinen Standpunkt klargemacht. Mit seinem Verdacht lag er Gent bereits in den Ohren, seit Smilla sich ihnen angeschlossen hatte, aber nun klang er geradezu paranoid. Außerdem war es eine lausige Strategie, Gents Autorität in Smillas Beisein infrage zu stellen. »Vertrau mir«, knurrte Gent. »Wir werden schneller zurück sein, als du dir Sorgen machen kannst.«

»*Dir* vertraue ich. Aber ihr …« Leif schnaubte. »Sei einfach vorsichtig, ja?«

»Immer.« Es gab keinen Grund, weiter zu debattieren. Wahrscheinlich würde Leif ihnen sowieso in einiger Entfernung folgen und Gent würde so tun, als bemerkte er es nicht. Er klopfte Leif beschwichtigend auf die Schulter und wandte sich dann an Smilla. »Komm, Smilla aus Isgard. Wir haben nicht die ganze Nacht Zeit.«

KAPITEL 14
SMILLA

Wortlos stapfte Smilla neben Gent durch die Dunkelheit. Nur das Gesicht ihres Begleiters wurde von der Fackel erhellt, die er in der Hand hielt. Da er offenbar bereits mehrmals in Tørrheim gewesen war, kannte er den Weg.

Durch den Palisadenzaun drangen Flötenspiel, Gelächter und Gesang gedämpft an ihre Ohren. Das Thingfest war in vollem Gang, während hier draußen nur der Wind über das struppige Gras heulte. Dann und wann knackte ein Zweig unter ihren Sohlen, ansonsten war da nichts als Gents Atem. Er atmete schneller, als ihr Tempo erforderte, was Smilla verriet, wie aufgewühlt er nach wie vor war.

Lag es immer noch daran, dass er sich über den Auftrag des Jarls ärgerte, oder steckte mehr dahinter? Sosehr sie auch die Ohren gespitzt hatte, es war ihr nicht gelungen, sein Streitgespräch mit Leif zu belauschen. Es überraschte sie, dass er Leif nicht mitgenommen hatte. Dass er ganz allein mit ihr durch die Dunkelheit stapfte. Vor allem anderen machte es sie nervös. Würde er sie womöglich aushorchen wollen? Oder gar töten? Weil er längst ahnte, wer sie war. *Was* sie war?

Nein, sie musste sich dringend in den Griff bekommen. Bisher hatte sie sich nicht verraten. Und solange sie weiterhin auf der Hut blieb, würde niemand ihr Geheimnis entlarven. Dafür würde sie sorgen. Wenn nötig sogar mit Gewalt. Das Gewicht der Knochen in ihrer Brusttasche war in diesem Moment tröstlicher als jemals zuvor. Sollte Smilla mit den auf ihrem Rücken gekreuzten Schwertern nichts gegen Gent ausrichten können, würden sie zum Einsatz kommen. Vermutlich hatte er Leif aufgetragen, ihnen heimlich zu folgen und Smilla wenn nötig anzugreifen. Doch es brauchte mehr, um sie in einen Hinterhalt zu locken.

Die Geräusche der Nacht wurden lauter und der Lärm der Feiernden verklang, sobald sie zwischen einige hochaufragende Birken traten. Die weißen Stämme hoben sich deutlich von der dunklen Umgebung ab. Der Fackelschein tanzte über sie und ließ sie lebendig erscheinen. Smilla war froh um die kleinen Stöcke und Steine, die unter Gents Sohlen knirschten. Niemand würde sich unbemerkt an sie heranschleichen können.

Sie schnupperte in die Luft, musste all ihre Sinne einsetzen, um auf der Hut zu bleiben. Dabei durfte sie jedoch den Auftrag nicht vergessen. Dies war ihre Chance, sich zu beweisen und ein vollwertiges Mitglied der Wilden Jagd zu werden. Vielleicht würden die anderen ihr dann mit weniger Misstrauen begegnen.

Am Brunnen hatte sie keine Spuren einer übernatürlichen Präsenz entdeckt. Schon gar nicht den aufdringlich süßen Duft eines Nöcks. Doch dieser Birkenhain bot den perfekten Lebensraum für das Kleine Volk. Smilla lauschte auf das Surren winziger Flügel, auf Harfenspiel oder glockenhelles Lachen. Der Untergrund wurde moosig, war nun an vielen Stellen mit flachen Felsen gespickt. Sie achtete darauf, nicht in Pilzkreise oder andere mögliche Elfenbauten zu tappen. Sonst würde sie es aus ganz anderen Gründen als den ursprünglich angenommenen nicht hier herausschaffen.

Gent trampelte hingegen völlig ahnungslos durch das Wäldchen. Er achtete nicht darauf, wohin er trat, und atmete viel zu laut. Vermutlich hatten sie bereits alle Kreaturen im Umkreis eines Rabenflugs auf sich aufmerksam gemacht.

So, wie Smilla ihn einschätzte, verließ Gent sich lieber auf seine Axt, als umherzuschleichen, um einen Kampf zu umgehen.

Der Wind frischte auf und entlockte den tief hängenden Zweigen ein säuselndes Wispern. Gent blieb abrupt stehen. Vor ihnen hingen die dürren Birkenzweige so dicht, dass sie einen natürlichen Vorhang bildeten. Hatte er etwa Angst hindurchzugehen? Spürte er ebenfalls, wie aufgeladen mit Magie dieser Ort war? Oder war dies die Stelle, an der er Leif ein zuvor vereinbartes Zeichen gab, damit dieser sich auf Smilla stürzen konnte?

Die Härchen an ihren Armen stellten sich auf, während sie sich verstohlen umsah. Jenseits des Fackelscheins war nichts als Dunkelheit zu erkennen. Dort konnten alle möglichen Gefahren lauern. Täuschte sie sich, oder wirkte Gent ebenfalls unruhig? Er hob die Fackel, drehte sich langsam um sich selbst, während er sich eingehend umsah. Langsam hob Smilla eine Hand an ihre Schwerter. Ihr Herz pochte dumpf und viel zu schnell. War dies der Moment?

Doch schließlich senkte Gent die Fackel wieder und schob den Vorhang aus Zweigen mit der freien Hand beiseite. »Also dann, nach dir.« Er bedeutete Smilla mit einem Nicken, vorauszugehen.

Innerlich lachte sie auf. War das sein Ernst?

»Würde ich dich nicht kennen, hätte ich diese Geste deinen vortrefflichen Manieren zugeschrieben«, versuchte sie sich an einem Scherz. »Aber du willst wohl bloß, dass ich zuerst vom Nöck gefressen werde.«

Zunächst antwortete er nicht, starrte nur in die Finsternis auf der anderen Seite. »Du kennst mich nicht.« Sein Tonfall war kühl. Abweisend. Mit stahlharter Miene trat er durch den Birkenvorhang, ohne sich noch einmal zu ihr umzudrehen.

Smilla fühlte sich, als hätte er ihr den Stiel seiner Axt in den Magen gerammt. Hatte sie ihn völlig falsch eingeschätzt? Einen Wimpernschlag lang konnte sie sich nicht rühren. Nur auf die Stelle starren, an der sein breiter Rücken zwischen den Zweigen verschwunden war. Das Licht hatte er mit sich genommen. Die von allen Seiten herankriechende Dunkelheit brachte sie schließlich dazu, ihm zu folgen.

Sie zog eins der Schwerter von ihrem Rücken, hielt den Atem an und teilte die Äste mit der Klingenspitze. Mit trockenem Mund und wild klopfendem Herzen folgte sie Gent auf die andere Seite.

Auf alles vorbereitet sah sie sich um. Sie befanden sich auf einer kleinen Lichtung. Die Umrisse der sie umstehenden Bäume schälten sich aus den Schatten. Das Licht der Fackel schwebte irgendwo vor ihr in der Dunkelheit. Gent hatte nicht auf sie gewartet, war aber trotzdem nicht weit gekommen. Und er hatte ihr entgegen allen bösen Vorahnungen nicht aufgelauert. Leise stieß Smilla die angehaltene Luft aus. Hier roch es frisch und feucht. In der Nähe musste sich Wasser befinden. Sie waren ihrem Ziel sehr nahe. Nach einem raschen Blick zurück zu dem Birkenvorhang zog sie einen der winzigen Rattenknochen aus ihrer Brusttasche. Sie schloss die Faust darum und flüsterte die rituellen Worte. »Aus Rauch geboren, aus Asche geformt.«

So unauffällig wie möglich strich sie mit der Faust an den tief hängenden Zweigen entlang. Rauch drang zwischen ihren Fingern hervor. Die Äste verwoben sich, wurden fester und griffen ineinander, bis sie schließlich eine undurchdringliche Wand bildeten, die sich rundherum zog. Zufrieden öffnete Smilla die Faust und ließ die Asche auf ihrer Handfläche zu Boden rieseln. »Asche zu Asche«, flüsterte sie. »Ich danke dir für dein Opfer.« Niemand würde ihnen auf diese Lichtung folgen.

Sie wandte sich in dem Moment um, als Gent am anderen Ende der Lichtung die Fackel in den Boden rammte. »Wir sind da.« Mit der Klinge seiner gezückten Axt deutete er in die Dunkelheit.

Gespannt trat Smilla vor. Der Untergrund stieg hier leicht an. Im zuckenden Feuerschein erkannte sie einen Haufen Steine mehrere Schritte von Gent entfernt. Erst im Näherkommen wurde ihr klar, dass sich die Steine zu einem beinahe kreisrunden Becken auftürmten. Dahinter schälten sich die Umrisse einer mächtigen Birke aus der Düsternis. Ihre Wurzeln krochen in verschlungenen Mustern über den Rand des Steinbeckens. Vor nicht allzu langer Zeit musste Wasser dazwischen hervorgesprudelt sein und sich in das Becken ergossen haben. Moos und Schlick zeugten noch davon. Eine natürliche Quelle. Unterirdisch musste das Wasser zum Brunnen in der Siedlung geflossen sein, bis es vor drei Tagen versiegt war. Zumindest was das anging, hatte Jarl Torje nicht gelogen.

Smilla trat näher an die einstige Quelle heran und schnappte augenblicklich nach Luft. Die Kraft der Natur war an diesem Ort so stark, dass sie ihr den Atem raubte. Ehrfürchtig blickte sie zu dem stillen Quellwächter auf. Noch nie hatte sie eine derart große Birke gesehen. Der Baum musste viele Hundert Jahre alt sein.

Warum hatte der Jarl nicht erwähnt, dass es sich bei der Quelle um einen Ort von starker überirdischer Kraft handelte? Vermutlich weil es den Menschen nicht aufgefallen war. Sie hatten vergessen, was es hieß, der Natur zu lauschen. Wie sie so vieles vergessen hatten.

Etwas klimperte über ihrem Kopf und Smilla blickte auf. Von einigen Birkenzweigen hingen Knochenwindspiele, die in der Brise klapperten. Sie erkannte auf den ersten Blick, dass sie aus Frosch- und Krötenknochen bestanden. Interessiert stellte sie sich auf die Zehenspitzen, um sie näher zu begutachten. Diese Talismane zur Abwehr böser Blicke konnten unmöglich menschlichen Ursprungs sein. Sie waren uralt, die Knochen vergilbt. Smilla wünschte, sie hätte einige davon in die Finger bekommen können, doch das hätte sie sofort verraten.

Stattdessen hockte sie sich vor das Becken. Die verwitterten Steine wiesen spiralförmige Schnitzereien auf. Genaueres konnte sie im schwachen Licht nicht erkennen. Dieser Teich war jemandes Heim, und das schon seit sehr langer Zeit. Smilla glaubte allerdings nicht, dass es sich dabei um einen Nöck handelte. Sie streckte eine Hand aus, um mit den Fingern über einen Stein zu streichen.

»Vorsicht«, ertönte Gents Stimme hinter ihr. »Geh nicht zu nah ran.«

Sie war so von ihrem Fund abgelenkt gewesen, dass sie seine Anwesenheit für einen Moment vergessen hatte. Über die Schulter warf sie ihm einen verächtlichen Blick zu. »Warum? Hast du Angst, dass mir Wassergeister meine Seele rauben, wenn ich zu lange hineinblicke? Ich dachte, du glaubst nicht an solches – wie nanntest du es gleich – *Altweibergewäsch*?«

»Ich habe bloß keine Lust, deine Leiche zurück ins Dorf zu schleppen«, knurrte er.

»Mach dir um mich keine Sorgen.« Sie schenkte ihm ein gefährliches Lächeln. »Ich kann auf mich selbst aufpassen.« Wie beiläufig strich sie über eins der Kurzschwerter auf ihrem Rücken.

»Wer hat denn etwas von Sorgen machen gesagt? Es wäre nur schön, wenn wir das Ganze hinter uns bringen könnten, sobald du fertig bist, dein Spiegelbild zu betrachten.« Er sprach leichthin, doch die Anspannung, die in seiner Stimme mitschwang, verriet, dass Gent einen gehörigen Respekt vor diesem Ort hatte. Oder vielmehr vor dem Wesen, das hier hausen mochte. Einem Wesen, das bei einer derart großzügigen Bezahlung wie der von Torje ganz bestimmt nicht bloß ein Nöck war.

»Wie soll ich mein Spiegelbild betrachten, wenn der Teich leer ist?«

Sein Schweigen war Antwort genug. Sie drehte sich ganz zu ihm um und bemerkte, dass er immer noch dort stand, wo er die Fackel in den Boden gesteckt hatte. Wachsam sah er sich um. Von seinem Standpunkt aus konnte er den Grund des Beckens vermutlich nicht erkennen. Gerade wollte sie ihn damit aufziehen, dass er sich nicht näher heranwagte, da trat Gent einen Schritt vor und hob seine Axt.

»Was ist?« Als Smilla zum Teich herumfuhr, machte sie eine Bewegung aus. Bleiche Finger reckten sich aus einer Öffnung zwischen den Steinen. Smilla erhob sich und wich langsam zurück. Warnend hob sie eine Hand, um Gent davon abzuhalten, mit erhobener Axt loszustürmen. Sie wollte den Bewohner der Quelle unbedingt kennenlernen und ihn nicht verschrecken.

Nun war ein ganzer Arm zu sehen. Durchscheinende Schwimmhäute spannten sich zwischen schlanken Fingern. Kurz darauf schob sich ein langer dürrer Körper aus der Öffnung. Mit grotesken Bewegungen kletterte das Wesen über die Steine und Wurzeln. Seine schlaksigen Gliedmaßen waren nicht zur Fortbewegung an Land geschaffen. Fasziniert keuchte Smilla auf. Eine Quelljungfer. Sie hatte in ihrem Leben erst eine einzige zu Gesicht bekommen und das war lange her.

Ihre silbrigweißen Schuppen waren so durchscheinend, dass die Rippen darunter deutlich zu erkennen waren. Das lange schwarzfeuchte Haar klebte ihr strähnig an Kopf und Schultern. Sie hockte sich auf einen flachen Stein, der einst von Wasser umspült worden sein musste, und starrte Smilla aus großen, fahl leuchtenden Augen an. Wie zwei Monde in der Dunkelheit.

Gent schnappte nach Luft. Er wollte an Smilla vorbeistürmen, doch sie packte ihn am Arm und zerrte ihn zurück. »Du wirst doch kein wehrloses Wesen angreifen?«

»Wehrlos? Von wegen!« Mit der Axtschneide deutete er auf die langen Krallen, in denen die Finger und Zehen der Quelljungfer endeten. »Wir müssen es töten«, zischte er. »Dafür sind wir hergekommen.«

Sein Gesicht war ihrem ganz nah. Seine Augen funkelten. Sie waren so dunkel. Smilla schluckte. Sein Duft stieg ihr in die Nase. Leicht öffnete er die Lippen, sodass ihr Blick auf seinen Mund fiel. Sie hätte jedes Barthaar zählen können. Ungehalten blinzelte sie, um sich endlich von ihm loszureißen, doch es wollte ihr nicht gelingen. Erst als Gent schließlich zu sprechen ansetzte, beeilte sie sich, ihm zuvorzukommen. »*Es* ist eine *sie*«, zischte sie gefährlich leise. »Und unser Auftrag ist es, einen Nöck zu töten und den Dörflern ihr Wasser zurückzubringen. Ersteres ist unmöglich, weil es hier keinen Nöck gibt. Letzteres könnte uns gelingen, wenn du aufhören würdest, dich so närrisch aufzuführen.«

»Und wie sollen wir das anstellen?«, fragte Gent. Seine Stimme war kaum mehr als ein drohendes Knurren. Sein warmer Atem streifte ihre Wange. Fast berührte seine Nasenspitze ihre.

Sie schluckte erneut. »Jedenfalls nicht, indem wir eine Quelljungfer töten, die nichts verbrochen hat.«

»*Das da* soll eine Quelljungfer sein?« Endlich trat Gent einen Schritt zurück. Aufgebracht stieß er seine Axt in die Richtung des Teichs. »Ich hatte sie mir irgendwie … anders vorgestellt.«

»Warum überrascht mich das nicht?«

Angesichts der Klinge, die weiterhin auf sie gerichtet war, hakte die Quelljungfer ihren Kiefer aus, der daraufhin weit herabsackte und einen riesigen Schlund voll spitzer Reißzähne offenbarte. Ihre Wangen fielen ein, die schuppige Haut spannte sich straff über die spitzen Wangenknochen. Vor Wut erzitterten die Kiemen oberhalb ihrer Schlüsselbeine. Sie zischte und streckte die Klauen nach Gent aus. Eine eindeutige Warnung.

Smilla verschränkte die Arme vor der Brust. »Siehst du, jetzt hast du sie verärgert.«

Gent schnaubte. Er blieb noch einen Moment in Angriffsstellung, doch dann ließ er die Axt sinken und trat einen Schritt zurück. »Also schön. Da du dich offenbar so gut auskennst: Was schlägst du vor?«

»Lass mich mit ihr sprechen.«

Er starrte Smilla ungläubig an. »Du willst mit ihr *reden*? Willst du sie etwa nett bitten, das Wasser wieder fließen zu lassen?«

»Ganz genau.«

»Ganz … genau?« Seine Kinnlade fiel herab, sodass er Smilla auf höchst amüsante Weise an die Quelljungfer erinnerte, was sie ihn auf keinen Fall wissen lassen durfte. »Das … also, das ist …«

»Setz dich da drüben zu deiner Fackel und lass mich machen«, wies Smilla ihn ungeduldig an.

Er zögerte und warf der Quelljungfer einen skeptischen Blick zu. Sie zischte ihn an, er knurrte zurück. Einen Moment glaubte Smilla, er würde sich trotz allem auf sie stürzen. Gewalt lag in der Luft. Eine weitere Provokation und Gent wäre nicht mehr aufzuhalten.

Smilla warf der Quelljungfer einen flehenden Blick zu. Einen Moment lang erwiderte das Wesen Gents drohendes

Starren, dann klappte es den Kiefer wieder ein und fuhr sich mit den Krallen unschuldig durchs feuchte Haar.

Smilla atmete auf. »Du hast mir eine Chance versprochen, um mich zu beweisen«, wandte sie sich an Gent.

»Na schön.« Widerwillig stapfte er davon und setzte sich neben die Fackel auf den Boden. Er behielt Smilla und die Quelljungfer jedoch weiterhin im Blick.

Mit beschwichtigend vor sich ausgestreckten Händen näherte sich Smilla wieder dem Teich. Natürlich umfasste ihr Plan mehr, als nur mit der Quelljungfer zu sprechen, doch das durfte Gent nicht erfahren. Sie würde es schlau anstellen müssen, damit er ihr nicht auf die Schliche kam.

Ihre Gedanken rasten, während sie sich vor das Steinbecken kniete. Im Tausch dafür, dass die Quelljungfer das Wasser wieder fließen ließe, musste Smilla ihr etwas anbieten. Quelljungfern waren stolze Wesen, die eifersüchtig über ihr Heim wachten. Es war nur zu offensichtlich, dass sie das Wasser der Quelle hatte versiegen lassen, um die Menschen zu bestrafen. Mit dem Bau des neuen Brunnens mussten sie sie beleidigt haben, denn nun kam niemand mehr zur Quelle, um ihr kleine Gaben zu bringen und ihr für den Schutz des Wassers zu danken.

Wie die meisten der Kreaturen Middangards war sie missverstanden und wurde aus völlig falschen Gründen gefürchtet. Sie erwartete lediglich, dass ihr der Respekt entgegengebracht wurde, der ihr als Hüterin der Quelle gebührte. Und diesen Respekt würde Smilla ihr erweisen. Sie legte beide Hände mit den Handflächen nach oben auf den Steinen ab, um der Quelljungfer zu zeigen, dass sie ihr nichts Böses wollte.

»Ich grüße dich, Hüterin der Quelle«, murmelte sie mit ehrfürchtig geneigtem Kopf. Durch den Vorhang ihrer Haare spähte sie zu der Quelljungfer auf, die sich ihrerseits jedoch nicht verbeugte. Ein schlechtes Zeichen. »Bitte verzeih das grobe Benehmen meiner Begleitung. Er ist ein unwissender Mensch, und es war nicht seine Absicht, dich mit seinen Worten zu verletzen. Sicher hast du schon viele seiner Art getroffen.«

Nun hatte Smilla ihre Aufmerksamkeit. Die Quelljungfer legte den Kopf schief und musterte sie aus ihren leuchtenden Mondaugen. »Ich kann das Verhalten der Menschen nicht entschuldigen, aber ich bringe dir die Kunde, dass sie deine Strafe tief getroffen hat. Durch die Abwesenheit des Wassers wissen sie es nun mehr zu schätzen denn je.«

Die Quelljungfer beugte sich leicht vor. Auf der anderen Seite der Lichtung zog Gent scharf die Luft ein, doch Smilla ignorierte ihn. Nun kam der schwierige Teil. Sie musste der Quelljungfer ihr Geschenk überreichen, ohne dass Gent etwas davon mitbekam. Das Risiko war groß, doch sie konnte das arme Wesen auf keinen Fall sich selbst überlassen. Quelljungfern verzehrten sich nach Verehrung und Anerkennung. Diese würde langsam dahinsiechen, wenn sie von den Menschen nicht mehr gebraucht wurde.

Smilla setzte sich auf, bog den Rücken durch und senkte die Stimme. »Mit dieser Opfergabe möchte ich dir den Respekt der Siedlung aussprechen. Die Bewohner sind auf das Wasser angewiesen und möchten sich bei dir entschuldigen.«

Smilla griff in ihr Wams und zog die restlichen Rattenknochen aus ihrer Brusttasche. Sie schloss die Faust darum, murmelte die rituellen Worte und ließ die Kraft aus den Knochen in ihre Finger kriechen. Dann streckte sie den Arm aus, um die Knochen am Grund des Beckens abzulegen, wo Gent sie nicht sehen konnte. Mit der nun kribbelnden Handfläche strich sie über den kleinen Knochenhaufen und ließ die Kraft wieder aus sich herausströmen. Rauch trat aus ihren Fingerspitzen und umhüllte den Haufen. Wo er sie berührte, ordneten sich die Knochen neu an und schmolzen an einigen Stellen zusammen, sodass sie ein Muster ergaben, das den Talismanen in den Zweigen ähnelte. Die Quelljungfer stieß einen überraschten Laut aus.

Smilla senkte erneut den Kopf. »Auf dass wieder Frieden zwischen dir und den Menschen herrsche.«

Sie wartete auf eine weitere Reaktion. Darauf, dass die Quelljungfer die Knochen an sich nehmen oder sich bedanken würde. Doch nichts geschah. Erst als Smilla besorgt aufsah, erkannte sie, dass Wasser zwischen den obersten Steinen hervorsprudelte. Zuerst waren es nur wenige Tropfen, die sich jedoch schnell in ein plätscherndes Bächlein verwandelten. Es ergoss sich über Steine und Wurzeln und lief über den Felsen, auf dem die Quelljungfer hockte.

Das Wesen sah Smilla einen langen Moment in die Augen, während sich das Becken langsam mit Wasser füllte. Dann schnappte es sich das Knochenwindspiel, das bereits vom Wasser erfasst worden war, und tauchte damit unter.

Eine liebliche Stimme ertönte in Smillas Kopf. *»Ich nehme deine Gabe an.«* Kurz darauf erinnerte nichts mehr an die Anwesenheit der Quelljungfer. Es war, als hätte es sie nie gegeben.

Smilla saß noch eine Weile da und sah dabei zu, wie das Wasser das Becken zurückeroberte. Sie schätzte, dass sich der Brunnen in der Siedlung im Laufe des nächsten Tages füllen würde. Das Echo der Magie brannte ihr zwar noch in den Fingerspitzen, doch sie fühlte sich hohl und leer. Sie hatte ihre letzten Knochen hergegeben. Nun war sie beinahe machtlos. Magielos. Doch das durfte sie sich nicht anmerken lassen.

Sie atmete tief durch, um sich zu sammeln, dann drehte sie sich mit einem siegreichen Lächeln zu Gent um und kam auf die Beine. Er hatte die Hände hinter sich ins Gras gestemmt und sich zurückgelehnt. Seine Axt lag quer über seinem Schoß, jederzeit griffbereit. Durch die lockere Pose wirkte er entspannt, doch Smilla wusste es besser. Er konnte sein Misstrauen nicht vor ihr verbergen.

Mit steinerner Miene sah er zu ihr auf, als sie sich vor ihn stellte. »Du wirst mir nicht verraten, wie du es angestellt hast, oder?«

»Ich habe es dir bereits gesagt: Manchmal erreicht man mit einem ehrlichen Gespräch mehr als mit tausend Waffen.«

Er musterte sie einen Moment. Neben Skepsis und Misstrauen lag da noch etwas anderes in seinem Blick. Staunen? Bewunderung? Und vielleicht Unglaube darüber, dass es ihr tatsächlich gelungen war, den Auftrag auszuführen, ohne Blut zu vergießen. Er hatte sie unterschätzt. Und das wurde ihm nun endgültig klar. Smilla verkniff sich ein Grinsen. Dies war der Moment, auf den sie seit Tagen wartete. Sie hatte den Söldnerführer beeindruckt. Würde es reichen, damit er sie in seine Truppe aufnahm?

»Was sitzt du da noch herum?« Sie streckte ihm eine Hand entgegen. »Sollten wir uns nicht auf den Rückweg machen?«

Gent starrte ihre Finger einen Moment an, als wäre er unsicher, was er damit anfangen sollte. An seiner Schläfe pochte eine Ader, er presste die sonst vollen Lippen zu einem dünnen Strich zusammen. Smilla hielt seinem prüfenden Blick stand.

Schließlich entwich Gent ein derber Fluch und er ergriff ihre Hand. Mit der anderen packte er seine Axt und ließ sich von Smilla auf die Beine ziehen.

»Ich würde sagen, damit habe ich meinen ersten Auftrag erfolgreich abgeschlossen«, sagte sie grinsend.

Gent blickte von ihr zu dem sprudelnden Wasser und wieder zurück zu Smilla. Seine Kiefermuskeln mahlten, als wollte er die nächsten Worte mit Gewalt zurückhalten. Doch schließlich senkte er resigniert den Kopf. »Das hast du, Smilla aus Isgard.«

KAPITEL 15
GENT

Auf dem Rückweg zum Dorf sprachen sie kein Wort. Während sich Gent Smillas Anwesenheit dicht neben sich überdeutlich bewusst war, hing er seinen eigenen düsteren Gedanken nach. Er hatte keine Ahnung, wie sie die Quelljungfer überredet hatte, das Wasser wieder fließen zu lassen. Sie hatte zu leise gesprochen und er war zu weit entfernt gewesen, um etwas zu verstehen. Das angehende Mitglied der Wilden Jagd blieb ein Mysterium, und er war nicht so töricht, seine Vorsicht ihr gegenüber abzulegen. Doch er musste zugeben, dass sie ihn an diesem Abend beeindruckt hatte. Zähneknirschend erinnerte er sich an seine Worte, nachdem sie ihm auf so spektakuläre Weise das Leben gerettet hatte, um daraufhin einen Platz unter seinen Leuten einzufordern: »*Du reitest mit uns. Beim nächsten Auftrag kannst du dich behaupten.*«

Hatte er zu voreilig gesprochen? War dies eine zu einfache Aufnahmeprüfung gewesen? Smilla hatte den Auftrag scheinbar mühelos gelöst. Damit hatte sie ihre Loyalität nicht bewiesen, ihre Kampfkünste nicht unter Beweis gestellt. Doch Gent musste zugeben, dass sie andere wertvolle Fähigkeiten mitbrachte, die er sich zunutze machen konnte. Die Mitglieder seiner Truppe waren so unterschiedlich, dass er verschiedene Talente zu schätzen gelernt hatte. Óinn war der beste Bogenschütze, Jofur ein wertvoller Späher, Andórrs pure Muskelkraft lehrte jeden Gegner das Fürchten, Leif war ein hervorragender Stratege und Fährtenleser und Friggas Umgang mit ihrer Peitsche war legendär. Sie waren ein zusammengewürfelter Haufen, alle so unterschiedlich, dass man auf den ersten Blick kaum Gemeinsamkeiten erkennen konnte, und doch waren sie in den letzten Jahren zu einer Familie geworden. Niemals würde er ihre Loyalität infrage stellen.

Ganz im Gegensatz zu Smillas.

Doch ein Versprechen war ein Versprechen. Er hatte ihr eine Chance gegeben und sie hatte die Aufgabe mit Bravour gemeistert. Die Ehre verlangte von ihm, sie bei der Wilden Jagd aufzunehmen. Schließlich hatte sie ihm das Leben gerettet. Und ihm bisher keinen Grund geliefert, ihr zu misstrauen. Auch wenn Leif das anders sah.

Sosehr Gent es auch drehte und wendete, er kam immer wieder zu demselben Schluss: Der Drang, Smilla besser kennenzulernen, wurde mit jedem Tag stärker. Er war nicht bereit, sie gehen zu lassen. Etwas an ihren eisblauen Augen und dem frechen Grinsen war ihm unter die Haut gegangen. Auch wenn er das Smilla – oder Leif – gegenüber nie zugegeben hätte.

Gent hatte keine Zeit, sich weitere Gedanken darüber zu machen, ob er sie in der Wilden Jagd willkommen heißen sollte. Vor ihnen tauchte das von mehreren im Boden steckenden Fackeln erhellte Lager auf. Während ihrer Abwesenheit hatten die anderen ganze Arbeit geleistet. Alle Zelte waren aufgebaut, ein Lagerfeuer brannte und die gesamte Truppe saß darum versammelt. Es überraschte Gent, dass sich keiner von ihnen auf dem Thingfest aufhielt. Schließlich hatte er ihnen den Abend freigegeben. Sicher hatte Leif ihnen von seiner und Smillas Exkursion berichtet, und die neugierigen Halunken wollten sehen, ob beide bei ihrer Rückkehr noch all ihre Extremitäten besaßen. Wahrscheinlich hatten sie bereits Wetten abgeschlossen.

Bevor Gent sich zu den anderen gesellen konnte, sprang

Leif auf und eilte zu ihm. Er konnte sich offenbar gerade noch davon abhalten, Gent am Arm mit sich zu schleifen, gab ihm aber mit einem eindringlichen Blick zu verstehen, dass er dringend mit ihm sprechen wollte.

Während sich Smilla zu den anderen setzte und sofort mit Fragen bombardiert wurde, trat Gent hinter Leif aus dem Fackelkreis. Die Nacht griff mit kalten Fingern nach ihm. Lieber würde er sich jetzt am Feuer aufwärmen – noch ein wenig länger in Smillas Nähe bleiben. Verärgert schüttelte er den Kopf. Was für ein absurder Gedanke.

»Was gibt's?«, fuhr er Leif eine Spur zu barsch an.

»Das wollte ich dich gerade fragen.« Eine steile Falte zeigte sich zwischen Leifs Brauen. »Ich bin euch gefolgt.«

Gent seufzte tief. Natürlich war er ihnen gefolgt. Allerdings hatten Leifs Worte nun auch seine Neugier geweckt. »Konntest du erkennen, was Smilla mit der Quelljungfer angestellt hat? Sicher hat sie nicht bloß mit ihr geredet?«

»Das ist es ja gerade.« Leif klang so beunruhigt, wie Gent ihn selten erlebt hatte. »Irgendwann ging es nicht weiter. Ich habe euch zwischen Birkenzweigen verschwinden sehen, aber als ich an derselben Stelle durch die Äste schlüpfen wollte, bin ich nicht durchgekommen. Es war, als wollten die Bäume mich aussperren. Als ob …« Er warf die Arme in die Luft. »Als ob irgendeine höhere Macht mich davon abhalten wollte, euch zu folgen.«

»Eine höhere Macht?« Nun verschränkte Gent die Arme vor der Brust. Unbehagen machte sich in ihm breit.

»Eine Kreatur. Der Wald selbst. Keine Ahnung.« Frustriert fuhr sich Leif mit der Hand durchs lange Haar. »Ich habe es versucht. Habe mit dem Schwert auf die Flechten eingeschlagen. Die gesamte Lichtung umrundet. Es gab kein Durchkommen. Irgendwann habe ich aufgegeben und bin zum Lager zurückgekehrt.«

Gent runzelte die Stirn. »Davon habe ich nichts mitbekommen. Auf dem Rückweg sind wir genauso leicht durch die Zweige gekommen wie auf dem Hinweg.«

»Aber was bei allen Göttern ist hinter den Bäumen passiert?«

»Nichts ... Spektakuläres. Smilla hat weder versucht, mich anzugreifen noch sonst irgendwie zu hintergehen. Tatsächlich hat sie ...« Es kostete Gent einige Mühe, es auszusprechen. »Wir sind auf eine Quelljungfer gestoßen, die für das ganze Schlamassel verantwortlich ist. Smilla hat sie überredet, das Wasser wieder fließen zu lassen.«

Leifs graue Augen weiteten sich. Er sprach die Frage nicht aus, die in seinem Blick stand. Gent beantwortete sie trotzdem. »Keine Ahnung, wie sie das angestellt hat. Aber sie hat sich gut geschlagen und den Auftrag im Alleingang ausgeführt. Dass wir die zweite Hälfte der Belohnung ohne großen Aufwand einheimsen können, haben wir ihr zu verdanken.«

Leif schnaubte. »Das meinst du doch nicht ernst.« Aufgebracht fuhr er herum, machte ein paar Schritte in die Nacht hinein. »Das stinkt bis in die Hallen der Götter!«

Das Gelächter der Truppe drang an Gents Ohren. Er wollte nicht länger hier herumstehen. Er wollte sich zu den anderen setzen, einen Schluck Met trinken und ihre Meinungen zu Smillas Aufnahme hören. Beschwichtigend legte er Leif von hinten eine Hand auf die Schulter. »Komm mit. Du wirst die ganze Geschichte erfahren. Gemeinsam mit den anderen. Es gibt viel zu besprechen.«

Leif drehte sich nicht um. »Du ziehst doch nicht in Erwägung, sie bei uns aufzunehmen? Das könnte alles gefährden ...«

»Noch ist die Entscheidung nicht gefallen«, fiel Gent ihm ins Wort. »Komm jetzt. Du kannst deine Vorbehalte mit den anderen teilen.« Ohne eine Antwort abzuwarten, drehte er sich um und stapfte zum Feuer. Nachdem er seine Axt abgelegt hatte, ließ er sich seufzend zwischen Andórr und Frigga plumpsen.

Sofort reichte Frigga ihm einen gefüllten Becher. »Lange Nacht?« Der Feuerschein verwandelte ihr Haar in pures Gold.

»Die längste«, antwortete Gent, obwohl die Morgendämmerung noch fern war. Und obwohl er nicht sonderlich viel dazu beigetragen hatte, den Auftrag auszuführen. Die meiste Zeit hatte er im Gras gesessen und auf Smillas Rücken gestarrt, während sie der Quelljungfer unverständliches Zeug zugeflüstert hatte. Und während offenbar irgendetwas Magisches mit den umstehenden Bäumen passiert war.

Er warf Smilla einen raschen Blick zu. Sie grinste ihn über das Feuer hinweg an. Selbstbewusst. Siegessicher. Am liebsten hätte er ihr das selbstzufriedene Lächeln aus dem Gesicht gewischt. Warum wirkte es immer, als wüsste sie genau, was er gerade dachte? Mit ihren Gletscheraugen schien sie bis tief in seine Seele zu blicken. Es machte ihn unruhig. Unkonzentriert. Denn er genoss es viel zu sehr, wenn sie ihm ihre Aufmerksamkeit schenkte.

Gent leerte den Becher in einem Zug. Seine Kehle brannte. Er warf Frigga einen bösen Blick zu. Sie hätte ihn vorwarnen können, dass es sich nicht um Wein oder Met, sondern um Koboldpisse, einen starken Schnaps, handelte.

Frigga lachte und schenkte ihm nach. »Wir haben auf dem Fest sechs Flaschen mitgehen lassen. Du siehst aus, als hättest du es nötig.«

Schaudernd dachte Gent an die leuchtenden Augen der Quelljungfer. An ihren riesigen Schlund, die ausgestreckten Krallen und den Hass in ihrem Blick. Lieber würde er gegen drei Lindwürmer auf einmal kämpfen als gegen eine solche Kreatur der Schatten. Und Smilla hatte sie mit ein paar Worten beschwichtigt. Er schüttelte den Kopf und leerte auch den zweiten Becher.

Dann räusperte er sich und blickte in die Runde. Er war froh zu sehen, dass sich seine Gefährten auf dem Fest amüsiert zu haben schienen, bevor sie ins Lager gekommen waren. Andórrs und Jofurs Mundwinkel glänzten noch vom Honig, Óinn summte verträumt vor sich hin und seine Finger zuckten im Takt der Musik, die vom Fest herüberwehte. Selbst Friggas sonst harte Züge waren durch die Wirkung der Koboldpisse weicher geworden. Trotz allem lag eine offensichtliche Spannung in der Luft. Alle musterten ihn erwartungsvoll. Gent seufzte und hob die Stimme.

»Ich nehme an, Smilla hat euch schon erzählt, was passiert ist?«

Die anderen nickten. Einige verhalten, andere bewundernd. Óinn strahlte geradezu. »Eine Quelljungfer zu bezirzen ist keine leichte Aufgabe. Erinnert ihr euch an die Sage des Jünglings, der in ihren Teich fiel und nie wieder gesehen wurde?«

Andórr stöhnte. »Bitte nicht schon wieder. Verschone uns wenigstens für einen Abend.«

Óinn nahm es gelassen. Er steckte die Flöte wieder ein, die er bereits aus seiner Brusttasche hatte ziehen wollen. »Ich meine ja nur, dass Smilla wertvolle Fähigkeiten mitbringt.« Er hob seinen Becher vom Boden auf und prostete ihr zu. »Auch wenn ich nicht für uns alle sprechen kann, weiß zumindest *ich* sie zu schätzen.«

»Ich wäre ja eher für ein Kämpfchen gewesen«, warf Frigga ein und Andórr grunzte zustimmend, »aber zu schnell verdientem Rabensilber sage ich nicht Nein.«

Gent ahnte, dass es ewig so weitergehen würde, wenn er

nicht einschritt. Leif hatte bereits beide Knie mit den Händen umklammert und wirkte, als hätte er sich nicht mehr lange im Griff. Mit jedem netten Wort, das die anderen über Smilla verloren, wurde seine Miene düsterer. Es würde zur Abstimmung kommen müssen. Noch nie zuvor hatte Gent weniger einschätzen können, wie eine Abstimmung unter seinen Leuten ausgehen würde.

»Wie ihr wisst, habe ich Smilla versprochen, dass sie sich auf unserem nächsten Auftrag beweisen darf«, sagte er. »Und wie ihr bereits erfahren habt, hat sie sich heute Abend gut geschlagen. Der Auftrag ist erfüllt und unsere Taschen sind wieder voll.« Er zog den Beutel des Jarls von seinem Gürtel und ließ die Münzen klimpern. »Den Rest bekommen wir morgen früh.«

Die anderen drückten ihr Wohlwollen aus, indem sie mit ihren Bechern auf den Boden schlugen.

»Hört, hört.« Óinn klopfte Smilla anerkennend auf die Schulter. »Lob von Gent ist höchst selten.«

»Lass es dir besser nicht zu Kopf steigen«, ertönte Leifs Stimme. Er hatte leise gesprochen, doch alle Köpfe drehten sich ihm zu.

Smillas Miene war hart geworden. Interessiert beobachtete Gent, wie sich ihre Finger verkrampften, öffneten und schlossen, als müsste sie sich davon abhalten, Leif ihre Faust spüren zu lassen. Sie blinzelte, hatte die Fassung jedoch schnell wieder zurückerlangt. Ein flüchtiges Lächeln zuckte über ihre Züge, als sie sich zu Frigga vorbeugte. »Hat der Kerl eigentlich allgemein etwas gegen Frauen oder nur gegen mich?«

Frigga prustete los. Sie spuckte Koboldpisse ins Feuer, sodass es zischte, und lachte dann laut auf. Mit bebenden Schultern wischte sie sich über den Mund. »Nimm dich in Acht, Leif. Smillas Worte sind offenbar so scharf wie ihre Klingen.«

Smilla lachte ebenfalls. Doch als ihr Blick dabei Gents traf, wäre er beinahe vor der Mordlust in ihren Augen zurückgeschreckt. Sie war so wunderschön und gleichzeitig so gefährlich.

Voller Unbehagen riss sich Gent von ihrem Anblick los und räusperte sich eilig, um Leif keine Zeit für einen Konter zu geben. »Heute Abend hat Smilla Einfallsreichtum und Voraussicht bewiesen«, fuhr er mit einem warnenden Blick in Richtung seines alten Freundes fort, der still vor sich hinschäumte. »Dank ihr hatten wir Erfolg, ohne Blut zu vergießen.«

»Das ist wohl das erste Mal in der Geschichte der Wilden Jagd«, brummte Andórr. Alle lachten.

Die nächsten Worte kamen Gent schwer über die Lippen, klebten an seinem Gaumen. »Deshalb stimmen wir jetzt darüber ab, ob Smilla sich ihren Platz in unserer Mitte verdient hat.« Er ließ den Blick über die Gesichter seiner Gefährten schweifen. »Falls ihr Einwände habt, bringt sie vor.«

Zunächst erhob niemand das Wort und Gent glaubte schon, dass sich keiner außer Leif gegen Smillas Aufnahme aussprechen würde. Der Rest der Truppe war bester Stimmung. Ihre Wangen waren gerötet, ihre Bäuche zum ersten Mal seit Langem wieder voll und der Alkohol floss warm durch ihre Adern. Die prall gefüllte Geldbörse, die er ihnen soeben gezeigt hatte, tat ihr Übriges. Langsam dämmerte ihm außerdem, dass er selbst nicht unvoreingenommen genug war, was Smilla anging. Er bekam ihre Augen nicht mehr aus dem Kopf. Diese eisblauen Gletscheraugen und den verschmitzten Zug um ihren Mund, wenn sie ihn aufzog. Die offenkundige Gefahr, die von ihr ausging, zog ihn nur noch mehr an. Beim Arsch des Einäugigen, er hätte nicht so viel auf einmal trinken dürfen.

»Sie ist keine von uns«, sagte Leif mit kalter Stimme. Widerwillig wandte sich Gent ihm zu. Ja, es würde eine lange Nacht werden. »Sie kommt aus dem Nichts, will sich uns ohne triftigen Grund anschließen. Dabei wissen wir nichts über sie. Allein durch ein Gespräch mit einer Quelljungfer soll sie sich einen Platz in der gefürchtetsten Söldnertruppe des Landes verdient haben? Dass ich nicht lache!« Er lachte tatsächlich hart auf, um seine Worte zu unterstreichen. »Es braucht mehr als das, um sich unser Vertrauen zu verdienen.«

Andórr brummelte zustimmend. Jofur hatte die Stirn gerunzelt, seine Miene war unergründlich. Frigga war nach einigen Bechern Koboldpisse bereits jenseits von Gut und Böse. Óinn schien jedoch ernsthaft über Leifs Worte nachzudenken.

Niemand sagte etwas. Nur das Knistern der Flammen in ihrer Mitte war zu hören. Plötzlich ertönte Smillas Stimme. Rauer als sonst. Irgendwie verletzlicher. »Ich kann nirgendwohin«, sagte sie. »Habe keine Familie. Kein Zuhause. Nicht mehr. Du fragst dich, warum ich mich euch anschließen will, Leif? Weil ich genauso wie ihr das Recht darauf habe, jene zu rächen, die gewaltsam sterben mussten. Ich will nichts anderes als meine Klingen dafür einsetzen, dass nicht noch mehr Unschuldige sterben müssen. Wenn mich das unwürdig macht, frage ich mich, was euch zu würdigen Mitgliedern der Wilden Jagd macht. Denn dann habe ich euch falsch eingeschätzt, und wir haben weniger gemeinsam, als ich dachte.«

Nachdem sie geendet hatte, wurde die Stille noch durchdringender. Die anderen blickten zu Boden, starrten in die Flammen – überallhin außer in Smillas Gesicht. Ihre Augen schienen zu brennen. Ein kaltes Feuer tanzte im eisigen Blau. Gent lief ein Schauer den Rücken herunter. Ihre Worte hatten ihn mehr berührt, als er sich eingestehen wollte. Der

Drang, zu ihr zu gehen und sie in die Arme zu schließen, wurde übermächtig. Er wollte mehr über ihre Geschichte erfahren. Mehr über das Leid, das sie ganz offensichtlich in ihrem jungen Leben erfahren hatte.

Auch den dritten Becher trank er in einem Zug aus. Dann räusperte er sich erneut. »Alle, die Smillas Aufnahme in die Truppe zustimmen, heben eine Hand.«

Einen ungemütlichen Moment lang war neben dem Flammenknistern nur der Schrei einer Eule zu hören, dann hob Óinn die Hand. Er lächelte Smilla an, die ihm dankbar zunickte.

Friggas Hand folgte.

Leifs Augen weiteten sich, doch er blieb still. Herausfordernd stierte er in die Runde. Die Luft zwischen Smilla und ihm war gefährlich aufgeladen, während sie einander über das Feuer musterten.

Jofur stieß Andórr mit einem fragenden Blick in die Seite, doch dieser schüttelte den Kopf. »Ich sage ja nicht, dass sie nie eine von uns werden soll. Aber meiner Meinung nach ist es zu früh.« Er zuckte mit den Achseln. »Nichts für ungut, Smilla.«

Sie nickte, ohne ihren brennenden Blick von Leif zu lassen. Óinn verlagerte unruhig sein Gewicht, die Hand weiterhin erhoben. Jofurs Augen zuckten zwischen Smilla und Leif hin und her. Frigga hatte die freie Hand zu ihrer Peitsche wandern lassen, als erwartete sie, dass Leif sich jeden Moment auf Smilla stürzen könnte – oder andersherum. Die Anspannung hing in der Luft wie eine giftige Wolke.

Und schließlich, er sollte verdammt sein, hob auch Gent die Hand. Leif schnappte geräuschvoll nach Luft. »Was bei allen Göttern …«

Gent funkelte ihn warnend an, während sich Smillas Mundwinkel unmerklich hoben. »Wie es aussieht, ist die

Abstimmung unentschieden«, verkündete er. »Drei gegen drei.« Er sah jedem einzelnen Mitglied der Truppe in die Augen, bevor er weitersprach. »Heute Abend feiern wir unseren Erfolg und geben Smilla eine weitere Chance, sich uns zu beweisen. Und wir *alle*«, er bohrte seinen Blick erneut in Leifs, »bemühen uns von jetzt an, *sie* besser kennenzulernen.« Er hob seinen Becher, den Frigga inzwischen wieder gefüllt hatte. Die anderen taten es ihm nach. Alle außer Leif. Bebend vor Wut sprang er auf, stieß seinen Becher mit dem Fuß um und entfernte sich mit großen Schritten vom Lager.

»Mach dir nichts draus.« Óinn stieß Smilla mit der Schulter an. »Er wird sich schon wieder einkriegen.«

Während alle die Becher aneinanderstießen, blickte Gent seinem alten Freund hinterher und dachte bei sich: *Da wäre ich mir nicht so sicher.*

KAPITEL 16
SMILLA

Als Smilla erwachte, war ihr zum ersten Mal seit Langem angenehm warm. Sie ließ die Augen geschlossen, kuschelte sich an ihre weiche Unterlage und wollte noch nicht aufstehen. So geborgen fühlte sie sich, dass sie am liebsten wieder eingeschlafen wäre. Noch war sie nicht ganz bei Bewusstsein, trieb in dem wohligen Niemandsland zwischen Wachen und Schlafen dahin. Doch dann drangen Laute an ihre Ohren. Leise Atemzüge, dicht an ihrem Ohr. Sanft kitzelten sie ihre Stirn, strichen ihr über das Haar.

Bei der Großen Mutter! Smilla riss die Augen auf.

Über ihr spannte sich der graue Morgenhimmel, an dem sie verblassende Sterne entdeckte. Und unter ihr …

Vorsichtig tastete Smilla mit einer Hand. Ihre Wange lag auf weichem Leinenstoff, darunter spürte sie Leder und harte Muskeln. Das konnte doch nicht … Sie legte den Kopf in den Nacken, um aufzuspähen. Ihr Atem stockte und sie schloss die Augen sofort wieder, als könnte sie so die Realität aussperren. Es war schlimmer, als sie befürchtet hatte.

Ihre Wange lag auf Gents Brust. Ihr Oberkörper schmiegte sich an seinen. Schützend hatte er einen Arm um sie gelegt und jemand hatte ein Fell über sie beide ausgebreitet.

»Götterverfluchter Rabenkot«, entfuhr es ihr, bevor sie den Fluch zurückhalten konnte.

Sofort riss Gent die Augen auf. Seine Hand schoss zu der Axt neben ihm und er setzte sich ruckartig auf. Dabei rutschte Smilla unsanft von seiner Brust. Sie konnte gerade noch beide Arme ausstrecken, um sich abzufangen. Allerdings konnte sie sich nirgendwo festhalten als an seiner Tunika. Als sie ihre Finger in den Stoff krallte, drehte sich Gent abrupt zu ihr um, sodass sie mit den Köpfen gegeneinander stießen.

»Was zum …?« Fluchend rieb Gent sich den Wangenknochen, gegen den Smillas Stirn gekracht war. Einen Moment lang waren sie sich so nah, dass Smilla die dunkleren Sprenkel in seinen braunen Augen sah, die sie von Weitem schwarz wirken ließen. Seine Pupillen weiteten sich, während Gent sie so eindringlich musterte, als sähe er sie zum ersten Mal. Sie glaubte, sein Herz direkt unterhalb ihrer Handballen schlagen zu spüren. Schneller, als es kurz nach dem Aufwachen schlagen dürfte. Er blinzelte mehrmals, sah aber nicht weg.

Smilla blickte zerknirscht drein und wollte sich bei ihm entschuldigen, doch ihr fiel auf, dass sie nicht wusste, wofür. Sie konnte sich nicht daran erinnern, sich in der Nacht an ihn geschmiegt zu haben. Außerdem war es nur zu offensichtlich, dass *er* einen Arm um *sie* gelegt hatte. Sie wartete auf die Abneigung, die jeden Moment in ihr aufsteigen müsste. Wut über die ungewollte Nähe zu Gent. Oder wenigstens ein klein wenig Scham.

Doch in Wahrheit fühlte sie sich großartig. Ausgeruht und lebendig. Aus irgendeinem Grund glaubte sie nicht, dass es daran lag, endlich mal wieder eine Nacht durchgeschlafen zu haben. Es war Gents Nähe, die dieses ungekannte Hochgefühl in ihr auslöste, und diese Erkenntnis brachte eine ganze Reihe von verstörenden Fragen mit sich, mit denen sich Smilla auf keinen Fall beschäftigen wollte. Bereits jetzt spürte sie, dass sich Kopfschmerzen anbahnten. Ihr Schädel pochte dumpf. Das musste allerdings zumindest zum Teil an der Koboldpisse liegen, der sie am Vorabend ein wenig zu ausschweifend zugesprochen hatte. Einerseits, um ihre Enttäuschung, nicht in die Wilde Jagd aufgenommen worden zu sein, im Schnaps zu ertränken. Andererseits, um zu feiern, dass sie eine weitere Chance erhalten hatte, um sich zu beweisen. Und ihr Ziel weiterzuverfolgen.

Was kümmerte es sie schon, dass sie kein vollwertiges Mitglied der Wilden Jagd war? Solange sie sich ihnen weiterhin anschließen durfte, um die Prophezeiung der Seherin zu erfüllen, würde sie zu keinen drastischeren Maßnahmen greifen müssen. Wie etwa Leif aus dem Weg zu räumen.

Gent schien in ähnlicher Verfassung zu sein wie sie, denn er rieb sich stöhnend die Schläfen. Da erst fiel Smilla auf, dass sie sich nach wie vor in seine Tunika krallte. Eilig ließ sie los und rückte ein wenig von ihm ab.

Als der Morgen mit eisigen Fingern über ihre Haut strich, fehlte ihr seine Wärme. Eine Gänsehaut breitete sich auf ihren Armen aus und sie musste sich zusammenreißen, um sich nicht sofort wieder an Gent zu kuscheln. Er sah allerdings ohnehin nicht so aus, als würde er das dulden.

»Ich fühle mich, als wäre eine ganze Wichtelarmee über mich drübermarschiert.« Er warf ihr einen vernichtenden Blick zu und bog den Nacken, sodass es knackte.

Smilla stutzte. Dies war der Dämpfer, den sie benötigt hatte, um wieder in die Realität zu finden. »Kann ich nur zurückgeben«, zischte sie.

Gent zog die dunklen Brauen zusammen und öffnete den Mund, als wollte er etwas Bissiges erwidern. Beide funkelten einander an. Smilla konnte ihren Blick jedoch nicht davon abhalten, zu seinen Lippen zu wandern. Zu diesen vollen, leicht geöffneten Lippen …

»Ich wünsche euch ebenfalls einen guten Morgen«, ertönte da eine belustigte Stimme. Smilla fuhr herum. Für einen Moment hatte sie vergessen, dass es noch andere Personen auf der Welt gab. Óinn grinste ihnen über das Lagerfeuer hinweg zu. »Gut geschlafen?«

»Leck mich doch!« Gent kam mühsam auf die Beine.

Smilla verdrehte die Augen. »Ist der morgens immer so drauf?«, wandte sie sich an Óinn.

»Gent hat offensichtlich ein ebenso fröhliches Naturell wie du«, gluckste dieser. »Bei eurer üblen Laune müssen wir aufpassen, dass ihr euch nicht gegenseitig die Köpfe einschlagt.«

»Zu spät.« Zerknirscht rieb sich Smilla die Stirn an der Stelle, wo sich bereits eine Beule bildete, nachdem Gents Wangenkochen dagegengekracht war.

Gent hatte nicht mehr als eine vulgäre Geste für sie und Óinn übrig, bevor er zum Wassereimer stapfte, um sich das Gesicht zu waschen.

Smilla gab sich größte Mühe, ihm nicht hinterherzustarren. Es gefiel ihr, wie die anderen mit dem Befehlshaber umgingen. Gent musste ebenso viele Sprüche einstecken wie der Rest der Truppe, obwohl er meist so ernst und streng wirkte – um nicht zu sagen übellaunig und grob.

Am Vorabend war ihr außerdem aufgefallen, dass die anderen bei wichtigen Entscheidungen, wie etwa bei ihrer Aufnahme in die Wilde Jagd, Mitspracherecht hatten. Und dass ihre Stimmen ebenso viel zählten wie Gents. Nicht etwa, weil Gent, wie in Smillas Fall, in deren Schuld stand, sondern weil er ihre Meinung zu schätzen wusste.

In den letzten Tagen hatte sich Smilla oft gefragt, wann sie wohl den Gefallen von Gent einfordern würde, den er ihr schuldete. Sie würde ihn sich für einen besonderen Moment aufbewahren. Mit Leif in der Nähe war es möglich, dass ihr eigenes Leben schon sehr bald auf dem Spiel stehen würde. Und ob Gent sie dann beschützen würde, wussten nur die Götter. Allein seine Ehre band ihn an sie. Und Smilla bezweifelte, dass er viel davon hatte. Gegenwärtig sah er jedenfalls eher so aus, als würde er sie gern eigenhändig erwürgen. Demonstrativ hatte er ihr und Óinn den Rücken zugedreht, während er sich mit den Fingern durch die schulterlangen Haare fuhr und sie zu einem Knoten zusammenband.

Als Smilla sich im Lager umsah, fiel ihr auf, dass die anderen nicht hier waren. Vielleicht waren sie in der Siedlung frühstücken gegangen. Einige Rabenschwingen von ihnen entfernt ragte der Palisadenzaun Tørrheims auf. Dahinter brannten bereits Kochfeuer, deren Rauchfahnen sich träge in den Himmel schlängelten. Smilla zog sich das Fell um die Schultern, das Gent zurückgelassen hatte. Sie rückte näher ans Feuer, um sich etwas von dem Tee in einen Holzbecher zu gießen, den Óinn in einem Topf über dem Feuer wärmte. Gerade wollte Óinn ihr ein frisch geröstetes Stück Brot reichen, als Jofur ins Lager gerannt kam. Sein langes braunes Haar flatterte im Wind, während er aufgeregt gestikulierte und keuchend Atem schöpfte.

»Was ist passiert?« Smilla konnte seinen blitzschnellen Gesten nicht folgen.

»Ein Mord.« Óinn hatte sich bereits mit bestürzter Miene erhoben und seinen Köcher mit Pfeilen geschnappt. »Der Jarl ruft die Wilde Jagd zu sich. Seine Mutter wurde in der Nacht ermordet.«

Schockiert warf Smilla einen Blick über die Schulter zu der Stelle, an der Gent eben noch gestanden hatte. Doch er rannte bereits an ihr vorbei und sprang mit einem Satz übers Feuer. In einem unglaublichen Tempo raste er zur Siedlung, Óinn und Jofur dicht auf den Fersen. Smilla kam stolpernd auf die Beine und beeilte sich, den anderen nach Tørrheim zu folgen.

* *

Obwohl Smilla die Siedlung bereits am Vorabend besucht hatte, war sie einmal mehr beeindruckt, wie gut es den Menschen von Tørrheim ging, während sie nun durch die Straßen eilte. Einen solchen Reichtum hatte sie auf ihrer Reise bisher nirgendwo in Middangard gesehen. Das Land hatte ganz offensichtlich unter den Angriffen der Walküren gelitten. Menschen hatten ihre Heimat verlassen, um Schutz zu suchen. Der Glaube daran, dass die Götter irgendwann zurückkehren würden, schien alles zu sein, was viele noch am Leben hielt. Denn die meisten Felder wurden nicht mehr bestellt, Armut und Hunger waren zu täglichen Begleitern der Middangarder geworden. Wer hatte schon Geld übrig, um es für den vermeintlichen Schutz auszugeben, den eine Söldnertruppe bieten konnte? Die Antwort war: Torje von Tørrheim.

Smillas Herz schlug immer schneller, je näher sie dem großen Platz kamen. War dies womöglich der Moment, auf den sie wartete, seit sie sich der Wilden Jagd angeschlossen hatte? Steckte hinter diesem Mord der Mann, den sie bereits seit Monaten suchte? Auf dessen Tod sie all ihre Gedanken gerichtet hatte, bis nichts mehr übrig geblieben war als der Wunsch nach Rache? Der Hexenschlächter von Middangard.

Die Weise Frau des Dorfes konnte wohl kaum als echte Hexe durchgehen, doch was wussten die Menschen schon? Denn Smilla hatte keinen Zweifel daran, dass der Hexenschlächter ein Mensch war. Ein von Hass und Furcht zerfressener Mensch.

Der Gedanke, dass er sich nach so vielen Monaten der vergeblichen Suche in der vergangenen Nacht in ihrer unmittelbaren Nähe aufgehalten hatte, verursachte ihr Übelkeit. Ihr Magen kribbelte so sehr, dass sie sich eine Hand darauf presste, als sie gemeinsam mit Gent, Óinn und Jofur das Langhaus erreichte.

Frigga, Andórr und Leif warteten bereits vor dem Eingang auf sie. Gent würdigte die anderen keines Blickes und stürmte sogleich hinein. Die Truppe schloss sich ihm schweigend an. Ihre Schritte hallten dumpf von den Holzwänden wider, als sie die nun leere Halle durchschritten. Sie hatte all ihren Prunk vom Vorabend eingebüßt. Nun war es nicht viel mehr als ein zugiger Raum, in dem es nach Met, Rauch, altem Schweiß und Erbrochenem stank.

Der Jarl eilte am anderen Ende auf und ab. Auf dem Podest hinter ihm standen nach wie vor die drei hochlehnigen Stühle. Doch an diesem Morgen waren sie leer. Sie ragten über Torje auf, als wollten sie ihn verhöhnen. Auf einem davon hatte erst vor wenigen Stunden noch die Greisin gesessen, die den heutigen Sonnenaufgang nicht mehr erlebt hatte.

Die Robe des Jarls hing ihm schief von den Schultern, das schüttere Haar war zerzaust, während er unermüdlich auf und ab schritt und dabei vor sich hinmurmelte.

Auf einen Wink von Gent hin positionierten sich seine Leute mit gezogenen Waffen an jedem der drei Ausgänge. Alle waren angespannt und wachsam, als könnte sich der Mörder noch in der Nähe aufhalten. Nur Smilla und Leif flankierten Gent, als er vor Torje trat. Leif warf Smilla einen giftigen Seitenblick zu, den sie erwiderte. Sie würde noch in Erfahrung bringen, was es mit seiner Abneigung ihr gegenüber auf sich hatte. Auf keinen Fall würde sie zulassen, dass er ihren Plan vereitelte. Komme, was wolle, sie würde ihre Rache bekommen. Doch nun durfte sie erst einmal kein Wort des folgenden Gesprächs verpassen.

»Du hast uns gerufen«, begrüßte Gent den Jarl.

Torje sah ihn nicht an. Er lief weiter auf und ab, brabbelte unverständliches Zeug. Seine Augen hatten einen beunruhigenden Glanz angenommen. Er wirkte geradezu fanatisch.

Nach einer Weile räusperte sich Gent. »Wie können wir dir zu Diensten sein, Torje?«

Der Jarl blieb stehen, sah Gent jedoch nicht an. Sein Blick war in weite Ferne gerichtet. »Meine Mutter, sie … sie ist fort.«

»Fort?« Gent klang, als könnte er sich nur mühsam im Zaum halten. Die Hände hatte er anhand des wirren Geplappers des Jarls zu Fäusten geballt.

»Ermordet in der Nacht. Wie es nur Feiglinge tun!« Torje spuckte ihm die Worte entgegen. Sein Atem stank nach Wein, die Augen waren blutunterlaufen.

Gent seufzte ergeben, als würde er sich damit abfinden, Torje alles aus der Nase ziehen zu müssen. »Möge sie Frieden in den Hallen der Leuchtenden finden.« Er sprach die Worte so gefühllos und widerwillig aus wie ein unartiges Kind eine Entschuldigung. Der Jarl antwortete nicht, starrte nur weiter ins Leere.

»Hatte sie Feinde?« fragte Leif. »Gibt es irgendjemanden, der sie tot sehen wollte?«

Torje schüttelte wild den Kopf. »Nein, Mutter wurde von allen geliebt. Verehrt. Sie hat die halbe Siedlung auf die Welt gebracht. Kranke geheilt, Wunden verarztet.« Aufgebracht fuhr er sich durchs Haar. »Ich weiß, wer dahintersteckt«, fügte er leiser hinzu, bevor er wieder auf und ab zu laufen begann.

»Und wer soll es gewesen sein?«, hakte Gent ungeduldig nach.

Smillas Herz schlug ihr bis zum Hals, während sie vor Spannung die Luft anhielt.

»Der Hexenschlächter natürlich«, entfuhr es dem Jarl so heftig, dass Spucke aus seinem Mund flog. »Wer sonst würde es wagen, in mein Heim einzubrechen, um der mächtigsten Frau der Siedlung in ihrem eigenen Bett die Kehle durchzuschneiden? Nur ein von Hass und Aberglaube geblendeter Fanatiker.«

Smilla presste die Lippen aufeinander, bevor ihr ein triumphierender Laut entweichen konnte. Der Moment war gekommen. Die Prophezeiung der Seherin erfüllte sich. Beinahe wurde ihr schwindelig vor grimmiger Genugtuung. Bald würde sie dem Mörder ihres gesamten Zirkels gegenüberstehen. Endlich würde sie Rache üben können. Und die Wilde Jagd hatte sie dem Schlächter direkt in die Arme geführt, wie es die Seherin vorhergesagt hatte. Das Blut rauschte ihr so laut in den Ohren, dass Smilla Gents Antwort kaum verstand.

»Wie kannst du sicher sein, dass es sich um den Hexenschlächter handelt?«, fragte er, mühsam um Fassung ringend.

»Das liegt doch auf der Hand«, ereiferte sich der Jarl. »Seit Monaten zieht der elende Feigling auf seinem Feldzug gegen die Hexen eine blutige Spur durchs Land. Unschuldige Frauen fallen seinem Hass zum Opfer. Wie meine Mutter! Eine gute, weise Frau, die nie etwas Böses getan hat!«

»Aber gibt es tatsächlich Hinweise auf die Identität des Mör–«

»Niemand kennt die Identität des Schlächters«, unterbrach Torje Gent. »Es könnte jeder sein! Ich habe bereits angeordnet, dass die Siedlung abgeriegelt und durchsucht wird.«

Gents Genervtheit ging in beinahe sichtbaren Wellen von ihm aus. »Du hast deine eigenen Männer also bereits darauf angesetzt«, knurrte er. »Was verlangst du von *uns*, Torje?«

»Ich will, dass ihr den Hexenschlächter fasst. Er muss ein für alle Mal unschädlich gemacht werden.«

An Gents Hals pochte eine Ader, seine Fingerknöchel traten weiß hervor. »Bei allem Respekt, Jarl. Wir jagen Kreaturen und keine Phantome. Das ist eine Angelegenheit für deine Stadtwache. Sie werden den Täter bald gefasst haben.«

»Ihr werdet tun, was ich sage«, donnerte der Jarl. »Ihr beschützt die Menschen Middangards vor übernatürlichen Gefahren. Die Identität des Hexenschlächters ist nicht bekannt. Wer sagt, dass er ein Mensch ist? Vielleicht ist er eine Ausgeburt Helheims? Ein grausamer Wiedergänger, der eine Rechnung mit den Hexen zu begleichen hat. Ein Werwolf, zu dem das Blut der magisch begabten Frauen singt.«

Nun hätte auch Smilla beinahe die Augen verdreht.

»Ihr werdet den Mörder fassen, und wenn ihr ihn durch ganz Middangard jagen müsst«, fuhr der Jarl fort. »Solange ihr ihn mir nicht gebracht habt, behalte ich die zweite Hälfte eurer Bezahlung von gestern Abend ein.«

Dicht neben Smilla hatte Gent zu beben begonnen. Sie fürchtete, dass er sich jeden Moment auf Torje stürzen würde. Als er einen Schritt auf den Jarl zumachte, legte sie ihm eine Hand auf den Arm. »Dürfen wir die Leiche sehen?«, entfuhr es ihr, bevor Gent etwas tun konnte, was er bereuen würde – wie etwa den Jarl am Kragen zu packen, um den gesunden Menschenverstand in ihn hineinzuprügeln, der ihm offensichtlich abhandengekommen war.

Gent und Leif fuhren zu ihr herum. Der Jarl hielt in seiner Schimpftirade inne, um sie zu mustern, als wäre sie ein ekelerregendes Insekt. »Und wer bist *du*?«, presste er mit kaum verhohlener Verärgerung hervor.

Gent machte einen weiteren Schritt vor, sodass er halb vor Smilla stand. »Das ist Smilla aus Isgard, sie reitet seit Neuestem mit der Wilden Jagd.«

»Und offenbar kennt sie ihren Platz noch nicht«, fügte Leif so leise hinzu, dass nur Smilla und Gent ihn hören konnten.

Smilla hob das Kinn. In den letzten Monaten hatte sie

sich als Frau allein auf Reisen bereits mit genug Kerlen vom Schlag des Jarls herumärgern müssen. Sie trat vor, sodass sie neben Gent stand. »Wenn Ihr wollt, dass wir den Fall übernehmen, solltet Ihr uns unsere Arbeit machen lassen, Jarl. Könnten wir die Leiche und den Ort des Geschehens untersuchen, würden uns vielleicht Hinweise zu der Identität des Mörders und seinen Motiven auffallen.«

Torje schnaubte. »Das Zimmer wurde bereits durchsucht. Es lassen sich keine Spuren finden. Glaubt ihr etwa, der Schlächter hätte sich die ganze Zeit über unter dem Bett versteckt, und wartet nur darauf von einer *Frau* gefunden zu werden?« Das Wort Frau sprach er so spöttisch aus, dass Smilla ihm am liebsten die Faust ins Gesicht gerammt hätte.

»Nichtsdestotrotz müssen wir uns im Schlafgemach Eurer Mutter umsehen«, stimmte nun auch Leif zu, sodass Smilla ihn überrascht ansah. Er hatte eine Hand auf Gents anderen Arm gelegt. Gents Kiefermuskeln mahlten, doch er hielt sich noch zurück. Smilla festigte ihren Griff um seinen Arm und beschwor ihn in Gedanken, ruhig zu bleiben, den Auftrag anzunehmen, sie endlich auf den Pfad zu lenken, nach dem sie schon so lange suchte.

Ihr Ziel war zum Greifen nah. Nun lag es in Gents Händen, ob sie Erfolg haben würde. Zwar hatte die Seherin vorausgesagt, dass es geschehen würde, doch für Smilla stand so viel auf dem Spiel, dass sie nichts riskieren konnte. Sie würde erst ruhen, wenn sie den Kopf des Hexenschlächters von dessen Schultern trennte. Und trotz aller Vorsicht verlieh es ihr ein gutes Gefühl, die erfahrenen Krieger der Wilden Jagd dabei an ihrer Seite zu wissen.

Die Spannung im Raum war beinahe mit Händen zu greifen. Alle schienen den Atem anzuhalten, während der Jarl sie abschätzig musterte und Gent unter ihrer Berührung weiterhin vor Ungeduld bebte.

»Na schön«, schnaubte Torje schließlich. »Folgt mir.«

Durch eine Hintertür führte er sie in seine Privatgemächer, an einem breiten Bett mit zerwühlten Laken vorbei durch eine weitere Tür. Sobald er sie öffnete, drang Smilla der Geruch von Blut in die Nase. Sehr viel Blut.

Es erinnerte sie an zu Hause. An Steinaltare und Opfergaben. An einen Nachmittag in der lichten Jahreszeit, als sie sich beim Ausweiden eines Kaninchens versehentlich in die Hand geschnitten hatte und ihre Mutter die Wunde mit leisem Singen verbunden und dann mithilfe der Hasenknochen geheilt hatte. *»Der Kreislauf des Lebens. Asche zu Asche.«* Smilla grub die Fingernägel in die Handflächen, um im Hier und Jetzt zu bleiben.

»Der Schlächter hat ein besonders scharfes Messer benutzt«, erklärte Torje, während er sie durch den Raum führte. »Mutter war in wenigen Sekunden tot.«

Smilla beschleunigte ihre Schritte und zog an allen vorbei. Die Stimmen der anderen verebbten, als sie an das Bett im hinteren Teil der Kammer trat. Es war, als wäre nur noch sie im Raum. Sie und die Frau, die ihr Leben vor wenigen Stunden ausgehaucht hatte.

Die Laken waren gewechselt worden, doch Smilla roch das getrocknete Blut in den Ritzen der Holzdielen und dem Stoff des mit Federn gefüllten Leinensacks, der als Matratze diente. Die Weise Frau der Siedlung sah beinahe friedlich aus, als würde sie schlafen. Man hatte ihr die Augen geschlossen und das Blut vom Hals gewaschen. Nur noch ein dünner roter Strich an ihrer Kehle erinnerte daran, dass sie nicht friedlich gestorben war. Ansonsten war ihr kein Haar gekrümmt worden.

Smilla unterdrückte ein Schaudern, als die Erinnerungen an jene Nacht vor vier Monaten auf sie einprasselten. Der Gestank von Blut und verbrannter Haut. So anders, so viel gewalttätiger war der Massenmord an ihrem Zirkel gewesen als diese Tat. War es möglich, dass es sich hierbei trotz aller Beteuerungen des Jarls nur um einen gewöhnlichen Mord handelte? Um einen Angriff eines betrunkenen Festgängers oder um eine Eifersuchtstat? Oder war der Täter in seiner Hast bloß nicht dazu gekommen, mehr Schaden anzurichten?

Sie erinnerte sich so deutlich an die gebrochenen Genicke ihrer Schwestern. An leere Augen, die zum Sternenhimmel aufblickten, während sich das Feuer durch die Körper der ermordeten Frauen fraß. Eine ganze Lichtung voller toter Hexen. Beinahe wie eine Opfergabe an die dunkelsten aller Götter. Doch obwohl dieser alten Frau schnell und einfach die Kehle durchgeschnitten worden war, konnte Smilla den Gedanken nicht abschütteln, dass auch hier Hass das Motiv gewesen war. Hass und Furcht.

Trauer um diese Frau, die sie nicht gekannt hatte, überkam sie. Obwohl die Mutter des Jarls keine vollwertige Hexe gewesen war, vermutlich nur mit niederer Magie wie mit Amuletten, Salben und Tränken gearbeitet hatte, fühlte Smilla sich ihr verbunden. Ebenso wie ihre Familie hatte diese Frau den Tod nicht verdient. Und Smilla hatte nur einen Rabenflug entfernt geschlafen, als es passiert war.

Sie war zu spät gekommen.

Damals wie heute.

Dieser Fehler durfte ihr nie wieder unterlaufen.

KAPITEL 17
GENT

Aufgebracht schritt Gent vor dem Feuer auf und ab. Ihm war bewusst, dass er die anderen dabei an den Jarl erinnern musste, doch es scherte ihn nicht. Solange die Wut heiß durch seine Adern raste, scherte ihn gar nichts. Er musste sich bewegen, musste den Zorn loswerden, sonst würde er jeden Moment auf etwas eindreschen – vorzugsweise auf Torje von Tørrheim.

Die Sonne ging bereits unter. Erst vor wenigen Minuten hatte man sie aus der abgeriegelten Siedlung entlassen. Den ganzen Tag hatten sie damit verschwendet, das Dorf nach dem vermeintlichen Mörder abzusuchen. Und nun schickte Torje sie auf einer kalten Spur durchs Land, um einem Phantom hinterherzujagen. Es war ein sinnloses Unterfangen, das nicht gelingen konnte. Aber wie sollte Gent das seiner Truppe erklären? Unmöglich.

Sie sahen nur das Rabengold, das am Ende dieses irrwitzigen Auftrags auf sie wartete. Und sie hatten es verdient, endlich wieder volle Bäuche und bequeme Schlafplätze zu haben. *Er* hatte es verdient. Aber sollte er seine Truppe deshalb auf eine Geisterjagd schicken? Lieber hätte er die zweite Hälfte des Rabensilbers von gestern Abend eingefordert und sich nach einem *echten* Auftrag umgesehen.

Leif trat ihm in den Weg. Er war der Einzige, der sich an ihn heranwagte, wenn sich Gent in diesem Zustand befand. »Wir sollten das besprechen«, sagte er mit bebender Stimme. »Einen Plan machen …«

»Was gibt es da zu besprechen?«, blaffte Gent.

Trotz seiner wütend funkelnden Augen und dem scharfen Ton wich Leif nicht zurück. Er trat noch näher an Gent heran und senkte die Stimme. »Aber was sollen wir den anderen sagen? Es ist eine Gratwanderung …«

Gent ging um Leif herum und nahm sein Umhergelaufe wieder auf. Wenn er so weitermachte, würde er bald einen Graben ums Lager gezogen haben.

Natürlich war Leif nervös. Natürlich hatte er Fragen. Gent hatte jedoch keine Antworten. Er hatte nur die alles erstickende Wut in seinem Inneren, die er zu bezwingen versuchte. Wie sollte er sonst klar denken?

So leicht ließ sich Leif allerdings nicht abschütteln. Er kam hinter ihm her. »Lass dich nicht von Torje aus der Ruhe bringen. Wir müssen jetzt einen kühlen Kopf bewahren.« Gent beachtete ihn nicht, doch Leif ließ nicht locker. »Ist es Smilla? Was hat sie dir eingeflüstert? Mir erschien sie ein bisschen zu erpicht darauf, den neuen Auftrag anzunehmen. Glaubst du, sie weiß et–«

Gent schnaubte. »Nicht alles hat mit Smilla zu tun. Sieh nicht überall Gefahren, wo keine sind.«

Trotzdem warf er einen Blick zum Feuer, wo Smilla inmitten der anderen saß und in die Flammen starrte. Óinn und Jofur gestikulierten rasend schnell, Frigga und Andórr stießen bereits auf den neuen Auftrag an. Nur Smilla saß stumm da, als befände sie sich auf ihrer eigenen Insel, unberührt von dem Sturm, der um sie herumfegte. Und von dem Sturm, der jedes Mal in Gents Innerem entfacht wurde, wenn er sie ansah. Einmal mehr spürte er ihre Berührung an seiner Brust, als sie am Morgen ihre Finger in sein Hemd gekrallt hatte. Ihre Hand war unmerklich ein kleines Stück tiefer gewandert, als hätte sie seinen Herzschlag ertasten wollen. Er erinnerte sich dunkel daran, in der Nacht einen

Arm um sie gelegt und dann das Fell über ihnen ausgebreitet zu haben, nachdem alle anderen längst in ihre Zelte gegangen waren. Smilla war am Feuer eingeschlafen und hatte in der kalten Nachtluft gezittert. Was hätte er denn tun sollen? Sie erfrieren lassen?

Ihre heftige Reaktion am Morgen hatte ihm allerdings gezeigt, dass er genau das hätte tun sollen. Stieß es sie wirklich derart ab, in seiner Nähe zu sein? Er wurde das Gefühl nicht los, dass da etwas zwischen ihnen war. Dafür sprach diese seltsame Wärme in seiner sonst eisigen Brust. Eine Wärme, die er schon sehr lange nicht mehr gespürt hatte.

»Gent!«

Widerwillig riss er sich vom Anblick Smillas im Feuerschein schimmernden Augen los. »Was ist denn noch?«

»Die anderen warten«, erinnerte ihn Leif. »Wir müssen abstimmen.«

Fluchend rieb sich Gent durch die Bartstoppeln, wünschte sich, er könnte seine Befehlsgewalt als Anführer dieses eine Mal durchsetzen und die Abstimmung umgehen. Doch dann wäre die Wilde Jagd nicht die Truppe, die er sich über Jahre aufgebaut hatte. Die Familie, die er nie gehabt hatte.

Zähneknirschend folgte er Leif zum Feuer. Die anderen rückten zur Seite. Gent achtete darauf, sich nicht neben Smilla zu setzen. Da sie im Kreis ums Feuer saßen, konnte er ihr allerdings nicht entkommen und so ertappte er sich erneut dabei, wie er sie verstohlen musterte. Das leicht zerzauste schwarze Haar. Die von der Feuerwärme geröteten Wangen. Der blaue Fleck an ihrem Wangenknochen, der beinahe vollständig verblasst war. Die nachdenklich zusammengezogenen Brauen und der Anflug eines Lächelns, der ihre Mundwinkel umspielte. Erst als er sich räusperte, sah Smilla auf. Ihr Blick traf augenblicklich seinen und er zuckte zusammen. Beim Bart des Einäugigen, er durfte sich nicht so von ihr ablenken lassen. Leben standen auf dem Spiel.

»Also gut, ihr wollt eine Abstimmung, ihr sollt eine bekommen. Ich möchte euch bloß zu bedenken geben, dass der Täter sicher längst über alle Berge ist. Wir haben keinen einzigen Anhaltspunkt, wo wir unsere Suche beginnen sollen. Und Mörder durchs halbe Land zu jagen, ist nicht gerade unser Spezialgebiet.«

»Hast du etwa vergessen, dass wir den besten Fährtenleser Middangards in unserer Mitte haben? Das dürfte doch nicht allzu schwer werden, oder?« Andórr klopfte Leif auf den Rücken, der mit unergründlicher Miene die Schultern hob und etwas in seinen Bart nuschelte.

Gent rechnete es seinem ältesten Freund hoch an, dass er sich nicht offen gegen ihn stellte. Leif war ein Beobachter, er wartete stets ab, um ein Problem von allen Seiten zu betrachten, bevor er sein Urteil fällte. Doch dann hielt er mit seiner Meinung nicht hinter dem Berg. Besonders in dieser Situation täte er allerdings gut daran, Gent alles regeln zu lassen.

»Ihr sollt wissen, dass dies nicht unsere einzige Wahl ist«, fuhr Gent fort. »Ja, der Jarl hat die Hälfte unserer Belohnung einbehalten, die wir nicht bekommen werden, wenn wir absagen. Aber wenn ihr mich fragt, ist das Grund genug, nie wieder für ihn zu arbeiten. Wir haben keine Garantie, dass er uns bezahlen wird, nachdem wir den neuen Auftrag ausführen.«

»Dann zwingen wir ihn eben. Ist schließlich nicht das erste Mal, dass uns jemand übers Ohr hauen will«, brummte Andórr. Die anderen stimmten ihm murmelnd zu.

»Wir können andere Aufträge finden«, hielt Gent dagegen.

»Wie denn?« Frigga nahm einen Schluck Met aus ihrem

Becher und wischte sich über den Mund. »Du hast selbst gesagt, dass es derzeit so schlecht aussieht wie noch nie. Immer mehr Kreaturen wagen sich aus den Wäldern auf die Straßen und trotzdem kriegen wir keine Aufträge mehr. Die Leute haben nichts, womit sie uns für ihren Schutz bezahlen könnten. Es könnte Monate dauern, bis wir wieder an Rabensilber kommen. Und wenn wir den Hexenschlächter finden, wartet die fetteste Belohnung seit Gorgoba auf uns. Was gibt es da noch zu überlegen?«

Jofur hob die Hände, um mit flinken Bewegungen hinzuzufügen: »*Oder glaubst du etwa nicht, dass wir es schaffen können?*«

Gent rieb sich über das Gesicht. Seine Barstoppeln kratzten über die Schwielen an seinen Fingern. In diesem Moment wusste er, dass er verloren hatte. Es würde seiner Truppe das Herz brechen, wenn ihnen der größte Auftrag seit Jahren durch die Lappen ging. Er durfte ihnen nicht das Gefühl geben, seinen Glauben an sie und ihre Fähigkeiten verloren zu haben.

Also würde er mitspielen, auch wenn er wusste, dass sie keinen Erfolg haben würden. Vielleicht konnten sie dem Jarl, nachdem einige Monate ins Land gezogen waren, eine Leiche bringen und ihn davon überzeugen, dass es sich dabei um den gesuchten Mann handelte. Und in der Zwischenzeit würden sie neue Aufträge finden. Sie *mussten* neue finden.

Ergeben seufzend hob er die Hände. »Ist ja schon gut. Ich glaube, eine Abstimmung ist nicht mehr nötig.«

Die Truppe brach in freudiges Grölen aus. Becher schlugen aneinander und Wetten wurden darüber abgeschlossen, wie lange sie brauchen würden, um den Mörder dingfest zu machen. Gents Blick wanderte zu Smilla, die als Einzige still geblieben war. Ihre Augen funkelten. In ihnen brannte ein neu entfachtes Licht, das nichts mit dem Feuerschein zu tun hatte. Unmerklich nickte sie ihm zu, als hätte er ihr soeben einen großen Gefallen getan.

Ein Schauer rieselte Gents Rücken hinunter. Gleichzeitig wünschte er sich, dass Smilla ihn immer so ansehen würde. Als wäre er der Einzige, der die Dunkelheit von ihr fernhalten konnte. Er schluckte. »Versucht, ein wenig Schlaf zu bekommen«, ermahnte er seine Truppe, ohne Smillas Blick loszulassen. »Im Morgengrauen reiten wir los.«

KAPITEL 18
SMILLA

Am nächsten Morgen erwachte Smilla als Erste. Noch bevor die anderen aus ihren Zelten krochen, hatte sie ihres bereits abgebaut und ihre wenigen Habseligkeiten gepackt. Es war noch dunkel, die Luft war schneidend kalt. Eine tiefe Stille lag über allem, als wäre Smilla ganz allein auf der Welt. Keine neue Empfindung, denn so hatte sie sich seit jenem schicksalhaften Tag vor vier Monaten ununterbrochen gefühlt. Verwundert stellte sie allerdings fest, dass die allumfassende Einsamkeit in den letzten Tagen etwas von ihrer Schärfe verloren hatte. Die Gesellschaft der Wilden Jagd sorgte dafür, dass sie sich nicht mehr ganz so allein fühlte. Heimlich, still und leise hatte sie etwas zurückgewonnen, von dem sie geglaubt hatte, es für immer verloren zu haben: Das Gefühl, irgendwo dazuzugehören, wenn die Truppe sie auch noch nicht offiziell bei sich aufgenommen hatte. Spätestens seit gestern Abend, seit sie ein gemeinsames Ziel hatten, fühlte sich Smilla ihnen seltsam verbunden.

Sie nahm sich jedoch nicht die Zeit, darüber nachzusinnen, was dies bedeutete. Eine rastlose Energie hatte Besitz von ihr ergriffen. So dicht war sie dem Schlächter nicht auf den Fersen gewesen, seit sie ihr niedergebranntes Zuhause in aller Hast und mit tränenverschleiertem Blick verlassen hatte. Kurz nachdem sie alles verloren und geschworen hatte, nicht eher zu ruhen, bis sie die Person, die dafür verantwortlich war, büßen lassen würde. Je schneller sie nun aufbrachen, um den neuen Auftrag zu erfüllen, desto besser.

Tief in Erinnerungen versunken kümmerte sich Smilla um das Frühstück. Wenn sie den Schlächter so schnell wie möglich fassen wollte, war es an der Zeit, den Rest der Truppe für sich zu gewinnen. So ungern sie es auch zugab, sie brauchte die Hilfe der Söldner.

Als sich die anderen verschlafen zu ihr ans Feuer gesellten, waren sie überrascht, warme Grütze in ihren Holzschalen und Tee im Topf vorzufinden. Smilla hatte ein wenig Feuerwurz auf der Wiese gefunden und in die Grütze gegeben – für den Geschmack und um die anderen aufzuwecken –, was sie ihnen jedoch verschwieg.

Jofur stieß sie dankbar mit der Schulter an, als er sich neben Smilla setzte und eine Schale von ihr entgegennahm. Frigga prostete ihr mit ihrem Becher über das Feuer zu, bevor sie einen Schuss Koboldpisse in ihren Tee gab. Óinn pries die besondere Würze der Grütze und Andórr verlangte sogar nach einer zweiten Portion. Nur Leifs Blick hatte nichts von seinem Misstrauen ihr gegenüber verloren.

Doch wo war Gent? Beim Essen sah sich Smilla immer wieder unauffällig nach ihm um. Nach seiner kaum beherrschten Wut auf den Jarl hätte es Smilla nicht überrascht, wenn er sich Torje doch noch vorgeknöpft hätte. Ihr war nicht entgangen, dass er und Leif am Vortag abseits der anderen getuschelt hatten. Irgendetwas hatte Leif beunruhigt, sodass er wieder einmal heftig auf Gent eingeredet hatte. Smilla konnte sich jedoch keinen Reim darauf machen, was ihn diesmal störte. Außerdem hatte sie nun Besseres zu tun, als sich mit Leifs Launen auseinanderzusetzen.

Als die anderen nach dem Essen ebenfalls ihre Zelte abzubauen begannen, war Gent noch immer nicht aufgetaucht. Smilla glaubte schon, dass sich ihre Abreise seinetwegen verzögern würde, da hörte sie Hufschläge auf der Straße vor dem Tor zur Siedlung. Gerade löschte sie das

Feuer mit dem übrigen Teewasser und blickte auf. Die Dunkelheit der Nacht war einer grauen Morgendämmerung gewichen. Durch den Rauch der sterbenden Flammen musste Smilla blinzeln, sodass sie nicht erkennen konnte, wer da auf sie zukam.

Eine düstere Gestalt führte ein Pferd am Zügel. Die Person war ganz in Schwarz gekleidet, mit Schultern so breit wie ein Bär. Kurz darauf entdeckte Smilla die Streitaxt, die hinter seinem Rücken aufragte. Fast hätte sie eine Hand zum Gruß gehoben, doch Gents Miene war so finster, dass sie es bleiben ließ. Seine Gesichtszüge wirkten wie in Stein gemeißelt. Ernst und verschlossen wie immer, aber gleichzeitig so schön, als hätte ein begabter Künstler sie als Geschenk für die Götter angefertigt. Smilla konnte nicht umhin, sich zu fragen, wie er wohl aussah, wenn er lächelte. So richtig lächelte.

Würde die Falte zwischen seinen breiten Brauen endlich verschwinden? Würden seine dunklen Augen funkeln, während sich Lachfältchen in den Winkeln zeigten? Würde sein energischer Kiefer etwas von seiner Verbissenheit verlieren? Und wie klang wohl sein Lachen?

Ertappt senkte sie den Blick, als Gent ins Lager trat. Die anderen umringten ihn und er erklärte ihnen, dass er die letzten Details mit Torje besprochen und ein Packpferd vom Jarl erhalten hatte. Als er an Smilla vorbeikam, warf er ihr einen abgewetzten Sattel vor die Füße. »Den habe ich dir besorgt.«

Smilla sah ihn verblüfft an. »Äh, danke.« Mehr brachte sie nicht heraus, bevor er knapp nickte und weiterging. Was hatte diese Geste zu bedeuten? Nachdenklich blickte sie ihm nach. Während sie das Lager abbauten und das neue Packpferd beluden, mied Gent ihren Blick. Er sah kein einziges Mal in ihre Richtung, auch wenn sie sich dabei ertappte, dass sie ihn öfter als sonst musterte. Aus seinem Verhalten wurde sie einfach nicht schlau.

Erst als er sich schließlich auf Grims Rücken schwang, traf sein Blick ihren. Er sah sie so eindringlich an, als wüsste er genau, dass Smilla ihn die ganze Zeit über beobachtet hatte. Und seine Mundwinkel verzogen sich ganz leicht zu einem Vorgeschmack des Lächelns, das sie sich vorzustellen versucht hatte.

* *

Da Leif der beste Fährtenleser der Truppe war, führte er die Wilde Jagd an, als sie Tørrheim kurz darauf verließen. Smilla fragte sich, wie er inmitten der Aberhunderten Fuß-, Pfoten- und Hufspuren, die sich um den Palisadenzaun der Siedlung durch den Matsch zogen, die richtigen ausmachen wollte. Sie behielt ihre Gedanken jedoch für sich.

Es ging nach Osten, dem Sonnenaufgang entgegen. Der Tag zog sich ereignislos dahin. Sie ritten schnell, da der Schlächter bereits einen ordentlichen Vorsprung haben musste, und sprachen wenig. Aufgrund des Tempos war Smilla froh um den neuen Sattel.

In der Abenddämmerung führten sie die Spuren, denen Leif folgte, schließlich zu einer Hügellandschaft. Zwischen den sanft geschwungenen Erhebungen fühlte sich Smilla sicherer als auf offenem Feld. Sie hatte den Angriff der Walküren nicht vergessen, den sie seitdem einige Male in ihren Albträumen wiedererlebt hatte. Als sie nun daran dachte, warf sie einen Blick zum Himmel. Zwar war sie, wie alle jungen Hexen und Hexer, neben ihrem Unterricht in Magie auch im Nahkampf ausgebildet worden, doch gegen einen Angriff aus der Luft war sie ohne Knochen ebenso machtlos wie die anderen Mitglieder der Wilden Jagd.

Schaudernd schloss sie zu Jofur und Andórr auf. Die beiden unterhielten sich angeregt vom Rücken ihrer Pferde aus. Dabei benutzten sie ihre Hände und ein gelegentliches Schnauben oder Lachen. Fasziniert sah Smilla ihnen eine Weile zu, dann wandte sich Andórr an sie. »Möchtest du sie lernen?«

»Was?«

»Jofurs Sprache.«

»Ja, gern. Ich habe schon einige Bedeutungen entziffert.« Smillas Wangen wurden heiß, auch wenn sie nicht wusste, wieso.

Jofur machte eine auffordernde Geste mit den Händen. *»Dann lass mal sehen.«*

Smilla hob beide Fäuste auf dieselbe Höhe vor ihre Brust, sodass die Fingerknöchel nach vorn zeigten, und schüttelte sie leicht. »Das bedeutet *Pferd*. Glaube ich.«

Jofur nickte lächelnd, was ihr den Mut gab, weiterzusprechen. »Und das *Gefahr* oder *Kampf*.« Sie schlug die rechte Faust von oben auf die linke und dann die linke auf die rechte. »Die Gesten für *Essen* und *Trinken* sind selbsterklärend, aber ich frage mich schon seit ein paar Tagen, was diese bedeutet.« Smilla bewegte die rechte Faust rechts an ihrem Kinn vorbei zu ihrer Wange und wieder nach vorn, wobei sie den Daumen und den kleinen Finger abspreizte.

Jofur und Andórr sahen sich an und brachen gleichzeitig in Gelächter aus.

»Was ist denn? Habe ich etwas Falsches gesagt?« Smilla krallte die Finger in Tófas Mähne und wäre am liebsten im Sattel versunken.

»Nein«, prustete Andórr. »Du hast uns bloß mitgeteilt, dass du ganz dringend pinkeln musst.«

Smilla bewegte ihre Finger in der Geste, von der sie glaubte, dass sie *Tut mir leid* bedeutete, und Jofur neigte anerkennend den Kopf. Er winkte ab und schenkte ihr ein aufmunterndes Grinsen.

Durch ihr Lachen war Óinn auf sie aufmerksam geworden und ließ sich zu ihnen zurückfallen. »Keine Sorge«, sagte er zu Smilla. »Du wirst es schon noch lernen.«

»Ich werde es auf jeden Fall versuchen.«

In diesem Moment versank die schwache Wintersonne hinter den Hügeln und nahm das spärliche Tageslicht mit sich. Nebel wand sich wie der Körper einer gigantischen Schlange zwischen den Hügeln hindurch. Smilla entdeckte ein einzelnes Licht, das zwischen den Schwaden aufstieg. Ein weiteres folgte und dann noch eins. Winzige gelbe Punkte, die durch die zunehmende Dunkelheit tanzten. Sie packte Tófas Zügel, da sie erwartete, dass die Stute scheuen würde. Doch alle Pferde trabten seelenruhig weiter, während sich ihre Reiter fasziniert umsahen.

»Die Feuermännchen sind unterwegs«, hauchte Óinn. Er klang ehrfürchtig. »Sind sie nicht wunderschön?«

Erstaunt musterte Smilla ihn von der Seite. Sie kannte die winzigen glühenden Wesen als Irrwische und hatte geglaubt, die Menschen würden sie mit Glühwürmchen verwechseln. Doch Óinn überraschte sie immer wieder. Sie fragte sich, ob einer seiner Elternteile die Gabe besaß, da er so offen für die Anderswelt zu sein schien und allen Lebewesen darin ohne Vorbehalte begegnete.

Der süßliche Duft der Irrwische drang Smilla in die Nase, der sie an die Sommernächte ihrer Kindheit erinnerte. An Moos unter ihren nackten Füßen und Mondlicht, das sich auf Weihern brach. An ebendiese winzigen Leuchtfunken, die zwischen den Bäumen hindurchschwirrten und ihr den Weg nach Hause wiesen. An das glockenhelle Lachen ihrer Mutter, als sie gemeinsam durch einen glühenden Schwarm liefen. Wie immer verwandelte sich der einst so vertraute

Laut jedoch in ein schauriges Gurgeln. Das letzte Geräusch, das Smilla je von ihrer Mutter gehört hatte, bevor diese in ihren Armen ihren letzten Atemzug genommen hatte.

Smilla schluckte. Tränen brannten in ihren Augen, die sie eilig fortzublinzeln versuchte. Bevor das Bild ihrer aus vielen Wunden blutenden Mutter aus den Tiefen ihres Geistes aufsteigen konnte, schüttelte sie energisch den Kopf. Nie würde sie die Erinnerungen an den entsetzlichsten aller Tage abschütteln können. An den Tag, an dem sich ihr Leben für immer verändert hatte. Doch es gelang ihr inzwischen, gegen die Tränen anzukämpfen, die aufsteigende Übelkeit herunterzuschlucken. Sie hob das Kinn und blickte stur geradeaus, bis sich ihre verschwommene Sicht klärte.

Wenig später war es vollständig dunkel geworden. Die sie umgebenden Hügel waren übersät mit den funkelnden Lichtpunkten, die ihr warmes Leuchten verbreiteten. Das glühende Meer erstreckte sich, so weit das Auge reichte, und Smilla konnte trotz ihres inneren Aufruhrs nicht umhin, die Schönheit der Wesen zu bewundern.

So fasziniert war sie von ihrer Umgebung, so versunken in ihren Erinnerungen und ihrem Schmerz, dass ihr nicht auffiel, wie weit sie hinter den anderen zurückgefallen war. Erst als sie Hufgetrappel hörte, wurde sie aus ihren Gedanken gerissen. Sie hob den Kopf und sah Gent auf seinem schwarzen Hengst auf sich zukommen. Von den anderen war keine Spur mehr zu sehen.

»Wo bleibst du denn?«, fragte er verstimmt, nachdem er seinen Hengst neben Tófa gelenkt hatte. »Die anderen haben hinter dem nächsten Hügel das Lager errichtet. Wir rasten heute Nacht hier.«

Smilla wischte sich eilig über das Gesicht. »Entschuldige, ich war … in Gedanken.«

»Das sehe ich.« Gents Stimme war unmerklich sanfter geworden. Spürte er etwa, dass sie gerade nicht in der Stimmung für ihre üblichen Schlagabtäusche war?

Er passte sich ihrem langsamen Tempo an und ritt einen Moment schweigend neben ihr her. »Bereust du es seit der Abstimmung, dich der Wilden Jagd angeschlossen zu haben?«, fragte er dann so vorsichtig, dass es Smilla völlig aus der Bahn warf.

Überrascht über diese persönliche Frage, schüttelte sie den Kopf. »Nein. Ich muss mich bloß eingewöhnen … Und euch alle von mir überzeugen«, schob sie hinterher.

Er verzog das Gesicht. »Nimm es nicht zu schwer. Die anderen werden ihre Meinung noch ändern.«

»Alle außer Leif.« Ihre Mundwinkel zuckten. »Obwohl ich mir die Aufnahme längst verdient habe.«

Gent schnaubte. »Indem du eine Quelljungfer bezirzt hast?«

»Ich würde eher sagen, indem ich *dir* das Leben gerettet habe.«

Gent zuckte zusammen, als hätte sie ihm einen Schlag versetzt. Zerknirscht hob er die Schultern. »Das wirst du mich wohl nicht vergessen lassen, was?«

»Niemals.« Nun grinste sie ihn herausfordernd an.

Er erwiderte ihren Blick einen langen Moment, sodass sie schon glaubte, sie würde ihn endlich einmal lächeln sehen, doch dann schaute er weg. »Ich frage mich nur …« Er schien nicht die richtigen Worte zu finden. »Warum du dich uns *wirklich* angeschlossen hast. Stimmt es, dass deine Familie …?«

Sofort war der Kloß in Smillas Hals zurück. Ihre Kehle wurde so eng, dass sie kaum noch atmen konnte. Nein, nicht vor Gent. Sie würde nicht vor ihrem Befehlshaber weinen. Um sich zu beruhigen, blickte sie auf die leuchtenden Hügel hinaus und versuchte, die Irrwische zu zählen. Als sie schließlich sicher war, dass ihre Stimme sie nicht mit einem Zittern verraten würde, antwortete sie, ohne ihn anzusehen. »Ja. Ich habe kein Zuhause und keine Familie, zu der ich zurückkehren könnte.«

Eine Weile sagte Gent nichts. Dann schien er die offensichtliche Frage nicht länger zurückhalten zu können. »Sie wurden getötet?«

Smilla nickte.

Endlich begegnete sie seinem Blick. Darin lag plötzlich ein solcher Schmerz, wie sie ihn nie zuvor auf Gents Zügen gesehen hatte. Sonst war seine Miene immer so ausdruckslos, und wenn sie nicht ausdrucklos war, dann zornverzerrt oder genervt. Die Trauer, die sie nun in seinen Augen entdeckte, erinnerte sie an ihre eigene. Es war, als betrachtete sie ihr Spiegelbild in einem Teich. Die damit einhergehende Erkenntnis überkam sie unvorbereitet und drohte, sie zu überwältigen. Gent hatte in seinem Leben Leid erfahren. So wie sie. Und das ließ sie sich ihm plötzlich unerwartet nahe fühlen. Als teilten sie ein Geheimnis. Ein gegenseitiges Verständnis. Nie hätte Smilla geglaubt, etwas mit ihm gemeinsam zu haben. Doch obwohl er kein einziges Wort über seine Familie verloren hatte, wusste sie plötzlich, dass in seiner Brust ein ebenso großes Loch klaffte wie in ihrer.

Gent musste die neue Verbundenheit zwischen ihnen auch spüren, denn er sah nicht weg, schien ihren Schmerz in sich aufzunehmen wie sie den seinen. Und auf einmal hatte Smilla das Gefühl, wieder atmen zu können. Nicht tief und frei – das würde sie wohl nie wieder können. Doch endlich drang nicht mehr nur Asche in ihre Lungen.

Auch Gent keuchte auf, als hätte er sehr lange die Luft angehalten. Er rieb sich über den Bart, als könnte er nicht ganz fassen, was soeben zwischen ihnen passiert war. »Ich bin als einziger Überlebender eines Schiffsunglücks als Findelkind nach Middangard gekommen«, sagte er dann so unerwartet, dass Smilla sich im Sattel zu ihm herüberbeugte, da sie glaubte, ihn missverstanden zu haben. »An meine Familie habe ich keine Erinnerungen. In Middangard habe ich nie ein Zuhause gehabt.« Sein Blick bohrte sich in ihren, als wollte er seine nächsten Worte unterstreichen. »Also habe ich mir selbst eine Familie gesucht.«

Smilla war so überrascht von seiner Offenheit, dass ihr die Worte fehlten. Sie wollte etwas sagen, wollte ihn wissen lassen, wie gut sie ihn verstand. Wie sehr sie es schätzte, dass er sich ihr anvertraute. Sie öffnete den Mund, doch im selben Moment drangen die Stimmen der anderen zu ihnen herüber. Friggas und Jofurs Lachen, als Andórr einen Witz riss. Óinns melodische Stimme und Leifs mürrisches Brummen. Feuerschein flackerte hinter dem nächsten Hügel. Dort mussten sie das Lager errichtet haben.

Und da verstand Smilla. *Sie* waren Gents Familie. Die einzige, die er je gehabt hatte.

Gent blinzelte, als hätten die Stimmen der anderen ihn aus einer Trance gerissen. Er wirkte überrascht darüber, ihr so viel über sich verraten zu haben. »Ich …« Sein Blick huschte zum Lager, dann wieder zurück zu ihr.

Smilla schenkte ihm ein warmes Lächeln. »Ist schon gut«, sagte sie. »Wir sollten sie nicht warten lassen.«

Er sah sie noch einen Moment an. Das warme Licht der Irrwische, die sie von allen Seiten umschwirrten, funkelte in seinen Augen. Smilla glaubte zu sehen, wie sich der Schmerz aus ihnen zurückzog. Sein Blick wirkte klarer als zuvor. Nicht mehr ganz so düster.

Fühlte sich seine Brust auch ein wenig freier an? Konnte er ebenfalls leichter atmen? Smilla hoffte es.

Schweigend ritt sie hinter ihm ins Lager, wo die anderen sie am Feuer empfingen.

KAPITEL 19

Der Schlächter trat aus einem Tunnel, der ihn tief durch einen Berg geführt hatte. Er war an Stalaktiten und heißen Quellen vorbeigekommen, an dampfenden Rissen im Gestein, doch nun atmete er endlich wieder frische Luft. Vor ihm führte ein Pfad zwischen hohen Felswänden über den Bergkamm. Die Sonne war längst untergegangen, doch er hatte eine Fackel dabei. Das Licht war ein Risiko. Er wusste, dass er seit Tagen verfolgt wurde, doch sein Weg würde ihn in den nächsten Tagen durch das Gebirge führen und ihm war zu Ohren gekommen, dass hier viele Hexen lebten. Um zu vermeiden, dass er unvorbereitet auf eine von ihnen traf, suchte er lieber die nähere Umgebung ab, um sicherzugehen, dass die Luft rein war.

Sie oder ich.

Der Pfad wand sich in Serpentinen. An einer Gabelung bog der Schlächter willkürlich ab und entdeckte bald darauf ein Licht in der kargen Felslandschaft. Das Haus einer Hexe? Er würde es herausfinden.

Er beschleunigte seine Schritte, während sein Herz immer schneller schlug. Das Knochenmesser schmiegte sich an seine Brust, beinahe kühl durch den Stoff seines Hemds. Die Nacht war kalt, doch die Dämpfe, die aus den Spalten traten, wärmten ihn, auch wenn es hier nicht so heiß wie im Inneren des Bergs war.

Musik drang an seine Ohren. Flötenklänge untermalt von rhythmischen Trommelschlägen. Im Näherkommen stutzte er, als ihm auffiel, dass die Behausung dem Wort kaum gerecht wurde. Sie sah aus wie ein übergroßes Fass mit einer runden Tür und einem einzigen winzigen Fenster. Zu beiden Seiten reichte das Dach bis fast auf den Boden und war dicht mit Moos, Kräutern und Gebirgsblumen bewachsen. Ein möglicher Hinweis auf die seltsamen Gebräuche der Hexen. Die Fensterscheibe rechts neben der Tür war von innen angelaufen, sodass er nicht hineinblicken konnte. Er hob eine Faust und klopfte fest gegen das verwitterte Holz, damit sie ihn über die Musik hörten. Abrupt brach die fröhliche Melodie ab. Der Schlächter hörte Flüstern, dann Schaben und Kratzen, als würden Möbel verschoben werden.

»Wer ist da?«, ertönte eine männliche Stimme. Das bedeutete nicht zwangsläufig, dass es sich im Inneren um Menschen handelte, wusste der Schlächter. Hexer waren selten, doch er hatte vor einigen Monaten bereits einen getötet.

»Ein einsamer Wanderer, der sich heute Nacht über einen Platz an Eurem Feuer freuen würde«, rief er durch die geschlossene Tür.

Weiteres Murmeln drang an seine Ohren. Dann wurde es plötzlich still. Verdächtig still.

Der Schlächter trat einen Schritt zurück. Durch die beschlagene Fensterscheibe konnte er das Innere des Hauses nach wie vor nicht erkennen. Er überlegte, ob er sein Schauspiel aufgeben, die Tür eintreten und kurzen Prozess mit den Bewohnern machen sollte, bevor sie ihn angreifen konnten. Doch es bestand natürlich weiterhin die Möglichkeit, dass es sich nicht um Hexen handelte.

Da frischte der Wind auf. Eine Böe traf ihn so heftig, dass er mehrere Schritte rückwärts taumelte. Also wussten sie, wer er war. Und was er hier zu suchen hatte.

»Verschwinde! Du bist hier nicht willkommen!«, ertönte dieselbe Stimme wie zuvor, diesmal viel näher. Sie kam von

hinter dem Haus. Und sie wurde stetig lauter, während sich der Hexer ihm näherte.

Der Schlächter blinzelte gegen den pfeifenden Wind an, der ihm kleine Steine ins Gesicht pustete. Seine Augen tränten bereits so stark, dass er kaum mehr etwas erkennen konnte. Trotzdem stemmte er sich gegen den Wind, wich nicht zurück.

Hinter dem Haus trat ein Mann hervor. Er war nackt, bis auf ein breites Stück Stoff, das er sich mehrfach um die Hüften gewickelt hatte. Verschlungene Muster zogen sich über seine Brust, so tiefrot, als wären sie mit Blut gemalt worden. Eine Hand hatte er erhoben, dirigierte damit den Wind, der den Schlächter umtoste. »Verschwinde«, wiederholte der Mann. »Wir wollen keinen Ärger.«

»Das ist zu schade«, schrie der Schlächter gegen den Sturm an. »Ich nämlich schon!«

Er stemmte sich noch entschlossener gegen die Böen, setzte einen Fuß vor den anderen. Langsam, aber stetig näherte er sich dem Hexer.

Während dieser mit der einen Hand weiter den Sturm dirigierte, öffnete er die andere Handfläche. Darauf lagen schlanke Knochen. Er murmelte etwas und rieb sie zwischen seinen Fingern. Sie zerfielen zu Asche, die vom Wind erfasst wurde. Einen Moment wirbelte die graue Wolke durch die Luft, dann raste sie auf einen gemurmelten Befehl des Hexers hin auf den Schlächter zu.

Es war, als würde er von der unsichtbaren Faust eines Riesen getroffen. Der Schlächter verlor den Boden unter den Füßen und wurde rückwärts geschleudert. Er überschlug sich, doch sein Sturz wurde mitten in der Luft abrupt gebremst. Kopfüber hing er nun drei Rabenschwingen über dem Boden, wie von unsichtbaren Fäden gehalten.

Eilig sah er sich um, konnte den Hexer durch das Tosen nicht mehr hören, aber nun auf sich zukommen sehen. Zwar hing er kopfüber in der Luft, doch das machte ihn noch lange nicht wehrlos. Er tastete nach dem Messer in seiner Brusttasche.

Der Hexer trat vor ihn. Er hatte nun beide Hände erhoben und murmelte weiter vor sich hin. Offenbar wob er seinen letzten tödlichen Zauber. Doch er war zu langsam.

Der Schlächter blinzelte sich die Tränen aus den brennenden Augen, zielte und warf sein Messer. Es grub sich tief ins Herz des Hexers. Dieser starrte ihn einen atemlosen Moment lang an. Dann erlosch das Licht in seinen Augen und der Wind verebbte.

Als der Hexer in sich zusammensackte, ließ die unsichtbare Kraft von dem Schlächter ab und er stürzte zu Boden. Im Fallen drehte er sich behände, sodass er sich lediglich ein Knie aufschürfte, als er auf den Felsen aufkam. Er spürte es kaum. Langsam trat er vor den Toten, zog ihm das Messer mit einem schmatzenden Geräusch aus der Brust und wischte es an dem Stoff um dessen Hüfte ab. Mit klopfendem Herzen wandte er sich dann zum Haus um. Zweifellos befanden sich darin noch weitere Hexen, die der Mann zu schützen versucht hatte.

Ein unterdrücktes Schluchzen drang an seine Ohren. Auf dem Pfad hinter dem Haus machte er eine Bewegung aus. Mit wehendem Haar floh ein Kind in die Nacht. Aus weit aufgerisssenen, tränenfeuchten Augen sah das Mädchen über die Schulter zurück.

Das Herz das Schlächters setzte einen Schlag aus, als sich ihre Blicke trafen. Eilig wandte er sich ab. Er sagte sich, dass es nicht daran lag, dass er Mitleid mit der kleinen Hexe hatte. Er musste umkehren, hatte keine Zeit mehr, wenn er nicht wollte, dass man ihm auf die Schliche kam. Nein, es lag ganz und gar nicht an der Panik im Gesicht der Kleinen oder dem Gefühl, dass seine Brust immer enger wurde, bis er nicht mehr atmen konnte. Er musste jetzt gehen, konnte sie nicht verfolgen, obwohl sie ihn sicher zu den anderen Hexen führen würde.

Schwerfällig setzte er einen Fuß vor den anderen. In die entgegengesetzte Richtung als die, in die das Mädchen geflohen war. Es kostete ihn alle Kraft, den Kopf zu drehen und ihr über die Schulter hinterherzurufen: »Lauf, so schnell du kannst, und warne die anderen. Wenn euch euer Leben lieb ist, dann flieht von hier!«

KAPITEL 20
GENT

Nachdem sie die Hügellandschaft hinter sich gelassen hatten, führte sie ihr Weg über die Røyken-Ebene. Gent hatte kein Auge zugetan, seit sie das Ödland betreten hatten. Drei Tage ohne Schlaf. Sein Nacken schmerzte, weil er den Himmel ununterbrochen mit den Augen absuchte. Auf der Ebene waren sie leichte Beute.

Das spröde, windgepeitschte Grasland erstreckte sich so weit das Auge reichte, alle paar Schritte unterbrochen von hochaufragenden Felsen. Wenn man das Felslabyrinth von einem erhöhten Standpunkt betrachtete, wirkte es, als wäre ein Riese durch ein Gebirge gestampft und hätte Fußabdrücke zwischen dem gesplitterten Gestein hinterlassen. Manche erzählten sich, die Götter hätten hier einst eine große Schlacht gefochten. Doch Gent zog die Geschichte mit dem Riesen vor.

Grims Körper fühlte sich warm und stark unter seinen Schenkeln an. Es hatte eine Zeit gegeben, da war das Pferd das Einzige gewesen, was ihn davon abhielt, in seinen düsteren Gedanken zu ertrinken. Inzwischen allerdings …

Er drehte sich im Sattel, sah sich nach den anderen um. Sie waren weit zurückgefallen. Es war nicht leicht, die Pferde zwischen den spitzen Felsen hindurchzumanövrieren. Außerdem hatte sich Gent absichtlich von ihnen entfernt. Er wollte allein sein. Das wollte er eigentlich immer. Und trotzdem brauchte er Óinns Lachen, Andórrs derbe Witze, Friggas scharfe Zunge und Jofurs stille Präsenz. Selbst Leifs vorwurfsvolle Blicke waren ihm willkommen – wenn er ihm damit nicht gerade den letzten Nerv raubte. Alles, was ihm das Gefühl gab, am Leben zu sein. Sonst wäre er innerlich längst tot. Wie die Grashalme, die unter Grims Hufen brachen. Vom harten Leben gebeugt, trocken und spröde.

Und das neuste Mitglied seiner Truppe? Er hatte Smilla immer noch nicht durchschaut. Doch bei ihrem Gespräch in den Hügeln hatte er endlich etwas mehr über ihren Hintergrund erfahren. Seitdem gingen sie anders miteinander um. Als wäre eine Hürde aus dem Weg geräumt worden. Als stünden sie sich plötzlich näher, obwohl Gent sich das sicherlich nur einbildete.

Trotzdem bereute er es, Smilla nach ihrer Familie gefragt zu haben. Offensichtlich hatte er den Finger in eine Wunde gebohrt, die von außen unsichtbar war. Hätte er es nicht besser wissen müssen? Die Anzeichen erkennen müssen? Wich er nicht ebenfalls jeglichen Fragen nach seiner Herkunft aus, seit er denken konnte? Es hatte ihn selbst überrascht, dass er ihr etwas über sich preisgegeben hatte. Etwas, das nicht viele über ihn wussten.

Smilla hatte so verletzlich ausgesehen in dem Meer aus Lichtern. So ganz anders, als er sie bisher kennengelernt hatte. Sie hatte ihn einen Blick auf ihren Schmerz erhaschen lassen, also war es nur gerecht gewesen, den Gefallen zu erwidern. Er konnte jedoch nicht umhin, sich zu fragen, ob es ein Fehler gewesen war, ihr von seiner Vergangenheit zu erzählen. Nun konnte Smilla dieses Wissen jederzeit gegen ihn verwenden. Derlei Gedanken und Ängste würde Gent nie abschütteln können, doch er wollte glauben, dass seit jenem Abend in den Hügeln ein unausgesprochenes Einverständnis zwischen ihnen herrschte. Ein Austausch von Schmerz, so intim, dass der Moment sie beide überwältigt hatte.

Gent warf einen weiteren Blick über die Schulter. Der Wind blies ihm einige Strähnen ins Gesicht und trug das Hufgetrappel der Pferde und die sich leise unterhaltenden Stimmen der anderen an seine Ohren. Unwillkürlich hielt er nach langem schwarzem Haar Ausschau, konnte Smilla jedoch, ebenso wie den Rest der Truppe, zwischen den Felsen nicht ausmachen.

Neben einer besonders hohen Gesteinsformation ließ er Grim anhalten. Falls sich die anderen ohne ihn verliefen, würden sie noch länger brauchen, um diese götterverlassene Ebene zu überqueren. Er legte eine Hand auf den zerklüfteten Fels, der beinahe senkrecht aus der Erde stach und weit über seinem Kopf spitz zusammenlief. Wie bereits Dutzende Male, seit sie die Ebene betreten hatten, hob Gent den Blick gen Himmel. Die Muskeln in seinem Nacken protestierten. Er musste die Augen mit der anderen Hand abschirmen. Der bewölkte Himmel strahlte grellweiß – das, was im Middangarder Winter einem sonnigen Tag am nächsten kam. In der Ferne riss die Wolkendecke hier und da auf, sodass sich Säulen aus Licht zum Boden schraubten. Sie tauchten die Ebene in unwirkliches bleiches Licht. Bei diesem Anblick war es nicht schwer, an die Existenz der Leuchtenden zu glauben, hätte er den Götterglauben nicht vor langer Zeit aufgegeben.

Mit den Fingern fuhr er über die Oberfläche des Steins. Beinahe so rau wie seine eigene schwielige Hand. Diese Hand, mit der er unaussprechliche Dinge getan hatte. Er ließ den Arm sinken und blickte ein weiteres Mal zum Himmel. Es war unmöglich, etwas durch das fahle Leuchten zu erkennen. Unbehaglich verlagerte Gent sein Gewicht im Sattel. Inmitten der leeren Weite waren er und seine Truppe viel zu ungeschützt. Viel zu angreifbar.

Als die anderen endlich in Sichtweite kamen, lenkte er

Grim mit einem sanften Schenkeldruck um den Felsen herum. Vor ihm erstreckte sich das schier endlose Grasland gespickt mit unzähligen weiteren Felsen, doch er wusste, dass es nicht mehr weit sein konnte. Wenn er die Augen zusammenkniff, glaubte er, am Horizont eine dunkelgrüne Linie auszumachen. *Skog*. Der älteste Wald Middangards. Immergrün, selbst im tiefsten Winter.

Ein Schatten fiel auf Gent. Bevor er reagieren konnte, sprang ihm jemand in den Weg.

Grim war so gut abgerichtet, dass er lediglich mit dem Kopf zuckte. Doch Gent zog seine Axt, bereit, sich dem Angreifer entgegenzustellen. Den Rest der Truppe zu schützen.

Er blickte in Jofurs haselnussbraune Augen. Der Späher musste die Gegend ausgekundschaftet haben und war von einem der Felsen gesprungen. Nun hob er beide Hände, um sowohl Gent als auch sein Pferd zu beruhigen.

Mit einem erleichterten Seufzen senkte Gent die Waffe. Jofurs Blick war allerdings so eindringlich, dass er den Stiel sogleich fester packte. Jofur gestikulierte heftig. Weit ausgebreitete Arme, gekrümmte Finger.

»Beim Arsch des Einäugigen«, fluchte Gent. Walküren. Schon wieder.

Zum gefühlt tausendsten Mal sah er zum Himmel auf. Sie waren so weit entfernt, dass er nichts als einen dunklen Fleck in der Ferne ausmachen konnte. Es hätte ein Rabenschwarm sein können. Er wusste es besser.

Gent ließ einen Pfiff los. Wenige Atemzüge später schloss seine Truppe mit donnernden Hufschlägen zu ihm auf.

»Was ist los?«, fragte Leif. Óinn und Andórr wechselten besorgte Blicke. Frigga hatte bereits ihre Peitsche in der Hand. Gents grimmige Miene und Jofurs weit ausholende Bewegungen verrieten ihnen alles, was sie wissen mussten. Die tödlichsten Wesen Middangards bewegten sich in diesem Moment auf sie zu. Zum zweiten Mal in weniger als zwei Wochen. Und hier gab es keinerlei Schutz. Hätte Gent an die Götter geglaubt, dann wäre ihm in spätestens diesem Moment unwiderruflich bewusst, dass er von ihnen verflucht war.

Smilla sah verwirrt von einem zum anderen. »Was ist los?«, wiederholte sie gefasst, wenn sich ihre Stimme am Ende auch ein wenig in die Höhe schraubte.

»Walküren«, knurrte Gent. »Du musst jetzt so schnell reiten wie nie zuvor, Smilla.«

Sie schluckte, umklammerte ihre Zügel fester.

Gent wandte sich an Jofur. »Schaffen wir es bis zum Wald?«

Der Späher hob die Schultern. Lautlos formte er mit den Lippen das Wort *knapp*.

»Wir müssen es versuchen.« Gent packte seine Axt weg. Sie würde ihm nichts nutzen. »Bleibt zusammen. Sie werden versuchen, uns auseinanderzutreiben, um uns einzeln zu erwischen. Verschwendet keine Zeit im Kampf. Unsere einzige Hoffnung liegt in der Flucht. Wir müssen den Wald erreichen.«

Die anderen nickten grimmig, die Pferde tänzelten nervös. Niemand sagte ein Wort. Eine gefährliche Ruhe hatte sich über die Ebene gelegt. Als hielte selbst der Wind den Atem an.

Gents Stimme zerschnitt die Stille. »Dann los!« Er gab Grim die Sporen.

»Mögen die Leuchtenden mit uns sein«, hörte er Óinn hinter sich murmeln, dann war da nur noch das Rauschen des Winds in seinen Ohren und Grims donnernde Hufschläge, als sie auf die Ebene hinausgaloppierten.

Während der Hengst in halsbrecherischem Tempo zwischen den Felsen entlangraste, warf Gent einen kurzen Blick zurück. Die anderen waren ihm dicht auf den Fersen. Staub wirbelte hinter ihnen auf. Grashalme und Erdbrocken regneten auf sie herab, während die Pferde alles gaben. Ein im Gras verborgener Stein, eine einzige Stolperfalle konnte ihr Ende bedeuten. Gent verbannte diese Gedanken aus seinem Kopf, konzentrierte sich ganz auf den muskulösen Pferdekörper unter sich. Auf den Wind, der sein Haar peitschte. Und das rettende Ende des Felslabyrinths, das sich nur wenige Rabenschwingen entfernt vor ihm auftat. Dahinter erstreckte sich offenes Grasland bis zum Waldrand, der nun klar erkennbar war.

Gent fluchte. Die freie Fläche bot ihnen keinerlei Schutz. Sie wären leichte Beute für die Angreiferinnen aus der Luft. Doch es war keine Option, sich zwischen den Felsen zu verbergen. Es gab kein Zurück, nur noch Vorwärts.

Schon galoppierte Grim zwischen den letzten Steinsäulen hindurch. Sobald sie das Labyrinth hinter sich ließen, ertönte schrilles Kreischen. Die Walküren waren jetzt ganz nah.

Gent musste dem Drang widerstehen, sich die Ohren zuzuhalten. Donner hallte über die Ebene. Nein, kein Donner – Flügelschläge.

Das Gras wurde von kräftigen Böen gepeitscht. Dicht beugte sich Gent über Grims Hals, um den Walküren so wenig Angriffsfläche wie möglich zu bieten. Er wagte einen Blick – und verfluchte sich sofort dafür.

Aus dem Himmel stießen geflügelte Kreaturen herab, die den Albträumen der Götter zu entspringen schienen. Gent zählte ein knappes Dutzend. Ihre mächtigen Rabenschwingen waren pechschwarz mit blutroten Spitzen. Sie hatten eine Spanne von mehreren Mannslängen und verliehen ihnen tödliche Geschwindigkeit. Die menschlichen Gesichter und Oberkörper ließen erkennen, dass die Wesen einst wunderschöne Frauen gewesen sein mussten, doch nun waren ihre Züge zu hasserfüllten Fratzen verzerrt. Die gekrümmten und gefiederten Beine endeten in messerscharfen Krallen.

Schaudernd trieb Gent seinen Hengst zu noch größerer Eile an. Als er einen schrillen Pferdeschrei hörte, drehte er sich abermals um. Eine der Walküren stieß auf das Packpferd herab, das zurückgefallen war. Sie riss ihm mit ihren Klauen die Flanke auf. Das Tier rollte mit den Augen, kam ins Stolpern, überschlug sich und blieb mit gebrochenem Hals liegen.

Frigga schwang ihre Peitsche nach der nächsten Angreiferin. Die Stacheln am Ende hätten der Kreatur die Brust zerfetzen müssen, doch deren Brustplatte aus schwarzem Rabenstahl war undurchdringlich. Die Walküre lachte kreischend und stieß auf Frigga herab, die sich wegzuducken versuchte.

Kurz bevor sie die Klauen in Friggas Nacken vergrub, traf Óinns Pfeil sie ins Auge. Die Angreiferin wurde zurückgeschleudert, prallte gegen eine ihrer Schwestern und riss diese mit sich zu Boden. Frigga stieß ein triumphierendes Kampfgebrüll aus, doch die übrigen Walküren kreischten nun ebenfalls in wilder Raserei.

Gent blickte wieder nach vorn. Der Wald befand sich direkt vor ihm. Hoch ragten die uralten Bäume in den Himmel. Schützend. Unerreichbar.

Weitere Pfeile zischten durch die Luft. Leif und Óinn landeten jedoch keine weiteren Treffer. Geschickt wichen die Walküren den Geschossen aus. Sie flogen so tief, dass Gent die anderen Reiter kaum noch erkennen konnte. Er verengte die Augen. Eine Person war zurückgefallen. War das etwa … »Verdammt seien die Götter!«

Jofurs Pferd konnte nicht mit denen der anderen mithalten. Es hatte eine Wunde am Hals davongetragen und rollte wild mit den Augen. Noch schlug der Späher sich wacker und verteidigte sich und sein Pferd. Eins seiner Wurfmesser bohrte sich in die Kehle einer Walküre, die daraufhin mit einem erstickten Gurgeln abdrehte. Es war jedoch nur eine Frage der Zeit, bis die übrigen Angreiferinnen Jofur vom Rest der Truppe abgeschnitten hätten.

Gerade als Gent überlegte, wie er ihm zu Hilfe eilen sollte, fiel ein weiteres Pferd zurück. Mit verengten Augen erkannte Gent die Reiterin. Smilla! Was hatte sie vor?

Smilla zog beide Schwerter von ihrem Rücken. Sie brüllte den Walküren eine Beleidigung entgegen, die diese mit verächtlichem Lachen beantworteten.

Während Smilla ihre Schwerter in weitem Bogen schwang, um die Angreiferinnen abzulenken, holte Jofurs Pferd zu ihrem auf. Mit einer ihrer schwarzen Klingen erwischte Smilla eine der Kreaturen am Bein. Dann war Jofurs Pferd endlich gleichauf mit ihrem. Smilla steckte die Schwerter weg und bedeutete ihm mit den Händen, auf ihr Pferd zu wechseln.

Gent konnte kaum noch etwas erkennen, so dicht umflogen die Walküren die beiden. Sie kreischten triumphierend, kamen immer näher.

Da fiel ein Schatten auf ihn. Gent duckte sich gerade rechtzeitig unter den tödlichen Krallen einer Walküre hinweg. Die geflügelte Furie lachte höhnisch. »Flieh, Menschlein! Lauf um dein erbärmliches Leben!«

Gent biss die Zähne zusammen, schmiegte sich noch enger an Grims Hals. Die erste Baumreihe war zum Greifen nah. Er würde es schaffen. Doch konnte er dasselbe von den anderen behaupten?

Ein Schrei zerriss die Luft. Ein menschlicher Schrei. Gent riss den Kopf herum. Eine Walküre hatte Smilla an der Schulter gepackt. Jofur, der mittlerweile vor ihr im Sattel saß, versuchte sie zu packen, doch die Walküre zerrte sie unbarmherzig vom Pferderücken. Smilla schlug um sich, strampelte mit den Beinen. Sie hatte keine Chance. Die Krallen der Walküre hatten sich tief in ihre Haut gegraben.

Das schwarze Haar peitschte Smilla ins Gesicht, während sie unerbittlich höher getragen wurde. Mühsam krümmte sie sich zusammen, zog die Beine an und streckte einen Arm nach einem ihrer Stiefel aus. Ein Messer blitzte in ihrer Hand auf. Mit einem Aufschrei richtete sie sich auf und rammte es der Walküre ins gefiederte Bein. Die Furie brüllte, ließ Smilla jedoch nicht los. Immer höher stieg sie mit ihrer Beute in den Himmel.

Gent knirschte mit den Zähnen. Er hatte den Wald fast erreicht. Smilla war ein neues, entbehrliches Mitglied der Wilden Jagd. Sie bedeutete ihm nichts. Ohne ihr zusätzliches Gewicht würde es wenigstens Jofur in den Schutz des Waldes schaffen. Alle anderen hatten den *Skog* fast erreicht.

Doch da erinnerte er sich an den Schmerz in Smillas Blick. An die Vertrautheit, die für einen Moment zwischen ihnen geherrscht hatte. Zuneigung flutete Gents Herz. Sie hatte Jofur gerettet. Hatte sich trotz der tödlichen Gefahr zurückfallen lassen, um ihn auf ihr Pferd zu ziehen. Gent konnte sie doch jetzt nicht einfach … »Soll mich der Narr holen!«

Im letzten Moment riss Gent die Zügel herum. Grim bog scharf nach links ab, kurz bevor sie zwischen die rettenden Bäume galoppierten.

Gent zog seinen Wurfspeer aus der Halterung am Sattel. Er ließ Grim ein Stück am Waldrand entlanglaufen und dann in einem Bogen zurück auf die Ebene galoppieren. Direkt auf die Gefahr zu, vor der sie eben noch geflohen waren.

Die anderen gaben ihm und Jofur Deckung. Óinns und

Leifs Pfeile holten mehrere Walküren vom Himmel. Doch das machte die übrigen Biester nur noch rasender.

Alle seine Sinne schrien Gent an umzukehren. Stattdessen richtete er sich im Sattel auf. Und zielte.

Er traf die Walküre, die Smilla festhielt, mitten in die Kehle. Blut ergoss sich aus deren aufgerissenem Mund, benetzte Smillas Wangen.

Die Kreatur ließ los. Die Zeit stand einen Moment still, während Smilla vom Himmel stürzte.

Gent ließ den Blick nicht von ihr, trieb Grim zu noch größerer Eile an. Mit wahnwitziger Geschwindigkeit rasten sie auf die Ebene hinaus. Er streckte die Arme nach der fallenden Smilla aus. Sie schrie nicht mehr, fiel schlaff wie ein Sack, das wild flatternde Haar verdeckte ihr Gesicht.

Dann befand sich Gent direkt unter ihr. Mit einem Knacken, bei dem sich ihm der Magen umdrehte, krachte sie halb auf seine Schulter, halb in seinen Schoß. Fast wäre sie vom Sattel gerutscht, doch Gent hielt sie fest. Reglos hing sie in seinen Armen, ihr Atem ging flach.

Grim beschrieb einen weiteren Bogen zum Waldrand hin. Durch das zusätzliche Gewicht wurde er langsamer. »Komm schon, mein Junge«, trieb Gent ihn an.

Besorgt blickte er zum Himmel auf. Die Zahl der Walküren hatte sich dezimiert, doch sie formierten sich am Himmel bereits neu, witterten die leichte Beute.

Gent war wehrlos. Er konnte nach keiner Waffe greifen, konnte Smilla nicht loslassen. Heiß und klebrig durchtränkte das Blut aus ihrer Schulterwunde seine Tunika. Sie hatte die Augen geschlossen. Hing leblos in seinen Armen. Atmete sie noch?

Der Himmel verdunkelte sich. Der nächste Angriff stand kurz bevor. Der *letzte*. Gent stieß ein fast schon erleichtertes Seufzen aus. Wenn er es nicht schaffen würde, dann wenigstens Smilla. Während Grim auf die Bäume zuraste, beugte Gent sich schützend über sie, schloss die Lider und wartete auf den Tod.

Da zischte etwas an ihm vorbei. Gent riss die Augen auf. Schwarzgefiederte Pfeile schossen zwischen den nahen Baumstämmen hervor. Seine Truppe hatte den Wald erreicht. Und nun gaben sie ihm Deckung aus dessen Sicherheit heraus.

Mit konzentrierten Mienen zielten Leif, Andórr, Óinn und Jofur auf die Angreiferinnen. Die Walküren kreischten und versuchten auszuweichen. Ihre Schwingen erlaubten es ihnen nicht, den dichten Baumkronen zu nahe zu kommen. Pfeile bohrten sich in Flügel. Eine Walküre krachte im Sturzflug in einen Baum und blieb reglos zwischen den Ästen hängen.

Als nur noch fünf übrig waren, ließen sich die Kreaturen zurückfallen. Das Tosen ihrer Flügelschläge verebbte, auch wenn das wütende Gekreische Gent weiterhin in den Ohren dröhnte.

Dann galoppierte Grim zwischen die Bäume und da war nichts mehr als Stille.

KAPITEL 21
SMILLA

Smillas Lider flatterten, als sie in eine kühle Stille ritten. Über sich erkannte sie grüne Schemen, die sich im Wind wiegten. Hier und da brach ein Sonnenstrahl durch das Blätterdach und erhellte die plötzlich schummrige Welt. Was war geschehen?

Sie erinnerte sich an donnernde Flügelschläge, lautes Gekreische. An Jofurs schreckgeweitete Augen, während sie ihn von seinem Pferd auf Tófas Rücken gezogen hatte. An einen Schatten, der sich auf sie herabsenkte. Schmerz, der in ihrer Schulter explodierte. Das Tosen des Windes in ihren Ohren. Der kalte Messerstahl in ihrer Hand. Das Kreischen der Walküre, als Smilla ihr die Klinge ins Bein gebohrt hatte. An das Gefühl zu fallen. Eine endlose Ewigkeit lang. Dann nichts mehr.

Sie befand sich wieder auf einem Pferderücken, wurde sanft durchgeschüttelt. Jeder Schritt des Tiers sandte einen sengenden Schmerz durch ihre Schulter und Brust. Etwas Warmes, Feuchtes lief ihr über den Rücken. Viel zu viel davon. Das Hufgetrappel wurde vom weichen Untergrund gedämpft. Zweige streiften ihr Haar. Der Wald! Sie mussten es in den Wald geschafft haben.

Starke Arme hielten sie aufrecht. Sie musste nicht aufsehen, um zu wissen, wer sie da hielt. Gents mittlerweile vertrauter Geruch drang ihr in die Nase. Seine Brust hob und senkte sich schnell unter ihrer Wange.

Das Hufgetrappel verebbte, sie bewegten sich nicht mehr.

Erleichtert atmete Smilla auf, krümmte sich jedoch sofort zusammen, als Schmerz in ihrer Brust explodierte. Ihr Atem ging rasselnd. Bei der Großen Mutter, die Lunge musste verletzt sein.

Furcht überkam sie. So kalt und endgültig wie der erste Frost des Winters. Sie hatte keinen Knochenvorrat mehr, um sich zu heilen. Was würde nun mit ihr geschehen? Das Leben floss rasend schnell aus ihr heraus. Wenn sie die Blutung nicht bald stillte, würde sie die Nacht nicht überleben.

Panisch riss Smilla die Augen auf – und blickte in Gents Gesicht, der sich besorgt über sie beugte. »Kannst du sprechen?«, fragte er leise.

»Ja«, krächzte sie, zuckte jedoch sofort vor Schmerz zusammen.

Die steile Falte zwischen Gents Brauen vertiefte sich. Er bellte Befehle. Außerhalb ihres Blickfelds hörte Smilla gedämpfte Stimmen. Ging es allen gut? Sie versuchte, den Kopf zu drehen, doch das schmerzte zu sehr. So sah sie nichts als Gents besorgtes Gesicht und dahinter das Blattwerk, das im Wind raschelte.

»Kannst du aufstehen?«, fragte Gent mit rauer Stimme. »Wir haben ein provisorisches Lager errichtet. Jofur wird sich deine Verletzung ansehen.«

Smilla nickte und biss die Zähne zusammen, als er ihr vorsichtig half, sich in seinen Armen aufzurichten. Für einen Moment drehte sich alles und Smilla glaubte, vom Pferd zu stürzen, doch Gents Griff verstärkte sich. Er hielt sie im Hier und Jetzt, ließ nicht zu, dass sie wieder das Bewusstsein verlor.

Vorsichtig half er ihr von Grims Rücken. Frigga stützte sie von unten und schlang einen Arm um Smillas Hüfte, als ihre Beine unter ihr nachgaben. »Ich hab dich.« Sie schenkte ihr ein schmallippiges Lächeln, das Smilla erwiderte.

Nur einen Wimpernschlag später war Gent vom Pferd gesprungen und hob sie wieder auf seine Arme. Im durch die Zweige hereinfallenden Sonnenlicht entdeckte Smilla das Blut, das sich kaum von seiner schwarzen Tunika abhob. *Ihr* Blut. Sie versuchte, den Geruch nicht einzuatmen, während sie sich an Gents Brust schmiegte. Mit großen Schritten trug er sie an den anderen vorbei.

Smilla sah, wie Óinn eine Opfergabe aus einigen ineinander verflochtenen Blumen auf einem Baumstumpf ablegte. Eine stille Bitte an die Bewohner des Waldes, ihre Anwesenheit zu dulden. Hätte der Schmerz sie nicht von innen aufgefressen, hätte sie das zum Lächeln gebracht.

Während Andórr eilig gesammelte Zweige zu einem Haufen zusammenschob, um Feuer zu machen, kniete Jofur bereits vor einigen Fellen am Boden. Gent bettete Smilla darauf und trat einen Schritt zurück, ohne seinen Blick von ihrem Gesicht zu lassen.

»Tu, was du kannst«, wies er Jofur an. Dabei klang seine Stimme so dünn, so erstickt, dass Smilla am liebsten seine Hand genommen hätte. Sie wusste, dass es nicht gut um sie stand. Wenn sie doch nur nicht all ihre Knochen fortgegeben hätte, um die Quelljungfer zu besänftigen. Sie hatte die wichtigste Überlebensregel gebrochen und bezahlte nun den Preis dafür.

Jofur beugte sich über sie. *»Du hast mich gerettet.«* Er malte die Worte mit den Händen in die Luft. Seine wunderschöne Sprache. *»Ich danke dir.«*

Smilla wollte nicken, doch sie brachte nur ein schiefes Lächeln zustande.

»Darf ich?« Jofur legte eine Hand an ihre Schulter, darauf bedacht, die Wunde nicht zu berühren. Nachdem Smilla zu-

stimmend geblinzelt hatte, riss er ihr Wams am Kragen auf. Ohne hinzusehen, wusste sie, dass es ein furchtbarer Anblick sein musste. Tief hatten sich die Krallen der Walküre in ihre Schulter und Brust gegraben. Sie biss sich auf die Lippe, um die Tränen zurückzuhalten, als Gent scharf die Luft einsog und Jofur eilig in einem Beutel voller Kräuter und Tinkturen zu kramen begann.

In dem Versuch, sich abzulenken, konzentrierte sich Smilla auf die anderen, die geschäftig umherrannten, um das Lager aufzubauen, während Jofur sich daran machte, ihre Wunde mit Alkohol zu säubern. Um nicht laut aufzuschreien, grub sie sich die Fingernägel in die Handflächen und kämpfte verzweifelt gegen die Schwärze an, die langsam in ihr Blickfeld kroch. Sie brauchte einen Anker, der sie hier festhielt. Durch ihre tränenfeuchten Augen konnte Smilla nicht viel erkennen, also lauschte sie auf die Geräusche des Waldes – die säuselnden Baumwipfel, den Gesang eines Vogels. Außerhalb ihres Sichtfelds fluchte Andórr, weil er das Feuer auf dem feuchten Waldboden nicht in Gang bekam. Gent ging neben ihr mit schmatzenden Schritten auf und ab, seine Miene unergründlich.

Während Jofur einige Kräuter mit einem Mörser zerstieß, hielt Frigga ihr einen Wasserschlauch an die Lippen und Smilla trank gierig. Danach fühlte sie sich jedoch weiterhin wie ausgetrocknet. Als stünde ihr gesamter Körper in Flammen. Der Schmerz ging in Wellen von ihrer Schulter aus, tief in ihrer Brust rasselte es mit jedem Atemzug. Sie würde nicht mehr lange durchhalten.

Alle blickten auf, als Leif ins Lager geritten kam. »Die Umgebung ist gesichert«, verkündete er an Gent gewandt. »Hier sollten wir heute Nacht sicher sein.«

Gent hatte kaum einen Blick für ihn übrig. Er nickte nur, wollte sich schon wieder Smilla zuwenden, doch da griff

Leif sich an die Schläfe. Blut klebte an seiner Handfläche. Er betrachtete es verwundert. Im nächsten Moment verdrehte er die Augen und stürzte kopfüber vom Pferd.

Plötzlich schrien alle durcheinander.

KAPITEL 22
GENT

Mit einem Satz war Gent bei Leif. Viel schneller, als es einem Menschen möglich gewesen wäre, und doch nicht schnell genug. Sein Freund krachte auf den Waldboden und blieb reglos liegen. Gent strich ihm das wirre Haar aus der Stirn und da sah er die Kopfwunde.

Blut war daraus bis in Leifs Bart getropft. Gent konnte sich nicht erinnern, ihn im Kampf mit einer Walküre gesehen zu haben, doch das war jetzt egal. Schon wurden sie von den anderen umringt, die ebenso ratlos und besorgt klangen. Gent hatte keine Antworten auf ihre Fragen. Gemeinsam mit Andórr trug er Leifs schlaffen Körper zum Feuer und bettete ihn auf weitere Felle.

Als Gent Smilla und Leif nebeneinanderliegen sah, wurde ihm die Brust eng. Beide bluteten, beide waren aschfahl und Smilla hatte nun ebenfalls die Augen geschlossen.

Würden sie die Nacht überleben? Gent wagte es nicht zu hoffen.

* *

Als die Abenddämmerung einsetzte, saß Gent abseits von den anderen an einen Baumstamm gelehnt. Erschöpfung kroch in seinen Körper, ließ ihn schwer und träge werden. Dabei wollte er am liebsten wieder aufspringen und nervös auf und ab laufen, wie er es die letzten Stunden über getan hatte.

Er hatte nichts gegessen, nichts getrunken, keinerlei Ruhe gefunden. Und nun fehlte ihm die Kraft, um mehr zu tun, als hier zu sitzen. Den Blick ließ er trotzdem nicht von dem provisorischen Krankenlager.

Smilla hatte erneut das Bewusstsein verloren, als Jofur die tiefsten Wunden mit im Feuer erhitzten Brenneisen geschlossen hatte. Ihr Atem ging flach, doch im Schlaf sah sie beinahe friedlich aus. Ganz anders als Leif. Gents ältester Freund hatte das Gesicht vor Schmerz verzerrt und war nach wie vor nicht ansprechbar. Niemand wusste, was genau geschehen war. Niemand wusste, ob er jemals wieder erwachen würde. Jofur hatte alles in seiner Macht Stehende getan und Gent schließlich erschöpft zu verstehen gegeben, dass nichts zu tun blieb, als abzuwarten. Und zu beten. Gent hatte sich zusammenreißen müssen, um ihn wegen Letzterem nicht nach Helheim zu jagen. Was sollten Gebete an nichtexistente Götter schon bringen?

Doch nun hätte er nicht einmal mehr die Kraft für eine derartige Diskussion gehabt. Er fühlte sich hohl und leer. Wie hatte ihm nicht auffallen können, dass Leif verletzt war? Er hatte nur Augen für Smilla gehabt und sich nicht einmal vergewissert, dass es dem Rest der Truppe gut ging. Dass es *Leif* gut ging. Beim Kampf mit den Walküren war alles so schnell gegangen, dass er nicht gesehen hatte, wie Leif die Kopfverletzung davongetragen hatte. Doch das war keine Entschuldigung für sein Versäumnis als Befehlshaber. Als Freund.

Er senkte den Kopf und starrte auf seine Hände. Diese Hände, an denen so viel Blut klebte. Die so oft getötet, aber auch Leben gerettet hatten. Und die nun trotz aller Erfahrung vollkommen nutzlos waren. Er konnte Smilla und Leif nicht helfen, konnte nur hier sitzen und hoffen, dass sie die Nacht überstanden.

Die ganze Situation erinnerte ihn an den Tag, an dem er Frigga kennengelernt hatte. Den Tag, an dem die furchtlose Kriegerin in seinen Armen fast gestorben wäre. Nur Jofurs Heilkünsten hatten sie es zu verdanken, dass sie heute mit ihnen ritt. Würde es auch diesmal ausreichen? Gent lehnte sich wieder an den Baumstamm und ließ sich von der Erinnerung überwältigen.

Er stand knöcheltief im Schlamm und schwang seine Axt. Nach dem stundenlangen Kampf waren seine Arme schwer, die Schneide fuhr nur noch schwerfällig durch die Luft. Jeder Hieb kostete ihn zu viel Kraft. Er würde nicht mehr lange durchhalten. Als er das nächste Mal herumwirbelte, waren da plötzlich keine Gegner mehr. Nichts als ein weites schlammiges Schlachtfeld breitete sich um ihn herum aus – übersät mit Leichen.

Er hatte seine Jungs im Lager zurückgelassen, wollte sie nicht in einen Krieg zwischen zwei Jarls hineinziehen, der sie nichts anging. Es war eine Sache, gemeinsam Monster zu jagen. Aber eine andere, auf dem Schlachtfeld zu metzeln. Er konnte sich bereits nicht mehr an den Namen des Jarls erinnern, für den er hier kämpfte. Irgendeine sinnlose Fehde zwischen zwei mächtigen Männern. Doch wenn er an diesem Abend nach verrichteter Arbeit mit prall gefüllter Geldbörse zurück ins Lager kam, würden sie zur Abwechslung mal speisen wie Könige.

Müde ließ Gent die Axt sinken und wischte sich über die schweißfeuchte Stirn. Da ertönte hinter ihm ein Kampfschrei und er konnte sich gerade noch mit einem Sprung in Sicherheit bringen.

»Was zum …«

Etwas fuhr so schnell durch die Luft, dass Gent nur noch zurückzucken konnte. Zu spät. Ein scharfer Schmerz explodierte auf seiner Wange. Kurz darauf schmeckte er Blut.

Wütend fuhr er zu dem neuen Gegner herum – oder vielmehr der Gegnerin. Vor ihm stand eine Frau. Wirre kornblonde Strähnen hingen ihr ins Gesicht, die Zähne hatte sie gebleckt, doch ihr Gesicht war schmerzverzerrt. In der rechten Hand hielt sie eine mit Eisenstacheln versehene Peitsche, mit der sie bereits zum nächsten Hieb ausholte. Der linke Arm endete oberhalb des Ellbogens in einem blutigen Stumpf.

Gent sprang zurück und wich der Peitsche aus. Dabei sah er, dass die Frau ihre Wunde notdürftig mit einem Gürtel abgebunden hatte. Trotzdem verlor sie so viel Blut, dass sie sich nicht mehr lange auf den Beinen würde halten können. Doch das hielt sie nicht davon ab, mit verbissener Miene erneut zum Angriff überzugehen.

Gent hob die Hände. »Warte mal einen Moment.« Er deutete über das Schlachtfeld. »Wir sind die Einzigen, die noch aufrecht stehen.« Er duckte sich, als die Peitsche pfeifend auf ihn zuschoss. »Findest du nicht, dass wir es für heute gut sein lassen sollten?«

Statt zu antworten, brüllte die Frau erneut und sprang auf ihn zu. Ihr Schrei endete in einem erstickten Gurgeln. Ihr Gesicht war aschfahl.

Gent wich halbherzig vor ihr zurück und senkte seine Axt. »Siehst du, ich lege meine Waffe nieder. Komm schon. Deine Wunde muss behandelt werden. Sonst überlebst du sie nicht.«

Die Frau ließ ihre Peitsche auf ihn zuschnellen, doch dabei rutschte sie im blutigen Morast aus und fiel auf die Knie. Vor Schmerz stöhnte sie auf. Ihre Lider flatterten, als sie beinahe das Bewusstsein verlor.

Gent war beeindruckt von ihrem Kampfgeist, auch wenn dieser im Moment völlig fehlgeleitet war. »Ich habe einen hervorragenden Heiler in meiner Truppe. Die Wilde Jagd. Vielleicht hast du schon mal von uns gehört? Lass mich dir helfen.«

Die Frau schien ihn kaum zu hören. Blut tropfte von ihrem Armstumpf, während sie wie im Fieberwahn vor sich hinmurmelte. Die Peitsche hing ihr schlaff in der Hand. Gent erkannte, wie tödlich die eisernen Stacheln an deren Ende waren, und hoffte, dass sie die Waffe nicht noch einmal gegen ihn erheben würde.

Die Frau schwankte. Dann kippte sie nach vorn. Gent sprang vor und fing sie auf, bevor sie mit dem Gesicht voran in den Matsch fiel. Er bettete sie einigermaßen bequem in seine Arme und achtete darauf, ihren verletzten Arm nicht zu berühren. Dann strich er ihr das Haar aus der schweißfeuchten Stirn. »Wie heißt du?«

Unter scheinbar größter Anstrengung öffnete sie die Augen und blickte zu ihm auf. »Frigga Friggasdóttir.«

Er grinste. »Ich bin Gent. Freut mich, deine Bekanntschaft zu machen, Frigga. Wie wäre es, wenn ich dich jetzt hier wegbringe, damit du nicht auf diesem stinkenden Schlachtfeld stirbst?«

»Das wäre … dann stünde ich in deiner Schuld«, keuchte sie schwach.

»Ach, darüber können wir uns unterhalten, nachdem ich dir das Leben gerettet habe.«

»Bitte …« Ihre Lippen bewegten sich, als wollte sie noch etwas sagen. Doch dann rollte ihr Kopf nach hinten und sie wurde schwer in Gents Armen. Sie stand an der Schwelle zum Tod. Er musste sich beeilen.

Gent tastete nach seiner Wange. Die Haut war zerfetzt, wo Frigga ihn getroffen hatte. Sie war verdammt gut mit dieser Peitsche. Und sie hatte bis zum Ende gekämpft. Obwohl es aussichtslos gewesen war. Das entlockte ihm ein bewunderndes Lächeln.

Die Wunde an seiner Wange schloss sich bereits, als er Frigga hochhob und vom Schlachtfeld trug.

Gent seufzte tief. Er hasste es, sich so hilflos zu fühlen. So völlig machtlos wie damals. Frustriert stieß er beide Fäuste auf den Boden und drückte sich hoch. Wenn er länger tatenlos herumsaß und sich selbst die Schuld an allem gab, würde er noch den Verstand verlieren. Schließlich konnte er sowieso nichts tun. Nach einem letzten Blick zum Krankenlager wandte er sich ab und stapfte mit großen Schritten in den Wald.

KAPITEL 23
SMILLA

Smilla erwachte mit einem Ruck. Um sie herum war nichts als Schwärze. Doch als sie den Kopf drehte, sah sie das schwache Glimmen der Lagerfeuerglut. Silbriges Mondlicht drang an einigen Stellen durchs Blätterdach. Trotzdem brauchte sie einen Moment, um sich zu orientieren. Sie lauschte in die Nacht. Die leisen Atemzüge der ums Feuer liegenden Gestalten, untermalt von Andórrs Schnarchen, waren in den letzten zwei Wochen so vertraut geworden, dass sie erleichtert seufzte. Sie war in Sicherheit.

Doch wie lange noch? Jeder Atemzug schmerzte und Smilla fühlte sich so schwach wie nie zuvor. Ihr blieb nicht mehr viel Zeit.

Vorsichtig tastete sie nach der Wunde an ihrer Schulter. Ihre Fingerspitzen fuhren über wulstige Narben. Sie erinnerte sich an das heiße Eisen auf ihrer Haut. Auf den alles verzehrenden Schmerz, der sie einmal mehr in die Schwärze gestoßen hatte. Zwar waren die Wunden geschlossen, doch Smilla wusste, dass sie innere Verletzungen davongetragen hatte.

Langsam hob sie eine Hand vors Gesicht. Vor Schreck sog sie scharf die Luft ein, was einen sengenden Schmerz durch ihre Brust jagte. Im schwachen Licht des sterbenden Feuers erkannte sie, dass sich ihre Fingerspitzen bereits grau färbten. Nicht nur waren ihre Tage gezählt, sondern ihr Geheimnis würde früher oder später auffliegen, wenn die anderen sie langsam zu Asche zerfallen sahen. Sie brauchte die Macht der Natur, um sich zu heilen. Sofort.

Unter größter Anstrengung stemmte Smilla ihren Oberkörper auf die Ellbogen und sah sich um. Die anderen lagen inmitten von Waffen, Töpfen und anderem Gepäck überall verstreut ums Feuer, als wären sie irgendwann vor Erschöpfung dort umgefallen, wo sie gestanden hatten. Selbst Frigga, die zur Wache abgestellt worden sein musste, war an einen Baum gelehnt eingeschlafen.

Niemand hatte Zelte errichtet oder nach dem Essen aufgeräumt. Nur die Pferde, die in einiger Entfernung standen, waren wie immer gepflegt worden, ihre Mähnen frisch geflochten. Smilla zählte nur sieben. Panik stieg in ihr auf, doch dann entdeckte sie Tófas rötliches Fell in der Dunkelheit. Ein erleichtertes Seufzen entwicht ihr. Jofurs Pferd lag am Boden. Seine Halswunde war versorgt worden. Nur das Packpferd hatte den Angriff der Walküren nicht überlebt.

Als Smilla sich ganz aufsetzte, musste sie gegen das aufkommende Schwindelgewühl ankämpfen. Eine Weile hielt sie den Blick starr auf den nächsten Baumstamm gerichtet und konzentrierte sich auf ihre Atmung. Jemand hatte sie in ein frisches Leinenhemd gekleidet, das ihr viel zu groß war. Sie schob die Ärmel hoch, ließ die kühle Nachtluft über ihre erhitzte Haut streichen. Selbst diese kleine Bewegung sandte Schmerz durch ihre Schulter und Brust.

Smilla presste die Lippen zusammen, um ein Stöhnen zu unterdrücken. Dann spähte sie in die Dunkelheit hinter dem Feuerschein, um sich zu vergewissern, dass die anderen tief und fest schliefen. Sie waren kaum zu erkennen. Nur hier blitzte eine Gürtelschnalle im Mondlicht auf, dort ein Stiefel, da drüben Óinns rötlicher Haarschopf. Niemand regte sich.

Sie musste diese Chance nutzen. Doch konnte sie es wagen, sich davonzuschleichen? Was, wenn jemand sie erwischte? Smilla zögerte. Doch der Schmerz in ihrer Brust trieb sie schließlich dazu, sich vorsichtig weiter aufzurichten. Sollte sie entdeckt werden, konnte sie vorgeben, sich erleichtern gehen zu wollen.

Es kostete sie beinahe all ihre verbliebene Kraft, auf die Beine zu kommen. Lichtpunkte explodierten vor ihren Augen und Smilla schloss einen Moment die Lider. Ihre Knie zitterten, ihr ganzer Körper protestierte, doch als sie die Augen wieder öffnete, war ihre Sicht klar. Sie drehte sich, um sich so lautlos wie möglich von den anderen zu entfernen. Da fiel ihr Blick auf die reglose Gestalt, die auf einem provisorischen Felllager neben ihrem lag.

Gent? Smilla zuckte zurück. Tränen schossen ihr in die Augen. War er verletzt? Oder gar tot?

Als sie einen Schritt auf die Person zumachte, erkannte sie jedoch, dass sie einen langen Bart hatte und das Haar heller war. Leif. Von allen Mitgliedern der Wilden Jagd war er die Person, um die Smilla am wenigsten trauern würde. Es schien jedoch noch schlechter um ihn zu stehen als um sie. Um seinen Kopf war ein blutgetränkter Verband gewickelt. Er war leichenblass und sein Atem ging flach und unregelmäßig. Womöglich würde er die Nacht nicht überleben – und ihrem Geheimnis niemals auf die Spur kommen.

Bei dem Gedanken überkam Smilla ein lästiger Anflug von schlechtem Gewissen. Sie vertraute Leif ebenso wenig wie er ihr, doch er war Gents ältester Freund. Seine rechte Hand. Und Gent … Ja, was war Gent in den letzten Tagen für sie geworden? Mehr als nur ihr Befehlshaber, das stand fest. Doch sie konnte und wollte sich jetzt nicht mit diesem Gedanken befassen. Ihre eigene Lebenszeit rann ihr durch die Finger. Sie musste von hier verschwinden, um sich zu heilen.

Smilla widerstand dem Drang, sich zu vergewissern, ob es den anderen gut ging. Auf den ersten Blick schienen nur Leif und sie beim Angriff der Walküren Verletzungen davongetragen zu haben.

Ihr gelang ein zaghafter Schritt, dann noch einer. Sie wusste nicht, in welche Richtung sie gehen sollte. Erst einmal musste sie es aus dem Lager herausschaffen, ohne die anderen zu wecken. Dann würde sie sich auf die Suche nach einem Bach oder Teich begeben. Der einfachste und schnellste Weg, um an Knochen zu kommen, die sich meistens am Grund finden ließen. Einer der Eimer beim Feuer war randvoll, also musste es in der Nähe einen Wasserlauf geben.

Sie kam nur langsam voran. Jedes Mal, wenn ein Zweig unter ihren Sohlen knackte oder ein Blatt raschelte, hielt sie inne und sah sich um. Doch alles blieb still.

Als Smilla das Lager beinahe hinter sich gelassen hatte, rissen die Wolken auf und Mondlicht flutete durch die Zweige. Da erst fiel ihr auf, dass nur fünf Gestalten ums Feuer lagen. Gent war nicht unter ihnen. Erschrocken sah Smilla sich um, erwartete beinahe, dass er zwischen den Bäumen hervortreten und sie zur Rede stellen würde. Hatte er sie die ganze Zeit über beobachtet? Doch sie konnte ihn weder sehen noch seinen Geruch ausmachen. Vielleicht war er sich die Beine vertreten gegangen? Es musste ihn schwer getroffen haben, dass sein engster Freund an der Schwelle zum Tod stand. Machte er sich womöglich auch Sorgen um *sie*?

Beim nächsten Schritt stolperte Smilla über ihre eigenen wackeligen Beine und fing sich gerade noch an einem Baumstamm. Bei der Großen Mutter! Sie musste sich jetzt konzentrieren, musste die Gedanken an Gent von sich schieben, wenn sie diese Nacht überleben wollte.

Sie schnupperte in die Luft. Feuchtes Laub und Moos, Mäusekot und Vogelfedern. Unter all den Gerüchen verborgen glaubte sie, den Duft von schlammigem Wasser auszumachen. Von Libellenlarven und Froschlaich. Sie bündelte ihre letzten Kraftreserven und humpelte in die Richtung, in der sie einen Teich vermutete.

KAPITEL 24
SMILLA

Smilla stolperte von Baum zu Baum. Sie konnte sich kaum noch aufrecht halten, lehnte sich schwer gegen die moosüberzogenen Stämme. Der Wald war alt. So alt, dass sie die Bäume miteinander flüstern hörte. Flechten hingen von den Ästen, wiegten sich sanft in der nächtlichen Brise. So gern hätte Smilla dem Lied des Waldes gelauscht, seine Bewohner mit einem Geschenk begrüßt, wie Óinn es getan hatte. Doch sie wusste nicht einmal, ob sie nicht in wenigen Augenblicken selbst zur Opfergabe werden würde. Ohne ihre Familie gerächt zu haben. Allein. Verlassen. Magielos.

Sie krallte die Finger in die Rinde eines mächtigen Witwentrösters und schob sich weiter vorwärts. Ihre Sohlen schleiften über den Boden. Sie hatte keine Kraft mehr, die Füße zu heben. Das Atmen fiel ihr immer schwerer, während sich ihre Lunge mit Blut füllte. Doch mit jedem Schritt wurde der Geruch von feuchtem Schlamm stärker. Sie hatte es fast geschafft.

Als sie den nächsten Baumstamm passierte und sah, wie das Mondlicht am Boden dahinter reflektiert wurde, entwich Smilla ein erleichtertes Seufzen, das in einem Hustenanfall endete. Sie hielt sich die Hand vor den Mund. Blut spritzte darauf. Nein, es durfte nicht so enden.

Ein weiterer Hustenkrampf schüttelte ihren Körper. Smilla fiel auf die Knie. Blut tropfte aus ihrem Mund auf die Moorblumen am Waldboden. Ein weißer Teppich, der sich rund um den vor ihr liegenden Teich zog. Rot auf Weiß. Es erinnerte sie an die Nacht, in der sie sich der Wilden Jagd angeschlossen hatte. An das Rabenblut, das sich zu ihren Füßen im Schnee ausgebreitet hatte. An Gents Augen. So dunkel und unergründlich wie dieser Teich. So nah und doch so fern.

Auf Händen und Knien schob Smilla sich weiter. Jede Bewegung war eine Qual. Ihr Körper wollte hier liegen bleiben, inmitten dieser Blumen, so weiß wie ihr Haar einst gewesen war. Trotzdem schob sie sich weiter. Als sie vom nächsten Hustenkrampf geschüttelt wurde, fiel sie auf den Bauch. Feuchtigkeit drang durch das Leinenhemd. Einmal mehr kroch Schwärze in ihr Blickfeld. Smilla wusste, dass sie diesmal nicht zurück zum Licht finden würde, wenn sie sich von ihr übermannen ließe.

Verzweifelt streckte sie die Hände zum Wasser aus. Ihre Fingerspitzen berührten den kühlen Uferschlamm. Es roch nach Verwesung, nach Tod und Neuanfang zugleich. Der Teich war so sehr ein Grab, wie er eine Quelle des Lebens war. Sie musste Knochen finden, sie hatte keine Zeit mehr.

Smilla tauchte die Hände ins Wasser, spürte die Kraft, die darin lag. »Aus Rauch geboren, aus Asche geformt«, murmelte sie, bevor alles schwarz wurde.

* *

Als Smilla erwachte, war die Welt in silbriges Licht getaucht. Sie blinzelte gegen die plötzliche Helligkeit an, brauchte einen Moment, bis sie etwas erkennen konnte.

Der Mond lag vor ihr auf dem Boden. Rund und voll, wenn auch leicht verzerrt. Nein, das war nur eine Reflexion. Der Teich. Smilla lag noch immer an dessen Ufer.

Ihr Körper fühlte sich fremd an. Als steckte sie in der

Haut einer anderen Person. Die Hände hatte sie noch vor sich ausgestreckt, die Finger ins Wasser getaucht. Doch was war das? Unter ihren Fingerspitzen spürte sie etwas Hartes.

Als Smilla den Kopf hob, entdeckte sie Knochen. So viele Knochen. Von Fischen und Kröten, Fröschen und Molchen. Sie lagen zu einem Muster angeordnet um ihre Hände. Halb im Wasser, halb im Schlamm verborgen. Ihr entwich ein erstaunter Laut. Vorsichtig setzte sie sich auf und schlug die Hand vor den Mund. Sie saß in einem Kreis aus Knochen. Eine Opfergabe an die Götter, um sie zu retten? Doch von wem?

Eilig sah sich Smilla in alle Richtungen um, konnte jedoch niemanden entdecken. »Ist da jemand?«, flüsterte sie in die Nacht.

Nicht weit entfernt raschelte es im Unterholz. Leises Lachen drang an ihre Ohren. Winzige Wesen verschwanden unter einem umgestürzten Baumstamm.

Tränen traten Smilla in die Augen. Tief sog sie Luft in ihre Lunge, konnte endlich wieder schmerzfrei atmen. In stillem Dank legte sie eine Hand aufs Herz. Die Bewohner des Waldes hatten sie gerettet. Ungläubig schüttelte sie den Kopf. Da rieselten ihr einige Ascheflocken in den Schoß. Verwundert hob Smilla sie auf, um sie zu begutachten. Dabei fiel ihr auf, dass sich auch Aschereste in den feinen Härchen an ihren Unterarmen verfangen hatten. Was war mit ihr geschehen?

Smilla rückte näher an den Teich heran und beugte sich über die unbewegte Oberfläche. Beinahe wäre sie vor ihrem eigenen Spiegelbild zurückgezuckt. Ihr Haar war weiß. Knochenweiß. Zwischen den langen Strähnen und in ihren Brauen hingen graue Flocken. Als wäre ihr Körper zu Asche zerfallen und hätte sich neu zusammengesetzt. Sie fühlte sich stark und gleichzeitig leicht. Geheilt und wiederhergestellt. Wie ein Kelch, der bis zum Rand mit der Kraft der Natur gefüllt war.

Smilla konnte sich nicht von dem Anblick losreißen. Sie strich sich durchs Haar, genoss es, wie die weißen Strähnen seidig weich durch ihre Finger glitten. Endlich war sie wieder sie selbst. Doch ihre natürliche Haarfarbe brachte auch die Erinnerungen an ihr altes Leben zurück – und den Schmerz.

Einmal mehr sah Smilla das Gesicht ihrer Mutter vor sich. Das Haar ebenso weiß wie ihres, die Augen vor Konzentration verengt, während sie Smilla ihren ersten Zauber beibrachte. »*Unsere Magie stammt aus der Natur selbst. Um sie zu wirken, müssen wir immer etwas zurückgeben, denn wir leihen uns ihre Kraft nur.*« Sie lächelte Smilla liebevoll an. *»Du musst die Worte im richtigen Moment aussprechen, um dir die Kraft des verstorbenen Tiers zu eigen zu machen. Spürst du, wie seine Lebensessenz in dich hineinfließt? Ja? Dann vergiss nicht, ihm für sein Opfer zu danken.*«

»Asche zu Asche. Ich danke euch für euer Opfer«, flüsterte Smilla mit erstickter Stimme. Als ihre Kehle eng wurde, fuhr sie mit der Hand durchs Wasser, um das Spiegelbild zu verzerren. Nie wieder würde sie die Stimme ihrer Mutter hören. Nie wieder spüren, wie sich ihre Arme liebevoll um sie legten, oder sehen, wie ihre Augen funkelten, während sie Magie wirkte. Es war reine Zeitverschwendung, sich in Erinnerungen zu verlieren. Nur ein Weg würde ihr Frieden bringen. Sie hatte den Pfad der Rache beschritten und würde nicht eher ruhen, bis sie ihr Ziel erreicht hatte.

Ein Rascheln ließ Smilla aufschrecken. Wachsam sah sie sich um. Es war an der Zeit, wieder in ihre Rolle zu schlüpfen. Die Vergangenheit tief in sich zu vergraben. Und zu den anderen zurückzukehren. Ihr Geheimnis durfte nicht auffliegen. Vor allem jetzt nicht, da sie dem Hexenschlächter endlich auf der Spur war.

Smilla schloss die Hand um einen der Knochen zu ihren Füßen. Magie schoss in ihre Finger, viel schneller als sonst. Ungeduldig pulsierte sie in ihr, bereit, freigesetzt zu werden. Smilla schaute wieder in den Teich, sah ihrem Spiegelbild fest in die Augen. Sie gönnte sich einen letzten Blick auf ihre weißen Haare, dann hob sie die Hand über den Kopf. »Asche zu Asche.«

Der Knochen zerfiel zu grauem Puder, das sie sich übers Haar streute. Dort, wo die Asche die weißen Strähnen berührte, verfärbten sie sich. Vom Ansatz bis zu den Spitzen wurden sie immer dunkler, bis Smillas Haar schließlich so schwarz war wie zuvor. An den Anblick würde sie sich niemals gewöhnen.

»Ich danke dir für dein Opfer«, murmelte sie und wandte sich rasch ab, um sich zu erheben. Es gelang ihr mühelos. Sie fühlte sich so stark wie lange nicht mehr. Doch dann erinnerte sie sich daran, dass die anderen sie zum letzten Mal schwach und an der Schwelle zum Tod gesehen hatten. Sie würden misstrauisch werden, wenn Smilla plötzlich vollkommen wiederhergestellt war. Vor allem Leif. Wenn er die Nacht überlebte.

Smilla sammelte so viele Knochen ein, wie sie unbemerkt bei sich tragen konnte. Sie versteckte sie neben dem Messer in ihren Stiefeln und in den Hosentaschen. Wie ihre alte Tunika besaß auch das neue Leinenhemd eine eingenähte Brusttasche, in der sie die kleinsten Knochen verstaute. Langsam begann Smilla in dem dünnen Stoff zu frösteln. Trotzdem war sie froh, dass jemand es ihr gegeben hatte. Das alte blutbesudelte und zerrissene Wams würde sie nicht mehr tragen können.

Sie rieb sich über die Arme und warf einen letzten Blick

zu der Stelle, an der das Kleine Volk unter dem Baumstamm verschwunden war. Zum Dank neigte sie den Kopf und glaubte, leises Kichern zu vernehmen. Dann wandte sie sich ab, sackte ein wenig in sich zusammen und presste sich eine Hand auf die Wunde, von der nichts als Brandnarben übrig geblieben waren. Trotz ihrer neu gewonnenen Stärke musste sie weiterhin die Rolle einer Verletzten spielen. Nach einem letzten Blick zum Teich machte sie sich humpelnd auf den Weg zurück zum Lager.

KAPITEL 25
GENT

Missmutig stapfte Gent durch den Wald. Selbst in der ihn umgebenden Stille konnte er keine Ruhe finden. Nicht nach allem, was passiert war.

Seine Gedanken drehten sich im Kreis. Schuldgefühle drohten, ihn zu übermannen. Hätte er die anderen nicht auf die Ebene hinausgeführt, wären sie nicht erneut angegriffen worden. Dann lägen Smilla und Leif nun nicht im Sterben. Und er würde nicht wie der Narr höchstpersönlich durch die Dunkelheit stolpern und sich Vorwürfe machen.

Er rieb sich über den schmerzenden Nacken und versuchte, tief durchzuatmen, doch es wollte ihm nicht gelingen. Zu schwer lastete das Gewicht der Verantwortung auf ihm. Gleichzeitig konnte er sich nicht des Verdachts erwehren, dass etwas nicht stimmte. Zwei Walkürenangriffe in zwei Wochen – das war mehr als ungewöhnlich. Die geflügelten Bestien zogen meist schnell weiter, blieben nie lange am selben Ort. Immer auf der Suche nach frischer Beute. Dabei schienen sie jeden anzugreifen, der ihnen über den Weg lief, und willkürlich zu töten.

Bisher hatte niemand herausgefunden, was mit den einst von den Menschen verehrten Wesen passiert war. Warum sie sich gegen die Schöpfung ihrer eigenen Herren gewandt hatten. Doch den Gerüchten zufolge waren sie sogar gegen die Götter ins Feld gezogen. Zwar glaubte Gent nicht an die Leuchtenden, verstand aber, warum die Walküren sich gegen sie wenden würden, sollte es sie geben. Wer wollte schon allmächtigen Geschöpfen dienen, die die Geschicke aller Lebewesen Middangards lenkten? Tagein, tagaus die toten Krieger von den Schlachtfeldern in ihre Hallen führen? Doch es erklärte nicht, warum die Walküren nun seit Monaten wie hasserfüllte Furien durch Middangard streiften und alles töteten, was sie in die Finger bekamen. Und auch nicht, warum sie es in letzter Zeit besonders auf Gents Truppe abgesehen zu haben schienen. Beinahe war es, als würden sie die Wilde Jagd verfolgen.

Gent lachte laut auf. Langsam verlor er den Verstand. Er sollte zum Lager zurückkehren und nach den beiden Verletzten sehen. Und dann musste er sich überlegen, wie er die Truppe unbeschadet durch den *Skog* führen sollte. Denn aufgrund der gegebenen Umstände war klar, dass sie nicht unter offenem Himmel weiterziehen konnten.

Gents oberstes Gebot war es, seine Truppe keinen unnötigen Gefahren auszusetzen. Die Reise durch den Wald war zwar ein Umweg und barg ihre eigenen Gefahren, aber das würden sie in Kauf nehmen müssen. Mit zwei verletzten Personen und einem verletzten Pferd würden sie sowieso nicht besonders schnell vorankommen. Falls alle die Nacht überlebten …

Ein Rascheln ertönte, laut in der nächtlichen Stille. Gent zögerte keinen Moment. Er hechtete zur Seite und presste sich mit dem Rücken an einen breiten Baumstamm. Wie von selbst wanderte seine rechte Hand zu seinem Rücken. Doch die Finger tasteten ins Leere. Seine Axt lag im Lager. Er verfluchte sich dafür, in seinem aufgewühlten Zustand keine Waffen mitgenommen zu haben.

Vorsichtig spähte er am Stamm vorbei. Schritte näherten sich ihm von links. Schleppende Schritte. Und sie bewegten sich in Richtung des Lagers.

Gent ballte die Fäuste. Eine weitere Gefahr an diesem

nicht enden wollenden Tag. Sein Blick schoss in die Richtung, in der sich das Lager hinter einigen Bäumen und Sträuchern befand. Die anderen waren zwar in Rufweite, verdienten aber eine ruhige Nacht. Alle mussten sich von dem Walkürenangriff erholen, von den beiden Verletzten ganz zu schweigen. Er würde das Lager beschützen, ohne die anderen zu wecken. Niemand musste in einen neuerlichen Kampf verwickelt werden. Gent hoffte nur, dass er sich nicht klingenlos einem Waldtroll oder, schlimmer noch, einer Donnersau gegenübersehen würde.

Die Schritte kamen immer näher. Gent drückte sich dichter an den Stamm. Das Herz trommelte ihm in der Brust und ihm fiel auf, dass er sich freute. Ein ordentlicher Kampf kam ihm gerade recht. Vor allem, da niemand in der Nähe war. Kein Publikum. Er musste sich nicht zurückhalten, konnte all die Wut und Sorge, die sich in ihm aufstauten, herauslassen.

Mit angehaltenem Atem lauschte er in die Dunkelheit. Die Kreatur war jetzt ganz nah. Während sie sein Versteck passierte, drehte er sich hinter dem Baumstamm. Als sie fast an ihm vorbei war, sprang er ihr mit erhobenen Fäusten in den Weg.

Das Wesen erstarrte. Gent machte sich zum Schlag bereit. In der Dunkelheit konnte er kaum etwas erkennen. Nur eine schmale Silhouette, ein wenig kleiner als er. Moment mal. Das war keine Kreatur, sondern … ein Mensch?

Vor Verwunderung ließ Gent die Hände sinken. Da krachte eine Faust auf sein Kinn. Sein Kopf wurde herumgeschleudert, der Kiefer knirschte. Weiße Punkte explodierten vor seinen Augen.

»Was zum …?« Gent duckte sich unter dem nächsten Schlag weg. Er konnte nur verschwommen sehen, taumelte rückwärts, um sich etwas Zeit zu verschaffen. Unerbittlich schlug sein Gegner auf ihn ein, trieb ihn vor sich her.

Gent blockte einen Tritt mit dem Unterarm ab. Er wollte nicht zuschlagen, wollte die Person nicht ernsthaft verletzen. Doch als er einem gut platzierten Schlag auf die Nieren nur knapp entging, stieg Wut in ihm auf. Wer stolperte mitten in der Nacht durch diesen Wald und verabreichte dem Anführer der Wilden Jagd eine Tracht Prügel? Das konnte er nicht auf sich sitzen lassen.

Gent schüttelte den Kopf, um seine Sicht zu klären. Dann deutete er einen Kinnhaken an und rollte sich über die Schulter ab, um sich in eine bessere Position zu bringen. Kaum war er auf die Beine gekommen, wurde er von einem Tritt in den Magen zurückgeschleudert. Gent flog durch die Luft und schlug hart mit dem Rücken auf. Nun hatte er endgültig genug.

Als er sich aufrappeln wollte, wurde er vom Mondlicht geblendet. Über ihm ragten plötzlich keine Bäume mehr auf. Eine Lichtung! Gent blinzelte, seine verschwommene Sicht half ihm kaum, sich zu orientieren.

Im nächsten Moment sprang die Gestalt auf ihn. Mit einer fließenden Bewegung zog sie ein Messer aus ihrem Stiefel und hielt es ihm an die Kehle.

Gent erstarrte, als die Klinge seine Haut küsste. »Das würde ich an deiner Stelle nicht tun«, knurrte er. Langes schwarzes Haar fiel ihm ins Gesicht. Die Gestalt beugte sich über ihn, verdeckte das Mondlicht. In diesem Moment klärte sich Gents Sicht endlich. Er sah blasse Haut – und gletscherblaue Augen.

»Smilla?« Er klang so verblüfft, dass er beinahe über sich selbst gelacht hätte.

»Gent?« Schwer atmend blickte sie ihn aus diesen Augen an, die er überall wiedererkannt hätte. Nur offenbar nicht mitten in der Nacht in einem götterverlassenen Wald.

Sie nahm das Messer von seiner Kehle, starrte ihn jedoch

unentwegt an. Ihre Nase war nur zwei Fingerbreit von seiner entfernt. Ihr Haar umgab sie beide wie ein Vorhang, der sie von der Außenwelt abschirmte. Die Spitzen kitzelten Gents Wangen. Ihr Duft stieg ihm in die Nase. Nach Frost und Moos und Mondlicht.

Da wurde ihm erst bewusst, dass sie mit gespreizten Beinen auf seiner Brust saß. Sein Körper reagierte unmissverständlich auf die plötzliche Nähe. Er schluckte, räusperte sich. Smilla schien im selben Moment zu begreifen, dass sie drauf und dran war, ihrem Befehlshaber die Kehle durchzuschneiden. »Ich, äh, ich sollte wohl …«

»Tu dir keinen Zwang an.« Er warf ihr einen spöttischen Blick zu. Viel verwegener, als er sich fühlte.

Sie rutschte ein wenig zurück, was noch schlimmer war, da sie seinem Schritt gefährlich nahe kam. Doch kurz bevor die Situation unfreiwillig noch intimer werden konnte, schwang Smilla ein Bein über seinen Oberkörper und stand mit einer fließenden Bewegung auf. Gent gab sich größte Mühe, dabei nicht ihren Hintern in der engen Lederhose zu bewundern.

Sie drehte sich zu ihm um und reichte ihm eine Hand, wie in der Nacht, in der sie mit der Quelljungfer verhandelt hatte. Und ebenfalls wie in jener Nacht, starrte Gent einen Moment reglos darauf. Als er schließlich seine Finger in ihre schob, sandte die Berührung ein Kribbeln durch seinen Körper.

Smilla zog ihn so ruckartig auf die Beine, dass er vorwärts taumelte. Sie hob beide Hände, wie um ihn abzuwehren. Er fing sich gerade noch, bevor er gegen sie krachte, doch sie legte trotzdem beide Handflächen auf seine Brust.

Dort lagen sie, wie an dem Morgen, als sie in seinen Armen aufgewacht war – als würden sie dorthin gehören. Einen Atemzug lang, dann noch einen. Gents Brust hob und senkte sich viel zu schnell, während er auf Smilla herabblickte, die durch ihre Wimpern zu ihm aufspähte. Durch das Mondlicht wirkten ihre Züge weicher als sonst, ihre Augen wie zwei tiefe dunkle Seen.

»Ich, äh, es tut mir leid.« Mit einer Hand strich sie sich ein paar Strähnen hinters Ohr. Die andere verharrte weiterhin auf seiner Brust.

»Dass du mich mitten in der Nacht angegriffen hast oder dass du mir beinahe die Kehle durchgeschnitten hättest?«

Ihre Mundwinkel zuckten. »Streng genommen hast *du mich* angegriffen.«

Er schnaubte. »Wenn ich dich wirklich hätte angreifen wollen, wärst du jetzt tot.« Im selben Moment durchfuhr es ihn wie ein Schock. »Deine Wunde!« Sein Blick huschte zu ihrer Schulter, die von dem Leinenhemd verdeckt wurde. *Seinem* Leinenhemd. »Wie hast du es überhaupt geschafft, dich in deinem Zustand vom Lager zu entfernen und … *so* mit mir zu kämpfen?« Bewunderung schwang in seiner Stimme mit, obwohl er sich sonst nie zu derartigen Gefühlausbrüchen hinreißen ließ. Es war ihm egal. Denn in diesem Moment überkam ihn das schlechte Gewissen so heftig, dass er Smilla beinahe eine Hand an die Wange gelegt hätte, um sich zu vergewissern, dass es ihr gut ging.

Sie hatte recht. *Er* hatte *sie* angegriffen. Dabei war sie bereits verwundet. »Habe ich dir wehgetan?«, fragte er mit rauer Stimme, die schon wieder viel zu viel von seinen Gefühlen preisgab.

Smilla senkte den Blick. Wie von selbst fuhr ihre Hand zu der Wunde an ihrer Schulter, die unter dem Leinenstoff verborgen war. »Nein, nein, ich … Es geht mir schon viel besser.«

»Aber wie …?«

Ihre Finger zitterten auf seiner Brust. Sie musste sich dringend setzen. Gent wartete keine Antwort ab, packte ihre Hand und zog sie mit sich zu Boden. Die Feuchtigkeit, die durch das weiche Moos in seine Hose drang, spürte er kaum. Denn er sah wieder Smilla vor sich, wie sie von der Walküre gepackt und vom Pferd gerissen wurde. Wie sich die Krallen in ihre Schulter bohrten. Und wie sie leblos aus großer Höhe in seine Arme gefallen war. Den ganzen Abend hatte er sich um sie gesorgt und nun saß sie hier neben ihm im Mondlicht auf dieser Lichtung und mied seinen Blick. Ihre Hand lag weiterhin auf der Stelle an ihrer Schulter, an der die Walkürenklauen in ihre Haut gedrungen waren. Sie hatte geschrien, als Jofur die Wunden mit dem Brenneisen verschlossen hatte. Der Schrei hallte jetzt noch in Gents Ohren nach.

»Die Wunde heilt gut«, murmelte Smilla. »Ansonsten habe ich nur ein paar Prellungen von dem Sturz. Jofur hat ganze Arbeit geleistet.« Sie entzog ihm ihre andere Hand. Gent hatte gar nicht bemerkt, dass er sie weiterhin festgehalten hatte. Die plötzliche Abwesenheit ihrer warmen Haut an seiner jagte ihm einen Schauer über den Rücken. Ihm fiel auf, dass auch Smilla am ganzen Körper zitterte. Vor Schmerz? Oder vor Kälte?

Er widerstand dem Drang, ihr einen Arm um die Schultern zu legen. »Komm, ich bringe dich zurück zum Lager.«

»Nein.« Sie hob den Kopf, sah ihn an. Ihr Blick war so intensiv, dass es ihm den Atem raubte. Er hatte geglaubt, womöglich nie wieder ihre Stimme zu hören. Oder in ihre Augen zu blicken. Und nun sah sie ihn *so* an. War ihm *so* nahe.

»Ich würde gern noch ein bisschen hierbleiben.« Sie biss sich auf die Unterlippe, als wollte sie die nächsten Worte davon abhalten, ihren Mund zu verlassen. »Mit dir.«

KAPITEL 26
SMILLA

»Ich würde gern noch ein bisschen hierbleiben. Mit dir.« Smilla zitterte am ganzen Körper. Gent hatte sie entdeckt. Er hatte sie angegriffen. Und sie hatte ihm ein Messer an die Kehle gesetzt. Wenn sie verhindern wollte, dass ihr Geheimnis jeden Moment aufflog, musste sie sich dringend etwas einfallen lassen.

Doch zu allem Überfluss waren ihre Worte wahr. Sie wollte tatsächlich hier bleiben. Auf dieser Lichtung. Mit ihm. Nicht nur, um ihn und die anderen davon abzulenken, weitere Fragen zu ihrem Gesundheitszustand stellen. Oder weil er ihr auf der Ebene das Leben gerettet hatte. Sondern weil sie Gents Nähe genoss. Bis jetzt hatte sie es sich nicht eingestanden, doch diese Nacht hatte ihre Perspektive auf so einige Dinge verändert.

Gent sah sie an, als wäre sie so zerbrechlich, dass der nächste Windhauch sie mit sich forttragen könnte. Und das, obwohl sie ihn gerade im Kampf überwältigt hatte. Die Erinnerung an seinen intensiven Blick, als sie ihm so nahegekommen war wie noch nie, ließ sie schaudern. Doch wie sollte sie ihm erklären, wie sie es mit einer tödlichen Verletzung geschafft hatte, ihn zu Boden zu befördern? Als sie ihn nun ansah, war sein Mund leicht geöffnet, als könnte er nicht glauben, dass sie die Worte gerade wirklich laut ausgesprochen hatte.

»Um mich auszuruhen, meine ich«, fügte sie eilig hinzu.

Gent zuckte zusammen, als würde er aus einem Traum erwachen. »Natürlich«, murmelte er.

Stille senkte sich über sie beide wie Schneefall in einer Winternacht. Eine Stille voller unausgesprochener Fragen, voller Möglichkeiten. Doch Smilla konnte an nichts anderes denken als daran, dass Gent jeden Moment misstrauisch werden und sie zur Rede stellen könnte.

»Was hattest *du* überhaupt mitten in der Nacht hier draußen zu suchen?«, fragte sie, bevor er ihr dieselbe Frage stellen konnte.

»Ich …« Gent rieb sich über den Nacken. »Ich habe eine Runde gedreht. Wollte die Umgebung sichern. In diesem Wald lauern Monster, die den Walküren in nichts nachstehen.«

Da war er wieder, Gents enormer Respekt vor dem Übernatürlichen. Wie in der Nacht, als sie die Quelljungfer getroffen hatten. Er wusste ihn gut zu verbergen, indem er abfällige Bezeichnungen wie *Monster* benutzte, doch Smilla durchschaute ihn. In ihren Augen machte ihn dieser Charakterzug nahbarer. Der große düstere Fürst der Unterwelt, der tödliche Kreaturen schlachtete, sich aber vor einer Quelljungfer in Acht nahm.

Smilla musste ein Lächeln unterdrücken, als sie an die kleinen Waldbewohner dachte, die ihr das Leben gerettet hatten. Wie hätte Gent wohl auf sie reagiert? Und würde er sie, Smilla, mit anderen Augen sehen, hätte er sie am Teich mit ihrer natürlichen Haarfarbe erwischt? Würde er sie ebenfalls fürchten? Sie jagen und verurteilen, wie es so viele Menschen in Middangard mit Hexen taten?

Die Vorstellung, dass Gent sie plötzlich mit anderen Augen sehen könnte, versetzte Smilla einen Stich. Sie wünschte sich, er würde sie immer so ansehen wie in diesem Moment. Die harten Linien seines Gesichts waren im Mondlicht so viel weicher. Er wirkte entrückt, beinahe, als wäre er selbst ein übernatürliches Wesen. Und wenn sie so darüber nach-

dachte, war dieser Gedanke gar nicht mal so abwegig. Im Kampf war er unglaublich schnell und stark. Das Langhaus in Tørrheim war erzittert, als er darauf eingeschlagen hatte. In dieser Nacht hatte er sich beinahe lautlos durch den Wald bewegt. Furchtlos war er den Walküren entgegengeritten, um Smilla zu retten. Kaum ein Mensch hätte eine solche Begegnung überlebt. War es möglich …? Sie konnte es unmöglich mit Sicherheit sagen.

Fest stand jedenfalls, dass Gent trotz allem, was sie in den letzten Wochen gemeinsam durchgemacht hatten, nun hier vor ihr saß und sie so ansah, wie er sie noch nie angesehen hatte. Lag es nur daran, dass er sich aufgrund ihrer Verletzung Sorgen um sie gemacht hatte? Dass er das neuste Mitglied der Wilden Jagd nicht so schnell wieder verlieren wollte?

Smilla hatte keine Antwort auf diese Fragen. Mit Sicherheit konnte sie nur sagen, dass er ihr gerade nicht die ganze Wahrheit verraten hatte. Doch sie würde nicht weiter nachhaken. Sie konnte sich glücklich schätzen, wenn er ihr seinerseits keine weiteren Fragen stellte.

Um ihren inneren Aufruhr zu überspielen, vergrub sie die Hände im Moos. Gents Blick folgte ihrer Bewegung. Besorgt zog er die Brauen zusammen. »Hast du noch Schmerzen?«

Smilla zögerte. Sie wollte ihn nicht anlügen. Kurz war sie versucht, ihm von ihrer Begegnung am Teich zu erzählen, überlegte es sich jedoch im letzten Moment anders. Um ihr Ziel zu erreichen, hatte sie schon Schlimmeres getan, als ihren Befehlshaber anzulügen. Es wäre schlauer, ihre Identität weiterhin geheim zu halten, egal, wie viel sie ihm bereits über sich und ihre Vergangenheit verraten hatte.

»Ja.« Sie hielt seinem Blick stand, während sie die Lüge aussprach. »Es wird noch eine Weile dauern, bis alles verheilt ist. Wenigstens habe ich keine inneren Verletzungen davongetragen.«

»Aber du hast viel Blut verloren.« Er hob eine Hand, zögerte jedoch. »Darf ich?«

Sie nickte. So sanft, wie sie es Gent niemals zugetraut hätte, fuhr er mit den Fingern ihr Schlüsselbein entlang und unter ihren Hemdkragen. Vorsichtig schob er ihr den Stoff über die Schulter, um ihre Verletzung freizulegen.

Die kalte Nachtluft küsste Smillas nackte Haut, doch Gents Finger hatten eine heiße Spur darauf hinterlassen, die sie von innen wärmte. Sie schauderte erneut. Gent musste ihre Gänsehaut unter seinen Fingerspitzen fühlen, sagte jedoch nichts. Er verengte die Augen, während er ihre Brandnarben betrachtete.

Smilla wünschte, sie könnte seine Gedanken lesen, hinter die abgeklärte Fassade blicken, die er der Welt präsentierte. »Siehst du?«, murmelte sie. »Jofur hat alle Wunden geschlossen. In ein paar Tagen bin ich wiederhergestellt.«

Gent runzelte die Stirn, als könnte er es nicht fassen. Als müsste sie jetzt eigentlich tot sein. Das Wissen, ihm nicht die Wahrheit sagen zu können, ließ Smillas Brust eng werden. Sie glaubte, er würde jeden Moment weitere Fragen stellen, und wappnete sich innerlich. Doch nachdem er ihr noch eine Weile forschend in die Augen gesehen hatte, nickte er schließlich. »Deine ersten Narben im Kampf an unserer Seite.« Sorgfältig bedeckte er ihre Blöße wieder. »Jetzt *müssen* dich die anderen als vollwertiges Mitglied der Wilden Jagd akzeptieren.«

Smilla verkniff sich ein Lächeln. »Und du? Warum hast du schon beim letzten Mal dafür gestimmt, mich bei euch aufzunehmen?«

Er wich ihrem Blick aus, entwickelte plötzlich enormes Interesse an einem losen Faden an seiner Tunika. »Weil du es dir verdient hast«, antwortete er ausweichend.

»Das will ich wohl meinen. Immerhin habe ich dir das Leben gerettet.«

Nun bohrte sich sein Blick wieder in ihren. »Und ich dir.«

»Dafür habe ich dir wohl noch nicht gedankt, was?«

Er lächelte schief. »Musst du nicht. Jetzt sind wir quitt.«

Irgendwie stimmte sie das traurig. Nicht nur, weil es praktisch war, dass er bisher in ihrer Schuld gestanden hatte, sondern auch, weil sie diese Verbindung zu ihm nicht verlieren wollte.

»Wer weiß, was noch kommt«, scherzte sie. »Schon morgen könntest du in eine Koboldgrube fallen oder von einem Lindwurm entführt werden. Dann werde ich zur Stelle sein.«

Gent lachte leise. Es klang rau, ein warmes Vibrieren tief aus seiner Brust. So neu und … intim. Überrascht musterte Smilla ihn. Schon seit einiger Zeit fragte sie sich, wie sich sein Lachen wohl anhörte. Jetzt wusste sie es. Der Gedanke trieb ihr die Hitze in die Wangen.

Auch Gent wirkte leicht verlegen. Er schob einige Haarsträhnen zurück in den Knoten an seinem Hinterkopf und mied ihren Blick. »Wenn das so ist, bin ich doppelt froh, für deine Aufnahme gestimmt zu haben. Aber vielleicht bin *ich* es ja wieder, der *dich* das nächste Mal retten muss.« Plötzlich riss er die dunklen Augen auf, als käme ihm eine Idee.

»Warte mal einen Moment.« Er sprang auf und lief zu den nahen Bäumen. Scheinbar mühelos brach er einen robusten Ast ab und befreite ihn von Zweigen. Als er zu Smilla zurückkam, stützte er sich beim Gehen darauf wie auf einen Wanderstab und nickte dann zufrieden. »Gib mir dein Messer.« Misstrauisch blickte sie zu ihm auf. »Gib es mir einfach. Du wirst schon sehen.« Ein Lächeln umspielte seine Lippen. Nicht düster oder sarkastisch wie sonst, sondern echt. Auch das sah Smilla zum ersten Mal.

Zögernd reichte sie ihm das Messer mit dem Heft voran. Gent setzte sich neben sie und schnitzte ein Symbol in den oberen Teil des Stabs. Darunter schlug er eine Kerbe ins Holz. Dann drehte er den Stock herum und schnitzte ein weiteres Symbol gefolgt von einer Kerbe auf die entgegengesetzte Seite, bevor er ihr das Messer zurückgab.

Er drehte den Stab hin und her, um ihr sein Werk zu präsentieren. »Das ist deine Seite, die andere ist meine. Eine Kerbe steht für ein gerettetes Leben. So haben wir immer einen Überblick, wer gerade vorne liegt. Ich werde selbstverständlich bald in Führung gehen.«

»Träum weiter.« Smilla schnaubte, nahm ihm den Stock jedoch aus der Hand und fuhr mit den Fingerspitzen über die eingeschnitzten Symbole. »Eine Axt«, murmelte sie. »Und eine … Schneeflocke?« Entrüstet sah sie ihn an. »Warum ist dein Symbol eine Waffe und meins bloß Schnee?«

»Weil du wie der Winter bist«, antwortete Gent, ohne zu zögern und plötzlich wieder sehr ernst.

Sie lachte. »Du meinst frostig und unerbittlich?«

»Nein.« Gent sah sie so eindringlich an, dass sie sich unwillkürlich zu ihm vorbeugte. Auch er schien ihr entgegenzukommen, bis sie seinen warmen Atem auf ihren Lippen spürte.

»Was dann?«, hauchte sie.

Sein Blick wanderte zu ihrem Mund. Ganz kurz nur, doch sie ertappte sich dabei, wie sie sich wünschte, er würde die letzte Distanz zwischen ihren Lippen überbrücken.

»Gefährlich und wunderschön zugleich.«

Smilla stockte der Atem. Es war, als hätten seine Worte eine Lawine in ihr losgetreten. Sie ließ sich von dem Sog davontragen. Mit dem Herz voran stürzte sie Gent entgegen, während ihr Verstand auf dem Weg verloren ging.

Sie brachte ihr Gesicht noch näher an seins.

Seine Lippen öffneten sich für ihre.

Da hallte ein lauter Ruf durch die Bäume. »Gent!«

Sie fuhren auseinander.

»Gent, komm schnell! Leif ist aufgewacht!«

Die beiden sahen sich einen verdutzten Moment lang an. Dann sprangen sie auf und rannten los.

KAPITEL 27
GENT

Gent rannte so schnell durch den Wald, dass er Smilla weit hinter sich zurückließ. In diesem Moment war es ihm mehr als recht. Er brauchte dringend Abstand zu ihr, nachdem sie sich gerade so nahegekommen waren. Viel zu nahe. Doch er war so erleichtert gewesen, zu sehen, dass es ihr besser ging. Sie hatten zusammen gescherzt. Gelacht. Sein Herz hatte sich zum ersten Mal seit Langem nicht mehr ganz so schwer angefühlt wie sonst und … Schluss mit den Ausreden! Es durfte nicht wieder passieren.

Gent sprang über ein Dornengestrüpp und landete mitten im Lager. Vier Köpfe drehten sich ihm zu. Alle waren wach, obwohl die Morgendämmerung noch nicht eingesetzt hatte. Frigga und Jofur knieten neben Leif, während Andórr das Feuer schürte und Óinn frische Verbände vorbereitete.

»Wie geht es ihm?« Mit einem weiteren Satz war Gent an Leifs Seite. Gerade rieb Jofur dessen Kopfwunde mit einer übel riechenden Salbe ein.

Als Gent sich über ihn beugte, blinzelte Leif zu ihm auf. Sein Gesicht war schweißüberströmt, die Pupillen geweitet, doch er lächelte matt. »Schön, dass du uns mit deiner Anwesenheit beehrst«, brachte er stockend hervor.

Gents Herz krampfte sich bei seinem Anblick zusammen, doch es war ein gutes Zeichen, dass Leif schon wieder scherzen konnte. Rasch schluckte er den Kloß in seinem Hals herunter, bevor er antwortete. »Da bin ich mal kurz weg und du bringst das ganze Lager in Aufruhr.«

»Du kannst es nur nicht ertragen, dass du mal nicht im Mittelpunkt stehst.« Leifs Stimme brach beim letzten Wort und er hustete schwach. Frigga hob ihm einen Becher an die Lippen. Er trank gierig.

»Wie steht es um ihn?«, wandte sich Gent an Jofur. Während er ihm erklärte, dass Leif immer noch in Lebensgefahr schwebte und viele Tage Ruhe brauchen würde, traf Smilla im Lager ein. Aus dem Augenwinkel sah Gent, wie sie sich erschöpf mit dem Rücken an einen Baumstamm lehnte und schwer auf den Stab stützte. Den Stab mit den Kerben, den er ihr vor wenigen Minuten geschenkt hatte. Ein Leben für ein Leben. Eine weitere Sache, die sie nun unwiderruflich miteinander verband.

Gent widerstand dem Drang, den Kopf zu drehen, um Smilla anzusehen. Ihr seine Hilfe anzubieten. Das übernahmen sowieso bereits Óinn und Andórr. Sie geleiteten Smilla zum Feuer, wo sie sich dankend setzte und einen Becher Tee entgegennahm.

Gent drehte ihr den Rücken zu. Er musste sich jetzt ganz auf Leif konzentrieren. Doch das war nicht leicht, solange Smillas Stimme zu ihm herüberwehte. Diese Stimme, die vorhin auf der Lichtung so anders geklungen hatte. Weicher und persönlicher. Er hatte sie in den letzten Tagen zum ersten Mal verletzlich erlebt. Und obwohl es ihm eine gewaltige Angst eingejagt hatte, sie leblos in seinen Armen liegen zu sehen, gefiel es ihm, neue Seiten an Smilla zu entdecken. Einen Blick hinter ihre harte Schale zu werfen. Bisher hatte er nur einen kleinen Einblick erhalten. Es juckte ihn in den Fingern, mehr zu entdecken, nach und nach all ihre Schichten freizulegen, bis zu ihrem Kern vorzudringen.

Jofurs Finger, die sich bis dahin flink bewegt hatten, verharrten in der Luft. Er hatte Gent eine Frage gestellt. Gent hätte sich ohrfeigen können. Schon wieder waren seine Gedanken abgeschweift. Verflucht sei er und verflucht sei Smilla. Er musste derartige Gedanken aus seinem Kopf verbannen und Smilla behandeln wie alle anderen.

Während sie den anderen erklärte, dass es ihr besser ging, bat er Jofur zerknirscht, seine Frage zu wiederholen. Dann richtete er seine ganze Aufmerksamkeit auf Leif. Seinen ältesten Freund, der nicht so viel Glück gehabt hatte wie Smilla.

KAPITEL 28
GENT

Als lautes Gekrächze an seine Ohren drang, hob Gent den Blick. Zwei Raben jagten ein Eichhörnchen einen Baumstamm hinauf. *Was für grausame Tiere*, dachte er missmutig.

Er verfolgte die Flucht des Eichhorns bis in die Wipfel der Bäume hinauf, die Raben unerbittlich auf dessen Fersen. Als die Tiere aus seinem Blickfeld verschwanden, wandte Gent sich ab und starrte weiter in die Flammen. Die Sonne war längst aufgegangen, der Morgen weit fortgeschritten, doch im Halbdunkel des Waldes brauchten sie das Licht, ganz zu schweigen von der Wärme. Hier waren sie zwar dem beißenden Wind der Ebene nicht länger ausgesetzt, doch die Feuchtigkeit kroch unerbittlich in Stoffe und Knochen hinein.

Gents Kopf fühlte sich an, als hätte ein Bergtroll darauf herumgetrampelt. In der Nacht war er nicht dazu gekommen, sich auszuruhen und er hatte es so im Gefühl, dass er aufgrund der aufwühlenden Ereignisse der letzten Tage sowieso nicht zur Ruhe kommen würde.

So saß er also auf einem umgestürzten Baumstamm vor dem Feuer und starrte nutzlos vor sich hin. Leicht drehte er den Kopf, um seinen alten Freund zu betrachten, der nicht weit entfernt auf dem Lager aus Fellen lag. Selbst mit geschlossenen Augen sah Leif noch gepeinigt aus. Vor einiger Zeit war er wieder eingeschlafen. Er hatte einen frischen Verband um den Kopf. Seine Brust hob und senkte sich langsam, aber stetig. Die Zelte waren aufgebaut worden, doch Leif weigerte sich, in eins davon verlegt zu werden. Er wollte den Himmel sehen, hatte er gesagt. Soweit er ihn durch das Blätterdach erkennen konnte. Gent wertete das als sehr schlechtes Zeichen. Ein letztes Mal den Himmel sehen, bevor sein Freund für immer in die Dunkelheit abdriftete? Nicht mit ihm. Leif würde noch oft Gelegenheit dazu haben. An diese Hoffnung musste Gent sich klammern, wenn er nicht selbst abdriften wollte, an diesen düsteren Ort, der in seinem Kopf existierte und sein Herz vergiftete.

Gent hob den Kopf und sah sich im Lager um. Dabei vermied er es tunlichst, in Smillas Richtung zu schauen. Die anderen gingen ihren verschiedenen Aufgaben nach, waren dabei aber ungewöhnlich still. Die Stimmung war gedrückt. Alle machten sich Sorgen um Leif, auch wenn sie froh waren, dass es Smilla besser ging. Noch bewegte sie sich langsam und vorsichtig, stützte sich auf den Stock, den er ihr geschenkt hatte. Doch sie ließ es sich nicht nehmen, den anderen zur Hand zur gehen.

Gent seufzte. Der Moment, die Truppe zusammenzutrommeln und ihr weiteres Vorgehen zu besprechen, war längst überfällig. Lieber wäre er einfach zurück in den Wald gewandert, um sich abzulenken. Sich vielleicht mit ein paar Trollen zu prügeln. Doch er durfte seine Pflichten nicht vernachlässigen. Die anderen durften nicht sehen, wie nah ihm das alles ging.

Schwerfällig erhob er sich und winkte seine Truppe zu sich. »Kommt mal her. Wir müssen uns besprechen.« Er fuhr sich über das Gesicht. »Und bringt die Koboldpisse mit.«

Nachdem sich alle ums Feuer versammelt hatten, starrte Gent noch eine Weile in die Flammen. Natürlich hatte sich Smilla ihm gegenüber niedergelassen. Sie saß im Schneidersitz, den Stab hatte sie sich über die Knie gelegt. Nirgendwo ging sie mehr ohne sein Geschenk hin. Wie Gent das interpretieren sollte, wusste er nicht. Wahrscheinlich brauchte sie bloß eine Stütze, weil sie nach ihrer Verletzung noch schwach auf den Beinen war.

Missmutig hob er den Blick. Er konnte es schließlich nicht ewig vermeiden, sie anzusehen. Smilla schaute nicht schnell genug weg und so trafen sich ihre Blicke. Sie hatte ihn beobachtet. Gents Herz flatterte auf nervtötende Weise, sodass er sich am liebsten mit der Faust auf die Brust geschlagen hätte. Er atmete tief durch, um sich zu beruhigen, ließ den Blick jedoch nicht von Smilla.

Sie wirkte leicht ertappt, sah jedoch nicht weg. Über das Feuer hinweg musterten sie einander. Der warme Schein flackerte in ihren Augen. Smillas Miene war unergründlich. Doch irgendwie war ihr Blick weicher als sonst. Immer noch herausfordernd, aber auf eine ganz andere Weise. Funken stoben aus den Flammen auf und Gent konnte nicht anders, als an letzte Nacht zu denken. An ihren Atem auf seinen Lippen, ihren Duft in seiner Nase.

Da stieß Andórr ihn mit der Schulter an und riss ihn jäh aus seinen Tagträumen. »He, Gent.« Er schrak auf und wandte sich von Smilla ab. »Ob du Koboldpisse willst, habe ich gefragt.«

Einen Moment lang sah er Andórr an, ohne eine Antwort formulieren zu können. Dieser wedelte mit der Flasche vor seiner Nase herum. Wortlos nahm Gent sie ihm aus der Hand. Doch mit einem Mal glaubte er nicht mehr, dass es eine gute Idee war, sich zu betrinken. Er brauchte einen klaren Geist, wenn er sich nicht von seinem eigenen Körper hintergehen lassen wollte. Diesem Körper, der von Smilla angezogen wurde, als hätte sie einen Zauber über ihn gelegt.

Gent reichte die Flasche an Frigga weiter, die ihm einen

verblüfften Blick zuwarf. Er schüttelte nur den Kopf. Als ihr wissender Blick daraufhin zu Smilla huschte, hätte er sich am liebsten geohrfeigt.

Eilig ließ er den Blick über die versammelte Wilde Jagd schweifen. Sie hatten tiefe Ringe unter den Augen, sahen ihn jedoch gespannt an. Als hätte er alle Antworten. Als wüsste er, was das Beste für sie war. So war es bisher immer gewesen. Irgendwie war sich Gent dessen nun nicht mehr so sicher. Nicht, während Leif leblos neben ihnen lag. Seine rechte Hand. Sein Gewissen. Wer war Gent ohne ihn?

Er räusperte sich und sprach dann mit gesenkter Stimme, um Leif nicht zu wecken. »Wir werden hierbleiben«, verkündete er ohne große Umschweife. »Bis Leif sich erholt hat.« *Falls er sich erholt*, schwang unausgesprochen in seinen Worten mit.

Die anderen taten leise murmelnd ihre Zustimmung kund. Eine kurze Stille folgte, dann sprach Andórr das aus, was alle denken mussten: »Was ist mit dem Hexenschlächter?«

Gent ballte die Hände zu Fäusten. »Der götterverfluchte Schlächter ist mir verdammt noch mal scheißegal.«

Andórr hob die Hände. »Ist ja gut. Ich hab's verstanden.«

»Leifs Genesung ist von jetzt an unsere Priorität«, fügte Gent versöhnlicher hinzu. »In den nächsten Tagen wird sich sein Schicksal entscheiden. Die nächste Siedlung ist zu weit entfernt, als dass wir uns Hilfe holen könnten. Wir müssen jetzt zusammenhalten.«

»Das wissen wir«, antwortete Frigga. »Wir haben noch nie etwas anderes getan.«

Gent nickte abgehackt. »Stellt euch darauf ein, einige Tage hierzubleiben. Óinn, du bist für die Verpflegung zuständig, aber erlege nichts in unmittelbarer Nähe zum Lager. Wir wollen keine Kreaturen anlocken.«

Óinn strich liebevoll über seinen Bogen. Er sah aus, als würde er am liebsten sofort zwischen den Bäumen verschwinden. In diesem finsteren Wald zwischen all den finsteren Geschöpfen, die hier hausten, fühlte er sich doch tatsächlich wohl.

»Jofur und Frigga, ihr kümmert euch weiter um Leif. Andórr, du bist wie immer für das Feuer zuständig. Wir wechseln uns mit der Nachtwache ab, sollten aber unsere Zeit hier nutzen, neue Kräfte zu tanken. Ruht euch aus, wir werden früh genug wieder kämpfen müssen.«

Die anderen nickten stumm. Gent stemmte die Hände auf den umgestürzten Baumstamm und wollte sich erheben.

»Was ist mit mir?«

Er erstarrte mitten in der Bewegung. Smilla hatte das Wort an ihn gerichtet. Und sie klang vorwurfsvoll. Zuerst wollte er sich weigern, sie anzusehen. Sie einfach ignorieren und davonlaufen. Schließlich war *er* hier der Befehlshaber. Doch nun blickten ihn auch die anderen erwartungsvoll an.

»Du bist immer noch verletzt.« Er wandte sich ihr widerwillig zu.

»Aber nicht außer Gefecht gesetzt.« Ihr Ton war schneidend, ihr Blick feurig. So reagierte sie also darauf, von ihm ignoriert zu werden. Selbst die Flammen zischten leise auf, als würde sie sie befehligen.

Gent funkelte zurück. »Nutze die Zeit, um dich auszuruhen. So schnell wirst du nicht wieder dazu kommen.«

Smilla presste die Lippen zusammen. Am liebsten wäre er übers Feuer gesprungen, um sie zu schütteln. Sah sie denn nicht, dass er sich bloß Sorgen um sie machte? Dass er sie am liebsten vor allen Gefahren dieser Welt, am meisten aber vor ihm selbst beschützen wollte? Obwohl er spätestens nach ihrem Kampf letzte Nacht wusste, dass Smilla das auf eigene Faust konnte.

Ihr Blick bohrte sich in seinen. Einmal mehr konnte er nicht wegsehen. Plötzlich war es, als gäbe es nur sie beide. Sie beide und das Feuer, das zwischen ihnen flackerte. Nur Smillas Augen und die Herausforderung in ihrem Blick. Er wollte sie an sich ziehen, sie die Gefühle spüren lassen, die in ihm tobten. Ging es ihr ebenso?

Verflucht seien die nicht existierenden Götter dafür, dass sie sie ihm geschickt hatten. Gent wurde bewusst, dass nicht nur Smillas Blick auf ihm lag. Alle starrten ihn an. »Na schön. Tu, was du willst. Mach dich nützlich, wenn du kannst.« Gent rieb sich über das Gesicht und wedelte dann mit der Hand in der Luft herum. »Das war's. Ihr könnt gehen.«

Keine Abstimmung. Keine Proteste. Die anderen mussten spüren, dass etwas in ihm brodelte. Sie ließen ihn am Feuer zurück. Smilla warf ihm einen letzten sengenden Blick zu. Dann rammte sie den Stab in die Erde, zog sich daran hoch und wandte sich ebenfalls ab.

Mit schmerzendem Kopf sah Gent ihr hinterher. Er war müde, so müde. Und er konnte sich nicht länger belügen. Er wollte zurück auf diese Lichtung, wollte wieder mit Smilla allein sein. Nicht, weil er vergessen hatte, sie zu fragen, warum sie letzte Nacht eigentlich im Wald unterwegs gewesen war. Oder weil er sich nochmals vergewissern wollte, dass ihre Verletzung wirklich heilte. Nein, fast schon schmerzhaft fühlte sich sein Körper zu ihr hingezogen. Er wollte sie wieder berühren, ihre Haut auf seiner spüren. Ihr Lachen hören. Und er hatte das Gefühl, dass sie sich ebenfalls danach sehnte, ihm noch einmal so nahe zu kommen wie letzte Nacht. So interpretierte er zumindest ihre Blicke.

Aber vielleicht war das reines Wunschdenken. Vermutlich machte er sich bloß etwas vor. Er war an einem Punkt angekommen, an dem er überhaupt nichts mehr wusste.

KAPITEL 29
SMILLA

Smilla ließ sich auf ihr Felllager sinken. Niemand hatte es fortgeräumt, als könnte sie es jeden Moment wieder brauchen. Sie hatte ihre Rolle gut gespielt und die anderen davon überzeugt, dass es ihr besser ging, sie aber noch nicht wieder ganz auf den Beinen war. Es rührte sie, dass sich die anderen um sie sorgten, doch das bedeutete auch, dass sie Smilla ständig im Blick behielten. Nun bekam sie endlich einen Moment allein. Die anderen waren dabei, nach dem Abendessen aufzuräumen und nahmen keine Notiz von ihr.

Sie drehte ihnen den Rücken zu, als würde sie dösen. Der Haken an dieser Position war allerdings, dass Leif in ihrem Blickfeld lag. Den ganzen Tag über hatte er geschlafen. Nun setzte die Abenddämmerung ein und er war immer noch nicht wieder erwacht. Sein Atem ging flach. Seine Haut wirkte wächsern. Für niemanden wäre es eine Überraschung, wenn er die Nacht nicht überlebte.

Es wäre so einfach, ein wenig nachzuhelfen. Mit ihrem neuen Knochenvorrat könnte sie Leif in seinem geschwächten Zustand ausschalten und es wie einen natürlichen Tod aussehen lassen. Nachdem ein paar Tage verstrichen waren und die Truppe ausgiebig getrauert hatte, könnte Smilla dann nach einer neuen Abstimmung verlangen – und endlich ein vollwertiges Mitglied der Wilden Jagd werden. Vielleicht würden die anderen sie dann ernster nehmen. Sie an Entscheidungen teilhaben lassen. Es war ihre Chance, um die bisher erfolglose Suche nach dem Hexenschlächter voranzutreiben.

Verstohlen tastete Smilla nach den Knochen in der in ihrem neuen Hemd eingenähten Brusttasche, doch da hörte sie einmal mehr die Stimme ihrer Mutter in ihrem Kopf. *Wir mischen uns nicht in die Geschicke der Menschen ein, aber wenn wir helfen können, dann tun wir es. Sie mögen uns fürchten, uns verabscheuen und töten, aber das heißt nicht, dass wir zu den Monstern werden müssen, die sie in uns sehen.*

Scham überkam Smilla, heiß und prickelnd. Was würde ihre Mutter sagen, wenn sie sie jetzt sehen könnte? Drauf und dran, einen unschuldigen Mann zu ermorden, weil er ihren Zielen im Weg stand. Ihr war bewusst, wie sehr sie sich in den letzten Monaten verändert hatte. Nie wieder würde sie zu dem friedlichen Leben zurückkehren können, das sie an der Seite ihres Zirkels geführt hatte. Sie hatte schlimme Dinge getan. Dinge, die notwendig waren, um allein auf dieser grausamen Welt zu überleben. Doch das hieß nicht, dass sie all ihre Prinzipien verraten musste. Dass sie sich von Hass leiten ließ, wie die Menschen es taten.

Nachdenklich musterte sie Leif. Seine sich schwach hebende und senkende Brust. Die flatternden Lider. Sie erinnerte sich an den Schmerz und Schock in Gents Blick, als Leif vom Pferderücken gerutscht war. Er war Gents bester Freund. Würde Gent ihn verlieren, würde er sich das nie verzeihen. Und Smilla konnte es nicht ertragen, ihn leiden zu sehen. Nicht, nachdem er ihr einen Einblick in seine Vergangenheit gegeben hatte. Nachdem sie so viel von ihrem eigenen Schmerz in ihm entdeckt hatte. Den ganzen Tag über stapfte er bereits mit grimmiger Miene umher, als hinge eine dunkle Gewitterwolke über seinem Kopf. Smilla wollte ihn lächeln sehen, wie gestern Nacht. Ihm vielleicht sogar eins dieser seltenen Lachen entlocken.

Sie wunderte sich bereits nicht mehr über derartige Gedanken. Gent spukte unablässig in ihrem Kopf herum. Immer wieder trafen sich ihre Blicke, während sie Arbeiten im Lager erledigten. Sie ertappte ihn ständig dabei, wie er sie verstohlen betrachtete, und sich selbst, wie sie nach ihm Ausschau hielt, wenn er aus ihrem Blickfeld verschwand. Seit letzter Nacht war da eine neue Nähe zwischen ihnen, und Smilla verspürte den starken Drang, diese weiter zu vertiefen. Auf der Lichtung war etwas zwischen ihnen geschehen. So nahe wie ihm hatte sie sich keiner anderen Person mehr gefühlt seit …

Smilla schüttelte den Kopf, um die erneut aufsteigenden Erinnerungen an ihre Familie zu vertreiben. Sie musste sich zusammenreißen, wenn sie nicht erwischt werden wollte. Denn nun wusste sie, was zu tun war.

Sie musste Leif heilen.

* *

Nachdem die Nacht hereingebrochen und die anderen in ihren Zelten verschwunden waren, legte sich Smilla auf ihr Felllager dicht neben Leif. Andórr war zur Nachtwache abgestellt, doch sie hatte den Moment abgepasst, in dem er seine Runde ums Lager drehte und sie nicht im Blick hatte.

Verstohlen schob Smilla eine Hand in ihren Stiefel und schloss die Finger um den dort verborgenen Krötenschädel. Bei der Berührung raste das altvertraute Kribbeln bis in ihren Arm hinauf. Seit der Begegnung am Teich war sie um einiges empfänglicher für die Kraft der Knochen als zuvor.

Nach einem letzten raschen Blick über die Schulter, zog sie den Schädel aus dem Stiefel. Er war flach und oben abgerundet, sodass er sich in ihre Handfläche schmiegte. Smilla ballte die Faust darum. »Aus Rauch geboren, aus Asche geformt«, flüsterte sie.

Die Welt verblasste. Ein dumpfes Pulsieren entstand in ihrer Brust, während die Lebensessenz der Kröte aus dem Schädel wich und in Smillas Haut sank. Kribbelnd ballte sie sich in ihrer Hand. Ihre eigenen Knochen schienen sich auszudehnen, bis ihre Haut zum Zerreißen gespannt war. Ihr ganzer Körper bebte und summte, wartete gespannt darauf, was sie mit dieser neuen Kraft anstellen würde.

Smilla wagte es nicht, die Augen zu schließen. Stattdessen konzentrierte sie sich ganz auf Leifs blasses Gesicht, das halb vom Bart verdeckt wurde. Sie schickte ein lautloses Gebet an die Göttin, mit der Bitte, ihm neues Leben einzuhauchen. Dann drückte sie noch fester zu, stellte sich vor, wie sie den Schädel in ihrer Faust zerbröselte. Rauch quoll zwischen ihren Fingern hervor. Smilla beugte sich so dicht über Leif, wie sie es wagte, und pustete ihm den Rauch ins Gesicht. Die grauen Schlieren waberten einen Moment um seinen Kopf. Auf einen geflüsterten Befehl von Smilla hin zogen sie dann zielstrebig zu der Wunde an Leifs Schläfe weiter.

Smilla wagte kaum zu atmen, während der Rauch langsam in Leifs Haut sank. Er keuchte, wachte jedoch nicht auf. Einen Wimpernschlag später war es, als wäre nie etwas geschehen. Der Rauch war fort, doch ein leicht verbrannter Geruch hing noch in der Luft. »Asche zu Asche«, hauchte Smilla. »Ich danke dir für dein Opfer.«

Im schwachen Licht des sterbenden Feuers beobachtete sie, wie Farbe in Leifs Wangen kroch. Seine Züge entspannten sich im Schlaf, sein Atem wurde tief und gleichmäßig. Er würde noch einige Stunden ohne Bewusstsein bleiben, während sich sein Körper mithilfe der Magie selbst heilte, doch alles wies darauf hin, dass er vollkommen genesen würde.

Smilla drehte sich auf den Rücken und starrte zum Nachthimmel auf. Zwischen dem dichten Astgeflecht konnte sie einige Sterne ausmachen. Während sie so dalag und sich in der Gegenwart der ewig funkelnden Lichter klein und unbedeutend fühlte, konnte sie nicht umhin, sich zu fragen, ob sie gerade einen tödlichen Fehler begangen hatte.

KAPITEL 30
SMILLA

Als Smilla am nächsten Morgen aus einem unruhigen Schlaf erwachte, erwartete sie fast, Leif mit gezücktem Messer über sich kniend vorzufinden. Was, wenn er mitbekommen hatte, dass sie ihn geheilt hatte? Was, wenn er es nun noch unerbittlicher auf sie abgesehen hatte?

Was hatte sie sich nur dabei gedacht, ihn in einem schwachen Moment zu heilen? Bisher hatte Leif ihr nichts als Misstrauen und Vorbehalte entgegengebracht, und das würde sich nicht ändern, wenn er erwachte. Sie setzte sich auf und wagte einen vorsichtigen Blick zu ihm hinüber. Er sah friedlich aus im Schlaf. Gesund. Als würde er jeden Moment die Augen aufschlagen.

Panik überkam Smilla. Sie beugte sich über ihn, war drauf und dran, doch noch einen Weg zu finden, um ihn aus dem Weg zu räumen. Wie hatte sie ihr Ziel aus den Augen verlieren können? Allein der Gedanke an Gents Reaktion auf Leifs Genesung ließ sie zögern.

Da näherten sich Schritte. Hastig zog sich Smilla von Leif zurück. »Er sieht heute um einiges besser aus, was?« Das war Óinns fröhliche Stimme. Smillas Herz begann zu rasen. Hatte er etwas gesehen? Vermutete er, was sie getan hatte?

Hör auf, so misstrauisch zu sein. Sie rieb sich über das Gesicht, setzte ein Lächeln auf und drehte sich zu ihm um. »Ja, es scheint bergauf zu gehen.«

»Dank sei den Leuchtenden.« Óinn stellte einen leeren

Eimer neben ihr ab. In der anderen Hand trug er einen weiteren. »Kommst du mit Wasser holen?«

Smilla musterte ihn einen Moment lang. Sie fragte sich, ob er sie womöglich von den anderen fortlocken wollte, um sie zur Rede zu stellen, doch seine Miene wirkte so aufrichtig wie immer. Sie durfte sich nichts anmerken lassen, musste sich normal verhalten. »Oder bist du zu erschöpft?«, fragte Óinn besorgt. »Ich kann Jofur fragen.«

»Nein, nicht nötig.« Smilla sprang auf. »Ich komme gerne mit.« Zu spät erinnerte sie sich daran, dass sie aufgrund ihrer Verletzung nicht derart flink auf den Beinen sein dürfte. Also schnappte sie sich den Stab – das Geschenk von Gent. Er hatte ihr bei ihrem Schauspiel bereits gute Dienste geleistet und jedes Mal, wenn Smillas Blick auf die kleine Schneeflocke fiel, die er für sie hineingeschnitzt hatte, machte ihr Herz einen Satz.

Óinn verzog das sommersprossige Gesicht zu einem breiten Lächeln und bedeutete ihr, ihm zu folgen. Eilig hob sie den zweiten Eimer auf und lief hinter ihm her, wobei sie sich mit der anderen Hand auf den Stab stützte. Erleichtert stellte sie fest, dass sie nicht auf dem Weg zu dem Teich waren, an dem sie ihre Begegnung mit dem Kleinen Volk gehabt hatte. Óinn führte sie stattdessen zu einem Bachlauf, der über graue Kiesel plätscherte.

»Es freut mich, dass es dir wieder besser geht«, sagte er über die Schulter zu ihr, als sie die Eimer am Ufer abstellten.

Smilla lächelte ihn an, während sie darauf achtete, nicht auf den glitschigen Kieseln auszurutschen. »Dank Jofurs Pflege habe ich bloß ein wenig Ruhe gebraucht.«

»Und wie es aussieht, lag außerdem die schützende Hand der Götter über dir.«

Smilla suchte in seinem Gesicht nach einer versteckten Bedeutung seiner Worte. Wusste er über sie Bescheid? Zog er sie auf? Wartete er nur darauf, dass sie sich selbst verriet? Doch Óinn schien ihren forschenden Blick nicht zu bemerken. Er hatte den Kopf geneigt und die Augen geschlossen. Plötzlich war es, als wäre Smilla nicht mehr da. Seine Lippen bewegten sich schnell, während er ein Gebet in der alten Sprache murmelte. Als er die Augen wieder öffnete und Smilla ansah, lag ein waches Funkeln darin. »Eine kleine Geste, um die Huldra zu besänftigen, die hier leben«, erklärte er. »Schließlich betreten wir ihren Lebensraum und nehmen uns von ihrem Wasser.«

Smilla zwang sich, sein Lächeln zu erwidern. Einmal mehr wurde sie daran erinnert, dass sie nie zuvor einen Menschen getroffen hatte, der so im Einklang mit der Natur und den in ihr hausenden Wesen lebte. Es ärgerte sie, dass sie Óinn so viel Misstrauen entgegenbrachte, obwohl er ihr nie einen Grund dafür gegeben hatte. Doch allein seine offensichtliche Verbindung zur Magie stellte eine Gefahr für sie dar. Dies war ihre Chance, ihn besser kennenzulernen und ihn hoffentlich als Verbündeten zu gewinnen. Sie neigte ebenfalls den Kopf und murmelte leise Dankesworte an die Huldra. Erst nachdem sie damit fertig war, tauchte Óinn den ersten Eimer ins Wasser.

Sie arbeiteten in einvernehmlichem Schweigen, um die Wassergeister nicht zu stören. Smilla genoss das kühle Nass auf ihrer Haut und den Duft des feuchten Mooses. Die einfachen Handgriffe halfen dabei, dass sich ihr viel zu schneller Herzschlag beruhigte. Die Geräusche des Waldes erinnerten sie an ihre Heimat, jedoch ausnahmsweise nicht auf traurige, sondern auf schöne Weise. Ihre Kindheit hatte sie in einem Wald ähnlich wie diesem verbracht, der den gesamten Norden Middangards überzog. Eine wilde, ungezähmte Welt, die an vielen Orten ihren Urzustand beibehalten hatte.

Sehnsucht überkam sie. Sehnsucht nach nackten Füßen auf weichem Moos, plätschernden Quellen und dem Flüstern des Kleinen Volks, das sie stets begleitet hatte, wo immer sie hinging. In der Welt der Menschen war so vieles von der alten Magie verloren gegangen, dass Smilla sie manchmal überhaupt nicht mehr spürte. Seit sie ihre Heimat verlassen hatte, hatte sie sich ihr nur in diesem Wald wieder nahe gefühlt. Und dieses Gefühl wollte sie nicht so schnell wieder verlieren.

»Meinst du, wir werden lange hier im *Skog* bleiben?«, fragte sie Óinn.

Er zuckte mit den Schultern. »So lange, wie Leif braucht, um zu genesen.«

Sie warf ihm einen vorsichtigen Seitenblick zu. »Ich wünsche ihm, dass seine Wunde schnell heilt, aber gleichzeitig möchte ich diesen Ort nicht verlassen.« Gespannt beobachtete sie Óinns Reaktion.

Sein Blick begegnete ihrem und darin lag so viel Verständnis, dass sich Smillas Brust zusammenzog. »Ich weiß, was du meinst.« Er richtete den Blick in die Ferne, als hörte er den Ruf des Waldes aus dieser Richtung. »Nirgendwo fühle ich mich wohler als zwischen Bäumen und Farnen. Und hier gibt es noch so vieles zu entdecken.«

In stillem Einverständnis setzten sie sich nebeneinander ans Ufer und verfolgten den Tanz des Wassers über die Steine. Óinn erzählte ihr von den Wesen, denen er auf seinen Streifzügen durch den *Skog* bisher begegnet war. Allesamt friedlich und hilfsbereit. »Du solltest mich begleiten, wenn ich das nächste Mal jagen gehe«, schlug er vor. »Ich meine, wenn es dir besser geht.«

»Das würde ich gern.«

»Weißt du, Smilla«, fuhr er nach kurzem Schweigen fort. »Für dich mag es sich nicht so anfühlen, aber du bist längst eine von uns.«

Verwundert sah sie ihn an. »Abstimmung hin oder her. Du hast Jofur das Leben gerettet. Damit hast du uns mehr über deine wahre Natur verraten, als es deine Kampfkünste je könnten. Die anderen werden das auch noch begreifen.«

Verlegen senkte Smilla den Blick. Sie wusste plötzlich nicht mehr, wo sie hinsehen sollte, da ihre Augen gefährlich brannten.

»Auf dieser Welt haben wir nur einander«, fuhr er sanft fort. »Deshalb haben wir uns gefunden. Und ich muss nicht erst Zwiesprache mit den Göttern halten, um zu wissen, dass auch du uns gefunden hast, als du uns am meisten brauchtest.« Er nahm einen Kieselstein in die Hand und ließ ihn über die Wasseroberfläche hüpfen.

Als Smilla immer noch nicht antwortete, weil sie fürchtete, ihre belegte Stimme würde sie verraten, fragte er höflich: »Darf ich dir eine Geschichte erzählen, Smilla?«

Überrascht sah sie auf, begegnete seinem intensiven Blick. Darin lag Verständnis und noch etwas anderes. Akzeptanz.

Smilla schluckte. Nickte.

»Hast du schon mal von Wyrds gehört? Ist dir das ein Begriff?«

Ihre Überraschung verstärkte sich. »Du meinst, die Wesen halb Mensch, halb Kreatur?«

Er nickte. »Eine Person, die auf den ersten Blick wie ein Mensch wirkt, es aber nur zur Hälfte ist. Wyrds können von allen möglichen Kreaturen abstammen, laut einigen Geschichten sogar von den Göttern selbst.«

Ein Schauer kroch Smillas Rücken hinauf. Glaubte Óinn etwa, dass sie eine dieser mystischen Kreaturen war?

»Schon seit Jahrhunderten werden Wyrds von den Menschen gefürchtet«, fuhr Óinn fort, scheinbar ohne ihren inneren Aufruhr zu bemerken. »Missverstanden. Verstoßen.

Gejagt.« Traurig schüttelte er den Kopf. »Ein Schicksal, das viele Wesen in diesem Land teilen.«

Seine Worte versetzten Smilla einen Stich. Er *musste* etwas ahnen. Sie wollte nach dem Messer in ihrem Stiefel tasten, doch das wäre zu auffällig. Also saß sie reglos da, angespannt wie ein zum Sprung ansetzender Wolf, und wartete darauf, dass Óinn sie der Lüge überführen würde. Und dann was? Würde er sie an die anderen verraten? Oder ihr Geheimnis wahren?

Als sie ihn von der Seite musterte, war seine Miene unergründlich. »Einige Wyrds leben unerkannt unter uns. Es gibt viele von ihnen. Viel mehr, als du vielleicht denkst.«

Smilla runzelte die Stirn. Sie würde sein Spiel mitspielen und sehen, wohin es führte. »Also willst du mir weismachen, dass es Wyrds wirklich gibt? Halbwesen, die unter uns leben?«

»Halbgötter. Halbtrolle. Halbwalküren. Warum glaubst du, dass das so abwegig ist?« Óinn musterte sie aufmerksam, sodass Smilla sich unbehaglich unter seinem Blick wand.

»Ich habe bloß noch nie darüber nachgedacht, dass an den Legenden etwas dran sein könnte.«

Er lächelte wissend. »An den meisten Legenden ist etwas dran.«

Da Smilla selbst mit den Liedern und Erzählungen ihres Zirkels aufgewachsen war, konnte sie das nur bestätigen. Diese Geschichten, die von Generation zu Generation weitergegeben wurden, enthielten Weisheiten, die noch heute galten. Warnungen, die sie vor Gefahren schützten. Und Lektionen, die nicht nur für Kinder gedacht waren. Allerdings wurden darüber auch Lügen verbreitet. Einer der Gründe, warum Menschen die Hexen zu fürchten begonnen hatten. »Ich weiß, wie mächtig Worte sein können«, murmelte Smilla.

»Ja, aber nicht nur Worte.« Óinn lächelte nachsichtig. »Vor allem Taten.« Unvermittelt klatschte er in die Hände, sodass Smilla zusammenzuckte. »Das ist wohl der perfekte Einstieg in eine Geschichte.«

Smilla ließ ihn nicht aus den Augen. Sie war auf alles gefasst. Immer wenn sie glaubte, Óinn durchschaut zu haben, tat er etwas, das sie überraschte.

»Es war einmal ein kleiner Junge«, begann er mit seiner Erzählerstimme, die ihre ungeteilte Aufmerksamkeit einforderte. »Er wusste nicht, dass er ein Wesen war, das die Menschen Wyrd nennen, doch er fand früh heraus, dass er anders als die anderen Kinder in seinem Dorf war. Schneller und stärker. Wendiger und ausdauernder. Auch die Menschen, die ihn als Findelkind bei sich aufgenommen hatten, bemerkten es bald und begannen seine Andersartigkeit zu fürchten. Als er alt genug war, um für sich selbst sorgen zu können, verstießen sie ihn. Von da an führte der Junge ein hartes Leben auf der Straße, jeder Tag ein Kampf, jede Begegnung ein potenzieller Hinterhalt. Je älter er wurde, desto schwerer wurde es, seine Gaben vor den furchtsamen Menschen zu verbergen. Der junge Mann führte ein einsames Dasein, in ständiger Angst, entdeckt und für seine Eigenart getötet zu werden.«

Óinn legte eine Kunstpause ein und starrte einen Moment auf das leise dahinplätschernde Wasser des Bachs. Smilla hing längst an seinen Lippen. Das Messer in ihrem Stiefel war vergessen.

»Eines Tages traf der junge Mann jedoch eine Person, die auch nicht zu den übrigen Menschen passte. Sie war nicht so wie er, aber ebenfalls anders. Da begriff er, dass sie gemeinsam anders sein konnten. Zusammen zogen sie durchs Land, beschützten einander und trafen schließlich auf weitere Leute, die waren wie sie. Und so bekam der Junge, der in seinem Leben nichts als Misstrauen und Verrat erfahren hatte, doch noch eine Familie. Eine, die er sich selbst ausgesucht hatte und der er bedingungslos vertraute. Er lernte, dass kein von den Göttern auferlegtes Schicksal je so ausweglos ist, dass man es nicht auf eigene Faust zum Besseren wenden kann.«

Als Óinn verstummte, war es, als hallten seine Worte in der Luft nach. Sie schwebten über dem Bach, vermischten sich mit dessen leisem Glucksen und gruben sich tief in Smillas Herz.

Es gab mehrere potenzielle Gründe, warum Óinn ihr diese Geschichte erzählt hatte. Damit vertiefte sich sogar der Verdacht, den Smilla bereits seit der Nacht auf der Lichtung gehegt hatte. Doch ahnte Óinn überhaupt, was er mit seinen Worten in ihrem Inneren anrichtete? Sie konnte nicht mehr klar denken, weil ihre Gefühle wild durcheinanderwirbelten. Nicht mehr atmen, da ihr die Trauer über alles, was sie verloren hatte, die Kehle zuschnürte. Weil da plötzlich wieder das Gewicht war, das auf ihre Brust drückte. In den letzten Monaten hatte es sich nur ein einziges Mal gehoben und sie durchatmen lassen. Als sie mit Gent gesprochen, ihren Schmerz geteilt hatte. Und in diesem Moment ahnte Smilla, dass dies der einzige Weg war, um jemals zu heilen, um langfristig wieder atmen – wieder leben – zu können.

Sie hatte es satt, auf der Hut zu sein. Satt, in jeder freundlichen Geste eine Gefahr zu sehen. Sie wollte ankommen. Angenommen werden. Irgendwann nicht mehr ständig über die Schulter schauen müssen. Teil einer neuen Familie sein. Nichts konnte ihre alte ersetzen, doch wenn es für den Jungen aus der Geschichte Hoffnung gab, dann vielleicht auch für sie.

Sie schluckte heftig, blinzelte gegen die aufwallenden Tränen an und wischte sich über das Gesicht. Zwischen ihren Fingern hindurch warf sie Óinn einen raschen Seitenblick zu. Beobachtete er ihre Reaktion? Nein, er sah sie nicht einmal an. Wie so oft wirkte er geradezu entrückt, starrte reglos vor sich hin und umfasste sein Amulett mit einer Hand.

Sie war dankbar, dass er ihr, absichtlich oder nicht, Zeit gab, um sich zu sammeln. Schweigend saßen sie nebeneinander und verfolgten den ewigen Lauf des Wassers. Als Óinn sich schließlich auf die Schenkel schlug, zuckte Smilla zusammen. So gefangen war sie in ihren eigenen Gedanken, Hoffnungen und Wünschen gewesen. »Was meinst du, sollen wir zurückgehen?«

Smilla schenkte ihm ein zaghaftes Lächeln. Diesmal war es echt. »Ja. Danke, dass du mich mitgenommen hast. Und …« Sie zögerte kurz. »Für die Geschichte.«

»Jederzeit!« Óinn erhob sich, um die Eimer zu holen, die sie am Ufer stehengelassen hatten. Mit einem Mal war die Stimmung zwischen ihnen wieder locker und unbefangen, auch wenn Smilla sich ihm näher fühlte als zuvor.

Als sie die vollen Eimer aufhoben, deutete Óinn über die Schulter. »Die anderen wollten das Lager ursprünglich dort drüben aufschlagen. Näher am Wasser. Kannst du dir das vorstellen?« Er schnaubte. »Natürlich habe ich sie nicht gelassen.«

Aufgrund seiner todernsten Empörung konnte sich Smilla ein Lachen nicht verkneifen. Sie folgte seinem Blick. Zwischen einigen Farnen entdeckte sie mehrere Pilzkreise. »Wäre es nach den anderen gegangen, hätten wir jetzt wahrscheinlich einige Flüche, wenn nicht Schlimmeres am Hals«, antwortete sie kopfschüttelnd.

»Nicht wahr?« Óinn verdrehte die Augen. »Ist doch offensichtlich, dass dort Erdwichtel wohnen.«

»Wie hast du die anderen umgestimmt?«, fragte Smilla,

während sie neben ihm herlief. Die Debatte konnte sie sich lebhaft vorstellen, auch wenn sie zu dem Zeitpunkt nicht bei Bewusstsein gewesen war.

Óinn zuckte mit den Schultern. »Sie haben mich im Gegenzug zum Wasserholen verdonnert. Aber das ist mir lieber, als die Bewohner des Waldes zu verärgern, weil wir ihre Behausungen zerstören.«

Smilla stieß ihn mit der Schulter an, wobei ein wenig Wasser aus ihrem Eimer schwappte. »Ich komme jedenfalls immer gern mit dir zum Wasserholen.«

Sie grinsten sich an. Und obwohl Smilla wusste, dass noch ein weiter Weg vor ihr lag, fiel ihr das Atmen nun tatsächlich etwas leichter als zuvor.

**

Trotz ihrer neu gewonnenen Erkenntnis aus dem Gespräch mit Óinn, wurde Smilla den Rest des Tages über von einer inneren Unruhe umgetrieben. Sie brachte sich ein, wo sie konnte, um sich davon abzulenken, alle paar Minuten nach dem weiterhin schlafenden Leif zu sehen.

Wann würde er aufwachen? Und wenn er es tat, würde er sich daran erinnern, dass sie etwas mit seiner schnellen Genesung zu tun hatte?

Den ganzen Tag über warf Gent ihr verstohlene Blicke zu, immer dann, wenn er glaubte, sie würde es nicht bemerken. Smilla freute sich auf seine Reaktion auf Leifs verbesserten Zustand, auch wenn sie fürchtete, dass sich Gents und ihre Beziehung danach wieder verschlechtern könnte. Leif hatte mehr Einfluss auf Gent als alle anderen Mitglieder der Wilden Jagd. Doch in jener Nacht auf der Lichtung waren sie und Gent sich so nahegekommen, dass sie mittlerweile nicht mehr wusste, wie sie sein Verhalten deuten sollte.

Dachte er auch ständig an ihre Begegnung im Mondschein? Oder hatte es ihm überhaupt nichts bedeutet?

Nachdem sich Leifs Zustand auch nach dem Abendessen nicht verändert hatte, saß Smilla noch lange am Feuer, wohl wissend, dass sie kein Auge würde zutun können. Irgendwo über ihr in den Zweigen verborgen hockte Jofur, der die erste Nachtwache übernommen hatte. Alle anderen waren in ihren Zelten verschwunden. Es war so dunkel im Wald, dass Smilla über den Kreis des Lagerfeuers hinaus kaum etwas erkennen konnte. Doch plötzlich hörte sie ein Geräusch.

Sie blickte auf. Dort drüben raschelte es. Schritte im Unterholz. Eine Person, die sich keine Mühe gab, leise zu sein. Wollte sie etwa absichtlich Smillas Aufmerksamkeit erregen?

Sie erhob sich, trat einen Schritt auf die nächste Baumreihe zu. Da entdeckte sie, wie eine breitschultrige Gestalt zwischen die Stämme schlüpfte. Gent.

Was hatte er im Wald verloren? Smillas Herz pochte augenblicklich schneller. Zog es ihn ebenfalls zurück zu der Lichtung?

Als hätte er ihre Gedanken gehört, hielt Gent inne und drehte sich um. Das Feuer warf einen flackernden Schein auf sein Gesicht. Er suchte ihren Blick. Als Smilla ihn ansah, verharrte er einen Moment, wie um ihr etwas mitzuteilen. Wollte er etwa, dass sie sich ihm anschloss?

Einige Herzschläge später wandte sich Gent ab und wurde im nächsten Moment von der Dunkelheit zwischen den Bäumen verschluckt.

Smilla blinzelte mehrmals. Fast war es, als hätte sie sich nur eingebildet, dass er sie so eindringlich angesehen hatte. Als existierte das alles nur in ihrem Kopf.

Nein, sie spürte seinen Blick immer noch auf sich, wie

einen Lockruf. Ein unsichtbares Band zupfte an ihr. Sie *wollte* ihm folgen.

Einen Moment lungerte sie noch in der Nähe herum, damit Jofur nicht auffiel, dass sie Gent folgte. Doch schließlich konnte sie sich nicht mehr beherrschen. Zurück war die Lawine in ihrem Inneren, die sie mit sich fortriss. Sie wollte nicht mehr denken, sondern sich endlich dem Sog hingeben.

Lautlos schlüpfte sie hinter Gent her in die Nacht hinaus.

KAPITEL 31
GENT

Unruhig ging Gent auf der Lichtung auf und ab. Würde sie kommen? Er war sich nicht sicher. Sie hatte ihn angesehen. Und er glaubte, ihr mit seinem Blick zu verstehen gegeben zu haben, dass er sich danach sehnte, die Nacht im Mondschein zu wiederholen. Doch wer wusste schon, ob diese stumme Botschaft bei Smilla angekommen war. Oder ob es ihr ebenso ging.

Gent wusste nicht, was er tun sollte, wenn sie nicht kam. Dann wäre er wieder allein mit seinen Gedanken. Seinen Ängsten. Rastlos umrundete er die Lichtung. Einmal. Zweimal. Sie war nicht besonders groß. Und er war schnell. Doch nach dem dritten Mal wurde ihm klar, dass Smilla selbst in ihrem geschwächten Zustand nicht derart lange brauchen konnte. Er musste sich damit abfinden, dass letzte Nacht eine einmalige Sache gewesen war.

Was hatte er sich nur dabei gedacht, sich wie der Narr höchstpersönlich davonzuschleichen? Wie hatte er glauben können, dass Smilla ihm hierher folgen würde? Ihm, dem mürrischen, wortkargen Kerl, der sie in der Nacht aus dem Hinterhalt angegriffen hatte. Dem Mann mit den vielen Geheimnissen und Narben. Ihrem Befehlshaber.

Gent fuhr herum, um mit großen Schritten von der Lichtung zu fliehen. Da raschelte es zwischen den dicht stehenden Bäumen. Eine bleiche Hand bog Zweige auseinander, ein Wanderstab kam zwischen den Schatten zum Vorschein, dann trat Smilla hinaus ins Mondlicht.

Sie blieb dort stehen, keine zwei Schritte von der Baumreihe entfernt, und sah ihm entgegen. Ihr Anblick raubte ihm den Atem. Das Mondlicht brachte ihre helle Haut zum Leuchten. Die nächtliche Brise spielte mit ihrem langen schwarzen Haar. Der Stab schmiegte sich so perfekt in ihre Hand, als hätte sie ihn schon immer bei sich getragen. Sie sah Gent aus ihren tiefblauen Augen an und er glaubte, darin dieselbe Sehnsucht zu erkennen, die auch ihn an diesem Abend erneut auf die Lichtung getrieben hatte.

Einen langen Moment regte sich keiner von ihnen. Still wie zwei Rehe standen sie im taufeuchten Gras und sahen sich an. Der Mond ihr einziger Zeuge.

Dann trat Gent einen Schritt auf sie zu. »Du bist gekommen.«

Ein Lächeln umspielte Smillas Lippen. »Ich wusste nicht, ob du mich hier haben möchtest.«

»Ich wusste nicht, ob du kommen wolltest.«

»Sieht so aus, als wüssten wir beide nicht besonders viel.«

Das entlockte ihm ein Lächeln, und er glaubte, ihren Blick zu seinem Mund wandern zu sehen. Etwas blitzte in ihren Augen auf.

Langsam kam sie näher. Sie schlenderte so entspannt auf die Lichtung, als würde es nichts bedeuten, dass sie mitten in der Nacht allein hier waren. Bei jedem zweiten Schritt machte der Stab ein dumpfes Geräusch, wenn sie ihn auf den Boden stieß. Es gefiel ihm, sie damit zu sehen. Zu wissen, dass sie sein Geschenk den ganzen Tag nicht beiseitegelegt hatte.

Smilla ging an Gent vorbei und ließ sich in einiger Entfernung zu Boden sinken.

»Hier.« Er breitete seinen Umhang neben ihr im Gras aus.

Amüsiert blickte sie zu ihm auf. »Das ist … sehr aufmerksam von dir.«

Er zuckte mit den Schultern und grummelte etwas vor sich hin, das sie unmöglich als »Ich kann aufmerksam sein, wenn ich will« ausmachen konnte.

Smilla schob sich ein paar Strähnen hinters Ohr und ließ den Blick nicht von ihm, während sie auf seinen Umhang rückte. Ihr Haar war so schwarz wie der Stoff. Der Stab blieb im Gras liegen. Sie hob eine Braue. »Willst du dich nicht auch setzen?«

»Klar.« Kurz sah er sich auf der Lichtung um, als wollte er sich vergewissern, dass sie auch wirklich allein waren. Sofort ärgerte er sich jedoch über sich selbst und setzte sich rasch neben sie – in gebührendem Abstand. Er musste aufhören, sich so töricht aufzuführen. Was erhoffte er sich schon von diesem Abend? Nichts. Gent erwartete nichts. Er würde Smillas Gesellschaft genießen, solange er konnte. Und dann den Rest des Abends allein am Feuer verbringen und vor Sorge um Leif kein Auge zutun. Wie in der Nacht zuvor. Während Smilla auf ihren Fellen geschlafen hatte. Ebenfalls allein.

»Also …« Smilla räusperte sich. »Leif scheint es besser zu gehen.«

Da erst fiel Gent auf, dass er gedankenverloren in die Dunkelheit zwischen den Bäumen gestarrt hatte. Rasch wandte er sich ihr wieder zu. »Meinst du?«

Smilla nickte. »Bevor ich hergekommen bin, habe ich noch einmal nach ihm gesehen. Seine Wangen haben etwas mehr Farbe als gestern.«

»Ich hoffe, du hast recht.«

»Das habe ich meistens.«

Ein verblüfftes Lachen entfuhr ihm, das ihn selbst überraschte. Und da war es wieder, dieses Funkeln in Smillas Augen. Und diese neue Wärme in Gents Brust, mit der er nichts anzufangen wusste. Klar war, dass *sie* dieses Gefühl in ihm auslöste. Und dass er es genoss. Gespräche mit Smilla waren von Anfang an wie ein Seiltanz gewesen. Jedes Wort, jede Bewegung konnte einen Sturz in die Tiefe nach sich ziehen. Oder einen unerwarteten Höhenflug.

»Du sorgst dich um ihn«, sagte sie nun leiser. Irgendwie sanft. Trotzdem zerriss ihre Stimme die Stille, die nach seinem Lachen plötzlich besonders laut klang. Auch wenn es eine angenehme Stille war.

Gent wich ihrem Blick aus. Doch er konnte seine Gefühle nicht vor ihr verstecken. Dafür war sie ihm zu nah. Vielleicht hörte sie sein schnell pochendes Herz?

»Ja.« Mehr sagte er nicht, doch seine Angst um Leif schwang in diesem einen rauen Laut mit. Er sah Smilla aus dem Augenwinkel nicken. Doch sie blieb stumm. Gab ihm Raum. Nach kurzem Schweigen hob er den Blick und sah sie endlich wieder an. »Wusstest du, dass Leif und ich die Wilde Jagd zusammen gegründet haben?«

»Ist das so?« Sie zog die Knie an, stützte die Ellbogen darauf und das Kinn in die Hände, als würde sie sich auf eine spannende Geschichte vorbereiten.

»Ja.« Ein Lächeln breitete sich wie von selbst auf seinem Gesicht aus. »Wir haben uns kennengelernt, als wir beide nicht viel größer als ein paar Gnome waren. Hatten eindeutig ebenso viele Flausen im Kopf.« Er rutschte ein wenig herum, sodass er ihr gegenüber saß. Dabei rückte er kaum merklich näher an sie heran.

Smilla schien es nicht zu stören. Mit schief gelegtem Kopf sah sie ihn an, als würde er ihr tatsächlich etwas Spannendes erzählen. Also fuhr er fort. »Wir wollten beide dringend aus Golvarsund raus. Das ist die Hafenstadt, in der ich aufgewachsen bin. Von den Schiffen hatten wir genug Söldner kommen und gehen sehen, um zu wissen, dass man damit gutes Geld verdienen kann. Also heuerten wir bei einer

Truppe an. Wir lernten kämpfen, lernten das Land kennen und alles über die Kreaturen, die in Wäldern und Sümpfen, Gebirgen und Hainen lauern. Aber dann …« Er hielt inne, fuhr sich mit der Hand durch die Bartstoppeln.

»Lass mich raten?« Smilla hob den Kopf. »Du hast dich mit eurem Anführer angelegt? Seinen Befehlen zuwidergehandelt? Ihm eine verpasst?«

»Knapp daneben. Ich habe ihn vor versammelter Truppe einen halsabschneiderischen Halunken genannt und er hat mich zum Duell herausgefordert.« Smillas Augen wurden groß. »Auf Leben und Tod.«

Grinsend musterte sie ihn von Kopf bis Fuß. »Ich nehme an, du würdest nicht hier sitzen, wenn du nicht gewonnen hättest.«

Er erwiderte ihr Grinsen. »So wurde ich zum jüngsten Befehlshaber einer Söldnertruppe aller Zeiten. Denn wer den Anführer tötet, wird zum neuen Anführer. Das ist ein ungeschriebenes Gesetz.«

»Wie beeindruckend.« Smilla stieß ihm mit der Faust gegen den Arm. »So seid ihr also zur Wilden Jagd geworden? Frigga, Óinn, Jofur und Andórr waren von Anfang an dabei?«

»Nein. Die alte Truppe hat sich noch am selben Abend aufgelöst. Sie wollten nicht von einem dürren Taugenichts angeführt werden, der kaum dem Stimmbruch entwachsen war. Also standen Leif und ich wieder ganz am Anfang.«

»Außer dass ihr nun Kampferfahrung und -ausrüstung hattet«, merkte Smilla an.

»Genau.« Gent grinste wieder. »Und nichts zu verlieren. Mein Ruf eilte mir voraus und ein paar Jahre lang schlugen wir uns nicht schlecht zu zweit. Aber dann wurden wir waghalsiger, unsere Ziele ehrgeiziger.«

»Wie zum Beispiel?« Smilla beugte sich gespannt zu ihm

vor. Ihr Duft stieg ihm in die Nase und er widerstand dem Drang, tief einzuatmen.

»Unser Vorhaben war es ursprünglich, Middangard von sämtlichen Monstern zu befreien.« Er lachte hart auf. »Uns wurde schnell klar, dass das unmöglich ist. In diesem Land wimmelt es nur so vor ihnen. Und ständig kommen neue hinzu.« *Wie die Walküren*, ergänzte er in Gedanken.

»Monster.« Plötzlich wurde Smilla ernst. Sie sprach das Wort vorsichtig, fast schon bedächtig aus, als bürge es eine Gefahr. »So sprichst du oft von nichtmenschlichen Wesen.«

»Weil diese Bezeichnung auf viele von ihnen zutrifft. Ich habe Dinge gesehen, die du dir nicht mal in deinen schlimmsten Abträumen vorstellen kannst.«

»Das bezweifele ich nicht. Aber oft ist das einzige vermeintliche Vergehen dieser Wesen, dass sie nicht menschlich sind«, konterte Smilla. Ihr Tonfall war schneidend geworden.

»Ich töte nicht wahllos Kreaturen, wenn du das damit sagen willst. Nur jene, die den Menschen gefährlich werden können.«

»Also teilst du sie in verschiedene Kategorien ein? Hilft dir das, nachts besser zu schlafen?«

Beinahe wäre Gent zusammengezuckt. So hatte er das noch nie gesehen. Als er sich als junger Mann den Söldnern angeschlossen hatte, war es bloß darum gegangen, aus der verdreckten Hafenstadt, die er Heimat nannte, raus und irgendwie über die Runden zu kommen. Es war nur ein Job gewesen. Später dann eine willkommene Ablenkung von seinen eigenen Dämonen. Mittlerweile war er stolz darauf, dass er seinen Teil dazu beitrug, das Land sicherer zu machen. Oder doch nicht?

Smillas Worte riefen tief begrabene Zweifel in ihm wach.

Denn wenn er so darüber nachdachte: Zu welcher Kategorie zählte *er*?

»Ich ... So habe ich das nicht gemeint.« Er hasste, wie unsicher er plötzlich klang.

»Wie sonst?« Smilla musterte ihn herausfordernd. Es wunderte ihn, dass er aufgrund ihres angriffslustigen Tonfalls nicht wütender auf sie wurde. Gewöhnlich trieb sie ihn damit zur Weißglut. Vermutlich lag es daran, dass sie recht hatte. Mit ihren Worten erinnerte sie ihn an alles, was er war. Oder vielmehr *nicht* war. Und das war ... schmerzhaft. Aber die mit dem Schmerz einhergehende Wut richtete sich nicht gegen sie. Sondern nur gegen ihn selbst.

»Ich schlafe nicht«, erwiderte er lahm, da ihm keine bessere Antwort einfallen wollte, wohl wissend, dass Smilla ihm diesen schwachen Versuch, ihre Frage zu umgehen, nicht durchgehen lassen würde. »Zumindest nicht oft.«

»Warum überrascht mich das nicht.«

Er schnaubte. »Du glaubst wirklich, viel über mich zu wissen, nicht wahr?« Die Worte entfuhren ihm, ohne dass er Zeit hatte, darüber nachzudenken. Ein altbekannter Schutzmechanismus. Im Kreis seiner Truppe hatte er ihn in den letzten Jahren nur noch selten gebraucht. Sie kannten ihn, nahmen ihn, wie er war, fingen ihn auf, wenn es nötig war. Mit Smilla war das anders. Und auch das war unerwartet schmerzhaft. Wenn auch gleichzeitig faszinierend.

»Seit über zwei Wochen reitest du mit uns, scheinst mich aber bereits in eine der Kategorien gesteckt zu haben, von denen du eben noch so abfällig gesprochen hast.« Das war es also, was ihn wirklich störte.

Aufgebracht zog Smilla die Brauen zusammen. »Das ist nicht wahr. Aber ich habe auch Dinge gesehen. Dinge, die *du* dir nicht einmal in deinen Albträumen vorstellen kannst. Auch Menschen können Monster sein, weißt du?«

»Das bezweifle ich ja auch gar nicht und du hast absolut recht.« Er schauderte. Letzteres hatte er am eigenen Leib erfahren.

»Aber?«

»Aber ich weiß im Gegenzug nun mal so gut wie nichts über dich. Ich weiß nicht, was du erlebt hast. Was dich geprägt hat. Warum du diese Dinge zu mir sagst. Und ich …«

»Was?« Sie kam auf die Knie, sodass sie ihn überragte.

Er schob sich ebenfalls auf die Knie. Nun waren sie fast auf Augenhöhe. Smilla musste nur leicht das Kinn heben, um ihn anzufunkeln. Sie war immer noch wütend. Er konnte es ihr nicht verdenken.

»Ich will mehr über dich erfahren!« Jetzt war es raus. *Am liebsten alles*, fügte er in Gedanken hinzu. *Und irgendwie ist da dieser Drang in mir, mich dir ebenfalls anzuvertrauen. Dir alles über mich zu erzählen. Und das macht mir eine Scheißangst.*

Smilla erwiderte nichts, sah ihn nur an. Mit diesem Feuer in den Augen. Warum antwortete sie nicht mehr? Hatte er sie mit seinen unbedachten Worten von sich gestoßen, die er längst bereute? Mit seinem Gerede über Monster? Dabei war *er* das größte von allen. Wie töricht zu glauben, dass er ihr näherkommen könnte. Dass sie ihn jemals an sich ranlassen würde.

»Warum?«, fragte Smilla unvermittelt. Atemlos. So leise wie ein Windhauch. Und viel sanfter als zuvor.

Auch Gents Brust hob und senkte sich nun heftig. Smilla war ihm noch näher gekommen. Hitze ging von ihr aus.

»Weil du mir verdammt noch mal wichtig bist!« Er erstarrte. Die Worte waren ihm einfach herausgerutscht. Viel lauter und innbrünstiger als beabsichtigt.

Einen atemlosen Moment lang sahen sie sich an. Der

Wind sauste durch die Zweige, als wollte er Gents Blut Konkurrenz machen, das ihm in den Ohren rauschte. Sonst war nichts zu hören. Außer seinem donnernden Herzschlag.

Die Welt stand still, während sie voreinander knieten und sich anstarrten. Dann schnellten beide vor und ihre Lippen krachten aufeinander.

KAPITEL 32
SMILLA

Smillas Lippen trafen auf Gents und nichts war mehr wichtig. Seine Ängste, ihre Wut, die Vorurteile – alles zerfiel im selben Moment zu Asche und wurde vom Nachtwind davongetragen.

Seine Worte hatten sie verletzt, doch sie verstand, dass die meisten seiner Überzeugungen auf Furcht begründet sein mussten. Vermutlich waren sie aus einer tiefen unsichtbaren Wunde heraus entstanden, die ihm in der Vergangenheit geschlagen worden war. Dem und ihrem Verdacht über seine mögliche nichtmenschliche Abstammung würde sie noch auf den Grund gehen. Aber nicht jetzt. Nicht hier. Er hatte sich ihr geöffnet, ihr mehr von sich preisgegeben, als sie je erwartet hätte. Und in diesem Moment wollte Smilla nur eins: ihm noch näher sein.

Als hätte Gent ihre Gedanken gehört, ließ er seine Finger ihren Rücken hinaufwandern. Smilla vertiefte den Kuss, stieß seine Zungenspitze mit ihrer an, woraufhin Gent leise stöhnte. Es war dieser Laut, der sie jegliche Zweifel vergessen ließ. Ihre Gedanken wurden zu einem wilden Strudel aus Verlangen und Sehnsucht. Da war kein Platz mehr für etwas anderes. Ihr Körper übernahm vollständig die Kontrolle.

Gents Wärme umhüllte sie, sein Duft war überall. Sie schlang die Arme um seinen Nacken, presste sich an ihn. Sein Kuss wurde verlangender, während er eine Hand in ihren Nacken schob. Seine Berührung brannte sich in ihre Haut. Sie wollte mehr, wollte seine Finger überall spüren.

Sie fuhr ihm mit den Fingern durchs Haar, sodass sich Strähnen aus dem Knoten an seinem Hinterkopf lösten. Dann wanderte sie weiter über seine Schultern und die Wölbung seiner muskulösen Brust nach unten.

Die Lederrüstung, ohne die er sonst nirgendwohin ging, hatte er an diesem Abend im Lager gelassen. Er trug nur sein Leinenhemd und die Lederhose, keine sichtbaren Waffen an seinem Gürtel. Smilla hatte keine Zeit, sich darüber zu wundern. Sie musste ihn berühren.

Gent keuchte an ihrem Mund, als sie die Finger unter sein Hemd schob. Seine Haut war so weich, die Muskeln darunter so fest. Sie packte den Saum und schob das Hemd nach oben. Kurz löste Gent sich von ihren Lippen, um die Arme zu heben, damit sie es ihm über den Kopf streifen konnte.

Im nächsten Moment kniete er mit nacktem Oberkörper vor ihr. Sein Anblick raubte Smilla den Atem. Sie betrachtete die harten Muskelstränge, die vielen Narben. Das Herz schwoll ihr beinahe schmerzhaft in der Brust an.

Gent sah mit verklärtem Blick auf sie herab. Die kalte Nachtluft schien ihm nichts auszumachen. Wenn ihm ebenso heiß war wie ihr, würden sie gemeinsam brennen.

Vorsichtig legte Smilla beide Hände auf seine Brust, spürte sein Herz ebenso heftig pochen wie ihres. Sie sahen sich einen atemlosen Moment lang an. Dann schlang Gent einen Arm um ihre Taille und zog sie wieder an sich.

Dieser Kuss war anders. So innig, dass Smilla unter seinen Lippen dahinschmolz. Sie war ihm so nah, dass sie Gents Erregung an ihrem Bauch spürte. Das fachte das Feuer in ihr nur noch weiter an. Sie biss ihm in die Unterlippe, was ihm ein leises Stöhnen entlockte. Zufrieden lächelnd lehnte Smilla sich zurück und zog ihn langsam mit sich zu Boden.

Der Stoff seines Umhangs war klamm geworden, sie

spürte es kaum, als sie sich darauf sinken ließ. Wie von selbst öffneten sich ihre Beine für ihn.

Gent ragte über ihr auf. Noch wahrte er Abstand, nur seine Lippen berührten sie wieder, hinterließen eine heiße Spur auf ihrem Kinn, ihrem Hals, ihrem Schlüsselbein. Erneut schlang sie die Arme um seinen Nacken und zog ihn zu sich herunter. Er lachte leise über ihre Ungeduld, ein warmer Hauch auf ihrer Haut. Dann senkte er sein Becken auf ihres herab. Smilla seufzte leise, als sie ihn zwischen ihren Beinen spürte. Noch war viel zu viel Stoff zwischen ihnen. Schaudernd hob sie sich ihm entgegen, krallte die Nägel in seinen nackten Rücken.

Seine Hand wanderte unter ihr Hemd – *sein* Hemd, das sie ihm nicht zurückgegeben hatte. Eine Gänsehaut zog sich über ihren gesamten Körper, als er unter dem Stoff an ihrer Taille hinauffuhr. Seine schwieligen Finger auf ihrer nackten Haut. Endlich.

Seine Küssen wurden fordernder und Smilla hätte sich am liebsten die Kleider vom Leib gerissen. Sie packte den Saum ihres Hemds und schob es hoch, um es sich über den Kopf zu ziehen. Doch sie kam nur bis zur Brust. Denn in diesem Moment drückte sich etwas Spitzes durch den Stoff in ihre Haut. Es klirrte leise. Smilla erstarrte.

Gent bemerkte die Veränderung sofort. Er stemmte sich auf die Unterarme, um sie besorgt anzusehen. »Stimmt etwas nicht?«

Es war, als hätte jemand Smilla kopfüber in einen Gletscherfluss geworden. Mit fliegenden Fingern riss sie sich das Hemd herunter, um sich wieder zu bedecken. Um das zu verbergen, was in der Innentasche an ihrem Herzen ruhte.

Knochen.

Sie trug sie überall am Körper versteckt. Wie sollte sie das Gent erklären, ohne ihm ihre Identität zu verraten? Smilla rappelte sich so eilig auf, dass Gent zurückweichen musste, damit ihre Köpfe nicht zusammenstießen. Rückwärts rutschte sie von ihm fort, konnte den Blick aber trotz allem nicht von ihm lassen.

Halbnackt kniete er vor ihr im Mondlicht. Das Haar hing ihm in dunklen Strähnen ins Gesicht. Seine Wangen waren gerötet, die muskulöse Brust hob und senkte sich schnell. War das gerade wirklich geschehen? Waren sie sich so nahe gekommen? Bereits jetzt wirkte es wie ein Traum. Verzerrt und unwirklich.

»Smilla?«, fragte er. »Was ist los?«

Sie kam so schnell auf die Beine, dass ihr schwindelig wurde. »Ich … Wir …« Sie warf ihm einen letzten Blick zu, prägte sich das Bild ein, wie er so verletzlich im Mondlicht kniete. »Das darf nie wieder passieren.«

Dann fuhr sie auf dem Absatz herum und floh von der Lichtung.

KAPITEL 33
GENT

Blinzelnd blickte Gent Smilla hinterher. Lange, nachdem ihre Schritte verklungen waren, starrte er noch auf die Stelle, an der sie zwischen den Bäumen verschwunden war.

Seine Bewegungen waren langsam und zerstreut, als er sich schließlich abwandte und nach seinem Hemd griff. Es lag zerknüllt auf dem ausgebreiteten Umhang. Smilla hatte es in der Hitze des Augenblicks achtlos zu Boden geworfen. Allein der Gedanke daran ließ heiße Erregung durch Gents Körper schießen. Doch sie verklang rasch wieder. Smilla war fort. Und ohne ihre Wärme fröstelte er in der kühlen Nachtluft.

Er streifte sich das Hemd über, rieb sich über die Arme, doch die Kälte wollte nicht aus seinen Gliedern weichen. Er brauchte ein Feuer, um sich zu wärmen, konnte jetzt aber nicht zurück ins Lager gehen. Einerseits wollte er Smilla Raum geben, da sie den dringend zu benötigen schien. Andererseits wusste er nicht, wie er sich ihr gegenüber nun verhalten sollte. Wie er mit ihr umgehen sollte, ohne ihr nahe zu sein. Würde sie ihn jemals wieder an sich heranlassen? Oder war dies eine einmalige Sache gewesen? Eine, die sie offenbar bereits bereute.

Sie hatten etwas getan, das sie nicht zurücknehmen konnten. Er hatte Dinge gesagt, die er nicht zurücknehmen konnte. Und das wollte Gent auch nicht. Im Gegenteil. Er wollte, dass es wieder passierte. Dass sie ihn erneut so ansah, wie nachdem sie ihm das Hemd ausgezogen hatte. Voller Verlangen und Sehnsucht und … mehr. Dieser Blick hatte ihn bis tief in sein Innerstes erschüttert. Und er hatte geglaubt, dass es Smilla ebenso gegangen war. Zumindest bis vor wenigen Augenblicken.

Doch das Entsetzen auf ihrem Gesicht … wie sie hektisch aufgesprungen war, nicht schnell genug hatte von ihm fortkommen können. Auch das hatte sich für immer in sein Gedächtnis eingegraben. Hatte er etwas falsch gemacht? Sie zu sehr bedrängt? Nein, *sie* hatte *ihn* geküsst. Ihm das Hemd abgestreift. Ihn auf sich gezogen. Was war geschehen? Warum hatte sie ihre Meinung so plötzlich geändert?

Gent fluchte leise, konnte sich keinen Reim darauf machen. Er fasste die losen Strähnen, die ihm ins Gesicht hingen, mit den Händen zusammen und verknotete sie am Hinterkopf neu.

Da fiel sein Blick auf den Stab, den Smilla in ihrer Hast im Gras zurückgelassen hatte. Der Stab mit den zwei Kerben. Selbst wenn sie ihn nie wieder küsste, er sie nie wieder berühren durfte, waren sie durch das gemeinsam Erlebte aneinander gebunden.

Es war ein schwacher Trost.

Gent hob seinen Umhang auf und schüttelte ihn aus. Grashalme flogen durch die Luft. Er legte sich den klammen Stoff um die Schultern und hob den Stab auf. Warm schmiegte er sich in seine Handfläche, als hätte Smilla ihn gerade erst losgelassen. Er blickte sich auf der Lichtung um. Der Mond war hinter dicken Wolken verschwunden. Er glühte schwach hinter den grauen Schlieren, verbreitete ein unheimliches Licht.

Plötzlich wollte Gent nur noch fort von hier. Von diesem Ort, an dem in nur zwei Nächten so viel geschehen war. Er wandte sich in die entgegengesetzte Richtung des Lagers.

Heute Nacht würde er sowieso kein Auge zutun. Besser war es, in Bewegung zu bleiben. Mit dem Stab in der Hand stapfte er in den Wald hinein.

* *

Als Gent im Morgengrauen ins Lager zurückkehrte, fand er Leif am Feuer sitzend vor. Er erstarrte mitten in der Bewegung und riss die müden Augen auf. »Du bist wieder auf den Beinen?«

Leif lächelte ihn an. Er wirkte schwach und erschöpft, doch sein Kopfverband war weiß. Kein Blut war während der Nacht hindurchgesickert. Zum ersten Mal seit zwei Tagen. Wie Smilla berichtet hatte, hatte Leif wieder etwas Farbe in die Wangen bekommen. Er klopfte neben sich auf den umgestürzten Baumstamm, der als Bank diente.

Diskret lehnte Gent Smillas Stab an einen Baum und setzte sich neben Leif. Er konnte den Blick nicht von ihm lassen, als wäre Leif eine Erscheinung. »Also, was ist passiert?«

»Eine Walküre hat mich am Kopf erwischt.« Leif winkte ab. »Ist bloß ein Kratzer.«

»Ein Kratzer?« Gent hob beide Brauen. »Dieser *Kratzer* hat uns in den letzten Tagen alle ziemlich auf Trab gehalten.«

»Ach was. Jofur hat mich mühelos gesund gepflegt.« Leif deutete mit dem Kinn nach oben.

Als Gent den Kopf hob, winkte Jofur ihnen lächelnd von einem Ast zu, auf dem er es sich gemütlich gemacht hatte. Er musste die ganze Nacht über das Lager gewacht haben, ohne die anderen aufzuwecken. Gent nickte ihm dankbar zu.

»Ich habe Frühstück gemacht. Stimmt dich das versöhnlicher?« Leif reichte ihm einen Teller mit dünnen, auf einem Stein gebratenen Fleischstreifen und eine Tasse dampfenden Tee. »Brot ist aus.«

Gent nickte. Da sie das Packpferd verloren hatten, mussten sie dringend ihre Vorräte aufstocken, was sich im Wald als schwierig herausstellte. Sie konnten sich nicht ewig von magerem Kaninchenfleisch, Wurzelsuppe und Beeren ernähren. Auch wenn Óinn ihm da sicher widersprechen würde.

Trotz allem musste Gent zugeben, dass es schlimmere Orte gab, um gestrandet zu sein. Der *Skog* war selbst im tiefsten Winter grün, viele Bäume und Büsche trugen Früchte, und wenn man wahllos einen Pfeil in den Wald schoss, traf man mit Sicherheit einen Hasen – oder eine Kreatur. Gent fragte sich schon seit ihrer Ankunft, wann sie dem ersten tödlichen Geschöpf über den Weg laufen würden. Es war nur eine Frage der Zeit.

Mit einem Happs verschlang er ein Stück Fleisch. Nach der nächtlichen Begegnung mit Smilla und seinem Streifzug durch den Wald war er wie ausgehungert. »Übrigens musst du mich nicht versöhnlicher stimmen«, sagte er. »Ich freue mich, dass es dir besser geht.«

Leif schlug ihm auf die Schulter. »Ich habe dir einen ganz schönen Schrecken eingejagt, was?«

»Träum weiter«, grummelte Gent, grinste jedoch in sich hinein.

»Mach dir keine Sorgen. Wenn ich mich heute ausruhe, können wir morgen weiterziehen.«

Gent verschluckte sich beinahe an seinem nächsten Stück Fleisch. »Auf gar keinen Fall. Du bist noch viel zu geschwächt.«

Leif brachte ihn mit einer Handbewegung zum Schweigen. »*Meine* Gesundheit liegt in *meiner* Verantwortung. Du wirst mir wohl vertrauen müssen.«

Gent stieß einen besonders farbenfrohen Fluch aus. Wenn es eine Person in Middangard gab, der er bedingungslos vertraute, dann war es Leif. Und aus diesem Grund wollte er ihn noch viele Jahre an seiner Seite wissen. »Das werden wir ja sehen.«

»Bringen wir es zur Abstimmung.« Leif grinste ihn siegessicher an. »Mal sehen, was die anderen sagen.«

Nach und nach krochen die Mitglieder der Wilden Jagd aus ihren Zelten. Alle reagierten überschwänglich darauf, dass es Leif besser ging. Andórr zog ihn sogar in eine feste Bärenumarmung. »Wusste ich's doch, dass du aus dem härtesten Holz geschnitzt bist. So eine kleine Kopfwunde kann dich nicht lange außer Gefecht setzen.«

Gent schnaubte. »Kleine Kopfwunde … am Arsch des Einäugigen.« Wenn er sich daran erinnerte, wie blass Leif noch vor wenigen Stunden gewesen war, wie schnell das Leben aus ihm herausgeflossen war, grenzte seine schnelle Genesung an ein Wunder. Ebenso wie Smillas. Lag in diesem Wald etwas in der Luft, dass die Heilung beschleunigte? Oder im Wasser? Gent hatte schon merkwürdigere Dinge erlebt.

Smilla kam als Letzte aus ihrem Zelt. Bei ihrem Anblick schlug Gents Herz sofort schneller. Sie sah aus, als hätte sie in der Nacht ebenfalls kein Auge zugetan. Das zerzauste Haar türmte sich wie ein Krähennest auf ihrem Kopf und sie hatte dunkle Ringe unter den Augen. Sie war wunderschön.

Er fing ihren Blick auf, doch sie sah rasch weg. Täuschte er sich, oder röteten sich ihre Wangen?

Als sie Leif entdeckte, stockte Smilla einen Moment lang. Gent glaubte fast, dass er es sich eingebildet hatte. Denn kurz darauf kam sie auf das Feuer zu. Wortlos winkte sie in die Runde und setzte sich dann so weit wie möglich von Gent entfernt mit einem Becher Tee zwischen Frigga und Óinn.

»Nun, da wir alle versammelt sind, möchte ich euch den

Vorschlag unterbreiten, dass wir morgen weiterziehen«, wandte sich Leif an die Truppe. »Natürlich nur, wenn die Mehrheit einverstanden ist.« Er stieß Gent einen Ellbogen in die Rippen, der ihn daraufhin warnend anfunkelte.

Leif lehnte sich jedoch seelenruhig zurück. Er war ungewohnt guter Stimmung. Mit den Fingern kämmte er seinen langen Bart. »Was meint ihr? Könnt ihr es auch kaum erwarten, diesem deprimierenden Halbdunkel zu entfliehen? Mir fehlt die Sicht auf den freien Himmel.«

Die anderen taten lautstark ihre Zustimmung kund. Nur Smilla wechselte einen mysteriösen Blick mit Óinn und starrte dann in ihren Becher.

Gent biss die Zähne zusammen. Seine Laune verschlechterte sich mit jedem Atemzug. Smillas Zurückweisung war wie ein Stachel, der sich immer tiefer in seine Brust bohrte, je länger sie vor ihm saß und so tat, als wäre nichts zwischen ihnen geschehen. Und jetzt das. Hatten denn alle über Nacht ihren Verstand eingebüßt?

»Du bist zu geschwächt«, grummelte er verstimmt. »Die Reise über die Ebene ist aus offensichtlichen Gründen keine Option mehr. Im Wald können wir nicht reiten. Wir werden ihn zu Fuß durchqueren müssen. Meinst du wirklich, dass du einen mehrtägigen Marsch über Stock und Stein durchhältst?«

Leif hatte sich daran gemacht, das Ende seines Barts neu zu flechten. »Lass das mal meine Sorge sein.«

»Wir sollten bleiben. Zwei bis drei Tage länger werden keinen Unterschied machen.«

»Es wundert mich, dass du hierbleiben willst, Gent.« Óinn warf ihm einen prüfenden Blick zu. »Hätten uns die Walküren nicht gejagt, hättest du nie freiwillig einen Fuß in den *Skog* gesetzt.«

»Ja, und was ist mit dem Hexenschlächter?«, warf Frigga

ein. »Wenn wir den götterlosen Hund erwischen wollen, müssen wir einen Zahn zulegen.«

»Wir dürfen nicht zulassen, dass er uns entkommt«, stimmte auch Andórr zu. »Ich will seine Leiche eigenhändig vor Jarl Torje zerren.«

Nur Jofur sah nicht überzeugt aus. Er saß nach wie vor auf dem Ast über ihren Köpfen. Den Rücken hatte er an den Stamm gelehnt und die Beine ließ er nach unten baumeln. Gent warf ihm einen flehenden Blick zu, doch er hob nur die Schultern und deutete auf Smilla.

Gent biss die Zähne zusammen. Er wollte sie nicht direkt ansprechen. Zu seinem Glück stieß Frigga sie mit der Schulter an. »Was meinst du, Smilla?«

Smilla schrak auf. Ihre Wangen röteten sich, als alle sie anstarrten. Offensichtlich hatte sie die Diskussion nicht verfolgt.

»Sollen wir morgen weiterziehen oder noch bleiben?«, sagte Óinn zuvorkommend.

»Tja, also ...« Smilla mied Gents Blick so offensichtlich, dass es ihm heiße Wut durch die Adern trieb. »Ich bin noch kein vollwertiges Mitglied der Wilden Jagd. Deshalb dachte ich nicht, dass meine Meinung zählt.«

»Das ist ein Fehler, den wir schnell beheben können«, mischte sich Andórr ein. »Bei der letzten Abstimmung habe ich gegen deine Aufnahme gestimmt, aber du hast dich uns seitdem mehr als einmal bewiesen. Dass Jofur am Leben ist, haben wir dir zu verdanken.« Er warf einen liebevollen Blick zu Jofur hinauf, den dieser erwiderte.

Dann fügte Jofur mit raschen Handbewegungen hinzu: *»Ich bin auch dafür, Smilla aufzunehmen.«*

»Damit steht es fünf zu eins.« Herausfordernd sah Frigga Leif an. »Du bist überstimmt.«

Neben Gent war Leif während des Gesprächs gefährlich

ruhig geworden. Eine Ader pochte an seiner Schläfe, ansonsten rührte er sich nicht. Er und Frigga lieferten sich ein Blickduell, während Smilla sich schlauerweise zurückhielt.

»Ihr macht einen Fehler«, knurrte Leif schließlich mit kaum verhohlenem Abscheu.

»Würdest du meine Aufnahme akzeptieren, wenn ich dafür stimme, dass wir morgen weiterreisen?«, fragte Smilla leichthin. Mit vor der Brust verschränkten Armen musterte sie Leif ungeduldig. »Meinetwegen müssen wir nicht bleiben. Ich habe mich genug geschont.«

Gents Wut wuchs ins Unermessliche. Erst ignorierte sie ihn und jetzt schlug sie sich plötzlich aufs Leifs Seite? Er verstand gar nichts mehr.

»Komm schon!« Andórr, der ebenfalls neben Leif saß, klopfte ihm auf den Rücken. »Sie hat sich gerade auf deine Seite geschlagen.«

»Ihr braucht meine Stimme nicht, um sie aufzunehmen. Wie Frigga bereits erwähnt hat, bin ich überstimmt.«

»Dann ist es beschlossene Sache.« Gent hielt es keine Sekunde länger in Smillas Gegenwart aus. »Herzlichen Glückwunsch, Smilla ist offiziell Teil der Wilden Jagd.« Er erhob sich. »Und offenbar reiten wir morgen weiter.«

Ohne Smilla eines weiteren Blicks zu würdigen, stand er auf. Das Frühstück lag ihm plötzlich schwer im Magen, das Feuer war zu heiß, die Stimmen der anderen zu laut. Mit großen Schritten stapfte er davon. Er musste sich nicht erklären, die Truppe kannte seine Launen.

Nachdem er einen Moment überlegt hatte, wohin er flüchten sollte, ging er zu den Pferden und tat so, als würde er nach Grim sehen. Dabei verbot er sich, Smilla verstohlene Blicke über dessen Mähne zuzuwerfen. Sie würde ja doch nur wegsehen. Er musste aufhören, sich so töricht aufzuführen. Vielleicht hatte sie recht. Vielleicht durfte so etwas nie wieder zwischen ihnen passieren. Sie war ein Mitglied seiner Truppe. Er war für sie verantwortlich. Allerdings würde sie wohl dagegenhalten, dass *sie* ebenso für *ihn* verantwortlich war und zum Beweis mit dem Stock vor ihm herumwedeln.

Eine Kerbe für ein Leben.

Bei der Vorstellung wollten sich Gents Mundwinkel heben, doch er unterdrückte den Drang zu lächeln. Vielleicht war es wirklich besser, wenn sie sich eine Weile aus dem Weg gingen. Vielleicht musste er einfach vergessen, was auf der Lichtung geschehen war.

KAPITEL 34

Es schmatzte leise, als der Schlächter sein Knochenmesser aus der Brust der Hexe zog. Er schwankte leicht, fühlte sich schwindelig, fast schon elend. Nie hatte er sich an die Schuldgefühle gewöhnt, die ihn nach wie vor überkamen. In den unpassendsten Momenten suchten ihn die Erinnerungen heim. Die Morde verschwammen ineinander, verschoben und verzerrten sich, bis er kaum noch sagen konnte, was wann passiert war. Welches sein erstes Opfer gewesen war. Und welches das letzte. Nur eins wusste er mit Sicherheit: Er konnte nicht aufhören.

Wenn ihn niemand aufhielt, würde es ewig so weitergehen. Eine Blutspur, die sich endlos durchs Land zog. Ein Fleck, der sich nicht mehr auswaschen ließ. Fast wünschte er sich, auf frischer Tat ertappt zu werden. Denn aus eigener Kraft würde er es nicht schaffen. Er hatte es versucht.

Nach seinem sechsten Mord hatte er sich geschworen, es nie wieder zu tun. Er hatte alle Waffen zurückgelassen – selbst das Knochenmesser – und war allein in den größten Wald Middangards im äußersten Norden des Landes geflohen. Wenn er dort ein einsames Dasein, fern von allen Menschen, Hexen und Kreaturen fristete, würde er es sicher schaffen, mit dem Morden aufzuhören, so hatte er gedacht.

Doch als er eines Nachts durch den Wald streifte, hörte er Trommeln und Gesang. Ein riesiges Lagerfeuer flackerte in der Ferne zwischen den dicht stehenden Stämmen. Er schlich näher heran und machte bald tanzende Silhouetten in langen fließenden Gewändern vor dem Feuer aus. Sie drehten und wiegten sich, sprangen hoch in die Luft, jauchzten und pfiffen, während sie, die Hände gen Himmel gereckt, um die zuckenden Flammen tanzten.

Hexen. Ein ganzer Zirkel. Noch nie hatte er so viele auf einmal gesehen … Wenn sie ihn entdeckten, ihn womöglich als Hexenschlächter entlarvten, hätte er keine Chance. Sie würden seine Knochen brechen, ihm die Haut abziehen und seine Lebensessenz für ihre Magie nutzen.

Sie oder ich.

Er ballte die Fäuste, drückte sie auf seine Augen, bis Lichtblitze vor seinen geschlossenen Lidern zuckten. Er war in den Wald gekommen, um seine blutigen Gewohnheiten abzulegen. Um sich reinzuwaschen von dieser krankhaften Angst, die ihn zu den schlimmsten Taten trieb. Und als hätte das Schicksal es so gewollt, fand er sich inmitten des Gebiets eines Hexenzirkels wieder.

Nein, ihm blieb keine andere Möglichkeit. Wenn er überleben wollte, musste er zuerst angreifen. Die Hexen durften ihn nicht kommen sehen. Sie würden erst wissen, wie ihnen geschah, wenn es zu spät war.

Sie oder ich.

Selbst Monate später hallten die Schreie der toten Hexen noch in seinen Ohren nach. Er war in ihr Dorf gestürmt und hatte sie mit bloßen Händen angegriffen. Eine nach der anderen hatte er sie hinterrücks überfallen, ihnen die Knochen gebrochen, bevor sie an seine herankommen konnten. Und als ihm klar geworden war, wie aussichtslos ihre Übermacht war, wie unvorbereitet er sich aufgrund seiner Angst in Gefahr gebracht hatte, wie nahe er mit diesem unüberlegten Angriff dem eigenen Tod kam, da hatte er ihre Häuser in Brand gesetzt.

Sie hatten gebrannt wie die Hexen in den alten Geschich-

ten. Qualvolle Schreie. Der Gestank nach verbrannter Haut. Das Knistern und Knacken des Feuers. Rauch in seiner Lunge. Es war zu viel gewesen.

Also war er geflohen. Kopflos zwischen die Bäume gerannt. Und er hatte nicht aufgehört zu rennen, bis er den Wald und den Gestank und die Schreie hinter sich gelassen hatte. Am Ufer eines reißenden Flusses war er schluchzend zusammengebrochen. Kurz davor, in die Fluten zu springen und sich das eigene Leben zu nehmen. Dieser Zerrissenheit in seinem Inneren endlich ein Ende zu bereiten. Die Welt vor sich selbst zu beschützen.

Doch dann wäre alles umsonst gewesen. All die Morde, die er begangen hatte, um sein eigenes Leben zu retten. All die Lügen, die er sich seit Monaten erzählte, um seine Taten zu rechtfertigen. Dann wäre er wirklich und wahrhaftig ein kaltblütiger Mörder statt eine Person, die einfach nur leben wollte. Dann wäre er nicht nur egoistisch und von Furcht geblendet, sondern auch ein Feigling.

Er hatte eine weitere Chance auf Erlösung verdient. Denn er wollte so sehr daran glauben, dass er, wenn es drauf ankam, Gutes tun konnte.

KAPITEL 35
SMILLA

Als Smilla am nächsten Morgen aus ihrem Zelt kroch, fand sie ihren Stab vor dem Eingang liegen. Sie sah sich um, konnte Gent jedoch nirgendwo entdecken. Trotz allem, was zwischen ihnen geschehen war, musste sie sich ein Lächeln verkneifen. Gent hatte ihr den Stab zurückgegeben. Bedeutete das, dass er ihr die überstürzte Flucht nicht übel nahm?

Gestern hatte es nicht danach ausgesehen. Während sich die anderen reisefertig gemacht hatten, hatte Smilla ihm immer wieder verstohlene Blicke zugeworfen, doch Gent hatte sie seit der Abstimmung am Morgen kaum mehr beachtet. Sein Verhalten trübte ihre Freude darüber, nun endlich ein vollwertiges Mitglied der Wilden Jagd zu sein.

Sie wollte sich ihm erklären, wusste jedoch nicht, was sie sagen sollte. Schließlich konnte sie ihm nicht die Wahrheit über die Knochen in ihren Taschen verraten. Und anlügen wollte sie ihn auch nicht. Das würde sie nun nicht mehr über sich bringen.

Gedankenverloren drehte sie den Stab hin und her und musterte Gents Schnitzereien. Vielleicht hatte er ihn ihr bloß zurückgegeben, weil er ihn nicht mit sich schleppen wollte, wenn sie heute aufbrachen. Die Truppe hatte sich mehrheitlich gegen ihn durchgesetzt und Smilla war beinahe froh, dass sie bald von hier verschwinden würden. Sosehr sie die Zeit im Wald genossen hatte, wollte sie sich nicht mehr länger als nötig in der Nähe der Lichtung aufhalten.

Denn diese Lichtung war gefährlich. Wäre sie noch einmal mit Gent alleine dort, würde mehr passieren. Und das durfte sie nicht zulassen. Das Risiko, dass ihr Geheimnis aufflog, war einfach zu hoch. Es war für alle am besten, wenn sie heute aufbrachen und den *Skog* so schnell wie möglich hinter sich ließen. Die Vorräte wurden langsam knapp und es drückte auf die allgemeine Stimmung, dass sie bereits seit Tagen hier festsaßen. Dass sie dem Hexenschlächter kein Stück näher gekommen waren und wertvolle Zeit verloren hatten. Ganz zu schweigen davon, dass Smilla sich selbst nicht mehr trauen konnte, wenn es um Gent ging. Wie es schien, setzte ihr Kopf in seiner Nähe neuerdings aus und ihr Körper übernahm die Kontrolle.

Smilla seufzte. Sie musste sich auf ihre Mission konzentrieren und konnte keine Ablenkung gebrauchen. Vor allem nicht, wenn die Ablenkung in Gestalt eines gut aussehenden, muskelbepackten Hünen daherkam, dessen Küsse sie nun in ihren Träumen heimsuchten. Sie konnte nicht aufhören, an ihre gemeinsame Zeit auf der Lichtung zu denken. An sein Stöhnen. Seine Berührungen. Seine Haut an ihrer. Allerdings sehnte sie sich nicht nur nach seinem Körper. Sie wollte mehr über ihn erfahren, ihn richtig kennenlernen. Sie wollte, dass er ihr Seiten an sich zeigte, auf die sie bisher nur einen flüchtigen Blick erhascht hatte. Denn sie wusste nun, dass es noch so viel mehr zu entdecken gab. Dass er sich hinter seinen groben Worten versteckte wie hinter einer Rüstung.

»He, Smilla!« Etwas flog durch die Luft auf sie zu. Smilla reagierte nicht schnell genug und das Geschoss traf sie am Kopf. »Autsch.« Ein Winterapfel plumpste ins Gras und sie bückte sich, um ihn aufzuheben.

»'tschuldige!« Óinn winkte ihr zerknirscht zu.

Smilla rieb sich die schmerzende Stelle am Kopf, winkte aber zurück. »Schon in Ordnung. Danke für das Frühstück!«

Es war allein ihre Schuld, dass sie sich ihren Tagträumen hingab und ihre Umgebung nicht mehr wahrnahm. Wenn sie sich nicht ernsthaft verletzen wollte, musste sie sich dringend zusammenreißen.

Da kam es ihr gerade recht, dass die anderen begonnen hatten, die Zelte abzubauen. Vielleicht würde sie auf der Reise durch den Wald auf andere Gedanken kommen – vorausgesetzt, sie schaffte es, sich von Gent fernzuhalten.

Wenig später war das Lager abgebaut, das Feuer gelöscht und die Pferde gesattelt. Gent hatte allerdings angeordnet, dass sie durch den Wald laufen würden, da sie zwischen den dicht stehenden Bäumen nicht reiten konnten. Zu Fuß würden sie nur langsam vorankommen, was zu Protesten geführt hatte. Gent hatte sich jedoch nicht erweichen lassen. Er hatte sich geheimnisvoll gegeben und etwas davon gegrummelt, dass sie die verlorene Zeit wieder aufholen würden. Offenbar hatte er einen Plan, den er noch nicht mit der Truppe teilen wollte. Wie so vieles.

Als Smilla schließlich Tófas Zügel packte und ihre Fuchsstute hinter den anderen her aus dem ehemaligen Lager führte, warf sie keinen Blick zurück. Stattdessen entwich ihr ein erleichtertes Seufzen. Die Bäume hießen sie mit ihrem düsteren Zwielicht willkommen und verschlangen die Truppe, als wären sie nie dort gewesen. Hätte Smilla ihre Gefühle doch nur ebenso an diesem Ort zurücklassen können.

* *

Der Tag zog ereignisreich vorbei. Sie sprachen wenig, waren auf Gents Befehl hin besonders auf der Hut. Laut ihm wimmelte es in diesem Wald vor allerlei gefährlichen Kreaturen. Derartige Warnungen mussten einmal mehr seiner Angst entspringen, denn Smilla hatte bisher von den Bewohnern des Waldes nur Freundlichkeit erfahren.

Sie rasteten nicht und hielten erst an, als die Dämmerung hereinbrach. Die Stimmung war gedrückt. Leif war offenbar immer noch verstimmt über Smillas beinahe einstimmige Aufnahme. Er ging den anderen, und vor allem ihr, aus dem Weg. Sobald das Lager aufgeschlagen war, nuschelte er etwas von »Beste Route für morgen auskundschaften« und verschwand im Wald. Den ganzen Abend über bekamen sie ihn nicht mehr zu Gesicht.

Smilla zog sich früh in ihr Zelt zurück. Sie konnte es nicht riskieren, wieder von Gent auf irgendeine mondbeschienene Lichtung gelockt zu werden. Sosehr sie sich heimlich wünschte, mit ihm reden zu können, es war besser für sie – und ihre Mission –, sich von ihm fernzuhalten. So lag sie den Großteil der Nacht mit weit aufgerissenen Augen in ihrem kalten, leeren Zelt, während sich ihr Körper nach Gents Berührungen verzehrte.

* *

Der nächste Tag versprach nicht viel aufregender zu werden. Das Lager wurde abgebaut und sie zogen weiter. Mittlerweile wollten alle so schnell wie möglich aus dem *Skog* herauskommen. In einer Kolonne ging es in zügigem Tempo weiter zu Fuß durch den Wald.

Sie konnten allerdings kaum eine Stunde durchs dichte Unterholz gelaufen sein, als Jofur ihnen aufgeregt entgegenkam. Wie immer war er vorausgegangen, um die Gegend auszukundschaften. Smilla las aus seinen blitzschnellen Handbewegungen, dass er eine Entdeckung gemacht hatte. Sie folgten ihm in einen Teil des *Skog*, in dem die Bäume noch dichter standen. Flechten hingen von den Zweigen, wiegten sich sanft hin und her. Hier war es unheimlich still. Smilla hatte das Gefühl, als würde der Wald den Atem anhalten, wie die Ruhe vor einem vernichtenden Sturm.

Da drang leises Klirren an ihre Ohren. Es klang melodisch, fast schon wie …

»Windspiele«, murmelte Óinn neben ihr.

Smilla beschleunigte ihre Schritte, drängte sich an den anderen vorbei. Vor ihr schälten sich die Konturen einer Holzhütte aus dem Zwielicht. Ein schiefes Dach mit moosüberzogenen Schindeln. Geschlossene Fensterläden. Kein Rauch drang aus dem Schornstein. Die Tür stand halb offen.

Furcht kroch durch Smillas Adern. Die Vorahnung, dass hier etwas Schreckliches geschehen war, legte sich wie eine eisige Faust um ihr Herz.

Die anderen ließen sich zurückfallen. Sie mussten ebenfalls spüren, dass etwas nicht stimmte, da sie aufgeregt miteinander flüsterten. Smilla hörte ihre Stimmen kaum noch, während sie sich der Kate näherte.

Sie blendete alles aus, das Rauschen der Baumwipfel, das Klirren der Windspiele, das Knirschen ihrer Sohlen auf dem Steinweg, der zum Haus führte. Im Näherkommen erkannte sie, dass ein Großteil der Talismane, die vom unteren Dachrand hingen, aus Knochen bestand. Ein Schauer kroch Smillas Wirbelsäule hinauf und sie musste ihre gesamte Willenskraft aufbringen, um nicht loszurennen. Vorsichtig streckte sie eine zitternde Hand aus.

Als sie die Tür weiter aufstieß, schlug ihr beißender Gestank entgegen. Tränen schossen ihr in die Augen und sie bedeckte Mund und Nase mit einer Hand. Blinzelnd sah sie sich in dem dunklen Raum um. Halb blinde Fensterscheiben. Ein kleines Bett in einer Ecke. Ein Reisigbesen neben dem kalten Herd. Getrocknete Kräuterbüschel, die von der

Decke baumelten. Ihr Duft konnte den süßlichen Gestank jedoch nicht überdecken.

Smilla trat einen Schritt in den Raum hinein, musste sich davon abhalten, nach den Knochen in ihrer Brusttasche zu tasten, um mit deren Hilfe etwas Licht zu erzeugen. Die Dielen knarzten, dann stolperte sie über etwas am Boden. Mit einem leisen Aufschrei wich sie zurück.

Augen starrten zu ihr auf. Schreckgeweitet. Leblos. Leer. Das wenige Tageslicht, das durch die Ritzen in den Fensterläden hineinfiel, spiegelte sich darin. Knochenweißes Haar umgab den Kopf der Frau auf dem Boden wie ein Kranz. Tiefe Runzeln zogen sich über ihr Gesicht. Sonst war nicht viel von ihr übrig. Wilde Tiere, Würmer und Maden hatten sich bereits an der Leiche gütlich getan.

Smilla griff sich an den Hals, als Übelkeit in ihr aufstieg. Ihr entwich ein Schluchzen. Sie fiel auf die Knie. Tränen brannten in ihren Augenwinkeln. Das Herz pochte ihr so laut in den Ohren, dass es wie der Pulsschlag dieses Ortes klang. Des Waldes, der um die Hexe trauerte, die ein Teil von ihm gewesen war. Denn anhand ihres weißen Haars und der Knochen, die Wände und Fenster zierten, bestand kein Zweifel, dass sie eine gewesen war. Eine weitere Schwester, die Smilla verloren hatte.

Lautlos bewegte sie die Lippen, hauchte die Worte, die sie auch an jenem Tag vor über vier Monaten geflüstert hatte, um ihren gesamten Zirkel trotz allem sicher an die Seite der Großen Mutter zu geleiten. Durch die ungeweinten Tränen war ihr Blick verschwommen. Anhand der wenigen sterblichen Überreste konnte Smilla es nicht mit Sicherheit sagen, doch sie spürte tief in sich drin, dass auch dies ein Mord gewesen war. Und Smilla wusste, wer dahintersteckte.

»Der Schlächter«, raunte Frigga hinter ihr. Smilla zuckte

zusammen, hatte sie nicht hereinkommen hören. »Er war hier.«

»Und der Verwesung der Leiche nach zu urteilen erst vor einigen Stunden, allerhöchstens einem Tag«, fügte Óinn hinzu. »Es ist nicht genug übrig, um es genau festzustellen.«

»Wir haben Glück«, brummte Andórr. »Wenn wir uns beeilen, erwischen wir ihn noch im Wald.«

Smilla glaubte, sich verhört zu haben. »Glück?!« Sie sprang auf und fuhr zu ihm herum. »Du nennst es Glück, dass diese Frau, die friedlich in Abgeschiedenheit gelebt hat, tot ist, weil ein fanatischer Irrer sie auf seinem lächerlichen Kreuzzug ermordet hat?«

Andórr hob die Hände. »So meinte ich das nicht.«

»Das weiß sie.« Frigga trat zwischen die beiden. »Nicht wahr, Smilla?«

Smilla schluckte. Einmal. Zweimal. Ihre Brust hob und senkte sich rasch, ihre Wangen brannten. Doch es gelang ihr, die zu Fäuste geballten Hände sinken zu lassen. Sie nickte abgehackt. »Ja, tut mir leid, Andórr«, murmelte sie, als sie an ihm vorbei nach draußen drängte.

Sie wischte sich über die Augen, musste sich in den Griff bekommen, damit die anderen nicht sahen, wie nah ihr der Fund ging. Wenn es dafür nicht schon zu spät war.

Beinahe wäre sie in eine düstere Gestalt hineingelaufen. Gent war als Einziger draußen geblieben. Er stand einige Schritte entfernt, hatte der Hütte den Rücken zugekehrt, als könnte er es nicht ertragen, eine weitere Unschuldige tot zu sehen. Smilla wünschte sich fast, der Anblick wäre ihr ebenfalls erspart geblieben. So viel unnützes Leid. So viel Tod. Sie mussten den Schlächter finden. Mussten dem endlich ein Ende setzen.

Als Gent sie kommen hörte, drehte er den Kopf. Er fragte

nicht, was sie im Inneren gesehen hatte. Sein Gesicht war eine steinerne Maske, kein Muskel regte sich.

»Wir müssen weiter«, blaffte Smilla ihn an. »Der Schlächter hat kaum einen Tag Vorsprung.«

Anhand ihres frostigen Tonfalls neigte Gent nur leicht den Kopf. Stumm sah er sie aus seinen dunklen Augen an, während sie an ihm vorbeistapfte und Tófas Zügel packte.

Sie hatten keine Zeit zu verlieren.

KAPITEL 36
GENT

Sie hatte das Wort an ihn gerichtet. Gent konnte kaum glauben, dass Smilla tatsächlich wieder mit ihm gesprochen hatte – wenn auch in barschem Ton und kur zangebunden. Noch vor wenigen Tagen hätte ihn das verärgert, doch jetzt sah er ihr an, wie durcheinander sie war. Ihm fielen all die kleinen Zeichen auf: dass ihre Schultern herabhingen, ihre Augen feucht glänzten, ihr Blick stumpf war und ihre Stimme leicht zitterte. Doch warum? Es war nicht die erste Leiche, die Smilla zu Gesicht bekam, trotzdem ging ihr der Tod der Frau in der Hütte besonders nahe. Ein weiteres Geheimnis, das es aufzudecken galt. Wenn sie ihn ließ.

Die anderen kamen aus der Hütte. Alle sprachen durcheinander. Nur Leif löste sich schweigend von der Gruppe, um das Terrain nach Spuren abzusuchen, da sich vor der Hütte keine finden ließen.

»Er ist durch den Wald gekommen, hat ganz in unserer Nähe getötet«, sagte Andórr aufgeregt.

»Es gibt nicht viele Routen, die er genommen haben kann, um den Wald zu durchqueren«, merkte Óinn an.

»*Wenn wir die Nacht durchreiten, können wir ihn vielleicht einholen*«, fügte Jofur hinzu.

Frigga packte die Peitsche an ihrer Hüfte. »Diesmal wird er uns nicht entkommen.«

Gent biss die Zähne zusammen. »Ich habe euch doch gesagt, dass ich einen Plan habe. Es ist nicht nötig, durch den

Wald zu *reiten.*« Er warf Leif einen Blick zu. »Wir gehen keine Risiken ein.«

»Aber wir sind so nah dran«, protestierte Frigga.

»Umso wichtiger ist es, Vorsicht walten zu lassen. Der Schlächter hat seine Spuren ganz offensichtlich verwischt. Was, wenn er weiß, dass wir ihm auf den Fersen sind? Wenn er uns beobachtet?« Gent sah sich auf der Lichtung um. Er glaubte, unsichtbare Blicke auf sich zu spüren. Dabei dachte er jedoch nicht an den Hexenschlächter, sondern an viel tödlichere Kreaturen, die hinter den Bäumen hervorspähen mochten.

»Das macht es umso wichtiger, ihn so bald wie möglich zu schnappen«, warf Óinn ein.

Müde rieb sich Gent über das Gesicht. Er war nicht in der Stimmung, sich auf weitere Diskussionen einzulassen. »Na schön«, stieß er grimmig hervor. »Wir rasten heute Abend nicht. Dann sollten wir den Fluss im Morgengrauen erreichen.«

»Den Fluss?« Nun sahen ihn alle verblüfft an.

Sogar Smilla.

»Ich sagte doch, dass ich einen Plan habe.« Gent ließ sich zu einem schmallippigen Lächeln hinreißen. »Jenseits des *Skog* gibt es nur eine sichere Route, die Reisende nehmen können. Und jetzt los, machen wir, dass wir von hier wegkommen.« Er warf einen weiteren unbehaglichen Blick ins Zwielicht zwischen den Stämmen.

»*Sollten wir die Leiche nicht verbrennen?*«, fragte Jofur.

»Wozu denn?« Andórr zuckte mit den mächtigen Schultern. »Es ist ja nicht mehr viel übrig.«

Gent schauderte, wandte sich ab und stapfte eilig davon.

* *

Wie befürchtet, bereute Gent bereits einige Stunden später, nachgegeben zu haben. Nach der Dämmerung wurde es so finster im Wald, dass er die anderen kaum noch erkennen konnte. Nur das Schnauben der Pferde, das leise Klopfen der Hufe auf dem Waldboden und Andórrs lauter Atem in seinem Rücken verrieten ihm, dass er nicht allein war. Natürlich musste sich der Mond ausgerechnet heute Nacht hinter dicken Wolken verbergen. Durch die dicht verwobenen Äste hätten es seine blassen Strahlen vermutlich sowieso nicht bis zum Waldboden geschafft.

Gents Laune war am Tiefpunkt. Immer wieder sah er sich um, obwohl er gerade mal Friggas blonden Haarschopf und das sanft schwingende Hinterteil ihrer Schimmelstute vor sich ausmachen konnte. In einer Kolonne führten sie die Pferde am Zügel zwischen den Bäumen hindurch, angeführt von Leif. In der Nacht fühlte sich Gent so tief im Wald noch verletzlicher als auf der Røyken-Ebene. Wer wusste schon, wie viele Kreaturen ihnen bereits auf den Fersen waren.

Er lauschte in die Dunkelheit. Zweige knackten, Blätter raschelten. Nichts Ungewöhnliches. Und doch konnte er sich des Gefühls nicht erwehren, dass sie verfolgt wurden.

Ein Schnauben zerriss die nächtliche Stille. Tiefer als das der Pferde. Gent packte die Zügel fester, als Grim zur Seite tänzelte. »Ruhig, mein Junge.«

Trotz seiner beschwichtigenden Worte zog er die Axt aus der Halterung an Grims Sattel und schob sie in das Futteral auf seinem Rücken. Grim rollte mit den Augen, seine Ohren zuckten in alle Richtungen. Ein sicheres Anzeichen dafür, dass etwas nicht stimmte.

Ein Knurren ertönte. Diesmal lauter. Gent fuhr herum, starrte in die brodelnde Dunkelheit. Er hörte Schritte. Etwas näherte sich durchs Unterholz. Etwas Schweres.

»Kreisformation«, brüllte er.

Niemand zögerte. Wie ein Mann bewegte sich seine Truppe auf ihn zu. Wäre Gent nicht so abgelenkt, er wäre stolz darauf gewesen, wie reibungslos sie selbst auf engstem Raum funktionierten. Nur wenige Herzschläge später hatte die Wilde Jagd die Pferde in die Mitte genommen und sich im Kreis um die Tiere aufgestellt. Mit gezückten Waffen starrten sie dem Angreifer entgegen. Doch da war nichts als Tintenschwärze.

Aufgrund des beengten Raums ließ Gent die Axt auf seinem Rücken und zückte seinen Dolch. Links neben ihm stand Jofur, zwei Wurfmesser in jeder Hand. Und rechts neben ihm … Gent entfuhr ein überraschter Laut. Smilla.

Sie nahm keine Notiz von ihm. Mit grimmig verengten Augen blickte sie in den Wald. In der Hand hielt sie den Stab, den er ihr geschenkt hatte. Die gekreuzten Kurzschwerter warteten auf ihrem Rücken darauf, jeden Moment gezogen zu werden.

Noch war allerdings nicht klar, um was für eine Gefahr es sich handelte. Natürlich hatten die anderen bisher nicht aufgeschnappt, was Gent gehört hatte, doch in derartigen Situationen vertrauten sie ihrem Anführer, ohne Fragen zu stellen.

Es war wieder still geworden, sodass Gent sich schon fragte, ob ihm seine Sinne einen Streich gespielt hatten. War es nur der Wind gewesen? Ein wildes Tier? Oder hörte er mittlerweile Dinge, die gar nicht existierten?

Doch dann donnerte plötzlich etwas durch das Dickicht auf sie zu. Stahl klirrte, als Waffen gezogen wurden. Gent spürte, wie sich seine Truppe anspannte, wie sich die Luft verdichtete, während alle dem Wesen entgegenblickten, das in diesem Moment direkt vor Gent durch die Äste brach.

Es überragte ihn um zwei Köpfe und war doppelt so breit wie er. Sein Brüllen ließ den Waldboden erzittern. Gent machte schwarz glänzende Augen aus. Aufgestellte Ohren stachen aus langem, verfilztem Haar. Das Wesen hatte etwas von einem Bären – einem Bären, der auf zwei Beinen lief?

Mehr konnte Gent nicht erkennen. Trotzdem zögerte er keinen Moment und sprang vor, um den ersten Schlag zu landen. Doch da spürte er einen Widerstand hinter sich und wurde rückwärts gerissen. Es klirrte, als er mit Smilla zusammenstieß.

»Was zum …?«, fluchten beide gleichzeitig.

Gent wollte erneut losrennen – und wurde wieder zurückgezerrt. Mit voller Wucht krachte sein Rücken gegen Smillas. Da wurde ihm klar, dass sich eins ihrer Kurzschwerter mit seiner Axt verhakt haben musste.

Nun steckten sie fest.

Rücken an Rücken.

Gent war so wütend, dass er kaum mitbekam, wie seine Truppe den Kampf gegen die Kreatur aufnahm. »Beim Bart des Einäugigen, halt still!«

Smilla wehrte sich jedoch nur noch heftiger, was dazu führte, dass sie ihn mit sich zog.

»Siehst du denn nicht, dass wir festhängen?«, brüllte Gent. »Wir müssen uns befreien.«

»Das kann doch nicht …« Smilla erstarrte, als sie begriff. Ungeduld ging in spürbaren Wellen von ihr aus. »Wie sollen wir das anstellen?«

Gent wusste, dass er ihr nicht böse sein durfte. Smilla war es nicht gewöhnt, in der Gruppe zu kämpfen. Sie musste sich erst in den tödlichen Tanz eingliedern, den die Wilde Jagd über Jahre einstudiert hatte. Und der Platz zwischen den dicht stehenden Bäumen war beengt.

Frustriert hob sie beide Arme über den Kopf und rüttelte ächzend an einem ihrer Kurzschwerter. Es bewegte sich kein Stück. Gent konnte sie zwar nur aus dem Augenwinkel sehen, doch die ganze Situation war so absurd, dass ein Lachen in ihm aufstieg. Es blubberte tief in seiner Brust, bahnte sich einen Weg nach oben und sprudelte schließlich aus ihm hervor.

Zwei Tage waren sie einander aus dem Weg gegangen, hatten kaum ein Wort gewechselt und plötzlich waren sie unfreiwillig aneinandergekettet. Nun würden sie zusammenarbeiten müssen, um sich zu befreien – und sich endlich am Kampf zu beteiligen. Wäre die Grausamkeit der nicht existenten Götter nicht so amüsant, hätte er sich einmal mehr darüber geärgert. Gent konnte jedoch nicht leugnen, dass er es genoss, Smilla unfreiwillig wieder so nahe zu sein.

»Wie kannst du in dieser Situation *lachen*?«, fuhr sie ihn an.

Gent lachte nur noch lauter.

Frigga warf ihnen einen verwirrten Blick über die Schulter zu, während sie geduckt herumwirbelte und ihre Peitsche auf den Angreifer zuschnellen ließ. Die anderen schirmten Gent und Smilla so gut es ging von der Kreatur ab, während sie versuchten, sich zu befreien.

Sie mussten ein wirklich lustiges Bild abgeben, dachte Gent. Wie zwei Käfer, die auf den Rücken gefallen waren und nun mit Armen und Beinen ruderten, um das Gleichgewicht zurückzuerlangen. Nur dass sie aufrecht standen und ihre Waffen bei jeder Bewegung aneinander schabten.

»Wir könnten hier ein bisschen Hilfe gebrauchen«, rief Smilla, doch die anderen hatten alle Hände voll mit der Kreatur zu tun, die Gent nicht sehen konnte, da er mit dem Rücken zum Kampf stand. Sich umzudrehen gestaltete sich gerade schwierig.

»Vorsicht!«, ertönte Andórrs Stimme. Gent duckte sich instinktiv. Jofur flog in hohem Bogen an ihm vorbei und landete unsanft in einem Dornengestrüpp. Die Luft entwich ihm mit einem Zischen und er blieb reglos liegen.

In diesem Moment wurde Gent bewusst, wie ernst die Situation war. Die Wilde Jagd hatte Mühe, das Biest in Schach zu halten. Nun verfluchte Gent sich dafür, so lange gewartet zu haben. Instinktiv griff er nach der Axt auf seinem Rücken, doch die ließ sich nach wie vor kein Stück bewegen.

Ein schmerzerfülltes Keuchen drang an seine Ohren. War das Óinn? Gent wollte herumfahren, um seiner Truppe zu Hilfe zu eilen – egal, ob er Smilla dabei von den Füßen riss. Doch da rief Smilla eine Warnung. Im nächsten Moment sprang sie zur Seite und riss ihn mit.

Nur knapp entgingen beide einem Prankenschlag. Messerscharfe Krallen sausten durch die Luft, keine zwei Fingerbreit von Gents Gesicht entfernt. Er keuchte, stolperte, um nicht das Gleichgewicht zu verlieren.

Als er und Smilla wieder aufrecht standen, wandte er sich nur mit seinem Dolch bewaffnet der Kreatur zu. Das lange Zottelhaar fiel dem Wesen ins Gesicht, doch die Bärenschnauze war klar erkennbar – mit Schneidezähnen so lang wie Smillas Unterarm. Die Brust war mit braunem Fell bedeckt, doch der mächtige Oberkörper endete in menschlichen Beinen. Zwar leicht gekrümmt und mit krallenbewehrten Zehen, jedoch eindeutig in eine zerschlissene Hose gekleidet.

»Das ist ein *Berserkr*, halb Mensch, halb Bär«, entfuhr es Gent verblüfft. »Die sind so selten, dass ich dachte, sie existieren nur noch in den alten Legenden.«

Ihm blieb keine Zeit, eine Antwort von Smilla abzuwarten. Der *Berserkr* griff an und er entging dem Schlag seiner Pranke erneut nur knapp. Mit Smilla als zusätzlichem Faktor, den es zu beachten galt, bewegte Gent sich um ein Vielfaches langsamer als gewohnt. Ihr Gewicht drohte ständig, ihn zu Fall zu bringen.

Das Halbwesen fletschte die Zähne. Spuckefäden flogen Gent entgegen, als es erneut brüllte. Es blutete bereits aus mehreren Wunden, was es jedoch nur noch rasender machte. Als Leif mit erhobenem Schwert auf den *Berserkr* zusprang, schlug dieser die Waffe beiseite, als wäre sie nicht mehr als ein Zahnstocher. Unaufhaltsam kam er auf Smilla und Gent zu. Smilla stieß ihren Stab in seine Richtung, um ihn in Schach zu halten.

Gent packte seinen Dolch fester. »Beweg dich mit mir nach vorn«, raunte er Smilla zu, während das Bärenwesen immer näher kam. »Auf drei.«

Es knurrte drohend, ließ Gent und seine Waffe nicht aus den Augen.

»Eins.«

Smilla spannte sich hinter ihm an, machte sich bereit zum Sprung.

»Zwei.«

Der *Berserkr* richtete sich zu seiner vollen Größe auf, um ein weiteres Brüllen auszustoßen.

»Drei!«

Gent sprang vor. Smilla bewegte sich mit ihm. Sie bremste ihn zwar, doch Gent hatte so viel Schwung, dass es ihm gelang, den *Berserkr* am fellbedeckten Arm zu treffen. Das Halbwesen brüllte so laut, dass der Boden bebte, schien die Wunde jedoch kaum zu bemerken. In wilder Raserei schlug es um sich.

»Runter!« Gent wollte aus dem Weg hechten, doch mit Smilla im Schlepptau war er zu langsam. Ihre Waffen rieben aneinander, zerrten an seinem Rücken, sodass er zurücktaumelte.

Da schlug der *Berserkr* zu. Smilla stand ihm am nächsten.

Mit ihrem Holzstab wehrte sie seine Krallen ab, wurde jedoch von der Wucht des Aufpralls zurückgeschleudert. Sie flog durch die Luft, riss Gent erneut mit sich.

Die Kreatur sprang hinterher. Gent konnte gerade noch seinen Dolch hochreißen. Tief grub sich seine Klinge in die Brust des Bärenwesens. Im nächsten Moment landete Gent unsanft auf Smilla und die Kreatur auf ihm.

Mit einem Keuchen entwich Smilla die Luft. Sie lag nun auf dem Bauch, niedergedrückt von Gents Gewicht und dem des *Berserkrs*. Die Bestie zuckte ein letztes Mal und blieb dann reglos liegen. Gent hielt die Luft an. Der Gestank des Wesens traf ihn trotzdem mit solcher Wucht, dass er würgen musste. Smilla war unter ihm ganz still geworden. Atmete sie noch?

Panik stieg in ihm auf. Eilig riss er den Dolch aus der Brust der Kreatur. Blut sprudelte hervor, floss ihm warm über den Hals. Er wollte das Biest von sich stoßen, wollte, dass Smilla so schnell wie möglich wieder Luft bekam. Ächzend stemmte er beide Hände gegen den reglosen Koloss. Er bewegte sich kein Stück.

»Holt das Ding von uns runter!«, brüllte er.

Der *Berserkr* war so massig, dass es der Hilfe von Andórr und Leif bedurfte, ihn von Gent herunterzuzerren. Mit fliegenden Fingern machten sie sich daraufhin daran, Smillas und Gents Waffen zu enthaken. Es gelang ihnen mit lächerlich wenigen Handgriffen.

Sobald Gent frei war, rollte er sich von Smilla. Er kniete sich neben sie, nahm ihr die Schwerter ab und drehte sie vorsichtig auf den Rücken.

»Smilla?« Sie hatte die Augen geschlossen, atmete flach. Den Stab hielt sie immer noch umklammert, was in Gent trotz seiner Angst um sie ein warmes Gefühl auslöste. Ihre Haare waren zerzaust und schlammverklebt und sie wirkte noch blasser als sonst. Er zögerte, ihren Brustkorb nach gebrochenen Rippen abzutasten. Schließlich hatte sie deutlich gemacht, dass sie nicht mehr von ihm berührt, ihm nie wieder nahe kommen wollte. Unschlüssig verharrten seine Hände über ihrem Körper. Dann entschied er sich dafür, ihr erst einmal das Haar aus dem Gesicht zu streichen. Als er dabei ihre Stirn streifte, öffneten sich ihre Lider flatternd. »Smilla?«

Sie atmete tief ein und lächelte schief zu ihm auf. »Es geht mir gut.«

Er lächelte zurück. »Gut ist bestimmt übertrieben, aber ich will keine Haarspalterei betreiben.«

Sie verdrehte die Augen. »Das ist wahrscheinlich das erste Mal in deinem Leben.«

Erleichtert stieß er die Luft aus. Ihre bissigen Kommentare waren wohl der beste Beweis dafür, dass es ihr nicht allzu schlecht gehen konnte.

Er reichte ihr eine Hand und Smilla ergriff sie. Als er sie mit sich hochzog, schwankte sie ein wenig, blieb aber aufrecht stehen. Sie musterten einander von Kopf bis Fuß, als müssten sich beide zuallererst vergewissern, dass es dem anderen gut ging. Dann gesellte sich die restliche Truppe zu ihnen und Gent riss sich widerwillig von Smilla los.

Die Wilde Jagd gab einen schaurigen Anblick ab. Leif krabbelte auf der Suche nach seinem Schwert durchs Unterholz, Andórr humpelte, Jofur hatte gerade erst das Bewusstsein wiedererlangt und wurde von Frigga und Óinn gestützt, die beide blutbesudelt waren.

Zu Gents Erleichterung beteuerten jedoch alle, dass sie keine ernsthaften Verletzungen davongetragen hatten. Neben einigen Prellungen, Kratzern und zerrissenen Kleidungsstücken waren sie glimpflich davongekommen.

Jofur und Óinn machten sich daran, die Pferde zu beruhigen, während Andórr Leif bei der Suche nach seinem Schwert half.

Gent beobachtete, wie Smilla Frigga anbot, deren Haarkranz neu zu flechten. Während sie das Haar der anderen Frau mit geschickten Handgriffen teilte, warf sie Gent über deren Kopf hinweg einen Blick zu. Ihre Mundwinkel hoben sich kaum merklich und Gent hatte plötzlich das Gefühl, dass ihnen dieser Kampf tatsächlich von den nicht existenten Göttern geschickt worden war – nur auf ganz andere Weise, als er ursprünglich gedacht hatte.

KAPITEL 37
SMILLA

Als das erste Morgenlicht durchs Astgeflecht sickerte und die Welt in Gold tauchte, brachte Smilla endlich den Mut auf, zu Gent aufzuschließen. Schon seit einer Weile standen die Bäume weniger dicht, sodass die Wilde Jagd eine lockere Formation angenommen hatte. Nun, da die Schatten der Nacht einem überirdischen Schimmern wichen, waren sie immer noch wachsam, unterhielten sich jedoch leise. Die blutigen Kratzer waren verbunden, die zerrissene Kleidung notdürftig zusammengeflickt und alle schienen trotz des unerwarteten Kampfs guter Laune zu sein. Vermutlich weil sie spürten, dass sie es bald aus dem Wald herausgeschafft hatten.

Smilla führte ihre Fuchsstute am Zügel neben Gents schwarzen Hengst. Wenn er überrascht war, ließ er es sich nicht anmerken. Zunächst sagte keiner von ihnen ein Wort. Smilla sah sich im Wald um, der am frühen Morgen wahrlich verwandelt wirkte. Ein Tautropfen schimmerte wie flüssiges Silber in einem komplizierten Spinnennetz. Zwischen den filigranen, klebrigen Fäden hingen auch eine Motte mit einem abgerissenen Flügel und ein Borkenkäfer. Die Herrin des Hauses krabbelte soeben auf ihren acht Beinen heran. Sie hielt auf die nur noch schwach zuckende Motte zu. Durch die Bewegung wurden die seidenen Fäden in Schwingungen versetzt. Das Morgenlicht brach sich ein letztes Mal auf dem zitternden Tautropfen, bevor er sich vom Netz löste und lautlos herabfiel.

Smilla nahm es als ihr Zeichen. Sie öffnete den Mund, doch Gent kam ihr zuvor. »Geht es dir besser?«

Smilla schloss den Mund. Aus dem Augenwinkel erkannte sie, dass er sie nicht ansah. Er starrte stur geradeaus. »Ich meine«, er räusperte sich, »es passiert sicher nicht jeden Tag, dass du das Gewicht eines Bärenmenschen aushalten musst. Noch dazu nachdem du wenige Tage vorher eine lebensbedrohliche Verletzung davongetragen hast.«

»Nicht zu vergessen *dein* Gewicht.« Nun wagte Smilla es, den Kopf zu ihm zu drehen. Täuschte sie sich oder zuckten Gents Mundwinkel?

»Ach.« Er winkte ab. »Mir wurde mal gesagt, dass ich leicht wie ein Wichtel bin.«

»Von wem?«

»Von einem Steinriesen.«

Smilla prustete los. Sie konnte das Lachen einfach nicht zurückhalten.

Gents Miene blieb unbewegt. Er sah sie immer noch nicht an. Doch in seine Augen war ein verräterisches Funkeln getreten. Er genoss das hier ebenso sehr wie sie. Die Erkenntnis löste ein derart starkes Kribbeln in Smillas Magen aus, als tummelte sich dort ein Schwarm Irrwische.

»Danke«, raunte sie, nun ernster.

Endlich sah Gent sie an, eine Braue erhoben. »Wofür?«

»Dafür, dass du mich vor dem *Berserkr* beschützt hast.«

Er hob die Braue noch höher. »Ich würde sagen, dass ich mehr getan habe, als dich nur zu beschützen.«

Smilla musterte ihn mit fragend gerunzelter Stirn.

Vielsagend deutete Gent auf den Stab in ihrer Hand. »Ich habe dir das Leben gerettet. Schon wieder.«

Smilla verdrehte die Augen. Sofort hatte sie mehrere bissige Antworten parat.

Von wegen, das hätte ich auch allein geschafft.

Das war bloß ein Glückstreffer. Der Bärenmensch ist praktisch auf deine Klinge gefallen.

Du bildest dir wirklich viel auf dich ein, was?

Sie äußerte keine einzige davon. Stattdessen reichte sie ihm nach kurzem Zögern den Stab. »Eine Kerbe für ein Leben. Erweist du mir die Ehre?«

Gents Augen weiteten sich vor Überraschung. Er musterte Smilla einen Moment lang, der sich wie eine Ewigkeit zu ziehen schien. Seine dunklen Augen wirkten plötzlich wärmer, einladender. Der Drang, ihm wieder nahe zu sein, war beinahe überwältigend. Sie wollte in diese Augen blicken, während sich ihre Nasenspitzen berührten, während sich sein Atem mit ihrem mischte …

Gent brach den Blickkontakt ab. Mit einem knappen Nicken ließ er Grims Zügel los, die er bis dahin in der Hand gehalten hatte. Das Pferd trottete ungerührt weiter neben ihm her. Vorsichtig nahm Gent den Stab entgegen, offensichtlich darauf bedacht, Smillas Finger nicht zu berühren. Es versetzte ihr einen Stich, was sie jedoch überspielte. *Sie* war es schließlich, die auf der Lichtung vor *ihm* geflohen war. Was musste er jetzt wohl von ihr denken? Wie interpretierte er ihr widersprüchliches Verhalten? Smilla hätte ihm gern begreiflich gemacht, dass ihr überstürzter Aufbruch nichts mit ihm zu tun hatte. Gleichzeitig wusste sie, dass das die Dinge zwischen ihnen nur weiter verkomplizieren würde. Und Komplikationen konnte sie nicht gebrauchen. Nicht, wenn sie nach monatelanger Suche so kurz davorstand, ihr Ziel zu erreichen.

Schweigend beobachtete sie, wie Gent sein Messer zückte und den Stab drehte, bis er zu dem Symbol der Axt kam. *Sein* Symbol. Darunter befand sich bereits eine Kerbe. Gent fügte eine weitere hinzu.

Als er Smilla den Stab zurückgab, konnte er sich offenbar

nicht mehr beherrschen. Ein triumphierendes Grinsen breitete sich auf seinem Gesicht aus. »Jetzt steht es zwei zu eins.«

Smillas schnappte sich den Stab. »Wenn du gleich sagst, du hättest mir ja prophezeit, dass du in Führung gehen würdest, schlage ich dir die Zähne ein.«

Gent lachte laut auf. Das Geräusch hallte von den Bäumen wider. Beinahe wäre Smilla zusammengezuckt, da sie Gent bisher so selten lachen gehört hatte.

Auch die anderen drehten die Köpfe. Andórr und Jofur wechselten einen verwunderten Blick. Frigga fiel die Kinnlade herab. Leif kratzte sich an der Schläfe, wobei er Smilla einen vernichtenden Blick zuwarf.

»Was war denn das?«, fragte Óinn. »Ich glaube, das ist das erste Mal, dass ich Gent wirklich lachen höre, seit … überhaupt jemals.«

Gent rieb sich den Nacken und wich den Blicken der anderen aus. War er etwa verlegen?

Nun war es an Smilla zu lachen. »Gewöhnt euch nicht dran. Das war bestimmt nur eine Ausnahme. Eine einmalige Sache.«

»Ach, ich weiß nicht«, antwortete Óinn verschmitzt. »Ich habe das Gefühl, dass es ein Durchbruch ist.«

»Ja«, meldete sich Frigga zu Wort. »Vorhin habe ich ihn auch schon lachen gehört. Mitten im Kampf.«

»Du musst dich irren«, knurrte Leif verstimmt. »Gent lacht nicht.«

»Hast du das eben nicht mitbekommen? Wenn das nicht als Lachen gilt, bin ich eine zarte Waldelfe.«

Sie zogen einander weiter auf, lachten und witzelten. Andórr und Frigga schlossen Wetten ab, wann oder ob es wieder passieren würde. Gent grummelte währenddessen etwas Unverständliches in seinen Bart. Er würdigte Smilla keines Blickes mehr. Gern hätte sie ihm eine Hand auf den

Arm gelegt, um ihn zu besänftigen, doch eine derart vertraute Geste würde ihn vor seiner Truppe nur noch mehr in Verlegenheit bringen. Sollte sie ihn lieber in Ruhe lassen? Ihm Raum geben und sich stattdessen zu Óinn gesellen?

Glücklicherweise wurden ihr weitere Grübeleien erspart, da sich die Bäume in diesem Moment endgültig vor ihnen lichteten. Zwischen den Ästen entdeckte Smilla ein blaues Glitzern. Wasserrauschen drang an ihre Ohren. Aufgrund der amüsierten Gespräche der anderen hatte sie es zuvor nicht bemerkt. Sie folgte Gent an den letzten Stämmen vorbei und musste die Augen zusammenkneifen, als sie nach dem langen Zwielicht im Wald von der schwachen Wintersonne geblendet wurde.

Vor ihr erstreckte sich ein Fluss, so breit, dass das andere Ufer unerreichbar wirkte. Die umliegenden Wiesen waren mit Schneeresten bedeckt, die in der Sonne funkelten. Das Wasser stand hoch, trat beinahe über die Ufer, doch es floss ruhig dahin. Es war so eisblau und klar, dass es direkt aus den Bergen kommen musste. Allein bei dem Gedanke daran, wie kalt es sicher war, fröstelte Smilla. Das musste der Sigra sein. Der längste Fluss Middangards, der sich von dem höchsten Gebirge im Norden des Landes bis ins Vergessene Meer ergoss. Weit und breit war keine Brücke zu erkennen. Um diesen Fluss zu überspannen, bedürfte es eines wahrlich imposanten Bauwerks, das sich nicht an einem derart verlassenen Ort finden ließ.

»Wie sollen wir da rüberkommen?« Andórr sprach Smillas Gedanken aus.

»Ich habe euch doch gesagt, dass ich einen Plan habe«, knurrte Gent. Er deutete den Fluss hinunter. »Für die Überfahrt ist gesorgt.«

Smilla schirmte die Augen mit der Hand ab. Wenn sie genau hinsah, konnte sie in einiger Entfernung ein Steinhäuschen mit Reetdach am Ufer ausmachen. Rauch schlängelte sich aus dem Schornstein. Direkt vor der Tür führte ein Steg aufs Wasser hinaus. Eine Anlegestelle?

Gent führte die Truppe in diese Richtung. Das mit Raureif überzogene Gras knirschte unter Stiefeln und Hufen. Nun, da sie das gemäßigte Klima des Waldes verlassen hatten, traf sie die Kälte des Winters trotz der seltenen Wintersonne wie ein Hammerschlag. Smilla kuschelte sich tief in ihr Wolfsfell. Im Näherkommen erkannte sie, dass neben dem Steg ein Flusskahn auf dem Wasser trieb. Das Boot war flach und hatte eine niedrige Reling, musste jedoch Platz für gut fünfzehn Personen bieten. Ein paar in den Bug genagelte Bretter dienten als Sitzplätze.

Augenblicklich schlug Smillas Herz schneller. Sie war noch nie mit einem Boot gefahren, noch nie übers Wasser gereist. Schwimmen konnte sie wie ein Fisch, seit sie vier Jahre alt war. Sie hatte es in den Nordfjorden gelernt. Doch dies war etwas anderes. Ihre Aufregung wuchs, je näher sie dem Flusskahn kamen.

Die anderen taten ebenfalls lautstark ihr Wohlwollen kund. Die Aussicht auf ein schnelleres und gemütlicheres Fortbewegungsmittel schien allen zu gefallen.

Als sie das Häuschen fast erreicht hatten, entdeckte Smilla, dass ein Mann auf dem Steg saß. Er lehnte an einem Pfeiler und hatte sich die Zipfelmütze tief ins Gesicht gezogen. Seine Beine baumelten beinahe bis ins Wasser und er hatte die Hände über seinem beachtlichen Bauch verschränkt. Neben ihm ragte eine Angelrute in den Fluss. Lautes Schnarchen drang an Smillas Ohren, als die Truppe vor dem Steg stehen blieb.

»He, Kalle!«, rief Gent.

Der Mann schreckte aus dem Schlaf. Die Mütze rutschte ihm vom Kopf und er ruderte mit den Armen, um nicht ins

Wasser zu plumpsen. Als er das Gleichgewicht wiedererlangt hatte, rieb er sich über die Augen. Dann sah er sich blinzelnd um. »Soll mich der Blitz des Kriegers treffen, bist du das, Gent?« Er kniff sich in die Apfelwangen, als würde er träumen.

Gent stapfte über den Steg auf ihn zu. Er reichte ihm eine Hand und zog den Mann – Kalle – auf die Beine.

»Schön, dich zu sehen, du alter Halunke.« Der Mann ging Gent gerade mal bis zum Schlüsselbein, stellte sich aber auf die Zehenspitzen, um ihm auf die Schulter zu klopfen.

Gent ließ sich zu einem schmallippigen Lächeln hinreißen. »Ich bin froh, dass du noch am Leben bist, alter Mann.«

»Ach, du kennst mich doch. So zäh wie Trollfleisch.« Nun wandte sich Kalle der Truppe zu. »Leif.« Er nickte in Leifs Richtung, der ebenfalls den Kopf neigte, ohne etwas zu erwidern. Kalle zählte die Personen und Pferde an den Fingern ab. »Ich nehme an, ihr wollt den Sigra überqueren?«

»Wie immer kommst du gleich zur Sache.« Gent runzelte die Stirn, doch Smilla hörte echte Zuneigung aus seiner Stimme heraus. »Der Preis für die Überfahrt nach Thrym hat sich doch seit dem letzten Mal nicht geändert?«

Thrym? Smilla horchte auf. Sie war noch nie in der berühmten Hafenstadt im äußersten Osten des Landes gewesen, hatte jedoch, wie jeder in Middangard, schon viel darüber gehört.

»Na, was denkst du denn?« Kalle warf die Arme in die Luft. »Wovon sollen wir sonst leben? Hier kommen kaum noch Reisende vorbei. Eine Zeit lang wollte der Strom der Flüchtlinge aus dem Norden nicht abreißen, aber jetzt? Wer fliehen konnte, hat es längst getan. Sonst sind nur noch wagemutige Narren wie ihr auf den Straßen unterwegs. Oder Unruhestifter.« Er zog die Nase hoch und bückte sich, um seine Mütze vom Boden aufzuheben.

Während die beiden um das Rabensilber für die Überfahrt feilschten, sah Smilla sich um. Winterbraunes Schilfgras säumte das Ufer. Ein melodiöses Pfeifen erfüllte die Luft, wenn der Wind hindurchfuhr. Hinter ihnen ragte der *Skog* bedrohlich auf. So sehr sie sich im Wald auch zu Hause gefühlt hatte, so froh war Smilla nun, ihn hinter sich gelassen zu haben. Und das lag nicht allein an der Begegnung mit dem *Berserkr*. Sie musterte das Steinhaus mit dem Reetdach. Zwei Kindergesichter blickten ihr aus einem Fenster entgegen. Smilla wollte gerade die Hand heben, um ihnen zu winken, als die Kleinen von einer Frau davongescheucht wurden, die daraufhin rasch die Fensterläden schloss.

Smilla schluckte. Kalle hatte eine Familie zu versorgen. Sie hoffte, Gent würde ihm einen angemessenen Preis zahlen. Wenigstens boten Wald und Fluss genug Nahrung, sodass sie im Gegensatz zu vielen anderen Middangardern in diesen schweren Zeit nicht hungern mussten.

Sie wurde aus ihren Gedanken gerissen, als die anderen neben ihr zu tuscheln begannen. »Wir reisen nach Thrym?«, wandte sich Frigga an Leif. Sie klang ebenso überrascht, wie Smilla sich fühlte.

Leif hob die Schultern. »Sieh mich nicht so an. Ich wusste bis eben genauso wenig davon wie ihr. Entgegen euren Theorien erzählt Gent mir nicht alles, was er vorhat.«

»Aber glaubt ihr wirklich, der Schlächter ist dorthin unterwegs?«, wandte sich Frigga an die gesamte Truppe.

Leifs Miene wurde unergründlich und er wandte sich ab, ohne zu antworten.

»Wo soll er sonst hin?«, fragte Óinn. »Es gibt in dieser Gegend nicht viele Möglichkeiten. Er muss den Skog irgendwo an diesem Flussufer verlassen haben.«

»Wir haben weder die Zeit noch genug Leute, um den gesamten Waldrand abzusuchen«, fügte Andórr hinzu, »aber der Schlächter kann noch nicht weit gekommen sein. Dafür war die Leiche in der Hütte zu frisch.«

»Ich frage mich bloß, was den Schlächter dazu bewegen würde, sich in einer großen Stadt wie Thrym aufzuhalten. Ist das nicht gefährlich für ihn?« Frigga ließ nicht locker. Smilla hatte das Gefühl, dass Frigga ebenso erpicht darauf war, dem Schlächter das blutige Handwerk zu legen, wie sie. Zuneigung für die Frau mit der tödlichen Peitsche und ebenso scharfen Zunge überkam sie.

»Sicher sein kann sich niemand«, ertönte da Gents Stimme hinter ihnen, sodass Smilla zusammenzuckte. Er hatte ihrem Gespräch gelauscht. »Hast du in letzter Zeit jemanden übergesetzt?«, wandte er sich an Kalle. »Eine Einzelperson. Vermutlich schwer bewaffnet.« Kalle verneinte. »Schlächter hin oder her«, fuhr Gent fort. »Wir müssen dringend unsere Vorräte aufstocken. In dieser Gegend gibt es weit und breit keine anderen Siedlungen. Das Land ist unbestellbar, man lebt von dem, was Meer und Fluss geben. Als größte Stadt des Osten ist Thrym unsere beste Chance.«

»Der Hexenschlächter, was?« Kalle horchte auf. »In Thrym wimmelt es nur so von Götter- und Endzeitfanatikern, Seherinnen und Leuten, die leicht übers Ohr zu hauen sind. Der perfekte Ort für Hexen, um unbemerkt unter den Menschen zu leben. Und deshalb vielleicht auch für den Schlächter.«

Smilla verkniff es sich, die Augen zu verdrehen. Es versetzte ihr einen Strich, dass der Fährmann Seherinnen mit Hexen gleichsetzte. Zwar erhielten erstere Visionen von den Göttern, verfügten jedoch über keinerlei Knochenmagie. Niemals würde eine Hexe Geld dafür nehmen, einer anderen Person mit ihren Gaben zu helfen. Und es war äußerst unwahrscheinlich, dass sie sich in einer großen Stadt aufhielten, so weit entfernt von der Natur und deren Geschenken – und mitten unter den Menschen, von denen ihnen die meisten nach dem Leben trachteten. Doch diese Gedanken behielt Smilla für sich. Vielleicht verschlug es den Schlächter trotz allem nach Thrym, weil er dort unbemerkt untertauchen, seine Vorräte aufstocken und eine Rast in einem Gasthaus einlegen konnte.

»In Thrym steht außerdem der größte Tempel in ganz Middangard«, meldete sich Óinn zu Wort. »Ich würde ihn gern besuchen und von der Hirtinmutter gesegnet werden.«

»Wenn wir erst einmal dort sind, kannst du tun und lassen, was du willst«, antwortete Gent, auch wenn sein barscher Tonfall verriet, was er von Óinns Vorhaben hielt.

Andórr schnaubte. »Wer hat schon noch Respekt vor den Göttern? Sie sind seit Monaten verschwunden, lassen die Walküren ungestraft morden, haben ihre eigene Schöpfung im Stich gelassen.«

»Sie sind nicht verschw–«, wollte Óinn erwidern, doch Gent fiel ihm ins Wort.

»Bloß ein weiterer Hinweis darauf, dass sie nicht existieren.« Er warf Óinn einen herausfordernden Blick zu, als erwartete er, dass dieser die Leuchtenden weiter in Schutz nehmen würde. Óinn senkte jedoch bloß den Kopf und befingerte die Kette um seinen Hals.

Smilla fühlte sich an ihr Gespräch in dem Hain mit dem stehenden Stein erinnert. Dort hatte Gent zum ersten Mal durchblicken lassen, dass er glaubte, die Götter hätten diese Welt verlassen, wenn es sie überhaupt je gegeben hatte.

»Wie dem auch sei«, fuhr Gent fort. »Thrym ist unsere beste Chance darauf, den Schlächter ausfindig zu machen. Viele Menschen bedeuten viele Augen. Wir sollten uns die Gelegenheit nicht entgehen lassen, uns in der Stadt umzuhören.«

»Und es wäre doch schön, mal wieder in einem richtigen Bett zu schlafen«, kommentierte Frigga.

»Einen Waschzuber zu benutzen.« Andórr stöhnte genüsslich.

»Und den Tempel zu besuchen«, fügte Óinn leise hinzu.

Smilla schenkte ihm ein Lächeln. »Ich werde dich zum Tempel begleiten.« Dankbar nickte er ihr zu.

Bevor Gent erneut aufbrausen konnte, trat Kalle an die Truppe heran. »Ich will ja nicht drängen, aber wenn wir bald aufbrechen, kann ich noch vor Einbruch der Nacht nach Hause zurückkehren.«

Gent nickte. »Wir sind bereit, wenn du es bist.«

»Nun ja.« Kalle kratzte sich unter seiner Mütze an der Schläfe. »Wie ihr sicher seht, finden die Pferde und euer Gepäck auf meinem Kahn Platz. Allerdings werden vier von euch Kanots nehmen müssen. Sonst saufen wir ab.«

Smilla horchte auf. Kanots waren flache, kiellose Boote, in denen jeweils zwei Personen hintereinander sitzen konnten. Smilla hatte sie schon oft aus der Ferne gesehen, da sie eine beliebte Fortbewegungsmöglichkeit in Middangard darstellten. Die anderen sahen jedoch nicht gerade erpicht darauf aus, statt auf dem Kahn in einem Kanot über den Fluss reisen zu müssen. Leif, Frigga und Óinn wechselten herausfordernde Blicke, als würden sie jeden Moment losrennen, um sich als Erste einen Platz im Kahn zu sichern. Smilla erwartete beinahe, dass sie sich gegenseitig ins Wasser stoßen würden, um sich einen Vorteil zu verschaffen.

»Kein Problem«, meldete sich Andórr überraschend zu Wort. »Jofur und ich teilen uns ein Kanot.« Gerade fragte Smilla sich, ob sie sich ebenfalls freiwillig melden sollte, als Andórr nachlegte. »Gent und Smilla teilen sich das andere.« Mit vielsagend hochgezogenen Brauen blickte er zwischen

Gent und Smilla hin und her. »Es sei denn, es spricht etwas dagegen?«

Smillas Herz machte einen Satz. Offenbar war Andórr die neuerliche Spannung zwischen ihnen nicht entgangen. Oder Jofur hatte ihm davon berichtet, dass sie und Gent sich in jener Nacht kurz nacheinander aus dem Lager geschlichen hatten.

»Wunderbar«, sagte Kalle, ohne eine Antwort abzuwarten. »Ich hole die Kanots und ein wenig Verpflegung, dann geht es los.«

Gent sah allerdings aus, als würde er Andórr jeden Moment mit einem Fausthieb in den Fluss befördern wollen. Dieser hob grinsend die Hände und tänzelte von ihm fort.

»Ich wollte schon immer mal mit einem Kanot fahren«, beeilte sich Smilla zu sagen. Sie schenkte Gent ein versöhnliches Lächeln, das dieser jedoch nicht erwiderte. Stattdessen wandte er sich mit düsterer Miene ab und stapfte davon.

Wenig später hatten sie die Pferde auf den Flusskahn verfrachtet. Angesichts des wackeligen Untergrunds und der Nähe zum Wasser blieben die Tiere überraschend ruhig, während Smillas Aufregung wuchs.

Die anderen machten es sich auf dem Kahn gemütlich, streckten die Beine aus und ließen eine Flasche Koboldpisse herumgehen. Leif hatte bereits die Augen geschlossen, um ein Nickerchen zu halten. Smilla, Gent, Andórr und Jofur wurden hingegen das abfallende Ufer hinuntergeführt, wo zwei Kanots auf sie warteten. Bewundernd fuhr Smilla mit den Fingern über das glatte Holz. Das schmale, schnittige Boot musste aus einem einzigen Baumstamm geschnitzt worden sein.

Kalle erklärte ihnen, wie sie die Paddel benutzen sollten, um voranzukommen. »Der eine rechts, der andere links. Ihr müsst euch absprechen und in einen gemeinsamen Rhythmus finden. Da wir flussabwärts reisen, übernimmt die Strömung aber sowieso das meiste.« Er half ihnen in die schwankenden Kanots und schob sie dann nacheinander aufs Wasser. Gent stieß sein Paddel in den weichen Uferschlamm, um sie vorerst an Ort und Stelle zu halten.

Smilla widerstand dem Drang, sich an den Rand des Kanots zu krallen. Sanft bewegten sie sich auf und ab und sie hatte das Gefühl, jeden Moment das Gleichgewicht zu verlieren. Kaum wagte sie, ihr Gewicht zu verlagern, um das schmale Gefährt nicht zum Kentern zu bringen.

Gent bewegte sich hingegen so, als wäre er in einem Kanot geboren worden. Er saß hinter ihr, weshalb sie den Kopf drehen musste, um ihn anzusehen. Allerdings beachtete er sie nicht, da er Andórr weiterhin mit Blicken erdolchte. Der grinste ihm jedoch bloß entspannt aus dem anderen Kanot zu. »Du wirst sehen, Smilla«, wandte er sich an sie. »Das ist eine ganz besondere Art zu reisen.« Liebevoll legte er Jofur, der vor ihm saß, eine Hand auf die Schulter. »Man kommt sich unfreiwillig näher.«

Bevor Gent aus dem Kanot springen und ihn erwürgen konnte, ertönte Kalles Ruf vom Ufer. »Macht euch bereit. Ich muss noch mein Stakholz holen, dann geht es los.«

Mit einer langen Holzstange im Schlepptau kletterte er kurz darauf an Bord seines Flusskahns und löste die Taue, die das Gefährt an Ort und Stelle hielten. Das Stakholz diente ihm zum Steuern des Boots. Kalle stand aufrecht, tauchte die Stange bis zum Grund des Flusses und stieß den Kahn damit vorwärts.

Óinn winkte ihnen vom Bug zu, als sich der Kahn in Bewegung setzte. Smilla wagte es, eine Hand vom Paddel zu lösen und zurückzuwinken. Gebannt verfolgte sie, wie die Strömung den Kahn erfasste. Kalle hielt ihn mithilfe der Holzstange auf Kurs, musste jedoch sonst nicht viel tun.

Smilla hoffte, dass es ihnen in ihrem Kanot ebenso ergehen würde. Laut Kalle kam es auf Zusammenarbeit an. Sie warf einen Blick über die Schulter. Gent nickte ihr mit versteinerter Miene zu und stieß ihr Kanot mithilfe seines Paddels vom Ufer ab. Augenblicklich wurden sie von der Strömung mitgezogen.

Smilla seufzte und packte ihr Paddel fester. Es würde eine lange Reise werden.

KAPITEL 38
GENT

Gent konnte es nicht fassen. Er saß in einem Kanot. Mit Smilla. Sie war ihm so nah, dass ihr schwarzes Haar seine Brust streifte, wenn der Wind hindurchfuhr und ihm ihren Duft in die Nase wehte. Es verlangte ihm alles ab, nicht wie hypnotisiert auf ihren Rücken, ihren Nacken, ihren Po zu starren.

Stattdessen versuchte er, sich auf die Umgebung zu konzentrieren. Sanfte Hügel zogen sich zu ihrer Linken dahin. Das gefrorene Gras und die Schneereste schimmerten silbrig weiß in der Wintersonne. Das eisblaue Wasser des Sigra funkelte. Gent konnte fast bis auf den Grund schauen, der mit weißen Kieseln übersät war. Dann und wann zog ein Fischschwarm vorbei. Sie hatten bereits einige Biberdämme passiert. Bisher waren sie nur an einer Handvoll reetgedeckter Häuser vorbeigekommen, alle mit Stegen und gut vertäuten Booten ausgestattet. Die Menschen hier führten ein hartes, aber gutes Leben, ganz im Gegensatz zu dem, was er im Landesinneren zu Gesicht bekommen hatte.

Gents Atem tanzte weiß vor seinem Mund. Zu ihrer Rechten erhoben sich die düsteren Bäume des Waldes. Zwar hatten sie dessen grüne Pflanzen und das angenehme Klima hinter sich gelassen, doch Gent fror lieber in diesem Kanot, als nochmals dort hineinzumüssen. Immer noch glaubte er, dass ihn Augen aus der Düsternis beobachteten. Und natürlich befand sich im Wald die Lichtung. Der Ort, an dem mehr passiert wäre, wenn er ihn erneut gemeinsam mit

Smilla betreten hätte. Das bestätigte ihm das Verlangen, das allein aufgrund ihrer Nähe heiß durch seine Adern raste.

Und zu allem Überfluss hatte sie ihn zum Lachen gebracht. Zweimal. Vor der versammelten Truppe. Die anderen mussten längst ahnen, dass sich zwischen ihnen etwas verändert hatte. Er ließ den Blick zu Andórr wandern, der einige Rabenschwingen vor ihnen hinter Jofur im zweiten Kanot saß. Von ihm würde er sich nicht auf der Nase herumtanzen lassen, auch wenn Gent wusste, dass er es nur gut meinte. Sie alle hatten nur sein Bestes im Sinn. Gent war sich allerdings nicht mehr sicher, ob Smilla wirklich etwas Gutes war. Momentan fühlte es sich nicht so an. Eher wie eine lästige Sache, die seinen ganzen Körper durcheinanderbrachte, seine Eingeweide nach außen stülpte und sein Herz merkwürdig anschwellen ließ. Nichts befand sich mehr am richtigen Platz und das gefiel ihm ganz und gar nicht.

Obwohl Stunden vergangen waren, hatten sie bisher kein Wort gewechselt. Schnell waren sie in einen stetigen Paddelrhythmus verfallen. Ab und zu korrigierte Gent ihre Route, doch die meiste Zeit über wurden sie von der Strömung gemütlich den Fluss heruntergetragen. Die Stille, untermalt vom stetigen Rauschen des Wassers, tat ihm gut – das redete er sich zumindest ein. Denn lieber hätte er sich mit Smilla unterhalten, sie lachen gehört. Er wusste jedoch nicht, wie er ein Gespräch beginnen sollte.

Noch nie in seinem Leben hatte sich Gent, der gefürchtete Fürst der Unterwelt, derart unsicher gefühlt. Nicht einmal im Kampf mit einem Lindwurm oder Steinriesen. Er ärgerte sich über sich selbst, musste sich aber eingestehen, dass er sich der Gefühle, die Smilla in ihm auslöste, nicht erwehren konnte. Es wäre so einfach. Er müsste lediglich eine Hand ausstrecken, sie an der Schulter berühren, ihr mit den Fingern durchs Haar streichen.

Sein Körper, der Verräter, reagierte sofort auf diese Gedanken. Gent stellte sich vor, wie er sich auf dem engen Raum über Smilla beugte. Sie würde sich zu ihm umdrehen, ihn überrascht ansehen, dann aber seinen Kuss erwidern. Wie auf der Lichtung würde sie ihn an sich ziehen, ihn voller Verlangen ansehen, während er ihr ein Stöhnen entlockte. Sie würde die Beine um ihn schlingen, ihn noch näher zu sich ziehen und er würde sich in ihr verlieren …

Ein lauter Ruf riss Gent aus seinen Gedanken. Er hatte das Paddel so fest gepackt, dass seine Finger krampften. Kalle deutete mit seinem Stakholz vor sich. »Willkommen in Thrym!«

Die anderen drängten sich bereits an der Reling des Kahns, sodass dieser gefährlich Schlagseite bekam.

Zuerst sah Gent nichts als hohes Schilfgras vor sich aufragen, doch als das Kanot um eine Flussbiegung glitt, stockte ihm der Atem. Er hatte die wichtige Handelsstadt am Meer bereits mehrfach besucht, doch es war unmöglich, sich an den Anblick zu gewöhnen.

Durch ihre erhöhte Position in den Hügeln bot sich ihnen eine atemberaubende Sicht. Der Sigra schlängelte sich durch ein Tal, bis er sich am Rand einer breiten Bucht ins Meer ergoss. Auf der gegenüberliegenden Seite der Bucht erhob sich das Eldowar-Gebirge, dessen Steilhänge direkt ins Meer abfielen. Selbst aus der Ferne sah Gent die hohen Wellen gegen die Klippen schlagen. Weiße Schaumkronen spritzten auf, als die zwei mächtigen Elemente aufeinandertrafen. Wasser und Stein. Die Urbestandteile der Stadt Thrym.

Unzählige Seitenarme des Sigra zogen sich durch das weite Marschland am Fuß des Gebirges. Ein Labyrinth aus Wasserwegen. Und mittendrin erhob sich eine Stadt. Hunderte Boote tummelten sich auf den Flüssen und Kanälen – wie bunte Murmeln spickten sie die Szenerie. Die Ufer waren von Holzbauten gesäumt, die durch Brücken und Stege miteinander verbunden waren. Um den Gezeiten zu trotzen, standen die Häuser auf Stelzen. Alle waren in leuchtenden Farben angestrichen, keins glich dem anderen. Bunte Wimpel und Fahnen flatterten von vielen Reetdächern. Sie zeigten das Wappen Thryms: ein Aal, der sich um den Speer des Einäugigen wand, gekrönt von einem Bogen aus drei Sternen.

Das Beeindruckendste an Thrym war jedoch nicht die Stadt auf dem Wasser, sondern die Stadt über der Stadt. Gent hob den Blick zu dem äußersten Berg, in dessen Schatten die Bucht lag. Die Silberne Festung. Einst das Herzstück der Zivilisation der ersten Siedler, die vor Tausenden von Jahren auf dem Seeweg gekommen waren und sich in Middangard niedergelassen hatten, befand sich dort heute der Tempel des Einäugigen und die Behausungen der ihm dienenden Hirtinnen.

Fenster, Kuppeln und Säulengänge durchlöcherten den Fels wie eine Bienenwabe. Von Weitem waren jedoch nur einige Türme zu erkennen, die sich von außen an die Klippen klammerten. Sie wirkten, als könnte sie ein von den Göttern gesandter Windstoß jederzeit ins schäumende Meer stürzen lassen. Doch selbst die wütendsten Winterstürme konnten ihnen nichts anhaben. Sie waren direkt in den Stein gehauen und hatten Jahrtausende überdauert.

Denn darin bestand die Perfektion dieses Standorts: Der Tempel war den Elementen ausgesetzt und thronte gleichzeitig hoch am Himmel, um den Göttern nahe zu sein. Seit Jahrtausenden wachte die Silberne Festung am äußersten Rand des Gebirges über die Bucht und würde es auch in tausend Jahren noch tun. Manche erzählten sich, der Einäugige habe den Bau höchstpersönlich in Auftrag gegeben. Daran glaubte Gent zwar nicht, aber die Ergriffenheit, die ihn bei dem majestätischen Anblick jedes Mal überkam, konnte er trotzdem nicht abschütteln. Doch auch wenn sich die Erhabenheit dieses Ortes nicht leugnen ließ, hätte er lieber einen Zweikampf gegen den Krieger höchstpersönlich ausgefochten, als dies zuzugeben.

Als Smilla vor ihm erstaunt die Luft einzog, lachte er leise. »Beeindruckend, was?«

Smilla ließ den Blick nicht von der Stadt, während sie ihm antwortete. »Ich glaube, ich habe noch nie etwas auch nur annähernd so Beeindruckendes gesehen.«

»Dann warte erst einmal ab, bis du die Aussicht von der Silbernen Festung siehst.«

Sie antwortete nicht sofort. Gent wünschte, er könnte ihr Gesicht sehen. Gespannt starrte er ihren Rücken an. »Also willst du mit uns zum Tempel gehen?«, fragte Smilla schließlich so vorsichtig, als könnte sie ihn mit ihren Worten verschrecken.

Um dir ein Lächeln zu entlocken, würde ich sogar einen Fuß in den götterverlassenen Tempel setzen, hätte Gent fast geantwortet, bekam sich aber rechtzeitig in den Griff.

»Ich war schon mal dort«, sagte er stattdessen. »Deshalb kann ich euch herumführen. Das heißt …« Er zögerte kurz, verfluchte sich für die Unsicherheit, die ihn in ihrer Gegenwart überkam. »Wenn du möchtest.«

Nun drehte sich Smilla doch zu ihm um. Das Kanot schwankte, sie schien es kaum zu bemerken. Ihre Augen leuchteten. »Und ob ich das will!«

Gents Herz machte einen lästigen Hüpfer. Statt sich darüber zu ärgern, ließ er sich zu einem Lächeln hinreißen. »Dann ist es also abgemacht.«

KAPITEL 39
SMILLA

Smilla glaubte, den Mund vor Staunen nie wieder schließen zu können. Auf dem Fluss führte Kalle sie in die Stadt und sie konnte sich kaum mehr auf das Paddeln konzentrieren. Es gab so viel zu sehen. Ohne Gent, der das Kanot geschickt lenkte, wären sie längst in eins der vielen anderen Boote gekracht und gekentert.

Sie glitten unter unzähligen Brücken hindurch – manche so tief, dass Smilla den Kopf einziehen musste. Eine wahre Flut an Menschen kam ihnen auf dem Wasserweg entgegen. Auf Kanots und Segelbooten, Kähnen, Gondeln und Flößen. Der Geruch von Fisch und Holzrauch hing in der Luft, von Seegras und unzähligen Gewürzen. Möwen zogen kreischend Kreise über der Stadt. Smilla hörte Sprachen, die sie noch nie zuvor vernommen hatte. Auch der Kleidungsstil vieler Menschen war ihr fremd. Neben einfachen Fischerhemden entdeckte sie lange Gewänder, farbenfrohe Muster und Felle von Tieren, die sie noch nie zu Gesicht bekommen hatte. In Thrym war jede Haar- und Hautfarbe vertreten.

Wie selbstverständlich bewegten sich die Leute übers Wasser, navigierten den Fluss, ohne einander zu behindern. Zu beiden Seiten waren die Ufer von Häusern auf hölzernen Stelzen gesäumt. Manche sahen aus, als würden sie jeden Moment zusammenbrechen und ins Wasser stürzen, andere waren liebevoll instand gehalten und mit Schnitzereien verziert. Und alle waren in unterschiedlichen Farben angestrichen. Wäsche trocknete auf Leinen, die zwischen den Gebäuden gespannt waren. Frauen kippten Eimer mit Fischresten aus den Haustüren direkt in den Fluss. Auf einem mit Decken verhangenen Floß pries eine Seherin ihre Dienste an. Manch ein Angler warf seine Rute aus dem Fenster ins Wasser aus. Händler boten den Vorbeifahrenden lautstark den Fang des Tages aus ihren Booten und Kanots feil. Kinder spielten auf den Brücken. Es war laut und bunt. Das genaue Gegenteil zu der Stille des Waldes, der sie eben erst entkommen waren. Smilla liebte es, auch wenn sie froh war, dass Kalle sie durch das Chaos führte. Aufgrund der vielen Seitenarme und Kanäle, die vom Hauptfluss abzweigten, hätte sie sich hier sonst heillos verirrt.

Auch die Wilde Jagd drängte sich am Bug des Flusskahns und nahm alles mit großen Augen auf. Offenbar waren die anderen noch nie hier gewesen. Nur Gent wirkte unbeeindruckt von dem Trubel, wenn Smilla dann und wann einen Blick über die Schulter wagte.

Das Donnern der Wellen wurde lauter, je näher sie dem Gebirge kamen, das hinter der Stadt aufragte. Dann und wann erhaschte Smilla einen Blick auf die schneebedeckten Gipfel hinter den Hausdächern. Bisher hatte sie nur die ruhigen Fjorde ihrer Heimat mit beinahe unbewegtem Wasser gekannt. Sie konnte es kaum erwarten, einen freien Blick auf das tosende Meer zu erhaschen, das sich bereits aus der Ferne ankündigte.

Mit zunehmender Nähe zum Gebirge wurden auch die Häuser eleganter. Die Fenster waren mit bestickten Gardinen verhangen und dann und wann traten edel gekleidete Personen auf die Stege hinaus, um sich von reich verzierten Gondeln abholen zu lassen. Kurz darauf glitten sie um eine weitere Flussbiegung und plötzlich gab es keine weiteren Behausungen mehr zu bestaunen. Das Eldowar-Gebirge ragte nun so hoch auf, dass Smilla den Kopf in den Nacken legen musste. Der Anblick der Gesteinsmasse, die sich wie ein schlafender Riese von der Küste bis tief ins Land zog, verschlug ihr den Atem. Von hier wirkten die Berge so nah, dass es sich nur um eine durch ihre Größe hervorgerufene Illusion handeln konnte.

Kalle benutzte sein Stakholz, um die Fahrt des Flusskahns zu verlangsamen. Er steuerte einen nahen Steg an. Die letzte Anlegestelle, bevor der Fluss immer breiter wurde. Von sumpfigem Marschland umgeben dehnte sich das Ufer in einem weiten Bogen aus und der Sigra ergoss sich in eine halbmondförmige Bucht, auf der einen Seite dominiert von einem Hafen, auf der anderen vom Gebirge. Lange, schlanke Schiffe lagen im Wasser vor Anker, die Segel eingerollt und die Ruder eingezogen. Selbst aus der Ferne machte Smilla geschnitzte Figuren am Bug aus: Pferde- und Drachenköpfe, Wölfe und Seeschlangen. Rufe in verschiedensten Sprachen drangen von Weitem an ihre Ohren, während Schiffe be- und entladen und Waren feilgeboten wurden.

Am liebsten wäre Smilla weitergepaddelt, um sich unter das Volk am Hafen zu mischen. Doch was ihre Aufmerksamkeit ablenkte, war der vorderste Berg, in dessen Schatten der Hafen lag. Er war so bekannt, dass Smilla sofort wusste, worum es sich dabei handelte. Die Zwillingsgipfel, genannt Munin und Kunin, stachen wie zwei aufgestellte Wolfsohren in den Himmel. Von außen klammerten sich Türme an die karge Felswand, scheinbar von nichts gehalten als dem Glauben der Hirtinnen, die im Tempel dienten. Großflächige Terrassen taten sich auf, säulengesäumte Gänge führten in schwindelerregender Nähe am Abgrund vorbei. Banner flatterten von jeder Balustrade. Smilla konnte es kaum erwarten, die Silberne Festung aus nächster Nähe zu betrachten. Gent hatte versprochen, sie ihr zu zeigen. Doch nach einem raschen Blick über ihre Schulter krochen Zweifel in ihr Herz. Grimmig blickte Gent zu dem Berg mit den Zwillingsspitzen auf, als befände sich dort der Eingang nach Helheim. Die Brauen hatte er so fest zusammengezogen, dass Smilla den Impuls unterdrücken musste, mit einem Finger darüberzustreichen. Seine Lippen waren zu einem wütenden Strich zusammengepresst. Diese Lippen, die sich so weich auf ihren angefühlt hatten.

Sie wurde jäh aus der Betrachtung seines Gesichts gerissen, als Gent das Paddel so energisch ins Wasser stieß, dass sich das Kanot abrupt drehte. Mit der Längsseite dem Steg zugewandt, hielten sie an. Sie wandte sich eilig ab, bevor er sie dabei ertappen konnte, wie sie ihn anstarrte. Die anderen waren bereits dabei, die Pferde von Kalles Flusskahn auf den Steg zu führen, während der Fährmann den Kahn vertäute.

Andórr lenkte das zweite Kanot neben ihres. »Das ist also Thrym.« Er grinste so breit, dass seine schneeweißen Zähne aufblitzten. »Eine Stadt ganz nach meinem Geschmack.«

Er und Jofur kletterten mühelos aus ihrem Kanot auf den Steg, doch Smilla hatte keine Ahnung, wie sie es anstellen sollte, ohne ins Wasser zu plumpsen. Jedes Mal, wenn sie sich bewegte, schwankte das schmale Holzboot gefährlich unter ihr.

»Halte dich am Stegrand fest und zieh dich hoch«, ertönte Gents Stimme hinter ihr. »Ich halte das Kanot still, damit du aussteigen kannst.«

Sie warf ihm einen skeptischen Blick zu. Das aufmunternde Lächeln, das er ihr daraufhin schenkte, traf sie mitten ins Herz. Es erhellte sein ganzes Gesicht, vertrieb die Schatten, die sich eben noch in seinen Augen gesammelt hatten. Die steile Falte zwischen seinen Brauen verschwand. Als Smilla das Lächeln erwiderte, rieb er sich jedoch mit einer Hand über die Bartstoppeln und blickte zum Himmel auf, als würde er die Götter um Beistand anflehen. Mit dem Paddel deutete er auf den Steg, ohne sie anzusehen. »Na los, dir wird nichts passieren.«

Smilla tat wie geheißen. Das Holz war rau unter ihren Fingern, als sie den Steg umklammerte und sich daran auf die Beine zog. Nun stand sie aufrecht im Kanot und erwartete, dass es jeden Moment zu schaukeln beginnen würde. Doch wie versprochen hielt Gent es ruhig. Wie er das anstellte, wusste Smilla nicht und dies war leider auch nicht der richtige Zeitpunkt, um es in Erfahrung zu bringen. Mit einem letzten dankbaren Blick in seine Richtung drückte sie sich mit den Händen ab und hievte sich auf den Steg.

Sie stolperte ein paar Schritte vorwärts. Ihr Körper musste sich offenbar erst daran gewöhnen, wieder festen Boden unter den Füßen zu haben. Da reichte ihr jemand eine Hand. Lange, schlanke Finger, bronzefarbene Haut, gepflegte Nägel und mehrere Goldringe. Verwundert blickte Smilla auf und sah in goldbraune Augen. Reflexartig griff sie zu und ließ sich hochziehen. Im Gegensatz zu ihrer eigenen war die Haut der Person weder rau noch schwielig, sondern samtig weich.

Als Smilla das Gleichgewicht wiedererlangt hatte, ließ sie die Hand los und richtete sich auf. Die Mitglieder der Wilden Jagd bauten sich mit drohenden Mienen neben ihr auf, als sie sich der Person zuwandte, die sie gestützt hatte. Smilla wollte ihnen sagen, dass das nicht nötig war. Gleichzeitig fühlte es sich jedoch gut an, so selbstverständlich von der Truppe flankiert zu werden, auch wenn ihrer Meinung nach keine Gefahr bestand. Als wäre sie wirklich eine von ihnen.

Der Neuankömmling schob sich eine Kapuze vom Kopf und Smilla erkannte, dass es eine Frau war. Eine hochgewachsene Frau mit einer schmalen geraden Nase und hohen Wangenknochen, deren schwarzes Haar sich in unzähligen Flechtzöpfen über die Schultern bis zur Taille ergoss. Gekleidet war sie in einen nachtblauen Umhang, der ihren Körper umfloss, als würde er von einer unidentifizierbaren Brise in Bewegung gebracht werden. Sie neigte den Kopf. »Seid gegrüßt. Ich wurde geschickt, um Euch zu empfangen.«

Da tauchte Gent an Smillas Seite auf. Mit einem Satz war er aus dem nun gefährlich schwankenden Kanot auf den Steg gesprungen. Wie selbstverständlich legte er Smilla eine Hand auf den unteren Rücken und trat einen halben Schritt vor sie. Drohend blickte er der Frau entgegen, während ihm ein leises Knurren entwich. »Wer seid Ihr?«

»Verzeiht meine fehlenden Manieren.« Die Frau senkte erneut leicht den Kopf, ließ Gent jedoch keinen Moment aus den Augen. Smilla fiel das Sichelmesser an ihrem goldenen Gürtel auf. Sicher wusste sie damit umzugehen. »Ich bin Sjöfn, Hirtin im Tempel des Allvaters. Die Hirtinmutter lädt den Fürsten der Unterwelt ein, sich mit ihr zu treffen. Sie hat mich geschickt, um Euch zum Tempel zu geleiten.«

»Ich erkenne eine *Einladung*, wenn ich eine höre«, schnaubte Gent. »Und das hier ist keine.«

Ohne nachzudenken, griff Smilla hinter sich und legte ihre Hand auf seine. Gent zuckte unmerklich zusammen, ließ jedoch zu, dass sie ihre Finger mit seinen verschränkte. Seine Wärme breitete sich auf ihrer Haut aus, bis sie nur noch ihn spürte. Seine Aufruhr, seinen Zorn. Sie versuchte, ihn zu besänftigen, ihm zu verstehen zu geben, dass ihnen keine Gefahr von der Hirtin drohte. Zu ihrer Überraschung festigte er daraufhin seinen Griff, als wollte er sich an ihr festhalten, wie sie sich an ihm.

»Nichtsdestotrotz ist Eure Anwesenheit im Tempel erwünscht«, entgegnete Sjöfn. Viel freundlicher hätte sie nicht formulieren können, dass Gent keine Wahl blieb. Smilla bezweifelte nicht, dass sie mit bewaffneter Unterstützung zurückkehren würde, um Gent in den Tempel zu eskortieren, sollte er sich weigern, sie zu begleiten. Woher wusste man im Tempel wohl von ihrer Ankunft in Thrym?

Die Hirtinmutter musste Späher haben, die die verschiedenen Eingänge überwachten, anders konnte Smilla es sich nicht erklären. Schließlich waren sie gerade erst in der Stadt eingetroffen, hatten noch mit niemandem gesprochen. Und was hatte die Hirtinmutter mit Gent zu schaffen?

Sorge machte sich in Smilla breit. Dieselbe Sorge, die sich auch in den drohenden Mienen der anderen abzeichnete. Fest stand, dass sie keinen offenen Kampf riskieren durften. Doch ein Seitenblick zu Gent sagte ihr, dass er drauf und dran war, einen anzuzetteln. Nun, da er wusste, dass er es mit einer Abgesandten des Tempels zu tun hatte, wirkte er geradezu mordlustig.

»Ich nehme keine Befehle von der Hirtinmutter entgegen«, brachte er zwischen zusammengebissenen Zähnen hervor.

Aus dem Augenwinkel sah Smilla, dass Leifs Hand zu seinem Schwert wanderte, dass Frigga wie beiläufig mit ihrer Peitsche spielte und Andórr seine Fingerknöchel knacken ließ.

»Aber gegen eine Führung durch den Tempel ist nichts einzuwenden«, fügte sie seinen Worten eilig hinzu. »Wir haben schon viel von seiner Pracht gehört.«

Gents Griff um ihre Finger wurde so fest, dass Smilla die Lippen zusammenpresste. Beruhigend strich sie ihm mit dem Daumen über den Handrücken. Daraufhin löste Gent seine Finger von ihren, als hätte er sich an ihr verbrannt, und trat einen Schritt von ihr fort. Die Leere, die die plötzliche Abwesenheit seiner Wärme in ihr auslöste, ließ Smilla ein wenig in sich zusammensacken.

»Meinetwegen.« Gent zuckte mit den Achseln. »Smilla,

Leif und Óinn, ihr begleitet mich zum Tempel. Ihr anderen sucht euch Quartiere in der Stadt und hört euch um. Wir sind schließlich nicht zum Spaß hier.«

Ohne eine Antwort abzuwarten, wandte er sich ab und stapfte zu Kalle, der am Flusskahn gewartet und die Begegnung mit der Hirtin mit großen Augen verfolgt hatte.

Die anderen rührten sich nicht, musterten Sjöfn weiterhin misstrauisch. Diese schenkte Smilla ein schmallippiges Lächeln. »Es wird mir eine Ehre sein, Euch im Tempel herumzuführen und Euch der Hirtinmutter vorzustellen.«

Smilla hörte, wie Kalle hinter ihnen beeindruckt mit der Zunge schnalzte, während Gent ihn bezahlte. »Eine Audienz bei der Hirtinmutter höchstpersönlich, was für eine Ehre.«

»Wohl eher eine Falle«, entgegnete Gent mit einem solch tiefen Grollen, dass Smilla schauderte. Im Tempel würde sie ihn im Blick behalten müssen, damit die Situation nicht eskalierte.

Sie versuchte, ihr wachsendes Unbehagen zu ignorieren, und erwiderte Sjöfns Lächeln. »Bitte, Hirtin, zeigt uns den Weg zum Tempel.«

KAPITEL 40
GENT

In der vergoldeten Barke des Tempels wurden sie über einen Seitenarm des Sigra zu dem Berg mit den Zwillingsgipfeln gebracht. An dessen Flanke befanden sich Ställe und ein Wirtshaus für Reisende und Pilger. Gent war trotzdem froh, dass die anderen die Pferde bei sich behalten hatten. Es gefiel ihm nicht, wenn sich Fremde um die Tiere kümmerten, und er wusste, dass es Jofur und Óinn ebenso ging. Allgemein war es ein seltsames Gefühl, von einem Teil der Truppe getrennt zu sein. Er fühlte sich verletzlicher. Zwar kannten seine Gefährten den wahren Ursprung seiner oft schwer beherrschbaren Wut nicht, aber sie wussten mit ihr umzugehen, wenn diese versuchte, ihn mitzureißen. Sie waren seine Rettung, immer wieder. Jeder von ihnen auf seine Art. Und nun, da es sich anfühlte, als würde er in eine Schlangengrube springen, hätte er sie gern an seiner Seite gewusst.

Ein gigantischer Flaschenzug für Personen, Vieh und Nahrungsmittel brachte sie zum Tempel, der sich hoch oben zwischen den Zwillingsgipfeln befand. In einiger Entfernung zu seinen Begleitern stand Gent auf einer eingezäunten Plattform, die in langsamem Tempo an der Bergflanke hinaufglitt. Von hier oben wirkte die Stadt wie ein bunter Flickenteppich. Unter ihm toste das Meer. Ab und zu spritzte die Gischt so hoch auf, dass eisige Tröpfchen Gents Wangen benetzten und in seinem Bart hängen blieben. Er leckte sich über die Lippen, schmeckte Salz. Ein Sturz von der

Plattform würde bedeuten, dass sein Körper an den Felsen im Meer zerschellte. Dieses Schicksal kam ihm immer verlockender vor, je näher sie dem Tempel kamen.

Mit zunehmender Höhe riss der Wind wütender an seinem Haar, das sich aus dem Knoten löste und ihm ins Gesicht peitschte. Das Tosen in seinen Ohren konnte ihn jedoch kaum von den düsteren Gedanken ablenken. Er mied Geistliche nicht ohne Grund. Diesem verschlagenen Abschaum der menschlichen Spezies war nicht zu trauen. Das hatte er auf die harte Tour gelernt, als er einem von ihnen als junger Mann in die Hände gefallen und nur knapp mit dem Leben davongekommen war. Es war ihm suspekt, dass die Hirtinnen ihr Leben dem Dienst an den Leuchtenden widmeten und einen auf götterfürchtig taten. Denn wenn sie eins nicht waren, dann war es fromm. Woher sie wenige Minuten nach seiner Ankunft in der Stadt bereits von seiner Anwesenheit gewusst hatten, war ihm ein Rätsel. Offenbar sprachen sich Dinge in Thrym schnell herum.

Er war froh, Leif in dieser Todesfalle von einem Berg bei sich zu haben. Óinn hatte er den Gefallen tun wollen, da er den Tempel unbedingt besichtigen wollte. Und Smilla … Wenn Gent ehrlich zu sich selbst war, hatte es ihn beeindruckt, wie sie die Situation am Steg deeskaliert hatte. Immer war sie zur Stelle, wenn er die Beherrschung zu verlieren drohte, als spürte sie, was in ihm vorging. Ein kleines Licht in der ihn ständig umwirbelnden Dunkelheit. Er hatte sich so schnell an ihre Gegenwart in der Truppe gewöhnt. Die Vorstellung, von ihr getrennt zu sein, kam ihm unerträglich vor, doch er hatte sie nicht nur deshalb mitgenommen. Sie brachte Fähigkeiten mit, die am Ende darüber entscheiden mochten, ob sie den Tempel lebend verließen.

Verstohlen spähte er zu ihr. Sie hatte ihm den Rücken zugewandt, stand am Geländer der Plattform – für seinen

Geschmack viel zu nah am Abgrund – und sah aufs Vergessene Meer hinaus. Mit den Händen umklammerte sie das poröse Holz, ihr Blick aus glänzenden Augen huschte umher, in dem Versuch, alles auf einmal aufzunehmen. Am liebsten wäre Gent zu ihr getreten, hätte ein Gespräch mit ihr begonnen, doch es war offensichtlich, dass sie von dem Anblick der tosenden Wellen und dem endlosen Horizont ergriffen war. Er wollte sie nicht stören.

Óinn wirkte ebenso aufgeregt wie Smilla. Er war in ein Gespräch mit der Hirtin Sjöfn vertieft, die sie unter falschen Voraussetzungen hergelockt hatte. Eine Söldnertruppe in einem Tempel der Leuchtenden? Es gab wohl keinen Ort, an dem Gent und seine Leute weniger willkommen waren. Irgendetwas musste die Hirtinmutter im Schilde führen. Gent legte eine Hand an den Dolch an seiner Hüfte. Er war auf alles vorbereitet. Ebenso wie Leif, der schweigend neben ihm stand und bisher kein einziges Mal die Hand vom Schwertknauf genommen hatte.

Wenig später kamen sie mit einigem Rucken und Zucken oben an. Kurz wurde Gent flau im Magen, bevor er über die schmale Öffnung zwischen der schaukelnden Plattform und dem Steinplateau trat, das sich vor ihnen auftat. Jenseits der Kante fiel der Berghang steil ab und verlor sich mehrere Tausend Rabenschwingen tief unten in der Gischt, die vom Meer aufstieg. Der Fuß des Bergs war von hier oben nicht mehr zu erkennen. Auf diesem Weg würden sie den Tempel nicht verlassen können, sollte es zu einem überstürzten Aufbruch kommen.

Zwei Tempelwächter flankierten die Plattform und hielten sie mithilfe von Seilen an Ort und Stelle, während alle ausstiegen. Sie trugen Bronzehelme mit dem Zeichen des Einäugigen – dem von drei Sternen gekrönten Speer – und warfen Gent grimmige Blicke zu. Wahrscheinlich wussten sie, wer er war und welcher Ruf ihm vorauseilte. Er schenkte ihnen ein drohendes Grinsen und sie wichen augenblicklich zurück.

Das Plateau wirkte, als hätte eine riesige Faust seitlich in den Berg geschlagen und eine Öffnung freigelegt. Ein Loch in der felsigen Fassade, durch das sie die bienenwabenartig angelegte Tempelanlage betreten konnten. Die Decke war niedrig, die Wände uneben. Fackeln hingen in regelmäßigen Abständen in vergoldeten Halterungen und spendeten flackerndes Licht. Sie wiesen den Weg zu einem Tunnel, der tiefer in den Berg hineinführte.

Die Hirtin Sjöfn bedeutete ihnen mit einer ausholenden Handbewegung, ihr in den Tunnel zu folgen. Dabei schleiften die weiten Ärmel ihres nachtblauen Gewands über die Steinplatten. »Wir betreten nun geweihten Boden.« Ihre Stimme hallte unheilvoll von den Wänden wider. »Der Tempel des Einäugigen wurde in grauer Vorzeit erbaut, es gibt kaum Aufzeichnungen über seine Ursprünge. Für uns steht jedoch fest, dass der Einäugige die Errichtung höchstpersönlich in Auftrag gegeben und vermutlich sogar beim Bau mitgeholfen hat. Denn seine göttlichen Kräfte sind bis heute in den Mauern zu spüren.«

Gent musste als Einziger den Kopf einziehen, als sie in das nur von Fackeln erhellte Dunkel traten. Dort wurden sie von einer unangenehmen Hitze empfangen. Die Luft war warm und feucht. Es roch nach Moos und nassem Gestein. *Die Kräfte des Einäugigen*, dass er nicht lachte. Diese Hitze entsprang bloß den unterirdischen Quellen, die sich durch den Berg zogen.

Während sie den Worten der Hirtin gespannt lauschte, zog sich Smilla das weiße Wolfsfell von den Schultern und türmte ihr Haar zu einem Knoten auf dem Kopf auf. Dadurch wurde ihr Nacken freigelegt und ihr Duft stieg Gent in die Nase. Die Erinnerung an die Nacht auf der Lichtung, an diesen Geruch, der ihn von Kopf bis Fuß eingehüllt hatte, traf ihn so heftig, dass er sich ein paar Schritte zurückfallen ließ. Solange sie weiterhin einen solchen Einfluss auf ihn hatte, musste er dringend Abstand zwischen sich und Smilla bringen. An diesem Ort brauchte er einen klaren Kopf.

Ungeduldig beschleunigte er seine Schritte und drängte sich an Smilla vorbei. Leif warf ihm einen fragenden Blick zu, als er sich auch an ihm vorbeischob und zu der Hirtin aufschloss, die gerade davon schwafelte, dass sich in diesem Berg über hundert Hirtinnen aufhielten, die den Leuchtenden in zwei Dutzend verschiedenen Betkammern und Opfersälen huldigten. Óinn, der direkt neben ihr ging, hatte seinen ehrfürchtigen Blick bisher keinen Moment von der Hirtin gelassen, doch nun sah er Gent überrascht an, als dieser sich zwischen ihn und Sjöfn zwängte.

»Die Hirtinmutter weiß doch sicherlich, dass unsere Zeit nicht umsonst ist«, wandte Gent sich an die Hirtin. »Sie wird für diesen Besuch bezahlen müssen.«

Sjöfn senkte scheinbar demütig das Kinn. Gent fiel jedoch auf, dass sie damit ein Schmunzeln unterdrückte. Ihre goldenen Augen blitzten auf, als sie sich ihm zuwandte. »Das ist der Hirtinmutter nur allzu bewusst.« Wie beiläufig strich sie über die Goldkette um ihren Hals, die mit einem sichelförmigen Anhänger verziert war, und blickte dann zu den vergoldeten Fackelhalterungen an der Wand.

Gent verstand ihren nicht gerade subtilen Wink. Während der Rest Middangards in Armut und allgegenwärtiger Todesangst lebte, konnten sich die Geistlichen jeden nur erdenklichen Luxus leisten. Mit dem größten Vergnügen würde er sie um ihr Rabengold erleichtern.

Glücklicherweise spuckte sie der Tunnel wenig später in einen großen Saal aus – oder vielmehr in eine Höhle. Zu allen Seiten waren sie von Gestein umgeben. Hier waren die Wände so hoch, dass ihre Schritte laut davon widerhallten. Auf einer Seite der Höhle taten sich in regelmäßigen Abständen riesige Öffnungen vom Boden bis zur Decke auf, durch die eine kühle Meeresbrise hereinwehte. Gesäumt wurden die Fenster von cremeweißen Stoffbahnen, die sich träge im Wind blähten. Erleichtert trat Gent vor die Fensterfront und rieb sich über die feuchte Stirn. Das ferne Rauschen der Wellen drang an seine Ohren. Ein Blick nach draußen verriet ihm, dass die Sonne bereits im Untergehen begriffen war. Der Horizont, der von hier oben endlos wirkte, war in Pastelltöne getaucht.

Auf einen Blick von Gent hin blieb Leif in der Nähe der Höhlenöffnung stehen, um ihnen im Notfall eine schnelle Flucht zu gewährleisten. Aufgrund seines kaum beherrschbaren Naturells und der Verschlagenheit der Geistlichen war er gerne auf alle Eventualitäten vorbereitet.

Sein Blick wanderte zu Smilla, die die neue Umgebung, ebenso wie Óinn, eingehend betrachtete. Es handelte sich um eine große Versammlungshalle, die Gent von seinem früheren Besuch im Tempel noch nicht kannte. Viel Platz für die Götterdienste der Hirtinnen. Gegenwärtig war der Saal jedoch leer. In der Mitte thronte ein vergoldeter und reich verzierter Opferstein. Obwohl er makellos sauber wirkte, musste er regelmäßig benutzt werden. Ablaufrinnen zogen sich von seinem Fuß über den Boden bis zu einem der hohen Fenster. Sie waren dunkel vom Opferblut.

Gent verzog das Gesicht und betrachtete stattdessen die Wände. Sie waren glatt geschliffen und mit lebensechten Malereien verziert, die Szenen aus dem Leben des Einäugigen zeigten. Die Hochzeit des Allvaters mit der Großen Mutter. Sein Kampf mit dem Fenriswolf. Wie er mit seinem

Sohn, dem Krieger, in die Schlacht ritt. Wie der Narr ihm sein Schlachtross Sleipnir schenkte.

Gent fuhr herum, als sich eine versteckte Tür mit einem leisen Klicken öffnete. Kurz darauf schleifte Stoff über den Steinboden. Erst da drehten sich auch die anderen um. Sjöfn fiel augenblicklich in einen tiefen Knicks.

Eine gebieterisch wirkende Frau schritt auf sie zu, gefolgt von zwölf Hirtinnen in zwei ordentlichen Reihen von je sechs Frauen. Im Gegensatz zu den nachtblauen Gewändern der Hirtinnen war das der Hirtinmutter schneeweiß. Ein goldener Gürtel zierte ihre Hüfte, ein Goldreif saß über ihren Brauen. Ihr flachsfarbenes Haar war zu zwei dicken Zöpfen geflochten, die ihr über Schultern und Brust bis fast zu den Knien fielen. Im Gegensatz zu den Hirtinnen trug sie kein Sichelmesser an ihrem Gürtel, sondern ein in einem reichverzierten Futteral steckendes Schwert mit goldenem Heft. Ein Aufzug, der eher einer Königin gebührte als einer Priesterin. Gent verkniff sich ein verächtliches Schnauben.

So, wie sie es sicher stundenlang einstudiert hatten, baute sich die Hirtinmutter vor dem Opferstein auf, während sich ihre Begleiterinnen in einem Halbkreis dahinter auffächerten. Einmal mehr hätte Gent anhand der offensichtlichen Zurschaustellung ihrer Macht beinahe geschnaubt, doch er bekam sich gerade noch in den Griff. Stattdessen setzte er eine gelangweilte Miene auf und strich sich einen imaginären Fussel von der Schulter.

»Seid gegrüßt, Reisende.« Die Stimme der Hirtinmutter hallte laut und klar durch den Saal, der eindeutig dafür geschaffen war, sie bis in die hinterste Ecke zu tragen. »Willkommen in den Heiligen Hallen des Allvaters.«

Óinn und Smilla neigten die Köpfe, was Gent nur noch mehr verärgerte. Die Hirtinmutter schien es allerdings mit Wohlwollen aufzunehmen, denn ein Lächeln umspielte ihre

Mundwinkel. Dann richtete sich ihr Blick auf ihn und das Lächeln gefror auf ihren Lippen.

Gent lehnte sich mit vor der Brust verschränkten Armen an die Wand neben den Fenstern. »Was verschafft uns die Ehre dieser *Einladung*?« Er betonte das Wort verächtlich, damit kein Zweifel daran bestand, was er von dieser lächerlichen Scharade hielt.

»Ihr kommt also gleich zur Sache, Fürst der Unterwelt?« Die Hirtinmutter presste die Lippen aufeinander.

Gent hob die Schultern. »Zeit ist Geld. Und meine ist besonders teuer.«

»Sicher nicht ohne Grund, wie ich höre.«

Er grinste die Hirtinmutter herausfordernd an. Einen Moment lang maßen sie sich mit Blicken. Ihre graugrünen Augen bohrten sich in seine. Offensichtlich war sie es nicht gewöhnt, dass jemand sie so unverhohlen musterte – oder ihr widersprach.

»Uns wurde eine Führung durch den Tempel versprochen«, meldete sich Smilla zu Wort. Gent verkniff sich ein weiteres Grinsen. Auch wenn er es nicht gewohnt war, dass sich die Mitglieder der Wilden Jagd in Verhandlungen dieser Art einmischten, musste er zugeben, dass es ihm gefiel, wie Smilla stets versuchte, zu seiner Rettung zu eilen. Sie wusste wirklich immer, wenn er kurz davor war, etwas Törichtes zu tun.

Die Hirtinmutter trat einen Schritt auf Smilla zu und musterte sie aus verengten Augen. »Und Ihr seid?«

»Smilla. Aus Isgard, Herrin.« Gent musste ihr lassen, dass sie weder den Blick senkte noch einen dieser lächerlichen Knickse machte. Es brauchte mehr als die mächtigste Geistliche des Landes, um Smilla in die Knie zu zwingen.

Die Hirtinmutter umrundete Smilla, während ihr Gewand hinter ihr über den Boden schleifte. Wahrscheinlich musste im Tempel nie jemand den Boden wischen, dachte Gent amüsiert.

»Und wo ist der Rest Eurer Truppe?«, wandte sie sich dann wieder an ihn, während sie langsam auf ihn zuschritt. »Das kann doch nicht alles sein?« Sie deutete in Leifs Richtung, der sie mit der Hand am Schwert nicht aus den Augen ließ. Óinn streifte sie lediglich mit einem flüchtigen Blick. Ihre Missachtung des so offensichtlich götterfürchtigen Mannes sandte brodelnde Wut durch Gents Adern. Óinn würde alles für den Segen dieser Frau tun. Er wagte es kaum, ihr ins Gesicht zu sehen, stand mit gesenktem Kopf da und umklammerte den Anhänger der Kette um seinen Hals, während sich seine Lippen lautlos bewegten.

»Meine Truppe ist anderweitig verhindert«, brachte Gent zwischen zusammengebissenen Zähnen hervor. »Zu beschäftigt für eine Plauderstunde.«

Einige Hirtinnen sogen erschrocken die Luft ein. Die Augen der Hirtinmutter weiteten sich. Mit wenigen energischen Schritten stand sie plötzlich direkt vor ihm. Gent fiel auf, dass sie überraschend jung war. Nur wenige Falten breiteten sich wie Rabenkrallen um ihre Augen aus, als sie ein falsches Lächeln aufsetzte. Der harte Zug um ihren Mund blieb. Sie roch nach rosigem Duftwasser, Räucherwerk und … frischem Blut.

»Zu beschäftigt für ein Treffen mit der *Hirtinmutter*?«, zischte sie.

Ungerührt erwiderte Gent ihren Funken sprühenden Blick. »Wenn Ihr uns endlich verraten würdet, weshalb Ihr uns herbestellt habt, könnten wir uns ebenfalls wichtigeren Dingen widmen.«

Aufgeregtes Getuschel brach unter den jungen Hirtinnen aus. Mit einer herrischen Handbewegung brachte die Hirtinmutter sie zum Schweigen. »Wie Ihr wünscht, *Fürst der Unterwelt.*«

Sie brachte ihr Gesicht nah an Gents heran. »Mir ist zu Ohren gekommen, dass sich der Hexenschlächter in der Nähe unserer Stadt herumtreibt.« Eine Ader an Gents Hals begann zu pochen, während er seine Überraschung im Zaun zu halten versuchte. »Im Gebirge leben mehrere Hexenzirkel, weshalb er sich hier sicher bald zeigen wird. Ich will, dass Ihr ihn findet und zu mir bringt.«

Gent erstarrte, konnte nicht glauben, was er da hörte. Rasch wechselte er einen Blick mit Leif, der ebenso schockiert aussah, auch wenn er es zu verbergen versuchte. In nur wenigen Wochen war das bereits das zweite Mal, dass sie diesen unmöglichen Auftrag bekamen. Gents Gedanken rasten, während er versuchte, eine neutrale Miene beizubehalten. Wenn er seine Karten richtig spielte, würde er der Hirtinmutter im Voraus so viel Rabengold abknöpfen können, dass sie die zweite Hälfte der Belohnung von Jarl Torje einfach in den Wind schlagen konnten. Dann würden sie sich aus dem Staub machen und irgendwo einen anderen Auftrag annehmen, statt im Gebirge einem Phantom hinterherzujagen.

Nach einem knappen Nicken in Leifs Richtung wandte er sich wieder an die Geistliche. »Zu Euch bringen?«, fragte er, als zöge er ihr Angebot tatsächlich in Betracht. »Meint Ihr nicht, dass wir ihn vorher töten sollen?«

In einer übertriebenen Geste legte die Hirtinmutter eine Hand auf ihr Schwertheft, ebenso golden wie die Ringe an ihren Fingern, die dagegen klirrten. Gent fragte sich, ob die Waffe lediglich ein Symbol war, das mit ihrer Stellung einherging, oder ob sie tatsächlich damit umzugehen wusste. Ein gefährliches Lächeln breitete sich auf ihrem Gesicht aus. »Was ich mit ihm anstelle, soll meine Sorge sein.«

Aus dem Augenwinkel sah Gent, wie Smilla erneut den Mund öffnete. Wahrscheinlich, um der Hirtinmutter mitzuteilen, dass sie denselben Auftrag von Jarl Torje bekommen hatten und dem Hexenschlächter längst auf der Spur waren. Mit einem warnenden Blick brachte er sie zum Schweigen.

»Das wird nicht billig«, antwortete er in desinteressiertem Tonfall.

»Nennt mir Euren Preis.«

»Siebzig Rabengoldtaler. Die Hälfte im Voraus.«

Eine der Hirtinnen schnappte nach Luft. Die Hirtinmutter hingegen zuckte nicht einmal mit der Wimper. Auf einen Wink von ihr trat eine Hirtin mit einem reich verzierten Kästchen vor und begann, das Geld daraus abzuzählen. Gent ärgerte sich darüber, nicht noch mehr verlangt zu haben. Doch Smillas und Óinns schockierten Mienen konnte er entnehmen, dass er bereits zu weit gegangen war. Nach einem letzten prüfenden Blick nahm die Hirtinmutter das Geld entgegen. Sie reichte es ihm mit spitzen Fingern, während er ebenso darauf bedacht war, sie nicht zu berühren. Als er das Gold in seine Hosentasche gleiten ließ, lauschte er zufrieden dem Klimpern.

Die Hirtinmutter platzierte sich wieder vor dem Opferstein und wandte sich nun an alle. »Ihr habt einen langen Weg auf Euch genommen, um hierherzukommen. Seid heute Nacht unsere Gäste.« Mit einer theatralischen Geste deutete sie zur Decke hinauf. »Dieser Berg ist mit heißen Adern durchzogen. Die Dämpfe und Quellen, die daraus entstehen, besitzen heilende Kräfte. Ruht Euch aus, bevor Ihr Euch dem Auftrag widmet. Sjöfn wird Euch im Tempel herumführen, nachdem Ihr Euch auf Euren Zimmern erfrischt habt.«

Gent verdrehte die Augen. Weder musste er sich ausruhen, noch wollte er an einer Führung durch den Tempel teilnehmen. Lieber würde er ihn auf eigene Faust erkunden, um die verborgenen Orte zu entdecken, die er bei seinem ersten kurzen Besuch mit der damaligen Söldnertruppe nicht zu Gesicht bekommen hatte, und einem möglichen Hinterhalt vorzubeugen. Das musste die Hirtinmutter aber nicht erfahren. Eine letzte Frage brannte ihm allerdings noch auf der Seele, bevor er sie hoffentlich nie wiedersehen musste. »Was wollt Ihr von dem Hexenschlächter?«

Sie verengte die Augen zu Schlitzen. »Ich habe Euch nicht angeheuert, um Fragen zu stellen. Ihr genießt den Ruf, äußerst diskret vorzugehen, aber wenn ich mich in Euch getäuscht habe, Fürst der Unterwelt, setze ich gern eine andere Söldnertruppe auf den Schlächter an.«

Gent glaubte, noch nie in seinem Leben einen derart großen Haufen Koboldscheiße gehört zu haben, doch es war nur zu offensichtlich, dass er nichts weiter aus ihr herausbekommen würde. Erneut wechselte er einen Blick mit Leif, der unmerklich nickte. Sie würden auf eigene Faust in Erfahrung bringen, was die Hirtinmutter im Schilde führte.

»Wie Ihr wünscht.« Gent wandte sich zum Gehen. Bevor er den Tunneleingang erreichte, aus dem sie gekommen waren, klatschte die Hirtinmutter jedoch zweimal in die Hände. Widerwillig drehte Gent sich zu ihr um. Sie funkelte ihn an, als hätte er ihr den großen Auftritt gestohlen.

»Tilda, Vor und Skadi werden Euch zu Euren Gemächern begleiten.« Drei Hirtinnen traten mit demütig gesenkten Köpfen vor. »Im Tempel kann man sich leicht verirren.«

Mit verengten Augen ließ sie ihren Blick ein letztes Mal über Gent und seine Truppe wandern. Eine eindeutige Warnung, nicht auf eigene Faust durch den Tempel zu streifen.

Beinahe hätte Gent laut gelacht. Er wartete nicht ab, bis die Hirtinmutter ihm den Rücken zudrehte und davonschritt, sondern wandte sich sofort mit gesenkter Stimme an

Leif. »Was für eine vergnügliche Begegnung, findest du nicht auch?«

Leif ging nicht auf seinen beißenden Sarkasmus ein. »Meinst du, wir sind hier sicher?« Seine Stimme zitterte kaum merklich.

»So sicher wie eine Donnersau unter Wölfen.« Gent streckte eine Hand in die Tasche und ließ die Goldtaler klirren. »Aber ich wollte mir die Bezahlung nicht entgehen lassen.«

Óinn und Smilla schlossen sich ihnen an. »Wir bleiben über Nacht, oder?«, fragte Óinn hoffnungsvoll.

»Ja.« Verbissen versuchte Gent, seinen inneren Aufruhr zu verbergen und die Aufmerksamkeit der anderen von Leif abzulenken, dem dasselbe nicht zu gelingen schien. Grinsend wandte er sich an Smilla. »Immer noch Lust, den Tempel zu erkunden, nachdem du die Hausherrin kennengelernt hast?«

Sie funkelte ihn an. »Du hättest ein einziges Mal respektvoll sein können. Es hätte dich nicht umgebracht.«

»Was, wenn die einzige Kraft in ganz Middangard, die mich umbringen kann, ein respektvoller Umgang mit Autoritätspersonen ist? Schon mal daran gedacht?«

Smilla verdrehte die Augen. Selbst Óinn grummelte verstimmt vor sich hin.

»Ist ja schon gut.« Gent hob beide Hände. »Ich verspreche, mich für den Rest unseres Aufenthalts hier zu benehmen.«

Smilla und Óinn wechselten einen Blick. »Wer's glaubt«, sagten sie gleichzeitig.

Auf ihrem Weg durch die Tunnelgänge lauschten die beiden den Erklärungen der Hirtinnen und stellten Fragen, während sich Gent und Leif zurückfallen ließen. Gent steckte die Hand in seine prall gefüllte Hosentasche und ließ erneut die Münzen klimpern. Das Geräusch hallte von den Tunnelwänden wider und übertönte seine geflüsterten Worte. »Ich sehe mich heute Nacht im Tempel um. Übernimmst du die erste Wache? Irgendetwas plant die Hirtinmutter, das ist sicher. Aber ich soll verdammt sein, wenn sie uns unvorbereitet erwischt.«

Leif nickte. Es war offensichtlich, dass er seine eigenen Pläne für die Nacht hatte. Das Lächeln unter seinem dichten Bart wurde tödlich. »Soll sie es doch versuchen.«

KAPITEL 41
SMILLA

Mit offenen Augen lag Smilla im Bett. Obwohl dies die bequemste Matratze ihres Lebens war, wollte der Schlaf nicht kommen. Die Hirtinmutter hatte ihr ein eigenes Zimmer zugewiesen, luxuriös eingerichtet und viel zu groß für eine Person. Smillas Bett war mit Schnitzereien verziert: hoch aufschlagende Wellen, ein Schiff mit Drachenkopf, der Allvater, der mit seinem einen Auge aus den Wolken herabsah und Wind in die geblähten Segel schickte.

Über dem Tisch mit dem Wasserkrug hing eine polierte Bronzeschale an der Wand, in der Smilla ihr Spiegelbild betrachten konnte, und fein gewebte Teppiche zierten die Felswände. Sie alle zeigten bekannte Szenen. Der Einäugige auf seinem achtbeinigen Schlachtross. Wie er seinen magischen Speer von den Zwergen überreicht bekam. Wie er ein Auge opferte, um einen Schluck aus der Quelle der Weisheit zu trinken. Wie er die *Einherjer*, die gefallenen menschlichen Helden, in seiner Halle begrüßte, nachdem die Walküren sie zu ihm gebracht hatten. Auf dieser Darstellung sahen die Walküren noch menschlich aus. Stolze Kriegerinnen, die mit wallendem Haar auf geflügelten Pferden ritten und nichts mit den Bestien gemein hatten, die nun das Land heimsuchten. Was sie verändert hatte, und warum es geschehen war, konnte Smilla nicht sagen. Niemand wusste das. Doch seit den zwei Angriffen war ihr Drang, mehr darüber herauszufinden und das Land wieder sicher zu machen, stetig stärker geworden.

Schaudernd wandte sie sich von der Darstellung ab. Alles andere im Zimmer hatte sie bereits ausgiebig betrachtet und nun gab es nichts zu tun, als an die felsige Decke zu starren. Sie war zur letzten Wache eingeteilt worden. Erst kurz vor dem Morgengrauen würde Óinn sie wecken kommen. Bis dahin hatte sie noch viele Stunden zu füllen.

Es war so warm im Raum, dass Smilla das dünne Laken fortgestrampelt hatte. Obwohl sie magiekundig war, wirkte es wie ein kleines Wunder, dass die Wärme aus den Wänden selbst zu kommen schien, ohne dass ein Feuer brannte. In der gesamten Silbernen Festung gab es keine Kamine, keine Feuerstellen. Und trotzdem herrschte eine feuchte Hitze, die Smilla zu ersticken drohte. Sie brauchte frische Luft.

Kurz entschlossen schwang sie die nackten Beine über die Bettkante. Selbst der Steinboden fühlte sich warm unter ihren Fußsohlen an. Sie schnappte sich ihr Wolfsfell von einer Stuhllehne und legte es sich um die Schultern. Zwar brauchte sie es nicht, um sich warm zu halten, doch sie trug nur ein weißes Seidennachthemd, in dem sie sich nackt fühlte.

Die Tür öffnete sich mit einem Klicken und sie trat in den von Fackeln erhellten Gang hinaus. Dort nickte sie Leif zu, der am anderen Ende des Flurs mit einer Hand an seinem Schwert Wache stand. Als er sie erkannte, blickte er rasch in die entgegengesetzte Richtung. Offenbar war es zu viel von ihm verlangt, Smilla auch nur einen Funken seiner Aufmerksamkeit zu schenken. Sie fragte sich, ob der zusätzliche Schutz wirklich nötig war. Denn hier fühlte sie sich sicher. Doch wenn eine Nachtwache bedeutete, dass Gent sich ein wenig entspannte und nicht auf törichte Gedanken kam, sollte es ihr recht sein.

Barfuß tapste Smilla in die Richtung, in der sie zuvor eine Terrasse entdeckt hatte. Als Sjöfn sie und Óinn am frühen Abend durch den Tempel geführt hatte, waren sie daran vorbeigekommen. Aufgrund des spektakulären Ausblicks hatte Smilla beschlossen, während ihres Aufenthalts dorthin zurückzukehren. Dies schien ihr der perfekte Zeitpunkt zu sein.

Als sie aus dem engen Gang ins Freie trat, atmete sie tief durch. Ein kühler Windhauch strich ihr sanft über Gesicht und Arme und entlockte ihr ein erleichtertes Seufzen. Hier ging dieselbe Wärme von der Decke und den Wänden aus wie in ihrem Schlafgemach, doch sie vermischte sich auf angenehme Weise mit der kalten Nachtluft.

Vor Smilla erstreckte sich eine breite überdachte Terrasse. Die Höhlenwände öffneten sich zu einer Seite hin und gaben den Blick auf den Nachthimmel frei. Aufgrund der hohen Decke, die sich über ihr wölbte, konnte der Wind Smilla nichts anhaben. Weiß funkelnde Adern zogen sich durch das Gestein. Sie verbreiteten schwach funkelndes Licht. Kristalle. Smilla spürte die pulsierende Kraft, die von ihnen ausging. Man erzählte sich, der Berg mit den Zwillingsspitzen habe einen eigenen Herzschlag. Fast glaubte sie, ihn zu spüren.

Mit kribbelndem Magen setzte sie einen nackten Fuß zwischen zwei Kristalladern und trat weiter auf die Terrasse hinaus. Einige Schritte entfernt brach der felsige Untergrund jäh ab, nur gesichert durch eine Balustrade, die Smilla bis zur Taille reichte. Vorsichtig ging sie darauf zu, angezogen vom verheißenden Rauschen der Wellen. Sie legte beide Hände auf das Steingeländer und blickte hinaus.

Es war, als befände sie sich mitten im Himmel. Vor ihr türmten sich Wolken auf, tief unter ihr krachten die Wellen gegen die Klippen. Sterne glitzerten hier und dort zwischen den Wolken, der abnehmende Mond spiegelte sich auf dem pechschwarzen Meer. So weit das Auge reichte, zog es sich wogend dahin. Endlos. Der Horizont schien unerreichbar und doch ganz nah, als müsste Smilla nur die Hand ausstrecken, um die Stelle zu berühren, an der sich Himmel und Meer küssten.

Smillas Herz schwoll an, pochte warm und schwer in ihrer Brust. Sie verstand, warum der Tempel an dieser Stelle errichtet worden war. Wie konnte man bei einem solchen Anblick nicht an die Existenz der Götter glauben? Es war, als würde die Große Mutter höchstpersönlich zu ihr sprechen. Trotz der wütenden Elemente war es hier oben still, beinahe friedlich. Das Tosen der Wellen drang von weit unten zu ihr herauf, nicht viel mehr als ein angenehmes Rauschen. Zu ihrer Linken entdeckte Smilla mit Fellen bedeckte Sitzgelegenheiten, die die Balustrade säumten. Die Steinliegen mit erhöhtem Kopfende luden zum Verweilen und in die Sterne Schauen ein. Smilla konnte sich gut vorstellen, die ganze Nacht auf diesen Fellen zu liegen und zu den Gestirnen aufzublicken. Noch war sie jedoch nicht bereit, ihren Platz am Tor zum Himmel aufzugeben. Mit feuchten Augen ließ sie sich vom Ruf des Meers locken und flog im Geist zu den Sternen hinauf.

Erst nachdem der Mond ein ganzes Stück über das Himmelszelt gewandert war, wurde sie aus ihrer Betrachtung gerissen. Schritte ertönten hinter ihr. Eilige, energische Schritte. War Leif gekommen, um endlich das zu tun, was er sicher schon seit ihrer ersten Begegnung tun wollte?

Die Schritte wurden lauter. Smilla fuhr herum.

Im selben Moment trat Gent aus dem Gang. Sie schnappte nach Luft. Ihr Herz donnerte bei seinem Anblick fast schmerzhaft gegen ihre Rippen.

Er schaute düster drein, schien seine Umgebung kaum wahrzunehmen. Als er sie entdeckte, blieb er jedoch wie angewurzelt stehen. »Smilla.« Er klang überrascht, sie hier anzutreffen.

Auf einmal war sich Smilla ihres nackten Körpers unter dem dünnen Nachthemd allzu deutlich bewusst. Seine Augen hatten sich bei ihrem Anblick unmerklich geweitet, doch er hielt den Blick eisern auf ihr Gesicht geheftet. Einen Moment lang konnte Smilla nur zurückstarren, während ein Sturm in ihrem Inneren tobte. Gents Züge wurden lediglich vom schwachen Funkeln der Kristalle erhellt, sodass sie noch kantiger wirkten als sonst. Langsam hob er die Hände, als wollte er sie beruhigen, für den Fall, dass er sie mit seinem plötzlichen Auftauchen erschreckt hatte. Oder wollte er sie von sich fernhalten?

Instinktiv zog sich Smilla das Wolfsfell – *sein* Fell – fester um die Schultern.

»Ich will dich nicht stören«, brachte Gent hervor. »Ich wusste nicht …« Er rieb sich über den Nacken, sah weg. »Ich kann wieder gehen, wenn du –«

»Nein.« Das Wort war heraus, bevor Smilla darüber nachdenken konnte. Sein Blick begegnete ihrem. Etwas blitzte in seinen Augen auf. Überraschung? Erleichterung? Er runzelte die Stirn, öffnete den Mund. Wahrscheinlich um zu fragen, was genau sie damit meinte.

»Ich freue mich über Gesellschaft«, beeilte Smilla sich zu sagen. Das war nur zur Hälfte gelogen. Sie wollte nicht, dass ihr eine beliebige Person Gesellschaft leistete. Sie sehnte sich nach *Gents* Nähe. *Gents* Lächeln. *Gents* Berührungen. So lange war sie stark gewesen, hatte versucht, sich von ihm fernzuhalten. Doch als er nun an diesem magischen Ort vor ihr stand, wirkte es beinahe, als hätte die Große Mutter ihn ihr geschickt. Auch wenn Smilla das ihm gegenüber niemals erwähnt hätte.

Gent nickte, machte einen Schritt vor, blieb dann jedoch mitten auf der Terrasse stehen und schob die Hände in die Hosentaschen. Als er so dastand, mit gerunzelter Stirn und wachsamem Blick, verstand Smilla, warum er Abstand wahrte. Er wollte sie nach ihrem überstürzten Aufbruch auf der Lichtung nicht bedrängen. Das entlockte ihr ein Lächeln. Wenn er doch nur wüsste, dass sie die Kluft zwischen ihnen am liebsten selbst überbrückt hätte, um ihn an sich zu ziehen.

»Ich beiße nicht, weißt du«, neckte sie ihn.

»Das habe ich anders in Erinnerung«, erwiderte er mit leiser, rauer Stimme.

Etwas Heißes schoss durch Smillas Unterleib. Augenblicklich war sie zurück auf der Lichtung. Ihr Körper erinnerte sich überdeutlich daran, wie sie Gent in die Unterlippe gebissen und ihm ein Stöhnen entlockt hatte. Dieses Stöhnen, das sie daraufhin rasend gemacht hatte, bis sie alles vergaß außer seinen Händen auf ihrer Haut, seinen Lippen auf ihren …

Als sich die Hitze in ihrem ganzen Körper auszubreiten begann, wandte sie sich rasch von ihm ab. Fest umklammerte sie die Balustrade. Nun, da sie Gent den Rücken zudrehte, hörte sie ihn nicht kommen, bis er sich in gebührendem Abstand neben sie stellte. Sie schauderte. Wenn er wollte, bewegte sich Gent beängstigend lautlos.

Er hatte den Blick aufs Meer gerichtet. Von der Seite entdeckte Smilla das Schimmern des Monds in seinen dunklen Augen. »Warum streifst du so spät noch durch den Tempel?«, fragte sie, nur um wieder seine Stimme zu hören.

Er winkte ab, ohne sie anzusehen. »Ich bin schon die ganze Nacht auf den Beinen.«

»Konntest du auch nicht schlafen?«

»Ich schlafe nicht. Schon vergessen?«

»Ich dachte, das wäre ein Scherz gewesen.«

»War es nicht.«

Stille breitete sich zwischen ihnen aus. Dunkel und

schwer wie Regenwolken. Smilla fragte sich, ob es nach ihrer Flucht von der Lichtung je wieder leicht und unbeschwert zwischen ihnen sein würde. Doch wenn sie ehrlich war: Wann war es je leicht und unbeschwert zwischen ihnen gewesen?

Sie öffnete den Mund. Im selben Moment begann Gent zu sprechen. Beide lachten peinlich berührt.

»Du zuerst«, sagte Gent.

»Willst du …«, begann Smilla gleichzeitig.

Sie grinsten sich an, waren plötzlich weniger gehemmt als zuvor. Täuschte Smilla sich, oder rückte Gent etwas näher an sie heran? Er hielt ihren Blick fest, wagte es endlich, ihr direkt in die Augen zu sehen. Ihr ganzer Körper begann zu prickeln, als würden Funken über ihre Haut tanzen.

»Smilla, hör mal, ich …«, sagte er nach einem weiteren langen Schweigen. »Du sollst wissen, dass du dich mir nicht erklären musst. Ich erwarte nichts von dir.«

Bezog er sich damit etwa auf das, was auf der Lichtung zwischen ihnen geschehen war? Smilla schluckte, sah ihm in die Augen. Sie wirkten wie zwei tiefe schwarze Strudel, die sie unerbittlich zu sich zogen. Sie war kurz davor, hineinzufallen – und dann gäbe es kein Zurück mehr.

»Ich meine …« Frustriert fuhr er sich mit einer Hand durch die Bartstoppeln. Sie waren länger geworden. Er hatte sie seit einigen Tagen nicht gestutzt. »Ich würde dich nie zu etwas zu drängen, was du nicht auch möchtest.«

Nun blinzelte Smilla, überrascht von seiner Direktheit. Sein Ton war sanft, aber bestimmt. Mit den Augen suchte er ihr Gesicht nach einer Regung ab. Smilla wusste nicht mehr, wie man atmete. Ihr Herz schlug so schnell, dass sie glaubte, ihre Knie würden jeden Moment unter ihr nachgeben.

»Was auf der Lichtung passiert ist, war ebenso unerwartet für mich wie für dich.« Ihre Stimme war kaum lauter als ein

Flüstern, doch er hatte sie gehört. Denn nun zog er besorgt die Brauen zusammen.

»Bist du deshalb fortgelaufen? Weil es so plötzlich passiert ist?«

Sie zögerte, wollte nicht lügen. »Ich war überwältigt.« Das entsprach der Wahrheit. Auch jetzt fühlte sie sich wieder, als würde ihr die Situation jeden Moment über den Kopf wachsen. »Alles ging so schnell und ich …«

Irgendwie war es Gent gelungen, ihr unbemerkt noch näher zu kommen. Der Wind drehte und wehte ihr seinen Duft entgegen. Jede Faser ihres Seins schrie sie an, ihn endlich zu berühren. Sie wollte ihn. So sehr.

Das drängende Pochen in ihrem Inneren ließ sie mutig werden. Diesmal trug sie keine Knochen bei sich. Diesmal konnte sie den Schritt gehen, den sie bereits beim letzten Mal hatte gehen wollen … Doch es gab immer noch viel, was dagegen sprach. Oder nicht? Plötzlich war ihr Kopf wie leergefegt. Unwillkürlich schob sie sich noch näher an ihn heran.

»Aber es war schön, oder?« Sie sah ihm tief in die Augen. Prüfend. Wollte er es auch?

Sie sah, wie er schluckte, wie sich seine Augen weiteten. Er umklammerte die Balustrade nun mit beiden Händen. So fest, dass es knirschte. Zu sehen, was ihre Worte in ihm auslösten, ließ Smilla alle Vorsicht vergessen. In dieser Nacht, in diesem einen Moment, wollte sie einfach nur *sein*. Nicht denken müssen, sich um nichts sorgen müssen. Mit einem weiteren Schritt überbrückte sie die letzte Distanz zwischen ihnen. Gents Arm schlang sich im selben Moment um ihre Taille.

Diesmal war der Kuss sanfter. Gents Lippen legten sich beinahe scheu auf ihre, doch die Berührung setzte Smillas Körper ebenso in Flammen wie beim ersten Mal. Zwischen ihnen herrschte ein neues Einverständnis. Die Gewissheit, dass das hier passierte, weil sie es beide wollten. Und dass sie sich diesmal alle Zeit der Welt nehmen konnten. Hier am äußersten Rand Middangards, am Tor zum Himmel.

Vorsichtig stieß Smilla mit der Zungenspitze gegen seine, umkreiste sie spielerisch. Gents Griff um ihre Taille wurde fester, er grub die Finger in ihr Nachthemd. Durch den dünnen Stoff spürte Smilla die Hitze, die von ihm ausging.

Sie legte ihm beide Hände auf die Brust. Sein Herz schlug ebenso schnell wie ihres. Mit den Fingerspitzen fuhr sie seinen Hals hinauf, durch seinen Bart, dann weiter zu seinem Nacken.

Gents Kuss wurde so innig, dass ihr Herzschlag aus dem Takt geriet. Sie presste ihren Körper fest an seinen, wollte, dass er verstand, wie sehr sie sich nach ihm sehnte. Als hätte er auf diese Einladung gewartet, ließ er seine Hände tiefer wandern. Über ihre Taille, ihre Hüften. Jede Berührung sandte heiße Funken durch den dünnen Seidenstoff ihres Nachthemds. Als Gent ihren Po mit beiden Händen umfasste, wurde sein Kuss fordernder.

Smilla keuchte dicht an seinem Mund. Sie biss ihm in die Unterlippe und er lachte leise, verstand die Anspielung. Seine Brust vibrierte an ihrer, brachte ihren gesamten Körper zum Klingen. Smilla drückte sich nur noch fester an ihn, spürte seine Härte an ihrem Bauch.

Während er sie mit einer Hand weiterhin an sich presste, ließ Gent die andere ihre Taille hinaufwandern. Smillas Brustwarzen stachen durch den dünnen Stoff des Nachthemds. Mit einem Finger fuhr er darüber, reizte sie neckend. Ihr entwich ein Stöhnen. All ihre Sinne zogen sich an diesem einen Punkt zusammen.

»Das gefällt dir, was?«, raunte er dicht an ihren Lippen.

»Ja«, antwortete sie atemlos und vergrub die Finger in seinem Haar. Sie verlor sich in ihm, bis da nichts anderes mehr war als seine Hand an ihrer Brust, sein Mund auf ihrem, seine Zunge, die ihre voller Verlangen umkreiste.

Als Gent sich schließlich zurückzog, hätte Smilla beinahe seine Hände festgehalten. Er durfte noch nicht aufhören. Am liebsten nie wieder. Tief sah er ihr in die Augen, seine so dunkel und stürmisch wie das aufgewühlt Meer unter ihnen. Eine Frage lag darin. Smilla biss sich auf die Unterlippe und nickte langsam.

Mehr brauchte es nicht. Gent packte sie an den Hüften, vergrub die Finger in ihrem Nachthemd und schob es quälend langsam nach oben, ohne sie aus den Augen zu lassen. Smilla wand sich unter seinem brennenden Blick, wartete ungeduldig auf den Moment, in dem er endlich ihre nackte Haut berühren würde. Noch nie hatte sie sich so sehr nach etwas gesehnt, und doch genoss sie es, wie viel Zeit er sich nahm, wie sehr er es genoss.

Unter dem Seidenstoff war sie nackt. Gent bemerkte es im selben Moment, als er ihr das Nachthemd über den Kopf streifte. Er erstarrte. Mit leicht geöffnetem Mund betrachtete er ihren vom Mondschein umspielten Körper.

Smilla ließ ihn, badete in seiner Aufmerksamkeit. Seiner Bewunderung. Langsam schüttelte Gent den Kopf, sodass ihm ein paar schwarze Strähnen ins Gesicht fielen. Zwischen seinen dichten Wimpern hindurch blinzelte er sie an.

»Du bringst mich um den Verstand«, raunte er so tief, dass es kaum über das ferne Donnern der Wellen zu hören war.

Sobald sich seine Lippen wieder auf ihre legten, machte sich Smilla an den Schnüren seiner Hose zu schaffen. Sie konnte keinen Moment länger warten. So stark zitterte sie mittlerweile vor Verlangen, dass ihr die Schnüre mehrmals aus der Hand rutschten. Gent half ihr, riss die Hose gewaltsam auf und schob sie sich von den Beinen. Smilla streifte ihm das Leinenhemd über den Kopf. Dann standen sie sich nackt gegenüber.

Über ihnen die Sterne, unter ihnen das Meer. Und zwischen sich eine solch starke Anziehungskraft wie die des Monds auf die Gezeiten.

Als ihre Lippen erneut aufeinandertrafen, spürte Smilla nur noch ihn. Nicht den kühlen Nachtwind. Nicht die Hitze, die von dem sie umgebenden Gestein ausging. Nur noch Gents nackten Körper an ihrem, so stark und fest.

Er packte sie, hob sie hoch und sie schlang beide Beine um seine Mitte. Heiß und hart spürte sie ihn zwischen ihren Beinen. Sie rieb sich an ihm, genoss es, wie sie ihm damit ein Stöhnen entlockte.

Wieder bohrte sich sein Blick in ihren. Lust waberte in dem Schwarz seiner Augen. Wild und ungezügelt. »Sag mir, was du willst, Smilla«, grollte er. »Ich werde dir alles geben, was du brauchst. Du musst es nur aussprechen.«

Smilla konnte nicht sprechen. Ihr Körper gehorchte ihr nicht mehr. Sie war gefangen im schwarzen Sog seiner Augen. Da war nichts mehr als reines ungefiltertes Verlangen für den Mann, der sie in seinen starken Armen hielt und ihr versprach, ihr alles zu geben. Endlich den nächsten Schritt zu gehen. Wenn sie es wollte.

»Dich«, flüsterte sie heiser. »Ich will dich.«

Ein Knurren drang tief aus seiner Brust. Gent ließ sie nicht aus den Augen, während er sich in Bewegung setzte und sie auf eins der Lager aus Fellen bettete.

Sein Blick war so intensiv, dass Smilla sich ganz in die Dunkelheit darin fallen ließ. Sie stürzte hinein, ließ sich von der Lawine mitreißen. Und als Gent sich über sie beugte, seine Finger zwischen ihre Beine gleiten ließ, gab sie sich ihm ganz hin.

KAPITEL 42
GENT

Da war nur noch Smilla. Gent roch nur sie, sah nur sie, spürte nur sie. Er kniete zwischen ihren gespreizten Schenkeln, das Gesicht in ihrer Mitte vergraben. Langsam ließ er seine Zunge kreisen, saugte und leckte, bis Smilla so laut stöhnte, dass es von den Felswänden widerhallte. Gent grinste mit feuchten Lippen. Sie war so bereit für ihn. Wie eine Opfergabe lag sie vor ihm ausgebreitet, bot ihm ihren Körper dar. Sie wollte ihn. Endlich hatte sie es ihm gesagt. Und er hatte daraufhin keine Sekunde gezögert, ihr alles zu geben.

Mit beiden Händen fuhr er über ihren Bauch hinauf zu ihren Brüsten und rieb ihre Brustwarzen, während er seine Zunge in sie stieß. Smillas gesamter Körper erzitterte. Sie schrie auf, krallte die Finger in die Felle und riss den Kopf in den Nacken. Sie bebte und bebte, bis sie schließlich in sich zusammensackte.

Lächelnd kam Gent zwischen ihren Schenkeln hervor und leckte sich über die Lippen. Smilla öffnete die Augen, musterte ihn mit einer erhobenen Braue. »Schau nicht so selbstzufrieden drein.«

»Oh, ich glaube, gerade habe ich allen Grund, selbstzufrieden dreinzuschauen.«

Sie schob sich auf die Ellbogen, musterte ihn von Kopf bis Fuß. All die Narben auf seinem Körper. Er richtete sich auf, würde sich nie wieder vor ihr verstecken. »Vielleicht brauchst du erst mal eine Verschnaufpause.« Grinsend deutete er an sich herab. »Aber ich bin bereit, wenn du es bist.«

Verlangen verdunkelte ihren Blick. Ehe er sich's versah, hatte sie ihn gepackt, auf die Felle gestoßen und hockte mit gespreizten Beinen über ihm. »Von wegen Verschnaufpause.«

Langsam senkte sie sich auf seinen Schoß herab. Als Gent in sie eindrang, entwich ihm ein ebenso lautes Stöhnen, wie ihr zuvor. Er hatte sich kaum noch unter Kontrolle. Noch nie hatte sich etwas so gut angefühlt. Und nie würde er genug von ihrem Anblick bekommen.

Nackt saß sie auf ihm und bedachte ihn mit einem triumphierenden Blick. Ihre Wangen waren gerötet, das lange schwarze Haar zerzaust, die Augen glasig vor Lust. Gent legte die Hände an ihre Hüften. Unter den Schwielen an seinen Fingern war ihre Haut so unglaublich weich.

Sie keuchte auf, als er sich langsam in ihr zu bewegen begann. Genüsslich schloss sie die Augen, fuhr mit beiden Händen über seinen Bauch, seine Brust, sein Kinn. Er schnappte nach ihren Fingern, nahm einen in den Mund und saugte daran. Stöhnend öffnete Smilla die Augen.

Sie warf sich das Haar über eine Schulter und beugte sich zu ihm herab. Während sie ihn küsste, ließ sie das Becken im Rhythmus seiner Bewegungen kreisen, bis Gent glaubte, jeden Moment den Verstand zu verlieren.

Smilla richtete sich wieder auf. Ihre Bewegungen wurden schneller. Fester und fester stieß Gent in sie. Smilla ritt ihn, bis er kurz davor stand zu explodieren. Das lange Haar floss ihr über die Schultern, so dunkel wie die Nacht selbst. Er glaubte, noch nie etwas Schöneres gesehen zu haben als sie.

Auf ihm.

Umrahmt von Abertausenden Sternen.

Er schob die Finger zwischen ihre Beine, verschaffte ihr zusätzliche Lust. Sie keuchte auf und das Geräusch trieb ihn an den Rand. Jeden Moment würde er über die Kante stürzen. Smilla ließ ihr Becken noch schneller kreisen, als spürte sie es ebenfalls. Sie beugte sich zu ihm herunter. Ihre Brüste klatschten gegen seine Brust, während er immer fester in sie stieß. Ihr Haar umfloss ihn, schränkte sein Blickfeld ein, sodass er nur noch ihr Gesicht sah. Sie hatte die Augen vor Lust geschlossen. Er rieb sie zwischen den Beinen, bis sie sich auf die Unterlippe biss, um einen Schrei zu unterdrücken.

Gent packte ihren Hintern, hielt sie an Ort und Stelle, als er ein letztes Mal in sie hineinstieß. Nun schrie Smilla auf. Sie vergrub die Nägel in seiner Brust, bog den Rücken durch und warf den Kopf in den Nacken. Gent kam so heftig, dass er glaubte, zu den Sternen zu fliegen. Gemeinsam mit Smilla schoss er über den Nachthimmel.

Smillas Brust hob und senkte sich schnell, als sie die Augen öffnete und ihn ansah. Sie sah ebenso verzückt, ungläubig und schockiert aus, wie Gent sich fühlte.

»Das war …«, raunte er. Sie legte ihm einen Finger auf die Lippen, brachte ihn zum Schweigen. Ihr Blick drückte viel mehr aus, als er hätte in Worte fassen können. Noch nie hatte er sich einer anderen Person so nahe gefühlt. Und Smilla musste es ebenso gehen, denn sie fuhr sich mit einer Hand über das Gesicht und schüttelte ungläubig den Kopf.

Ein Lachen stieg in Gent auf, wild und frei. Smilla stimmte mit ein. Ein wahrer Glückstaumel hatte sie beide erfasst. Das unglaubliche Wissen, diesen intimsten aller Momente miteinander geteilt zu haben.

Schließlich rutschte Smilla von ihm. Sie kuschelte sich an ihn, ein Bein um seinen nackten Körper geschlungen. Als sie zu ihm aufblickte, gab er ihr einen Kuss auf die Stirn. Dann legte Gent einen Arm um sie und drückte sie fest an sich, während er zu den Sternen aufblickte. Nie wieder wollte er sie loslassen.

KAPITEL 43
SMILLA

Smilla hatte sich noch nie so warm und geborgen gefühlt. Noch befand sie sich in einem wattigen Kokon, abgeschnitten von der Wirklichkeit. Langsam driftete ihr Bewusstsein der Oberfläche entgegen. Sie spürte weiche Felle unter sich. Das Gewicht eines Arms, der um ihre Taille geschlungen war. Atem, der über ihre Wange strich. Als die Erinnerung ihren Geist flutete, keuchte Smilla auf.

Das war *Gents* Atem. *Sein* Arm. Und *sein* nackter Körper, der sich an ihren presste.

Gent hatte sie letzte Nacht zum Stöhnen gebracht. Mehr noch, er hatte ihr Empfindungen entlockt, von denen Smilla bisher nicht geglaubt hatte, dass sie sie fühlen konnte. Hitze sammelte sich in ihren Wangen. Noch hielt sie die Augen zugekniffen, war nicht bereit, sich der Wirklichkeit zu stellen. Doch die Erinnerungen stürmten erbarmungslos auf sie ein.

Es war mehr als nur Lust aufeinander gewesen. Gestern Nacht waren sie sich so nahe gekommen, wie Smilla es noch nie zuvor mit einer anderen Person erlebt hatte. Selbst jetzt spürte sie es noch tief in ihren Knochen. Diese Verbindung, die sie unwiderruflich geknüpft hatten. Gent hatte sie bis tief in ihr Innerstes erschüttert. Und sie hatte in seinen Augen gesehen, dass es ihm mit ihr ebenso ging. In nur wenigen Stunden hatte sich alles verändert.

Warm und schwer schmiegte sich sein muskulöser Körper an ihren. Er hielt sie selbst im Schlaf fest an sich gepresst. Smilla fühlte sich so wohl wie schon lange nicht mehr. Ihre Glieder waren schwer, an einigen Stellen ein wenig wund, aber auf angenehme Weise. Seufzend kuschelte sie sich dichter an Gent und öffnete langsam die Augen.

Die Terrasse brannte. Das Licht der aufgehenden Sonne badete die Höhle in rotes Licht und brachte die Kristalle an Wänden und Decke zum Funkeln. Smillas Lider flatterten mehrmals, bis sie sich an die Helligkeit gewöhnt hatte. Einen Moment lag sie reglos da, verfolgte, wie das Licht an Intensität gewann, während die Sonne höher über den Horizont kletterte. Das Rauschen der Wellen erfüllte sie, vermischte sich mit Gents gleichmäßigen Atemzügen. Eingelullt davon gähnte Smilla und wollte schon wieder in den Schlaf abdriften, da regte er sich neben ihr.

Sie blinzelte zu ihm auf. Schläfrig sah er zu ihr herunter, die Augen klein und glänzend wie schwarze Murmeln. »Habe ich dich geweckt?«, flüsterte sie.

Gent lachte leise und strich ihr die wirren Haare aus dem Gesicht. »Nein.« Er küsste sie über die Braue. »Und selbst wenn, wäre das die schönste Art, geweckt zu werden.«

Nie hätte Smilla geglaubt, etwas Derartiges aus seinem Mund zu hören. Verzückt seufzend drehte sie sich ihm zu, schlang ein Bein um seine Hüfte und presste sich an seinen Körper, der ebenso nackt wie ihrer war. Sein Griff um ihren Rumpf wurde fester. Er vergrub das Gesicht in ihrem Haar, atmete tief ein. »Smilla.«

Ihren Namen aus seinem Mund zu hören, sandte eine Sehnsucht durch Smillas Körper, die sie sich noch fester an ihn klammern ließ. Er klang ehrfürchtig, so ganz und gar von ihr verzaubert, dass es ihr den Atem raubte. Denn sie wusste, wie er sich fühlte. Auch sie hatte das Gefühl, dass ihre Augen nach letzter Nacht plötzlich offen standen, dass sie Gent nun endlich so sah, wie er wirklich war. Er hatte sich ihr roh und verletzlich gezeigt, sich ihr ganz hingegeben und sie würde dieses Geschenk in Ehren halten, so wie er das ihre.

Sie vergrub das Gesicht in seiner Halsbeuge, sog seinen Duft tief in sich auf. »Smilla«, murmelte Gent wieder, als sie seinen Hals zu küssen begann. Diesmal war sein Tonfall anders. Rau und knurrend, voller Verlangen.

Lächelnd ließ sie eine Hand über seinen Bauch nach unten gleiten, ertastete den Beweis dafür, dass er bereit war, dort weiterzumachen, wo sie in den frühen Morgenstunden aufgehört hatten.

Er drehte sich leicht, zog sie auf sich, sodass sie seine Härte zwischen ihren Beinen spürte. Sie rieb sich mit einem leisen Stöhnen daran, doch dann erstarrte sie. Schritte ertönten.

Überrascht hob Smilla den Kopf, froh um die Felle, unter denen sie beide begraben lagen. Eine junge Hirtin im rubinroten Gewand der Novizinnen trat aus dem Gang. Die Morgensonne brachte ihr schwarzes Haar und die rostbraune Haut zum Glänzen. Sie sah sich suchend um. Als sie Smilla entdeckte, die sie aus einem Berg aus Fellen anblickte, wurden ihre Augen groß.

»Wer ist denn da?« Verärgert über die Störung setzte Gent sich unter ihr auf. Felle rutschten von seinen Schultern, sodass sein muskulöser Rücken zum Vorschein kam. Sein *nackter* Rücken. Es schien ihn nicht zu kümmern.

Vor Schreck stolperte das Mädchen einige Schritte rückwärts. Mit hochrotem Kopf senkte es den Blick.

»Was gibt es?«, blaffte Gent.

»Die Hirtinmutter«, stammelte das Mädchen. »Sie … sie sucht nach Euch, Herr. Es … es ist wichtig.«

»Was kann so früh so wichtig sein?«

Die Novizin wich noch weiter zurück.

Smilla warf ihm einen tadelnden Blick zu. »Wir sind gleich da«, rief sie dem Mädchen zu. Es nickte, knickste und floh dann zurück in den Tunnel.

Bevor Gent etwas sagen oder tun konnte, stieß Smilla mit beiden Händen gegen seine Schultern. Er fiel rückwärts auf die Felle und grinste zu ihr auf.

»Oh nein!« Sie stemmte die Hände in die Hüfte, wobei sie sich ihrer gespreizten Beine und seines nackten Körpers dazwischen äußerst bewusst war. »Du glaubst doch wohl nicht, dass wir jetzt noch …«

Sie schwang ein Bein über seine Hüfte und wollte sich unter den Fellen hervorschlängeln, doch Gent packte sie am Handgelenk. Er zog sie zu sich, sodass sie lachend zurück auf ihn fiel. Sie schmiegte sich an seine nackte Brust, sah zu ihm hoch. Er bedachte sie mit einem solch zärtlichen Blick, dass Smilla dahinschmolz. Sie hob eine Hand, strich ihm einige pechschwarze Strähnen aus dem Gesicht. Noch nie zuvor hatte sie seine Züge so entspannt gesehen, so durch und durch zufrieden. Seine Augen wirkten nun eher braun als schwarz, seine schwieligen Hände waren so sanft, während er über ihren nackten Arm streichelte.

Und dann beugte Gent sich zu ihr herunter und küsste sie. Küsste sie, als würde sein Leben davon abhängen. Als wäre sie das Einzige, was zählte. Als könnte nur sie sein Verlangen stillen.

Smilla glaubte, in seinen Armen zu schweben. Sie spürte die Felle nicht mehr unter sich, wurde nur gehalten von seinen starken Armen, mit denen er sie an sich presste, als wollte er sie nie wieder gehen lassen. Sie küsste ihn auf dieselbe Weise, klammerte sich fast schon verzweifelt an ihn, wollte ihm das zurückgeben, was er in ihr auslöste.

Beide waren atemlos, als sie sich voneinander lösten. Sie lächelten sich mit verklärten Blicken an, als hätten sie gerade ein Geheimnis miteinander geteilt – das Wissen, dass sie spätestens nach der gemeinsam verbrachten Nacht mehr füreinander empfanden, als sie mit Worten ausdrücken konnten.

»Ich bin sehr geneigt, die Hirtinmutter warten zu lassen«, murmelte Gent, dicht an ihren Lippen.

Smilla versetzte ihm einen kleinen Stoß gegen die Brust, konnte sich aber ein Lachen nicht verkneifen. »Das haben wir bereits getan. Wer weiß, wie lange die Novizin nach uns gesucht hat, nachdem wir nicht auf unseren Zimmern anzutreffen waren.«

Gent gluckste und sah unglaublich zufrieden mit sich selbst aus. »Das geschieht ihr recht.«

»Ich hoffe doch, du meinst damit die Hirtinmutter und nicht das arme Mädchen.«

»Natürlich meine ich die Hirtinmutter. Wir sollten uns nicht von ihr herumkommandieren lassen und dort weitermachen, wo wir stehen geblieben sind. Wo war das noch gleich?« Er küsste ihren Hals, wollte langsam tiefer wandern, doch Smilla schob ihn entschieden von sich.

»Ich will nicht, dass die Novizin unseretwegen Ärger bekommt. Außerdem hat sie gesagt, es sei wichtig.« Sie sah ihn streng an, auch wenn ihre Mundwinkel dabei zuckten.

»Na schön.« Gent hob beide Hände. »Sehen wir nach, was sie von uns will.« Ein verwegenes Grinsen stahl sich auf sein Gesicht. »Aber wenn wir damit fertig sind, kann ich für nichts garantieren.«

Smilla versiegelte seine Lippen mit einem raschen Kuss und erhob sich. »Dagegen habe ich überhaupt nichts einzuwenden.«

* *

Dicht nebeneinander betraten Smilla und Gent den Opfersaal, nachdem sie sich auf ihren Zimmern frisch gemacht und angezogen hatten. Innerlich bebte Smilla weiterhin von all den Empfindungen, die in der letzten Nacht in ihr freigesetzt worden waren. Sie wünschte sich nichts sehnlicher, als wieder mit Gent allein zu sein und dort weiterzumachen, wo sie aufgehört hatten. Er berührte sie nicht, doch das war nicht nötig, damit sie seine Nähe spürte. Das neu geknüpfte Band spannte sich straff zwischen ihnen.

Die Hirtinmutter wartete bereits vor dem vergoldeten Opferstein auf sie. Diesmal hielten sich nur sie drei im Saal auf. Keine Hirtinnen und auch nicht der Rest der Wilden Jagd. Gent hatte Óinn, der wegen Smillas Abwesenheit zwei Wachschichten übernommen hatte, nicht wecken wollen und Leif zu dessen Schutz abgestellt. Smilla hatte es sich allerdings nicht ausreden lassen, ihn zu begleiten, auch wenn die Hirtinmutter nur um Gents Anwesenheit gebeten hatte.

Nun bedachte diese sie mit einem missbilligenden Blick. Smilla erwiderte ihn ungerührt. So viel Respekt sie auch vor den Leuchtenden und diesem Tempel hatte, so wenig geheuer war ihr die Frau, die ihn führte. Auch heute trug die Hirtinmutter wieder das goldene Schwert an ihrer Hüfte. Hinter ihr standen eine Karaffe mit roter Flüssigkeit und zwei reich verzierte Zinnbecher auf dem Opferstein.

Gent musste die Spannung in der Luft ebenfalls spüren. »Wenn diese Frau kein doppeltes Spiel spielt, soll mich der Lindwurm holen«, raunte er Smilla zu, bevor die beiden schließlich vor der Hirtinmutter zum Stehen kamen.

Diese musterte ihn einen Moment ausdruckslos, während sie Smilla keines Blickes mehr würdigte. »Ihr habt mich warten lassen«, bemerkte sie trocken.

Gent verschränkte die Arme vor der Brust. »Wie gesagt, meine Zeit ist kostbar.« Als sein Blick daraufhin zu Smilla huschte, geriet ihr Herzschlag kurz aus dem Takt. »Was war so dringend, dass es nicht mal bis nach dem Frühstück warten konnte?«, fuhr er mit verärgertem Tonfall fort.

Etwas blitzte in den Augen der Hirtinmutter auf. Sie presste die Lippen aufeinander, bevor sie sich wieder im Griff hatte. »Ich hatte gehofft, allein mit Euch zu sprechen.«

Gent verengte die Augen. »Alles, was Ihr mir zu sagen habt, könnt Ihr vor Smilla sagen.«

»Wie Ihr wünscht.« Sie bedachte Smilla mit einem abschätzigen Blick, bevor sie sich wieder an Gent wandte. »Der Hexenschlächter hat in der Nacht zugeschlagen. Ein Hexer wurde ermordet. Im Eldowar-Gebirge, nicht weit vom Tempel entfernt.«

Alles Blut wich Smilla aus dem Gesicht. Ihr wurde mit einem Mal so schwindelig, dass sie sich beinahe an Gent festgehalten hätte. Sie hörte kaum die Details des Mords, die die Hirtinmutter beschrieb. Der Saal begann sich zu drehen.

Wie hatte sie nur so unbeschwert, so sorglos sein können, während einen Rabenflug entfernt Hexen starben? Wie hatte sie ihre Mission vergessen können, den einzigen Grund, aus dem sie sich überhaupt der Wilden Jagd angeschlossen hatte? Den einzigen Grund, aus dem sie hier war.

Doch ein Seitenblick zu Gent verriet ihr, dass es längst nicht mehr so einfach war. Es gab kein Schwarz und Weiß mehr, nicht mehr nur einen einzigen Grund für sie, am Leben zu bleiben. Smilla war nicht mehr egal, was mit ihr passierte, solange sie Rache üben konnte. Ihr Leben hatte wieder Farbe bekommen. Einen neuen Grund, für den es sich zu kämpfen lohnte. Plötzlich sah sie eine Zukunft für sich, die über den Tod des Hexenschlächters hinausging. Für sich und Gent. Als Mitglied der Wilden Jagd. Ihrer neuen Familie.

Die Gedanken und Empfindungen prasselten auf sie ein,

sodass sie kaum mitbekam, wie Gent die Neuigkeiten der Hirtinmutter aufnahm. Sie musste sich dringend zusammenreißen, sich auf das konzentrieren, was *jetzt* passierte, und durfte sich nicht in mögliche Zukunftsvisionen verrennen.

Als sie Gent von der Seite musterte, wirkte er ebenso perplex. Er war blass geworden und umklammerte den Knauf des Dolchs an seiner Hüfte. »Seid Ihr sicher?«, brachte er mühsam hervor, nachdem die Hirtinmutter ihren Bericht abgeschlossen hatte.

Sie nickte, während sie ihn nicht aus den Augen ließ. Dabei erinnerte sie Smilla an einen Falken, der, sein Opfer im Blick, am Himmel kreiste und nur darauf wartete, sich darauf zu stürzen. »Wenn Ihr schnell aufbrecht, werdet Ihr ihn noch heute einholen.«

Gents Kiefermuskeln mahlten, während er auf einen Punkt an der Wand hinter der Hirtinmutter stierte.

»Wir zählen auf Euch«, sagte diese nachdrücklich und drehte sich zum Opferstein um. Sie goss den Wein aus der Karaffe in die zwei Zinnbecher und wandte sich damit Gent zu. Smilla ignorierend reichte sie ihm einen Becher. »Trinken wir auf Euren baldigen Erfolg.« Gent runzelte die Stirn, musterte den Becher verwirrt. »Nehmt es als eine Geste meines guten Willens«, fügte die Hirtinmutter hinzu. »Ich weiß, dass wir nicht in allen Dingen einer Meinung sind, aber die Sicherheit meiner Stadt hängt vom Gelingen Eures Auftrags ab. Ich wünsche Euch eine sichere Reise und scharfe Klingen.«

Zerstreut nahm Gent den Becher entgegen. Die Hirtinmutter hob ihren und stieß damit gegen seinen. Als Gent den Becher an die Lippen hob, drang Smilla der Geruch des Weins in die Nase. Doch da war noch etwas anderes. Eine herbere Note, kaum erkennbar durch den starken Duft der fermentierten Trauben. Sie erstarrte, als sie den Geruch erkannte. *Nachtfunkeln.*

Gent öffnete die Lippen, neigte den Becher.

»Trink das nicht!« Smilla sprang vor und schlug ihm das Getränk aus der Hand. Laut klirrend kam der Becher auf dem Boden auf. Die Flüssigkeit ergoss sich über die Steine, tropfte in eine der Ablaufrinnen, die den Opferstein umgaben. Rot wie Blut.

Gent fuhr zu ihr herum, die nun leere Hand noch erhoben. Mit großen Augen sah er Smilla an.

»Es ist vergiftet«, rief sie, außer sich. »Sie hat versucht, dich zu töten.« Mit einem anklagenden Finger deutete sie auf die Hirtinmutter.

Gent fuhr zu der Geistlichen herum. Sie war zum Opferstein zurückgewichen, stellte ihren Becher darauf ab, ohne ihn aus den Augen zu lassen. Ihre Hand zuckte zu dem Schwert an ihrem Gürtel. Gent war schneller. Er sprang vor, packte sie am Arm und drehte ihn ihr auf den Rücken. Mit einer fließenden Bewegung trat er hinter sie, schlang ihr seinen freien Arm um den Hals und drückte zu.

Die Hirtinmutter öffnete den Mund, wollte um Hilfe rufen, doch kein Laut drang hervor. Wie ein Fisch auf dem Trockenen schnappte sie nach Luft. Unerbittlich drückte Gent weiter zu. Mordlust stand in seinen Augen. Ein Funkeln, so wild, dass Smilla vor ihm zurückwich.

Die Hirtinmutter krallte sich in seinen breiten Unterarm, versuchte, ihn von ihrem Hals zu zerren. Ihre graugrünen Augen traten hervor, ihr Gesicht lief erst rot, dann blau an. Verzweifelt trat sie mit den Beinen aus und traf Gent am Schienbein. Er zuckte nicht einmal mit der Wimper.

Smilla war zur Salzsäule erstarrt. Der Gestank des sich über die Rillen im Boden ausbreitenden Gifts stach ihr weiterhin in die Nase, sodass sie ein Würgen unterdrückte. Voller Entsetzen starrte sie die Hirtinmutter an, deren flachsblondes Haar ihr in wirren Strähnen ins Gesicht hing. Schon wurden ihre Bewegungen unkoordinierter, das panische Funkeln in ihren Augen schwächer. Es war so still im Saal geworden, dass Smilla ihren eigenen Herzschlag hörte.

Ein letztes Mal begehrte die Hirtininmutter gegen Gents Klammergriff auf. Unter größter Anstrengung schielte sie zu ihm hoch. »Ich weiß, was du wirklich bist.« Die Worte waren kaum mehr als ein schwaches Röcheln. Dann sackte ihr Kopf herab.

Smilla erwachte aus ihrer Starre. »Gent«, schrie sie. »Gent! Lass los. Du bringst sie um.«

Er zeigte keinerlei Regung, schien sie nicht zu hören. Eine Ader pochte an seiner Schläfe, während er noch fester zudrückte. Smilla lief zu ihm. »Gent, sie ist die Hirtinmutter. Die mächtigste Geistliche Middangards. Wenn du sie tötest, bist du vogelfrei. Alle Tempelwächter und Söldnertruppen des Landes werden Jagd auf dich machen.« Gent blinzelte. »Auf *uns*, Gent. Sie werden uns alle verfolgen.«

Er grunzte widerwillig, schien einen inneren Kampf mit sich auszufechten, doch sein Griff lockerte sich ein wenig.

»Sieh mich an«, flehte Smilla. Tränen traten ihr in die Augen. Es machte ihr Angst, ihn so zu sehen. So wild vor Zorn. Völlig außer Kontrolle. »Bitte.« Ihre Stimme klang erstickt.

Blinzelnd erwachte er aus seiner Trance. Sein Blick zuckte zu ihr. Sie legte eine Hand auf seinen Unterarm, direkt unter dem Kinn der Hirtinmutter. Diese hatte das Bewusstsein verloren. Schlaff hing sie in seinem Klammergriff.

»Sie ist es nicht wert«, flüsterte Smilla. Gents Blick aus nachtschwarzen Augen bohrte sich in ihren. Er nickte kaum merklich. Dann ließ er los. Die Hirtinmutter schlug hart auf dem Steinboden auf. Es platschte leise. Ein Fleck, so rot wie

Blut, breitete sich auf dem weißen Stoff aus, als ihr Gewand den vergifteten Wein aufsaugte.

Smilla fiel neben ihr auf die Knie. Sie betastete das Handgelenk der Bewusstlosen, fühlte einen schwachen Puls. Erleichtert atmete sie aus. Als sie aufblickte, war Gent verschwunden.

Einen Moment saß Smilla wie versteinert da und starrte zu dem Tunnel, durch den er hinausgestürmt sein musste. So schnell und leise, dass sie keine Bewegung wahrgenommen hatte. Nicht einmal einen Windhauch hatte sie gespürt.

Entsetzen breitete sich kalt in ihrem Magen aus. Sie fürchtete, dass er in seinem Zustand weitere Dinge tun könnte, die er später bereuen würde. Sie musste ihn finden, ihn wieder zur Vernunft bringen. Und erfahren, warum die Hirtinmutter höchstpersönlich versucht hatte, ihn umzubringen.

Mit einem letzten Blick auf den reglosen Körper der Geistlichen rappelte sie sich auf und rannte Gent hinterher.

KAPITEL 44
GENT

Blind stürmte Gent durch die Tunnelgänge des Tempels, ein undurchdringliches Labyrinth aus Stein. Ohne nachzudenken, bog er um Ecken, durchquerte Hallen und passierte Terrassen und Balkone. In seinem Kopf wütete ein wilder Strudel aus Gedanken, Gefühlen und blanker, eisiger Furcht. Er konnte sich nicht darauf konzentrieren, Ordnung darin zu schaffen. Er konnte nur rennen. Fort von dem, was er im Opfersaal getan hatte. Fort von der reglosen Gestalt am Boden. Fort von Smillas Blick. Auch jetzt noch trieb ihm die Erinnerung an das Entsetzen darin eine unsichtbare Klinge ins Herz.

Die Steinwände verschwammen vor seinen Augen, während er rannte. Ihm war bewusst, dass sie ihn nun niemals wieder so ansehen würde wie vorher. Wie letzte Nacht. Sie hatte dem Biest in seinem Inneren ins Auge geblickt.

Der Schmerz war so heftig, dass er ihn beinahe in die Knie zwang. Gent blieb kurz stehen, stützte sich an der Wand ab und schnappte erstickt nach Luft, als klaffte in seiner Brust tatsächlich eine offene Wunde. Wie hatte er nur glauben können, dass er sich würde beherrschen können? In Gegenwart der höchsten Geistlichen des Landes, die nun auch noch versucht hatte, ihn umzubringen? Niemals hätte er einen Fuß in diesen Tempel setzen sollen. So lange kämpfte er bereits gegen sich selbst, dass er sich nicht daran erinnern konnte, es je nicht getan zu haben. Ja, über die Jahre war es besser geworden. Dank seinen Gefährten. Dank all der harten Arbeit. Und zuletzt dank Smilla. Doch nun fühlte es sich an, als hätte er fünf Schritte zurückgemacht.

Er wusste nicht, wie es jetzt weitergehen sollte. Er wusste nur, dass er an einem Punkt angelangt war, an dem es für ihn ohne Smilla nicht weitergehen konnte. Ewig würde er nicht vor ihr davonlaufen können. Sie würde Fragen haben. Fragen, von denen er nicht wusste, wie er sie ihr beantworten sollte. Nicht jetzt. Nicht hier. Vielleicht niemals.

Frustriert schlug er gegen die Wand. Das Gestein splitterte und ein Riss zog sich bis zur Decke hinauf. Der Tunnel bebte. Gent erstarrte und sah sich um, bereit zu flüchten, sollte die Decke einstürzen. Nachdem er sich vergewissert hatte, dass keine Gefahr bestand, rannte er weiter.

Wenig später stolperte er in eine riesige Höhle. Hier war das Gestein nicht mehr grau, sondern strahlend weiß. Kristalle funkelten überall im schwachen Licht einiger Fackeln, die an den Wänden angebracht waren. Stalaktiten bohrten sich von der hohen Decke in den Boden. Irgendwo hinter dem Wald aus spitzen Gesteinsformationen plätscherte Wasser. Er musste sich tief im Inneren des Bergs befinden.

Es war warm und feucht, sodass Gent einmal mehr das Gefühl hatte, nicht atmen zu können. Er riss sich das Leinenhemd über den Kopf und warf es zu Boden. Dann schlüpfte er aus seinen Stiefeln. Nach dem Rennen war ihm bereits so warm, dass er dringend eine Abkühlung brauchte. Langsam bahnte er sich einen Weg zwischen den Stalaktiten hindurch in Richtung der leise schwappenden Wellen.

Mit dem Unterarm wischte er sich über die Stirn und schüttelte dann den Kopf. Er konnte nicht glauben, dass er sich in diese Position gebracht hatte. Dass er nun vor Smilla flüchtete, nachdem sie sich letzte Nacht endlich so nahegekommen waren, wie er es sich nun schon lange wünschte. Wie hatte er das vermasseln können?

Vielleicht war noch nicht alles zu spät. Vielleicht würde sie ihm zuhören, wenn er versuchte, ihr alles zu erklären. Ihr von der Dunkelheit in seinem Inneren zu berichten, die sich manchmal einen Weg an die Oberfläche bahnte, sosehr er sie auch zu verdrängen versuchte. Doch wenn er das tat, konnte er es nie wieder zurücknehmen. Das Risiko, dass dann alles vorbei wäre, war einfach zu groß.

Fluchend umrundete er einen weiteren Stalaktiten. Dahinter tat sich ein See auf. Das Wasser wirkte pechschwarz. Das Licht der Kristalle an Decke und Wänden funkelte auf der beinahe unbewegten Oberfläche. Der See war so groß, dass Gent das andere Ufer im Halbdunkel nicht ausmachen konnte. Weißer Kies knirschte unter seinen Füßen, als er darauf zuging. Seufzend trat er so dicht ans Ufer, dass seine nackten Zehen vom Wasser umspült wurden. Es war überraschend kühl.

Kurz schloss er die Augen, versuchte, seine Ängste abzuschütteln. Doch im selben Moment hörte er Schritte. Jemand versuchte, sich leise durch die Höhle zu bewegen.

Innerlich verfluchte Gent sich. Er war so mit sich selbst beschäftigt gewesen, dass er nicht gehört hatte, dass er verfolgt wurde. Hatten die Tempelwächter die tote Hirtinmutter bereits gefunden? Waren sie gekommen, um ihn festzunehmen? Ihn zum Tode zu verurteilen? Hatten sie vielleicht sogar bereits die anderen in Gewahrsam genommen? Er durfte nicht zulassen, dass Smilla, Leif und Óinn seinetwegen etwas passierte. Lieber würde er sich freiwillig stellen oder, besser noch, diesen gesamten götterverfluchten Berg einreißen.

Lautlos wich Gent vom Wasser zurück und schob sich hinter die nächste Steinsäule. Mit der Hand am Dolch wartete er darauf, dass sich sein Verfolger zeigte.

KAPITEL 45
SMILLA

Smillas Augen weiteten sich, als sie eine riesige Höhle voll funkelnder Kristalle betrat. Sie hatte Gents Spuren bis hierher verfolgt. Es war nicht schwer gewesen, da er sich in seiner Hast nicht gerade lautlos fortbewegte. Der halbe Berg hatte gebebt, als er gegen die Tunnelwand geschlagen hatte. Sie war an dem Riss im Gestein vorbeigekommen. Dieser Riss, gepaart mit den Worten der Hirtinmutter, hatte eine Vermutung bestätigt, die schon länger in ihr heranwuchs. Seit Gent vor ihren Augen ein ganzes Haus zum Erzittern gebracht hatte. Seit Óinn ihr die Geschichte über einen kleinen verlorenen Jungen erzählt hatte.

»Ich weiß, was du wirklich bist.«

In der Höhle war es unheimlich still, sodass sich ihr die Nackenhaare aufstellten. Die riesigen Steinsäulen, die sich von der Decke schraubten, mussten jahrtausendealt sein. Smilla schob sich daran vorbei, ihr Weg erleuchtet vom Funkeln der Kristalle und dem flackernden Feuerschein der Fackeln an den Wänden. Sie hörte ein leises Plätschern und steuerte darauf zu. Zwischen den Stalaktiten machte sie eine weite schwarze Fläche aus. Ein unterirdischer See.

Smilla ahnte, dass darin allerlei gefährliche Geschöpfe hausten. Sie verspürte kein Verlangen, die Kreaturen der Tiefe zu wecken, doch sie entdeckte Fußspuren im Kies, der das Ufer säumte. Langsam folgte sie ihnen.

Bevor sie Gents Namen rufen konnte, sprang eine Gestalt hinter dem nächsten Stalaktiten hervor. Ein Dolch blitzte auf, raste durch die Luft auf Smilla zu. Sie hatte mit einem Hinterhalt gerechnet und wich mühelos aus. Statt sich zu wehren, tänzelte sie mit einer Drehung näher an Gent heran. Das hatte er nicht kommen sehen. Überrascht riss er die Augen auf, als sie beide Arme um seine Taille schlang und ihn an sich zog. Mit erhobenem Dolch stand er da, erstarrt in der Bewegung, die sie hätte töten können.

Smilla presste sich an ihn, hoffte, dass er sie erkannte. Dass er ihr trotz allem, was passiert war, genug vertraute. Sein Herz raste unter ihren Fingern. Nach einigen weiteren Schlägen ließ er langsam den Dolch sinken.

Sein Oberkörper war nackt. Hitze ging von seinem Körper aus, als Smilla ihr Gesicht in seine Halsbeuge drückte und seinen Duft in sich aufsog. »Da bist du ja«, murmelte sie an seiner Haut, die sich daraufhin mit einer Gänsehaut überzog. »Ich habe mir Sorgen um dich gemacht.«

»Sorgen um *mich*?« Das letzte Wort klang so erstaunt, so völlig verblüfft, dass es Smilla ins Herz schnitt. Als hätte sich in Gents ganzem Leben noch nie jemand Sorgen um ihn gemacht. Als wüsste er überhaupt nicht, was er damit anfangen sollte. Als hätte er das nicht verdient.

Schlaff hingen seine Arme herab. Er erwiderte ihre Umarmung nicht, doch er hatte sie bisher auch nicht von sich gestoßen. Das wertete Smilla als gutes Zeichen. Sie hatte viele Fragen zu dem Vorfall im Opfersaal. Zu den Worten der Hirtinmutter. Und zu Gents Reaktion darauf. Doch mehr als alles andere wollte sie ihm begreiflich machen, dass sie nirgendwohin gehen würde. Dass sie für ihn da war. Dass sie ihn nicht einfach aufgab, wie er es zu erwarten schien.

Ja, sie verlangte Antworten, doch die würde er ihr hoffentlich in seiner eigenen Zeit geben. Wenn er bereit dafür war.

Smilla machte einen Schritt rückwärts. Die Hände legte

sie auf seine Hüfte, während sie ihm endlich ins Gesicht sah. Gents Blick war so leer, so völlig emotionslos, dass sie schluckte. Seine Augen schimmerten dunkel wie der See hinter ihm.

»Was ist da drin passiert?«, flüsterte Smilla sanft. Sie hoffte, dass er in ihrem Tonfall lesen konnte, dass sie ihm keine Vorwürfe machte. Dass die Situation sie ebenso überforderte wie ihn. Und dass sie Hoffnung hatte. Für sie beide. Trotz allem.

Er wandte sich ab, drehte ihr den Rücken zu und trat ans Seeufer, sodass die sanften Wellen seine nackten Knöchel umspülten. »Die Hirtinmutter hat versucht, mich zu vergiften.« Sein Ton war ausdruckslos. »Und ich habe sie im Gegenzug getötet.«

Smilla schüttelte den Kopf, auch wenn er das nicht sehen konnte. »Nein. Bevor ich sie verließ, habe ich mich vergewissert, dass sie lebt.«

Er antwortete nicht. Seine Schultern sackten allerdings ein wenig herab. Vor Erleichterung? Oder Enttäuschung?

Smilla starrte seinen Rücken an. So breit und muskulös – und voller silberner Narben, die sich stark von seiner hellbraunen Haut abhoben. Ein Zeugnis seines bewegten Lebens. Eine Landkarte des Schmerzes.

Sie streckte eine Hand aus, um ihn zu berühren, ließ sie jedoch wieder sinken. Gent stand nur eine halbe Rabenschwinge von ihr entfernt, doch er hätte genauso gut am anderen Seeufer stehen können. So nah und doch unerreichbar.

Eine Weile standen sie schweigend da, während sich die Distanz wie Gift zwischen ihnen ausbreitete. Smilla wollte das nicht zulassen.

»Sprich mit mir, Gent«, flüsterte sie. »Mach jetzt nicht dicht. Nicht nach letzter Nacht. Nicht, nachdem wir …« Sie hatte keine Worte für das, was zwischen ihnen geschehen war. Hoffte nur, dass er wusste, wovon sie sprach. Dass er ebenso empfand.

Halb drehte er den Kopf, blickte über die Schulter, ohne sie wirklich anzusehen. »Was willst du denn hören?« Seine Stimme klang nach wie vor leer und emotionslos.

Trotz der Wärme in der Höhle schlang Smilla sich die Arme um den Oberkörper. Nein, sie würde nicht zulassen, dass er sie abwimmelte, dass er sein Innerstes vor ihr verbarg, nachdem er ihr letzte Nacht den ersten Blick darauf gegeben hatte.

Der Kies knirschte unter ihren Sohlen und die Wellen schwappten über ihre Stiefelspitzen, als sie sich neben ihn stellte. »Die Wahrheit«, sagte sie mit fester Stimme.

Gent schwieg. Seine Brust hob und senkte sich viel zu schnell dafür, dass er reglos wie eine Statue neben ihr stand.

Smilla gab ihm einen Moment. Dann sah sie ihn an. »Was meinte die Hirtinmutter damit, dass sie wisse, wer du wirklich bist? *Was* du bist?«

Gents Augen weiteten sich unmerklich. Offenbar hatte er nicht geglaubt, dass Smilla die Worte der Hirtinmutter gehört hatte. Er sagte jedoch nichts, starrte nur weiter stur geradeaus.

Smilla spürte, wie sie mit jeder kleinen Welle tiefer im Kies versank. Vielleicht wäre sie am Grund der Höhle angelangt, bis Gent endlich mit ihr sprach. Seine Kiefermuskeln waren angespannt, die Lippen hatte er zusammengepresst. Sie streckte eine Hand aus, tastete nach ihm. Seine Finger zuckten leicht, als sie darüberstrich, doch er ließ zu, dass sie ihre mit seinen verwob.

Smilla atmete einmal tief durch, bevor sie die Vermutung aussprach, die sie schon seit einigen Wochen hegte. »Ich kenne dein Geheimnis.«

Gent zuckte vor ihr zurück, als hätte sie ihn angespuckt. Er entriss ihr seine Finger und stolperte zwei Schritte von ihr fort.

Smilla wandte sich ihm mit erhobenen Händen zu, als wollte sie ein wildes Tier beschwichtigen. Nun lag Schmerz in seinen Augen. Sein Blick huschte hin und her, er suchte ihr Gesicht ab. Was erwartete er, auf ihren Zügen zu finden? Abscheu? Ekel? Ablehnung?

Smilla hielt seinem Blick stand, legte so viel Vertrauen in ihren, wie sie aufbringen konnte. »Ich weiß, dass du ein Wyrd bist«, sagte sie mit fester Stimme.

KAPITEL 46
SMILLA

Wyrd. Das Wort hallte in der darauffolgenden Stille nach. Smilla hörte nur Gents rasselnden Atem. Er starrte sie nach wie vor so entsetzt an, als hätte sie ihm die Brust aufgeschlitzt. Und irgendwie hatte sie das offenbar wirklich getan – mit ihren Worten.

»Wie?«, knurrte er schließlich. »Wie hast du es herausgefunden?« *Ich habe es doch so gut vor allen verborgen.* Die Worte sprach er zwar nicht aus, doch sie klangen unmissverständlich mit.

Trotz allem lächelte Smilla. Es hatte so viele Anzeichen gegeben. Sie hatte gewusst, dass er anders war. Stärker und schneller. Doch was sie neben den Worten der Hirtinmutter letztendlich darauf gebracht hatte, war Óinns Geschichte. Die Erzählung über den verstoßenen Jungen, der sich eine neue Familie gesucht hatte. Die Legende, die gar keine war.

Gent wusste es so gut zu verbergen. Nur wer wirklich hinsah, konnte seine wahre Identität aufdecken. Und das hatte sie getan.

»Ich glaube nicht, dass du jemanden so nah an dich heranlassen kannst, ohne dass die Person es nicht zumindest ahnt«, antwortete sie.

»Dann war es wohl ein Fehler, dich an mich heranzulassen.« Er klang verletzt, beinahe trotzig. Ein schwarzes Feuer brannte in seinen Augen. Die Worte sollten Smilla wehtun, doch sie prallten an ihr ab. Sie wusste, dass es bloß seine Art war, sich zu schützen. Er errichtete eine Mauer zwischen ihnen, um seinen Schmerz vor ihr zu verbergen. Doch sie hatte seine Düsternis längst entdeckt – und war nicht davongelaufen.

Smilla machte einen Schritt auf ihn zu. Er wich zurück. »Du solltest jetzt besser gehen.«

Sie hob die Brauen. »Ich gehe nirgendwohin.«

Gent rieb sich über das Gesicht. »Was willst du von mir, Smilla?« Nun klang er gequält.

»Das sagte ich doch bereits. Ich will die Wahrheit. Und ich verspreche dir, dass ich nicht schreiend davonlaufe.«

Mit einem tiefen Seufzen ließ er sich zu Boden sinken, als wäre plötzlich alle Kraft aus ihm herausgeflossen. Er vergrub beide Hände im Kies, ballte die Fäuste um die weißen Steinchen.

Vorsichtig näherte Smilla sich ihm und ließ sich in einigem Abstand im Schneidersitz neben ihm nieder. Ihr fiel auf, dass er am ganzen Körper zitterte. Sie widerstand dem Drang, ihn zu berühren, schwieg und gab ihm Zeit.

Schließlich holte Gent tief Luft. »Es gibt nicht viel dazu zu sagen.« Er hob die Schultern. »Ich weiß nicht, wer meine Eltern sind. Wie gesagt kam ich als Findelkind durch ein Schiffsunglück nach Middangard. An mein Leben vorher habe ich keine Erinnerungen.« Er starrte auf den See, schien jedoch etwas ganz anderes zu sehen. Erinnerungen, die ein halbes Leben zurücklagen. »Zuerst haben mich die Fischer, die mich gefunden haben, an eine Familie übergeben. An ein Paar, das keine eigenen Kinder bekommen konnte. Aber als sich herausstellte, dass ich … *anders* bin, haben sie mich fortgejagt. Von da an schlug ich mich allein auf der Straße durch.«

Smillas Augen brannten, als sie sich einen kleinen, verdreckten Jungen mit dunklem Haar und dunklen Augen in den stinkenden Gassen einer Hafenstadt vorstellte.

»Ich habe mein wahres Ich versteckt, wohl wissend, dass ich deswegen gehasst, gefürchtet oder sogar getötet werden würde.« Verbitterung schlich sich in Gents Stimme. »Natürlich verstand ich nicht, was diese seltsame Kraft in mir bedeutete. Warum ich schneller und stärker als die anderen Straßenkinder war. Ich habe es verabscheut, anders zu sein. Gefährlich. Tödlich. Aber ich habe nicht lange gebraucht, um herauszufinden, wie ich meine Fähigkeiten zu meinem Vorteil einsetzen kann.«

Smillas Mitgefühl schnürte ihr die Kehle zu. Sie räusperte sich. »Also weißt du nicht, worum es sich bei dem nichtmenschlichen Teil von dir handelt?«

Gent schüttelte den Kopf. Dunkle Strähnen fielen ihm ins Gesicht, sodass sie seine Augen nicht mehr erkennen konnte. Smilla wagte es, eine Hand auszustrecken und sie ihm hinters Ohr zu streichen. Er ließ es geschehen. Ihre Hand verharrte eine Weile an seiner Wange. Eine unausgesprochene Frage.

Schließlich neigte Gent den Kopf und schmiegte seine Wange an ihre Finger. Das war alles, was Smilla gebraucht hatte. Sofort war sie bei ihm, kniete sich vor ihn und umschloss sein Gesicht mit beiden Händen. »Ich kann mir kaum vorstellen, wie schwierig das für dich gewesen sein muss.«

Er wich ihrem Blick aus. Schämte er sich?

Smilla ließ ihn los, setzte sich aber dicht vor ihn. Sie wusste längst, dass Gent oft wütend war und sich selten beherrschen konnte. Doch sie glaubte nicht, dass es daran lag, dass er ein Wyrd war. Von Anfang an hatte sie den Abscheu erkannt, der Wurzeln in ihm geschlagen hatte. Sein Misstrauen gegenüber sämtlichen nichtmenschlichen Geschöpfen. Sein Gerede über *Monster*. Doch nun begriff sie endlich, dass sich dieser Abscheu vor allem gegen ihn selbst richtete.

»Kommt daher dein Hass auf das Übernatürliche?«, fragte sie. »Weil du diesen Teil von dir selbst verabscheust? Weil er dir nur Leid gebracht hat?«

Gent zog die Brauen zusammen, als müsste er über ihre Worte nachdenken. »Ja und nein. Es ist … kompliziert.« Nun wirkte er noch aufgewühlter als vorher, sein Atem ging schneller. Smilla spürte, dass sie ganz nah dran war.

»Was ist es dann?«, flüsterte sie. »Was hat dich so sehr gebrochen?«

Er zögerte, sprach dann schleppend weiter, ohne sie anzusehen. »Früher habe ich Kreaturen nicht gehasst. Sie waren mir gleichgültig. Ein Mittel, um Geld zu verdienen. Ich habe mich ihnen nicht zugehörig gefühlt, genauso wenig, wie ich mich den Menschen zugehörig fühle.« Er klang heiser, räusperte sich unbehaglich. »Aber vor knapp einem Jahr hat mir eine Seherin prophezeit, dass mich der Tod auf … übernatürliche Weise ereilen wird.«

Smilla keuchte, als die Erkenntnis sie überkam. Endlich ergab alles einen Sinn. Gents Furcht vor den Kreaturen Middangards, die er hinter Hass zu verbergen versuchte. Seine heftigen Reaktionen, wenn sie versucht hatte, mit ihm über das Thema zu sprechen. Die Dunkelheit, die tief aus seinem Inneren kam, und ihn auf Schritt und Tritt zu verfolgen schien. Ein Produkt seiner Furcht vor dem eigenen Tod – durch die Hand einer der Kreaturen, die er bereits sein Leben lang jagte.

Die Wahl, nach der Prophezeiung der Seherin weiterhin sein Geld mit dem Töten von Kreaturen zu verdienen, musste ihm wie ein selbstauferlegtes Todesurteil vorgekommen sein. Dennoch hatte Gent nicht damit aufgehört. Und Smilla verstand warum. Die Wilde Jagd. Er wollte seine Familie nicht enttäuschen. Leif, Frigga, Andórr, Jofur und Óinn zählten auf ihn, und Smilla wusste, dass Gent lieber sterben würde, als sie sich selbst zu überlassen.

Ihr Herz splitterte, als sie ihn nun ansah. Im Halbdunkel wirkte es, als würden sich tiefe Linien in sein Gesicht graben, als er es vor Gram verzog. »Außer Leif habe ich noch niemandem davon erzählt.« Er schluckte, sah sie endlich an. In seinem Blick lag ein unausgesprochenes Flehen.

Sie nahm seine großen Hände in ihre, drückte sie sanft. »Von der Prophezeiung der Seherin oder dass du ein Wyrd bist?«

»Beides.«

Smilla schenkte ihm ein schiefes Lächeln. »Ich werde es für mich behalten.« Sie zögerte, die nächste Frage auszusprechen. »Also wissen die anderen es nicht? Dass du ein Wyrd bist, meine ich.«

Gent zuckte mit den Schultern. »Sicher vermuten sie es. Jofur und Andórr müssen es wissen.«

»Warum diese beiden?«

»Sie wissen es seit unserer ersten Begegnung.« Er lachte freudlos auf. »Nach einem Kampf mit einem besonders garstigen Lindwurm hat Jofur mich gefunden. Ich hatte starke Verbrennungen, ein paar gebrochene Knochen. Muss ein ziemlich schauriges Bild abgegeben haben.« Er richtete den Blick aufs Wasser und war mit einem Mal wieder weit weg, gefangen in seinen Erinnerungen. »Ich kann mich kaum an unsere erste Begegnung erinnern, weil ich immer wieder das Bewusstsein verloren habe. Ich weiß nur noch, dass plötzlich dieser Fremde neben mir kniete. Er hat nicht gesprochen, mich nur eindringlich angesehen. Und dann begann er, sich um meine Wunden zu kümmern. Ich wollte ihm sagen, dass es nicht nötig ist, dass ich von selbst heilen werde. Früher oder später. Ich glaube, ich habe ihn sogar weggestoßen, als er eine Salbe auf die Verbrennungen auftragen wollte. Da ist Andórr in meinem Blickfeld aufgetaucht. Er hat mich mit eisernem

Griff festgehalten, während Jofur seine Behandlung fortsetzte.«

Als er Smilla nun wieder ansah, lag ein klein wenig mehr Leben in Gents Blick. »Dabei muss ihnen aufgefallen sein, dass meine Wunden unnatürlich schnell heilen. Die beiden müssen meinem Körper dabei zugesehen haben, wie er sich regenerierte. Aber sie haben es nicht kommentiert, haben mich deshalb nie verurteilt. Als ich einige Stunden später erwachte, waren sie noch da. Sie hatten in der Nähe ein Feuer gemacht, gaben mir zu essen und stellten sich mir vor. Seitdem sind sie Teil der Wilden Jagd. Die ersten neuen Mitglieder, die Leif und ich aufnahmen, nachdem ich Befehlshaber wurde.«

Ergriffen legte Smilla eine Hand auf sein Knie und drückte es. »Du begreifst doch, dass ich ebenfalls nirgendwohin gehe, oder? Jetzt, da du es mir erzählt hast.«

Er runzelte die Stirn und sah sie forschend an. »Das kann ich nicht von dir verlangen. Ich war nicht ehrlich zu dir. Ich würde verstehen, wenn du …«

»Aber jetzt warst du es«, unterbrach sie ihn. »Und das ist alles, was zählt.« Angesichts seines ungläubigen Gesichtsausdrucks fuhr sie fort. »Du hast mich nicht angelogen, sondern mir einen Teil der Wahrheit verschwiegen. Einen Teil, der dich das Leben kosten könnte, wenn die falschen Leute davon erfahren. Ich verstehe deine Beweggründe dafür. Also komm endlich drüber weg.«

Ihr schneidender Tonfall sorgte dafür, dass Gent die Brauen hob. »Ist ja gut.« Seine Mundwinkel hoben sich kaum merklich. »Dein Wunsch ist mir Befehl.«

Smilla beugte sich vor und gab ihm einen vorsichtigen Kuss auf die Lippen. Er erstarrte zwar, erwiderte den Kuss dann jedoch ebenso vorsichtig.

Nachdem Smilla sich von ihm gelöst hatte, lächelte sie ihn

an. »Also, du heilst schneller als gewöhnliche Menschen und kannst dich auch eindeutig schneller bewegen«, fasste sie zusammen. »Was noch?«

»Ich bin ausdauernder.« Er zuckte mit den Achseln. »Und stärker, wie du längst weißt.«

»Dachte ich es mir doch, dass niemand außer dir diese riesige Streitaxt heben kann.« Ihr Aufheiterungsversuch glückte. Gent lachte leise, auch wenn er immer noch traurig klang.

Smilla beugte sich zu ihm vor, wollte nicht, dass er erneut in der Düsternis versank, die sich bereits wieder um ihn zu sammeln begann. »Und dass du ausdauernd bist, hast du mir letzte Nacht zur Genüge bewiesen.«

Nun stahl sich ein verschlagenes Grinsen auf seine Züge. »Ach ja?«

Sie nickte, während sie ihm tief in die Augen sah und ihr Gesicht langsam näher an seins brachte.

»Sicher, dass du schon genug davon hast?«, raunte er.

»Ich glaube nicht, dass ich jemals genug davon haben werde«, hauchte sie. »Von dir, meine ich.«

Er schluckte schwer, bevor sich ihre Lippen auf seine legten. Der Kuss war tief und sandte einen wohligen Schauer durch Smillas Körper. Sie schob sich auf Gents Schoß, schlang ihre Beine um seine Mitte, die Arme um seinen Nacken und hielt sich an ihm fest. Gent umklammerte sie ebenso verzweifelt, als wäre sie der einzige Halt in seinem sturmgepeitschten Leben.

Eine lange Weile hielten sie sich aneinander fest, versicherten sich gegenseitig der Nähe des anderen, der unwiderruflichen Verbindung, die nun zwischen ihnen existierte. In Gents Küssen lag eine solche Dringlichkeit, ein solch starkes Bedürfnis, ihr nahe zu sein und immer noch näherzukommen, dass es Smilla den Atem raubte.

Als sie sich voneinander lösten, atmeten beide schwer. Gents Augen wirkten eine Spur heller als zuvor, die harten Linien waren aus seinem Gesicht verschwunden. Smilla strich ihm zärtlich über die Wange, küsste ihn auf die Stirn. Tränen brannten in ihren Augen vor Erleichterung darüber, dass er zu ihr zurückgefunden hatte. Sie blinzelte sie fort, doch Gent musste den feuchten Schimmer bemerkt haben. Er nahm ihr Gesicht in beide Hände und sah sie mit einem traurigen Lächeln an. »Was hat *dich* gebrochen, Smilla?«

Verwundert erwiderte sie seinen Blick. Er hatte dieselben Worte benutzt, wie sie vorhin. *Was hat* dich *gebrochen?*

Instinktiv wollte sie zurückweichen, sich aus seinem Griff befreien und von ihm abwenden. Sie kämpfte gegen die Trauer an, die sie überkommen wollte, wie immer, wenn sie an das erinnert wurde, was sie verloren hatte. Einen panischen Moment lang fühlte sie sich töricht. Geradezu ertappt. Wie hatte sie glauben können, dass er ihr seinen Schmerz und all seine offenen Wunden zu Füßen legen würde, ohne dass sie dasselbe für ihn tat? Er hatte ihre Ehrlichkeit verdient.

Außerdem hatte sie ihm gegenüber bereits vor Wochen angedeutet, dass sie keine Familie hatte, zu der sie zurückkehren konnte. Es war nur noch ein kleiner Schritt, ihm zu verraten, wieso.

Smilla stählte ihr Herz, dann öffnete sie sich der Trauer, die ihr Inneres im selben Moment flutete. Doch der damit verbundene Schmerz, der sie sonst in die Knie zwang, blieb aus. Sie wusste nicht, ob es an Gents Nähe lag. An seinem zärtlichen, verständnisvollen Blick. Daran, dass er sie so festhielt, als wollte er sie von nun an von allen Gefahren abschirmen. Zum ersten Mal seit Monaten krümmte sie sich nicht unter der Last ihrer Trauer. Unter dem Gefühl des Verlusts.

Denn sie hatte etwas dazugewonnen. Dort, wo das Loch in ihrer Brust gesessen hatte, den der Tod ihrer Familie, ihres gesamten Zirkels, hineingerissen hatte, blühte nun etwas Neues. Und während sie in Gents Augen blickte, der geduldig auf ihre Antwort wartete, wuchs es warm und hoffnungsvoll in ihr heran. Es füllte ihre Brust, breitete sich in ihrem ganzen Körper aus. Ein Schluchzen entwich ihr.

Gent strich ihr mit besorgtem Blick übers Haar. »Entschuldige, du musst nicht …«

Smilla winkte ab. »Nein, ich will aber.«

Sie sammelte sich, wischte sich über die Augen und atmete tief durch. Und dann sprach sie endlich das aus, was sie bisher mit niemandem geteilt hatte. »Meine gesamte Familie wurde ermordet.«

Ein unglaubliches Gewicht hob sich in dem Moment von ihren Schultern, in dem sie die Worte aussprach. Es war so befreiend, endlich darüber zu reden. Sich endlich nicht mehr zu fühlen, als wäre sie allein auf der Welt. Die einzige Überlebende. Die Einzige, die sich an das Lachen ihrer Mutter, die runzligen Hände ihrer Großmutter, den weichen Klang der Dutzenden Stimmen ihrer Schwestern erinnerte, wenn sie gemeinsam sangen.

»Das ganze Dorf, alle Personen, die ich je gekannt habe, wurden in einer Nacht ausgelöscht.« Ihre Stimme brach beim letzten Wort, doch Smilla sah nicht weg. Sie hielt Gents Blick stand, der ihr eine Träne aus dem Augenwinkel wischte.

»Ein Angriff?«, fragte er sanft.

Sie nickte. »In der Nacht. Ich war nicht da, als es passiert ist, weil ich bei Vollmond gern im Weiher schwimmen gegangen bin. Deshalb habe ich überlebt. Als Einzige.«

Härte schlich sich in Gents Blick. Mit kaum verhohlener Wut sah er sie an. »Walküren?«

Smilla schüttelte den Kopf, konnte plötzlich nicht mehr sprechen, weil ihre Kehle zu eng wurde.

Er bedrängte sie nicht weiter, hauchte ihr jedoch einen Kuss auf die Schläfe und zog sie an seine Schulter. »Du bist nicht mehr allein«, raunte er. »Wir müssen beide nicht mehr allein heilen.«

Eine Gänsehaut überkam Smilla, als die Wahrheit seiner Worte zu ihr durchdrang. Da war eine Düsternis, eine unendliche Traurigkeit, die sie mit diesem Mann verband. Wenn sie ehrlich zu sich selbst war, hatte Smilla das bereits bei ihrer ersten Begegnung gespürt. Und nun, da sie es sich beide eingestanden hatten, bestand vielleicht wirklich die Chance, dass sie gemeinsam heilen konnten. Dass Smilla eines Tages nicht mehr nur von Rache angetrieben wurde. Sondern stattdessen von Liebe. An der Seite ihrer neuen Familie.

Sie klammerte sich an Gent, schmiegte das Gesicht in seine Halsbeuge und ließ den Tränen endlich freien Lauf.

KAPITEL 47
GENT

Als die beiden Hand in Hand aus der Kristallhöhle traten, hatte Gent kein Gespür dafür, wie viel Zeit vergangen war. So tief im Inneren des Bergs hatte er keinerlei Anhaltspunkte und deshalb auch keine Ahnung, ob sein Angriff auf die Hirtinmutter bereits aufgeflogen war. Die Geistliche würde nicht so schnell aufwachen, doch wenn sie wieder zu Bewusstsein kam, mussten sie längst über alle Berge sein. Denn Gent hatte keinen Zweifel daran, dass die Tempelwachen ihn und seine Truppe nach allem, was passiert war, nicht gehen lassen würden. Die Hirtinmutter hatte bereits einmal versucht, ihn zu töten. Sie würde es wieder tun. Und er durfte das Leben seiner Leute nicht aufs Spiel setzen, indem sie sich länger als nötig in diesem götterverlassenen Tempel aufhielten.

Er drückte Smillas Hand, während sie durch das Tunnellabyrinth eilten. Ihre Augen waren gerötet vom Weinen und sie war blasser als sonst, doch sie schenkte ihm ein entschlossenes Lächeln. Die Art von Lächeln, die ihm den Boden unter den Füßen wegzog und ihm gleichzeitig die Gewissheit gab, dass sie ihn mit ihrem Leben verteidigen würde. Er hoffte nur, dass sie unbemerkt von hier verschwinden konnten, ohne sich den Weg nach draußen freikämpfen zu müssen.

Als sie in den Gang einbogen, auf dem sich ihre Gemächer befanden, warteten Óinn und Leif bereits vor Gents Zimmertür. Beide waren bis an die Zähne bewaffnet und fuhren alarmiert herum, als er sich ihnen mit Smilla an seiner Seite näherte. Auf Leifs gezückter Schwertklinge spiegelte sich der Feuerschein der Fackeln an den Wänden. Der Pfeil auf Óinns gespanntem Bogen deutete direkt auf Gents Herz.

»Wir sind es nur.« Gent hob eine Hand, ohne Smillas loszulassen. Leifs Blick entging ihm nicht. Die Augen seines alten Freundes weiteten sich und er starrte auf ihre verschränkten Finger. Doch Erklärungen mussten warten. Erst einmal galt es, so schnell wie möglich von hier fortzukommen.

»Im Tempel wurde Alarm geschlagen«, begrüßte Leif sie, nachdem er sich von seinem kurzen Schock erholt hatte. »Wir wissen nicht warum, dachten uns aber, dass wir besser von hier verschwinden sollten. Wir haben für euch gepackt.«

»Dank sei der Mutter für eure Voraussicht«, murmelte Smilla. Sie löste ihre Hand von Gents und umarmte Óinn kurz, der ihr ihre Tasche reichte.

Gent nickte Leif zu, als dieser ihm seine wenigen Habseligkeiten übergab. »Ich habe bereits einen Raben nach Thrym geschickt. Die anderen werden im Gebirge zu uns stoßen.«

»Also ist alles zum Aufbruch bereit?«, fragte Gent.

Leif nickte, auch wenn er ihm dabei nicht in die Augen sah. Gent schlug ihm auf die Schulter, um ihn ein wenig zu besänftigen. Obwohl Leif Smilla gegenüber von Anfang an misstrauisch gewesen war, würde er spätestens jetzt, da sie Gent zweimal das Leben gerettet hatte, einsehen müssen, dass sie ein vertrauenswürdiges Mitglied der Wilden Jagd war. Er nahm sich vor, Leif bald alles zu erklären, was vorgefallen war – und was er für Smilla empfand. Doch dies war nicht der richtige Zeitpunkt dafür.

Außerdem würde er eine weitere Kerbe in Smillas Stab

schlagen müssen. Nun waren sie erneut gleichauf. Der Gedanke entlockte ihm trotz allem ein Lächeln. Als hätte sie seine Gedanken gehört, sah Smilla ihn an und erwiderte es. Sie hatte den Stab mit dem Großteil ihres übrigen Gepäcks bei den anderen gelassen, also musste das ebenfalls warten.

»Also gut.« Gent senkte die Stimme und winkte die drei zu sich heran. »Der Tempel ist in Alarmbereitschaft und wir müssen alles daransetzen, unbemerkt an den Wachen vorbeizuschlüpfen. Wenn es sein muss, kämpfen wir, aber nicht, wenn wir es vermeiden können.«

Óinn umklammerte seinen Bogen fester. Leif blickte grimmig drein. »Was ist passiert?«

»Ich habe die Hirtinmutter angegriffen.« Gent hob die Hände, als Óinn aufbegehren wollte. »Sie ist am Leben. Dank Smillas Eingreifen. Aber zu meiner Verteidigung sollte erwähnt werden, dass sie *zuerst* versucht hat, mich umzubringen.«

»Zu vergiften, um genau zu sein«, fügte Smilla mit tödlicher Ruhe hinzu.

Leif fluchte. Óinn sah so bestürzt drein, dass es Gent fast leidtat, sein Weltbild zerstört zu haben. *Nur weil die Hirtinmutter den Leuchtenden dient, macht sie das nicht unfehlbar*, hätte er ihm gerne erklärt.

»Ihr seht also«, fuhr er stattdessen fort, »dass es in unserem Interesse liegt, schnell und unbemerkt von hier zu verschwinden.«

»Wohl eher im Interesse der Hirtinmutter«, grollte Leif. »Wenn mir diese Schlange noch einmal über den Weg läuft, werde ich sie eigenhändig töten.«

»Versuchen wir doch lieber, kein weiteres Blut zu vergießen«, warf Smilla ein und erntete einen verächtlichen Blick von Leif. »Solange es nicht zwingend notwendig ist«, schob sie hinterher.

»Smilla hat recht. Wir sollten so wenig Aufmerksamkeit wie möglich auf uns ziehen«, fuhr Gent fort. »Ich kenne einen geheimen Weg hier raus. Dort wird hoffentlich niemand nach uns suchen.«

Nachdem sie sich vergewissert hatten, dass die umliegenden Gänge leer waren, schlichen sie durch das Tunnelsystem zu einer der vielen Höhlen. Gent dankte seinem Vergangenheits-Ich dafür, sich letzte Nacht im Tempel umgesehen zu haben. Es gab unzählige Wege durch den Berg und ohne sein Wissen hätten sie sich leicht verlaufen können.

Der Weg, den er die anderen entlangführte, schien der am wenigsten benutzte zu sein. Hier hingen nur noch wenige Fackeln in weiten Abständen an den Wänden, die ihr Licht verbreiteten wie kleine Inseln im Nebel. Sie bemühten sich, leise zu sein, doch ihre Schritte und Atemzüge hallten viel zu laut in Gents Ohren. Immer wieder sah er sich um, blickte über die Köpfe der anderen und ihre vor Konzentration verzerrten Gesichter hinweg, um sich zu vergewissern, dass sie nicht verfolgt wurden.

Als sie um eine Ecke bogen, wäre er deshalb beinahe in einen Trupp Wächter hineingelaufen. Ein halbes Dutzend Männer mit Bronzehelmen, auf denen das Zeichen des Tempels prangte, blockierten den Eingang zum nächsten Tunnel. Wie ein Mann richteten sie ihre Speerspitzen auf ihn.

Sofort waren Smilla, Leif und Óinn mit gezückten Waffen an seiner Seite. Gent trat einen Schritt zurück und legte die Hand auf seinen Dolch. »Es muss kein Blut vergossen werden. Lasst uns passieren und wir gehen friedlich unserer Wege.«

»Die Hirtinmutter hat angeordnet, dass niemand den Tempel verlassen darf«, antwortete einer der Männer, offenbar der Befehlshaber. Also war sie bereits erwacht. Und sie hatte ihre Männer losgeschickt, um das zu Ende zu führen, was sie, dank Smillas Einmischung, nicht geschafft hatte.

Seufzend zog Gent seinen Dolch. »Ich habe euch gewarnt.« Er wandte sich an seine eigenen Leute. »Setzt sie außer Gefecht, aber lasst sie am Leben.« Einen Atemzug später sprang er vor und schlug dem Befehlshaber seinen Dolchknauf gegen die Schläfe. Er fiel wie ein Stein.

Sie machten kurzen Prozess mit den übrigen Wachen. Wenige Herzschläge später lagen alle bewusstlos am Boden. Als sie über die reglosen Körper stiegen, trat Leif einem von ihnen in die Seite und spuckte auf den Boden. Mordlust funkelte in seinen Augen. Gent warf ihm einen warnenden Blick zu. Er wusste, dass Leif ihn nur beschützen wollte. Doch dafür war nun keine Zeit. Es lag auch in Leifs bestem Sinne, wenn sie so schnell wie möglich von hier verschwanden und keine weitere Aufmerksamkeit auf sich zogen. Denn gegen die Übermacht der gesamten Tempelwache hätten sie zu viert keine Chance. Sobald andere die außer Gefecht gesetzten Wächter fanden, würden sie die Verfolgung aufnehmen. Bis dahin mussten sie so viel Distanz wie möglich zwischen sich und den Tempel bringen.

Zügig führte er die anderen in den nächsten Tunnel und schließlich durch eine düstere Tropfsteinhöhle. Er sah nicht mehr zurück.

* *

Als sie die stickige Höhle endlich hinter sich ließen, atmete Gent erleichtert auf. Eisige Bergluft brannte sich in seine Lunge. Ein schmaler Pfad wand sich zwischen hohen Felswänden hindurch. Trotz der Kälte und Höhenlage gab es hier keinen Schnee. Als Gent eine Hand auf das Gestein legte, spürte er, wie warm es von innen war. In einiger Entfernung trat Dampf aus Rissen im Boden aus. Während er die anderen über den Pfad führte, machte er einen Bogen darum.

Die Felswände schützten sie vor dem pfeifenden Wind, sodass sie schnell vorankamen. Seit sie die Höhle verlassen hatten, waren Smilla und Óinn in ein flüsterndes Gespräch vertieft. Wahrscheinlich wollte der Barde genau wissen, was mit der Hirtinmutter vorgefallen war.

Gent ließ sich hinter sie zurückfallen. »Wo treffen wir uns mit den anderen?«, wandte er sich über die Schulter an Leif, der das Schlusslicht bildete.

»Am Svitjod, einem Gebirgspass etwa eine Tagesreise entfernt.«

Gent nickte. »Danke für deine Voraussicht. Von dort aus dürften wir das Gebirge in wenigen Tagen hinter uns gelassen haben.«

Statt zu antworten, packte Leif ihn am Arm und zog ihn grob zu sich. Er ließ sich noch weiter zurückfallen, sodass Gent ebenfalls langsamer gehen musste. Vor ihnen bog der Pfad um eine Kurve, sodass er Smilla und Óinn aus den Augen verlor. Mit zusammengezogenen Brauen sah er Leif an, der sich dicht zu ihm beugte. »Wir hätten die Wächter töten und ihre Leichen verstecken sollen.« Zwar sprach er leise, doch seine Stimme zitterte vor kaum verhohlener Wut. »Bald wird die gesamte Tempelgarde hinter uns her sein. Hier im Gebirge sind wir nicht sicher.«

»Die Wächter waren unschuldig, sie haben bloß Befehle ausgeführt. Und die Leichen zu verstecken hätte uns zu viel Zeit gekostet.«

»Seit wann schrecken wir davor zurück, Blut zu vergießen?« Leif schnaubte. »Der alte Gent hätte kurzen Prozess mit ihnen gemacht.«

»Der alte Gent?«

Leif sah ihn herausfordernd an. »Du hast dich verändert.«

Seufzend rieb Gent sich über das Gesicht. »Und was ist so schlimm daran? Der *alte Gent*, wie du es ausdrückst, war einsam, verloren. Getrieben von Hass und Furcht. Freust du dich nicht, dass ich eine Person gefunden habe, die eine bessere Seite von mir hervorbringt?«

»Eine bessere Seite? Hat *sie* dir das eingeredet?«

Nun verengte Gent die Augen. »Ich bin durchaus in der Lage, für mich selbst zu denken.«

»Bist du das?« Leifs brennender Blick bohrte sich in seinen. »Wenigstens hast du früher nicht vorgegeben, etwas zu sein, was du nicht bist.«

Die Worte versetzten Gent einen Stich, doch er versuchte, es sich nicht anmerken zu lassen. »Das sagt ja der Richtige«, murmelte er.

Leif ignorierte die Spitze. »Sie macht dich weich.«

Gent ballte die Hände zu Fäusten. »Du vergisst, mit wem du sprichst«, knurrte er. »Ich bin immer noch dein Befehlshaber. Und der gefürchtetste Söldnerhauptmann des Landes.«

»Und genau deshalb darfst du dich nicht ablenken lassen. Mehr als nur dein Ruf steht auf dem Spiel. Bei der Klinge des Kriegers, du hast gerade erst ein Attentat überlebt.«

Gents Stimme wurde gefährlich leise, als er sich so dicht zu Leif vorbeugte, dass er jedes Haar in seinem langen Bart hätte zählen können. »Lass das meine Sorge sein. Kümmere du dich lieber um dich selbst. Wir wollen doch nicht, dass du wieder im Kampf verwundet wirst … oder uns anderweitig Ärger einhandelst.«

Leif musste die unterschwellige Drohung herausgehört haben. »Ich will bloß, dass du dich in Acht nimmst«, schob er etwas versöhnlicher hinterher. »Vergiss nicht, wer du bist. Sonst wird diese Frau dein Untergang sein.«

Mein Untergang wurde längst vorherbestimmt, dachte Gent bitter. *Es ist nur eine Frage der Zeit. Und Smilla hat nichts damit zu tun.*

Mit einem Mal war seine Wut verpufft. Er wusste, dass Leif es nur gut meinte. Auch wenn er seine Zuneigung auf eine sehr eigene Art ausdrückte. »Ich weiß deine Sorge zu schätzen. Immer.« Er schlug seinem Freund auf den Rücken. Ein klein wenig zu fest, sodass Leif keuchte. Dann schob Gent sich auf dem engen Gebirgspfad an ihm vorbei und schloss wieder zu den anderen auf.

* *

Sie rasteten nicht, bis sie den Svitjod-Pass am darauffolgenden Vormittag erreichten.

Es hatte zu schneien begonnen. Ein merkwürdiges Erlebnis, da die Flocken zwar Gents Gesicht küssten und in seinem kurzen Bart hängenblieben, doch in dem Moment schmolzen, indem sie auf dem Felsboden auftrafen.

Hier, an einem der höchsten Punkte des Gebirges, war die Felslandschaft kahl und flach und bot kaum Schutz vor den Winterwinden. Allerdings hatten sie eine spektakuläre Aussicht auf die weite, von Wasserläufen durchzogene Ebene, auf der sich die Stadt Thrym ausbreitete. Das Vergessene Meer war nun weit zu ihrer Rechten nur noch als blauer Streifen am Horizont auszumachen.

Sie schlugen ihre Zelte zwischen einigen Felsbrocken auf, die verstreut herumlagen, als hätte sie ein Troll in einem Wutanfall umhergeschleudert. Und dann warteten sie.

Als schließlich die Dämmerung einsetzte, war der Rest der Truppe noch nicht zu ihnen gestoßen. Zum Abendessen hatte Óinn zwei Schneehasen geschossen, deren mageres Fleisch sie mit einer dünnen Brühe, gewürzt mit einigen

Bergkräutern, zu sich nahmen. Gent übernahm die erste Nachtwache und schickte die anderen ins Bett. Leifs Worte hatten ihn mehr aufgewühlt, als er zugeben wollte, und er musste allein sein, um seine düsteren Gedanken im Zaum zu halten.

So saß er vor dem wild flackernden Feuer und stierte in die Flammen, als sich eine Hand von hinten auf seine Schulter legte. Der Wind wehte Smillas Duft an seine Nase, noch bevor sie sich neben ihm niederließ. Erleichterung überkam ihn. Sosehr er einen Moment für sich gebraucht hatte, sosehr wurde ihm nun klar, dass es ihm in Smillas Gegenwart viel besser gelang, die Dunkelheit von sich fernzuhalten.

Er zog sie an sich, um ihr einen Kuss auf die Schläfe zu hauchen. Sie seufzte leise, schmiegte sich an ihn. Da war diese neue Vertrautheit zwischen ihnen. So selbstverständlich wie atmen.

»Kalte Nacht.« Lächelnd sah Smilla zu ihm auf und zog sich ihr Wolfsfell fester um die Schultern. »Lust auf Gesellschaft?«

»Wenn du es bist, immer«, erwiderte er.

Einen Moment lang verfolgten beide den Tanz der Flammen, die die Schneeflocken fraßen. »Glaubst du, der Schlächter befindet sich wirklich in der Nähe?«, brach Smilla schließlich das angenehme Schweigen. »Oder hat die Hirtinmutter gelogen? Wollte sie dich mit dem Auftrag vielleicht bloß in den Tempel locken, weil sie wusste, dass du ein Wyrd bist?«

Innerlich zuckte Gent zusammen. Dies war bereits vor ihrem Gespräch in der Höhle ein heikles Thema gewesen, doch jetzt, da er Smilla gegenüber so ehrlich gewesen war …

Seit dem Mordanschlag der Hirtinmutter hatte er nicht mehr an den götterverfluchten Auftrag gedacht. Egal, was die Geistliche im Schilde geführt hatte, der Auftrag war ursprünglich von Jarl Torje gekommen, nicht von ihr. Und er war noch nicht erfüllt. Ein Problem, das es zu lösen galt.

»Ich bin mir nicht sicher, ob wir irgendetwas aus dem Mund der Hirtinmutter glauben können.« Er fuhr sich durchs schneefeuchte Haar. »Meine oberste Priorität ist die Sicherheit der Truppe. Erst einmal sollten wir so viel Distanz wie möglich zwischen uns und den Tempel bringen, für den Fall, dass wir verfolgt werden. Danach können wir uns wieder dem Schlächter widmen.« Er sah sie an. »Oder was meinst du?«

Zuerst glaubte er, Enttäuschung durch Smillas Blick flackern zu sehen, doch dann nickte sie. »Du hast recht. Die Sicherheit der Truppe geht vor. *Deine* Sicherheit.«

Gent schnaubte. »*Ich* habe vor den Tempelwachen nichts zu befürchten.« Er deutete auf seine Brust und lächelte schief. »Wyrd, schon vergessen?«

Smilla gab ihm einen Klaps gegen den Oberarm. »Aber *du* bist es, den die Hirtinmutter umbringen will. Und ich werde nicht zulassen, dass du dem Tod noch einmal so nahe kommst. Wenn du dieses Gebräu getrunken hättest …« Sie schauderte.

Gent zog sie fester an sich. »Wer weiß, ob mein Körper das Gift nicht schneller zersetzt hätte, als es hätte wirken können. Mit dieser Art von Angriff habe ich bisher keine Erfahrungen gemacht.« Nun grinste er sie verschlagen an. »Sollte ich vielleicht mal ausprobieren.«

Erschrocken riss Smilla die Augen auf, verdrehte sie jedoch kurz darauf, als Gent laut lachte. »Falls das Experiment schiefgeht, muss ich dir wohl das Leben retten«, erwiderte sie. »Schon wieder.«

Gent legte seinen Kopf gegen ihren. »Erst mal bekommst du deine zweite Kerbe, sobald du mit deinem Stab wiedervereint bist.«

»Das will ich wohl meinen. Es steht zwei zu zwei.« Stolz schwang in ihrem Tonfall mit.

»Ruh dich besser nicht darauf aus.«

Sie lachte. »Du auch nicht.«

Eine Weile schmiegten sie sich aneinander und blickten ins Feuer, froh, dass sie noch am Leben waren und diesen Moment gemeinsam erleben durften.

»Was macht deine Schulterverletzung?«, fragte Gent schließlich.

»Sie ist gut verheilt«, antwortete Smilla. »Manchmal zwicken die Narben noch ein wenig. Deshalb wollte ich heute Abend eine der heißen Quellen in der Nähe ausprobieren. Laut den Hirtinnen besitzt das Wasser Heilkräfte.«

»Du hast heiße Quellen entdeckt?«

»Ja, bloß ein paar Rabenschwingen hinter dem Lager. Warum? Willst du mich etwa begleiten?« Sie setzte sich auf und wackelte mit den Brauen. Dabei sah sie so hoffnungsfroh aus, dass Gent erneut lachen musste.

»Wenn du schon so fragst.«

Smilla erhob sich so hastig, dass sie beinahe das Gleichgewicht verloren hätte. Ungeduldig zog sie ihn mit sich hoch. »Es ist gleich da drüben.«

»Ich komme ja schon.« Gent konnte nicht mehr aufhören zu grinsen.

Smilla eilte davon und war kurz darauf hinter den Zelten der anderen verschwunden. Nachdem Gent die Zelte ebenfalls umrundet hatte, spürte er feuchten Wasserdampf auf den Wangen. Er sah sich um, hatte Smilla aus den Augen verloren. Da flog etwas durch die Luft und traf ihn mitten ins Gesicht. »Was zum …«

Es war weich und warm und duftete nach Smilla. Gent zog es sich vom Kopf. Das weiße Wolfsfell. Kurz darauf folgten Smillas Leinenhemd und ihre Wildlederhose.

Nun hatte Gent es plötzlich sehr eilig, ihr zwischen die Felsen hinter dem Lager zu folgen. Sein Körper hatte eine eindeutige Reaktion auf die Vorstellung ihres nackten Körpers.

Er beschleunigte seine Schritte, plötzlich schlug ihm Hitze entgegen. Verwirrt blieb er stehen, drehte sich einmal um sich selbst. Da entdeckte er Smillas Haar, das im Sternenlicht glänzte, erhaschte einen Blick auf ihre mondweiße Schulter. Im nächsten Moment war sie fort und es plätscherte leise.

Die Hitze ignorierend stieg Gent über einen Felsen und war endlich am Ziel. Umgeben von großen flachen Steinen befanden sich dort drei Wasserbecken, von denen Dampf aufstieg. Im schwachen Licht der Sterne wirkte das Wasser pechschwarz.

Smilla saß bereits in einem der Becken. Sie hatte die Arme zu beiden Seiten ausgestreckt und den Rücken an den Steinrand gelehnt. Unschuldig blickte sie zu Gent auf. Unter dem dunklen Wasser war ihr Körper unsichtbar, doch er konnte die Wölbungen ihrer Brüste erahnen.

»Kommst du rein oder willst du weiter da stehen und starren?«

Gent fiel auf, dass sich sein Mund bei ihrem Anblick wie von selbst geöffnet hatte. Hastig schloss er ihn und machte sich daran, sich auszuziehen.

Keine drei Herzschläge später ließ er sich bereits neben Smilla ins Wasser gleiten. Kurz stockte ihm der Atem, als es seinen Körper umspülte und ihm die Hitze schier die Haut von den Knochen sengte. Doch dann strich ihm die eisige Bergluft über Gesicht und Schultern. Ein angenehmer Kontrast.

Das Wasser reichte ihm bis zur Brust, sodass er mühelos zu Smilla waten konnte. »Da bist du ja«, wiederholte sie die

Worte, die sie in der Kristallhöhle zu ihm gesagt hatte, nachdem er vor ihr geflohen war. Das würde er nie wieder tun. Offen blickte er ihr nun in die gletscherblauen Augen. Das Haar klebte ihr in feuchten schwarzen Strähnen im Gesicht, die er mit beiden Händen beiseiteschob.

»Wo du hingehst, da gehe auch ich hin«, raunte er.

Sie seufzte leise, schmiegte ihre Wange an seine Hand. Er wollte sie so dringend spüren, musste sich ihrer tröstlichen Präsenz versichern. Die einzige Person, die je solche Empfindungen in ihm ausgelöst hatte. Die Einzige, bei der er sich fallen lassen, ganz er selbst sein konnte, nun, da er ihr alles über sich verraten hatte.

Fast alles, sagte eine warnende Stimme in seinem Kopf. Er blendete sie aus.

Smilla sah ihn so eindringlich an, als wäre auch er ihr Anker. Als bräuchte sie nur ihn, um sich sicher zu fühlen. Für den Moment wollte er das einfach genießen. »Komm her.« Nach einem weiteren Schritt stand er direkt vor ihr und zog sie an sich. Als seine Lippen auf ihre trafen, schlang sie die nackten Beine um ihn und er verlor sich in ihr.

KAPITEL 48
SMILLA

Als Smilla sich einige Zeit später mit zittrigen Knien an Gent schmiegte, der ebenfalls schwerer atmete, wagte sie einen Blick hinauf zu den Sternen. Wie an dem Abend auf der Terrasse wachten sie über sie beide und spendeten ihnen funkelndes Licht. So hoch oben auf dem Gebirgskamm wirkte es, als müsste Smilla nur die Arme ausstrecken, um sie vom Himmel zu pflücken wie reife Äpfel.

Der Moment war so friedlich, dass sie sich wünschte, er würde ewig währen. Leise schwappte das Wasser der heißen Quelle an ihren nackten Körper, während Gent einen Arm um sie legte und ihr einen Kuss auf den Scheitel hauchte. Sie schloss die Augen, gab sich dem Plätschern und dem tröstlichen Geräusch seiner Atemzüge hin.

So müsste es immer sein. Er und sie und die Sterne. Eine Geborgenheit, von der Smilla nie geglaubt hatte, sie je wieder zu empfinden.

Sie wurde jäh aus dem Moment gerissen, als Hufgetrappel ertönte. Alarmiert öffnete sie die Augen.

Zeltplanen wurden aufgerissen, Stahl klirrte und dann brach Chaos im Lager aus. Stimmen brüllten durcheinander. Eilige Schritte hallten laut von den sie umgebenden Felsen wider. Ein Angriff? Hatten die Tempelwächter sie gefunden?

Gent hatte sich neben ihr versteift. Beide sahen sich einen Wimpernschlag lang an und sprangen dann gleichzeitig auf. Tropfen spritzten umher, als sie so schnell wie möglich durch das Becken wateten. Der Wasserdampf verdichtete sich, sodass Smilla kaum noch etwas erkennen konnte. Das Herz schlug ihr bis zum Hals, während sie Gent halb blind über die glitschigen Steine folgte.

Im Laufen schnappte er sich seine Hose vom Boden, um den Dolch vom Gürtel zu reißen. Smilla versuchte gar nicht erst, im Dunkeln ihre Kleider ausfindig zu machen. Sie lagen überall verstreut. Zum Ankleiden war keine Zeit.

In höchster Alarmbereitschaft hastete sie hinter Gent zwischen den Felsen hindurch. Der Feuerschein tanzte über den straff gespannten Stoff der Zelte, als sie sich dahinter kauerten, um Deckung zu suchen. Beide splitterfasernackt.

Vor ihnen standen drei düstere Gestalten, angestrahlt vom Lagerfeuer. Sie hatten die Waffen erhoben und standen Óinn und Leif gegenüber, die beide hinter den Zelten hockten und in diesem Moment ihre Bögen spannten. Mit grimmigen Mienen zielten sie auf die Angreifer.

Smilla musste ein paarmal blinzeln, um sich an die plötzliche Helligkeit zu gewöhnen. »Andórr?«, entfuhr es ihr dann verblüfft, als sie seine breite Silhouette erkannte.

»Jofur und Frigga,« fügte Gent mit einem halb erleichterten, halb verärgerten Grollen hinzu. Im selben Moment senkten die anderen die Waffen.

Andórr lachte so laut, dass es von den umliegenden Felsen widerhallte. »Na, das ist ja eine nette Begrüßung.«

»Ja, danke.« Frigga ließ sich mit einem erschöpften Grunzen neben das Feuer plumpsen. »Wir freuen uns auch, euch wiederzusehen.« Sie warf dem Kessel, der noch über den Flammen hing, einen skeptischen Blick zu. »Gibt's was zu essen? Wir haben einen langen Ritt hinter uns. Warum müssen wir uns auch mitten im Gebirge treffen?«

»Wir hatten gehofft, *ihr* würdet etwas zu essen mitbringen.« Óinn trat lächelnd zwischen den Zelten hervor und begrüßte Jofur und Andórr mit einem Handschlag und einer Umarmung, bevor er sich neben Frigga niederließ. »Wir mussten überstürzt aus dem Tempel fliehen. Keine Zeit, um die Vorräte aufzustocken.«

Breit grinsend deutete Andórr auf Gent und Smilla. »So überstürzt, dass ihr euch nicht vorher ankleiden konntet?« Erst in diesem Moment erinnerte sich Smilla daran, dass sie nackt war. Hastig schlang sie sich beide Arme um die Brust. Wenigstens verbargen die Zelte den Rest ihres Körpers.

»Heiße Quellen«, brachte sie mit brennenden Wangen hervor, ihre Stimme ein paar Oktaven zu hoch. Mit dem Daumen deutete sie über die Schulter in die Dunkelheit hinter den Zelten, während sie weiterhin umständlich versuchte, ihre Blöße zu bedecken.

»Aha.« Andórr nickte wissend. »Lasst euch von uns nicht stören.« Schelmisch zwinkerte er ihr zu, womit er sich ein drohendes Knurren von Gent einhandelte.

Als Smilla sich abwandte, um ihre Kleider suchen zu gehen, fing sie Leifs Blick auf. Er stand zwischen den Zelten, den gespannten Bogen nach wie vor in der Hand. Seine Augen sprühten förmlich vor Wut, während er Smilla anfunkelte. Für einen Sekundenbruchteil glaubte sie, er würde ihr einen Pfeil in den Bauch jagen. Ein irres Lachen wollte in ihrer Kehle aufsteigen. Hatte sie ihm das Leben gerettet, nur damit er sie jetzt zur Großen Mutter beförderte?

Sie musterten einander. In Leifs blassgrauen Augen funkelte kaum verhohlener Hass. Wie von selbst spannte sich Smillas Körper an. Sie war bereit zum Kampf.

Da legte Gent ihr eine Hand auf die nackte Schulter. Wo er sie berührte, breitete sich eine Gänsehaut aus. Gent sah Smilla nicht an. Er hatte seinen brennenden Blick auf Leif gerichtet, während er halb vor sie trat. »Hast du etwas zu sagen?«, forderte er ihn mit gefährlich leiser Stimme heraus.

»*Du* hattest die erste Wache«, brachte Leif zwischen zusammengebissenen Zähnen hervor. »Wären es nicht die anderen gewesen, die ins Lager gekommen sind, wären wir jetzt alle tot.«

Die beiden erdolchten einander mit Blicken, die die eisige Luft um weitere Grad abkühlten. Unwillkürlich machte Smilla einen Schritt an Gent vorbei. Ihre Blöße war vergessen. »Gent trifft keine Schuld«, sagte sie mit fester Stimme. »Ich habe ihn gebeten, mit mir schwimmen zu gehen.«

»Das ist mir bewusst. Du hast deine Nachtwache im Tempel ja auch sausen lassen.« Widerwillig riss Leif seinen Blick von Gent los, um ihn in Smillas zu bohren. »Gent hätte seinen Posten sonst nie verlassen. In letzter Zeit tut er so einige Dinge, die untypisch für ihn sind.«

»Sprich nicht über mich, als wäre ich nicht anwesend«, grollte Gent.

Leif wandte sich ihm wieder zu. »Du hörst doch sowieso nicht zu. Vergnügst dich lieber mit dieser Verführerin, statt das Lager zu bewachen. Oder auf die Warnungen deiner Freunde zu hören.«

Mit erhobenem Dolch trat Gent auf ihn zu. »Nenn sie nie wieder so.« Er bebte vor unterdrücktem Zorn. Im Feuerschein wirkten seine Augen tiefschwarz. Gewalt lag in der Luft, brachte sie förmlich zum Knistern.

Smilla wollte Gent eine beruhigende Hand auf den Arm legen, doch sie wusste, dass sie sich jetzt nicht einmischen durfte. Ein tödliches Funkeln war in seine Augen getreten. Ein Versprechen, das sie schaudern ließ.

Leif wollte den Mund öffnen, doch Gent trat noch näher an ihn heran. Fast berührte seine Brust die Spitze des Pfeils, der weiterhin auf Leifs gespannter Bogensehne lag. Obwohl Gent vollkommen nackt war, wirkte er so bedrohlich wie ein zum Sprung ansetzender Wolf. »Um unserer Freundschaft willen warne ich dich ein letztes Mal. Überleg dir deine nächsten Worte gut.«

Zu Smillas Erstaunen wich Leif nicht zurück. Er sah auch nicht weg. Einen weiteren atemlosen Moment lang maßen die beiden sich mit Blicken. Smilla glaubte schon, dass ein Blutbad unvermeidlich war. Sie machte sich bereit, vorzuspringen, um Gent aus dem Weg zu stoßen, sollte es dazu kommen.

Doch schließlich schüttelte Leif den Kopf und winkte ab. »Sie ist es nicht wert. Eines Tages wirst du dir wünschen, du hättest auf mich gehört.« Er senkte den Bogen, fuhr auf dem Absatz herum und entfernte sich mit großen Schritten. Kurz darauf verschmolz er mit der Dunkelheit, als wäre er nie da gewesen. Reglos sah Gent ihm hinterher.

»Gent, ich …« Smillas Stimme klang heiser.

»Nicht.« Gent hob eine Hand und sie verstummte. Sie wusste sowieso nicht, was sie sagen sollte. Er wirkte so verletzt, dass sie ihn am liebsten in die Arme geschlossen hätte. Doch er sah sie immer noch nicht an. Plötzlich wirkte er einen Rabenflug weit entfernt.

Außerdem saßen die anderen in Hörweite am Feuer. Sie mussten alles mitbekommen haben. Smilla durfte die Situation nicht noch verschlimmern. Sie glaubte nicht, dass Andórr, Frigga, Jofur und Óinn etwas gegen ihre Beziehung mit Gent hatten – nicht so wie Leif. Doch dies war nicht der Moment, die Loyalität der anderen Gent gegenüber auf die Probe zu stellen. Niemals würde Smilla ihn die Wahl zwischen ihr und seiner Truppe treffen lassen. Schließlich war sie ein Teil dieser Truppe. Zumindest so lange, bis sie … Ja, was?

Bis sie den Hexenschlächter gefunden und getötet hatte? Bis ihre selbst auferlegte Mission erfüllt war? Und was dann? Smilla hatte immer nur bis zu dem Tag gedacht, an dem sie endlich Rache nehmen würde. Sie hatte nie damit gerechnet, auf dem Weg dahin jemanden zu finden, der sie endlich wieder etwas anderes fühlen lassen würde als Trauer und Hass. Dessen Nähe den Schmerz erträglich machte, weil er ihn teilte. Sie hatte auch nicht erwartet, eine neue Familie zu finden. Und sie war nicht gewillt, ihr neu gefundenes Glück aufzugeben. Schon gar nicht wegen Leif, der von Anfang an etwas gegen sie gehabt hatte.

Ich hätte ihn töten sollen, als ich die Gelegenheit dazu hatte, dachte sie bitter. Jetzt war es zu spät. Wenn Leif nun etwas passierte, hätten die anderen sie sofort im Verdacht. Sosehr Gent ihm auch gerade gedroht hatte, er würde seinem Freund nie ein Haar krümmen. Und auch Smilla wusste mittlerweile tief in sich, dass sie es nicht über sich bringen würde, ihn zu töten. Denn damit würde sie Gent verletzen.

Es blieb also nur eins: Sie musste Leif irgendwie davon überzeugen, dass sie nichts Böses im Schilde führte, dass sie Gent niemals wehtun würde. Dass es ihr fernlag, sich zwischen alte Freunde zu stellen. Und dass sie ein Teil dieser Familie sein wollte. Er *musste* sie einfach akzeptieren. Wie die anderen es getan hatten. Denn wenn Leif es nicht tat, dann wusste sie nicht, ob Gent darüber hinwegkommen würde. Ob er sich für *sie* entscheiden würde.

Doch für den Moment konnte sie nichts anderes tun, als Gent dort stehen zu lassen, wo er Leif nach wie vor hinterherstarrte. Schweigend drehte sie sich um, ging zu den Quellen zurück, sammelte ihre Kleidung auf und zog sich an. Denn manchmal gab es nichts zu sagen. Manchmal war die Stille lauter als Worte.

* *

Glücklicherweise wurde die Wiedersehensfreude der anderen nicht von dem Vorfall mit Leif überschattet. Andórrs fröhliches Gemüt, Jofurs stille, tröstliche Präsenz, Óinns Lieder und Friggas derbe Witze trugen sie durch den Abend.

Smilla saß mit den anderen am Feuer und hörte sich die Geschichten über ihre Erlebnisse in der Stadt Thrym an, bevor sie und Óinn den anderen berichteten, was sich im Tempel zugetragen hatte. Der Anschlag auf Gents Leben löste bei allen Empörung aus.

»Wie kann sie es wagen?!«, grollte Andórr. Jofur unterstrich seine Worte mit einer vulgären Geste.

»Da bekomme ich glatt Lust, dem Tempel doch noch einen Besuch abzustatten und das zu Ende zu bringen, was Gent begonnen hat.« Mit einem boshaften Lächeln fuhr Frigga mit den Fingern über ihre Peitsche.

Smilla sah sich derweil suchend nach Gent um, konnte allerdings in der das Feuer umgebenden Dunkelheit nichts erkennen. Ebenso wie Leif hatte er sich verzogen, nachdem er sich angekleidet hatte. Smilla machte sich Sorgen um ihn, doch sie respektierte seinen Wunsch, allein zu sein. Irgendwann würde er schon wieder auftauchen. Wenn er und Leif sich nicht gerade irgendwo die Köpfe einschlugen.

»Das Wichtigste haben wir euch aber noch gar nicht erzählt!« Andórrs Stimme riss Smilla aus ihren Gedanken. »Auf dem Weg durchs Gebirge sind wir an einem weiteren Tatort vorbeigekommen.«

»Was denn für ein Tatort?« Smilla horchte auf.

»Der Hexenschlächter«, erklärte Frigga mit ernster Miene. »Er hat wieder zugeschlagen. Hat einen Hexer vor dessen eigenem Haus erstochen. Mit einer sehr scharfen Klinge. Der Hexer muss sofort verblutet sein. Seine Tochter ist aber offenbar entkommen und hat die Kunde verbreitet.«

»Es ist hier im Gebirge geschehen«, fügte Jofur hinzu. *»Kaum einen Rabenflug entfernt.«*

Smilla schnappte nach Luft. Sie wechselte einen entsetzten Blick mit Óinn. Also hatte die Hirtinmutter nicht gelogen, um Gent in ihren Opfersaal zu locken und ihn dort zu vergiften, weil er ein Wyrd war. Der Schlächter hielt sich wirklich in der Nähe auf.

»Wann?«, flüsterte sie. »Wann hat er wieder gemordet?«

Frigga zuckte mit den Schultern. »Vor etwa zwei Tagen, glaube ich.« Jofur und Andórr nickten. »Wir sind nicht näher rangekommen, um mehr in Erfahrung zu bringen«, fuhr Frigga fort. »Tempelwachen haben das Gelände um den Tatort abgesperrt.«

»Wahrscheinlich haben sie uns deswegen nicht weiter verfolgt«, sagte Óinn. »Weil sie Wichtigeres zu tun hatten.«

»Möglich.« Andórr zuckte mit den Schultern. »Es muss in der Gegend jetzt auch von Hexen wimmeln. Auf dem Weg hierher haben wir Reisende getroffen, die davon sprachen, dass die im Gebirge lebenden Zirkel in Aufruhr sind. Nach der Warnung des Mädchens haben sie ihre Sachen gepackt und sind nun auf der Flucht.«

»Also ist er ganz sicher hier im Gebirge.« Óinn sah sich besorgt um, als könnte der Schlächter jeden Moment hinter den Zelten hervorspringen. »Wieder einmal hält er sich ganz in der Nähe auf.«

»Ja.« Frigga schnaubte aufgebracht. »Wir sind so nah dran, aber er entwischt uns jedes Mal.«

Jofur stieß ein missmutiges Schnauben aus. *»Es ist, als wären wir von den Göttern verflucht.«*

Smillas Gedanken waren während des Gesprächs der anderen unaufhörlich umhergewirbelt. Sie starrte ins Feuer und dachte an die Worte der Hirtinmutter. An ihren Gesichtsausdruck und ihre letzten Worte, bevor sie das Bewusstsein verloren hatte. Irgendetwas entging Smilla. Ein wichtiges Detail fehlte ihr, um alles zu verstehen, was im Tempel vorgefallen war. Doch sosehr sie sich auch konzentrierte, sie kam nicht darauf, was es war.

Während sich die anderen den restlichen Abend lang in wilden Theorien über den Aufenthaltsort des Schlächters ergingen, starrte sie gedankenverloren ins Feuer und versuchte, sich einen Reim auf alles zu machen. Sie vermisste Gent, hätte gern mit ihm darüber gesprochen. Doch gleichzeitig wollte sie ihn nach dem Streit mit Leif nicht noch mehr belasten. Ihn daran zu erinnern, dass die mächtigste Geistliche des Landes erst vor wenigen Stunden versucht hatte, ihn zu vergiften, war nicht gerade das, was er jetzt brauchte. Vermutlich kämpfte er in dieser Nacht mit genug eigenen Dämonen. Sie hoffte nur, dass er zurückkommen würde. Und dass sich der Streit mit Leif nicht auf ihre Beziehung zu ihm auswirken würde. Ihr neu gewonnenes Glück mit ihm schien ihr zerbrechlicher denn je.

Schließlich wurde Smilla von Erschöpfung übermannt und sie schlief neben den anderen am Feuer ein.

* *

Als Smilla erwachte, vertrieb das erste Tageslicht bereits die Schatten der Nacht. Zu ihrer Überraschung lag Gent dicht hinter ihr, einen Arm um ihre Mitte geschlungen.

Mit einem erleichterten Lächeln schmiegte sie sich an ihn. Dass er ihr vor den anderen so nahekam, sagte Smilla alles, was sie wissen musste. Sie brauchte sich keine Sorgen zu machen. Er stand auf ihrer Seite, hatte sie sogar vor seinem ältesten Freund verteidigt. Trotzdem konnte sie das Gefühl nicht abschütteln, dass etwas Schlimmes passieren würde, wenn sich die beiden nicht bald wieder versöhnten.

Nach und nach erwachten auch die anderen und das Frühstück wurde vorbereitet. Die Stimmung war weniger angespannt, als Smilla befürchtet hatte. Leif war immer noch nicht wiederaufgetaucht, doch niemand schien sich deshalb Sorgen zu machen. Offenbar verschwand er öfter ohne ein Wort, wie Frigga ihr erklärte.

Gemeinsam aßen sie von den neuen Vorräten, die die anderen aus Thrym mitgebracht hatten, und bauten schließlich das Lager ab. Es fühlte sich gut an, wieder mit der gesamten Truppe vereint zu sein, und die Vorstellung, doch noch von den Tempelwachen eingeholt zu werden, verlor an Bedrohlichkeit. Gemeinsam waren sie unbesiegbar.

Auch Smillas Wiedervereinigung mit Tófa fiel innig aus. Die Fuchsstute stieß sie freudig wiehernd mit dem Kopf an. Smilla kraulte ihr die Blesse, während sie ihr erzählte, was sich in ihrer Abwesenheit alles zugetragen hatte.

Schließlich trat Gent neben sie, sodass sie sich von Tófa losreißen musste. »Ich habe ein Geschenk für dich.«

»Ein … was?« Verwundert drehte sich Smilla zu ihm um.

Beide Hände vor sich ausgestreckt, präsentierte er ihr den Stab, den er ihr auf der Lichtung überreicht und mit der Schneeflocke, der Axt und schließlich den Kerben verziert hatte.

»Du schenkst mir etwas, was du mir schon einmal geschenkt hast?« Amüsiert runzelte Smilla die Stirn, doch dann fiel ihr Blick auf das obere Ende des Stabs. Direkt über den Schnitzereien, dort, wo zuvor nur das grob in Form gebrachte obere Ende gewesen war, befand sich nun eine reich verzierte Silberspitze. Als sie den Stab von Gent entgegennahm, schmiegte sich das kühle Metall in ihre Handinnenfläche, als wäre es für sie gemacht. Sprachlos starrte sie Gent an.

»Ich habe Jofur aufgetragen, in Thrym für mich zu einem

Schmied zu gehen, da ich … nun ja, du weißt, dass ich verhindert war«, erklärte er mit einem zaghaften Lächeln.

»Es ist wunderschön geworden.« Smilla fuhr mit den Fingerspitzen über das verzierte Silber.

Er nickte. »Ich dachte, so kannst du ihn besser packen und im Kampf als Waffe benutzen.«

»Schön und praktisch zugleich.« Smilla schmunzelte. »Du hast an alles gedacht.« Mit der freien Hand griff sie in sein Hemd und zog ihn an sich, um ihm einen langen Kuss zu geben.

»Danke«, hauchte sie, nachdem sie sich widerwillig von ihm gelöst hatte. Dann hielt sie ihm den Stab mit einem herausfordernden Grinsen entgegen. »Und wo bleibt meine neue Kerbe?«

Mit hochgezogenen Brauen nahm Gent ihr den Stab aus der Hand. »Nun werd aber nicht übermütig. Bald bin *ich* wieder an der Reihe, *dich* zu retten.«

»Das werden wir ja sehen. Wahrscheinlicher ist, dass ich endgültig in Führung gehe.«

»In deinen Träumen.« Er stahl sich einen raschen Kuss, bevor er sich daran machte, eine dritte Kerbe unter Smillas Schneeflocke ins Holz zu ritzen.

Smillas Magen kribbelte vor Freude darüber, dass er ihr ein derart aufmerksames Geschenk gemacht hatte. Er hatte es ganz offensichtlich *vor* ihrer gemeinsamen Nacht im Tempel in Auftrag gegeben. Das machte es noch kostbarer. Das Schönste war allerdings, zu sehen, dass Gent trotz des nächtlichen Vorfalls mit Leif weiterhin so unbeschwert mit ihr umging. Sie würde sich wohl nie daran gewöhnen, ihn lächeln zu sehen, und wollte von nun an dafür sorgen, dass er es öfter tat. *Ihr* Geschenk an *ihn*.

Erst als sich alle auf ihre Pferde schwangen, tauchte Leif auf. Seine Miene war grimmig, doch er war unbewaffnet.

Die Stimmung veränderte sich schlagartig. Andórr, der gerade über Jofurs Witz gelacht hatte, verschluckte sich und bekam einen Hustenanfall. Óinn war plötzlich sehr in seine Flechtarbeit an den Pferdemähnen vertieft. Und Frigga spielte demonstrativ mit der Peitsche an ihrer Hüfte, während sie Leif mit verengten Augen entgegenblickte. Offenbar erwartete sie, er könnte sich jeden Moment auf Gent stürzen. Smilla war erleichtert zu sehen, auf welcher Seite sie stand. Aus dem Augenwinkel beobachtete sie Gent, der gerade seine Streitaxt an Grims Sattel befestigte. Er nickte Leif knapp zu, als dieser an ihm vorbeilief. Dieser neigte ebenso leicht das Kinn. Daraufhin sackten Gents Schultern erleichtert herab.

Smillas Augen weiteten sich vor Verwirrung, während sie Leif hinterherstarrte. War das … alles? Hatten die beiden gerade ein vollständiges Gespräch mit nur einem kurzen Nicken geführt?

Söldner! Sie schüttelte den Kopf und schwang sich in den Sattel. Irgendwie hatte sie jedoch das Gefühl, dass es trotzdem noch nicht vorbei war.

KAPITEL 49

Es war mühsam, sich im Dunkeln durch den Skog zu bewegen. Trotzdem gelang es dem Schlächter beinahe lautlos. Keine Äste oder Dornen verfingen sich in seiner Kleidung, kein Zweig knackte unter seinen Stiefeln. Er steuerte auf die Hütte zu, die er Stunden zuvor entdeckt hatte. Meist lebten Hexen abgeschieden, wie in diesem Wald oder tief in den Bergen. Doch dann und wann traf er sie mitten unter den Menschen an. Dann musste er besonders schnell handeln, um sich vor ihren dunklen Zaubern zu schützen.

Diese Hexe hatte sich jedoch nicht einmal die Mühe gemacht, ihre Identität zu verbergen. Windspiele verbreiteten einen schaurigen Gesang und Talismane aus Knochen und bunten Scherben klirrten leise aneinander, als er sich ihrer Kate näherte. Kein Licht drang zwischen den Schlitzen der geschlossenen Fensterläden hervor.

Lautlos schlich der Schlächter über einen mit Steinen angelegten Weg zur Tür. Bevor er sie aufdrückte, zog er sein Messer aus der Brusttasche. Leise knarzend schwang die Tür auf. Abgestandene Luft schlug ihm entgegen. Es roch nach Holzrauch und Kräutern. Nach Blut und Knochen.

Mit grimmiger Miene umklammerte der Schlächter das Knochenheft seines Messers fester. Langsam schlich er über die Schwelle. Es gab nur einen Raum, nur ein Bett hinten an der Wand. Wie immer klopfte sein Herz so kurz vor der Tat schneller. Eine Diele knarzte unter seiner Sohle und er erstarrte. Mit angehaltenem Atem lauschte er in die Dunkelheit.

Nichts.

Da fiel die Tür krachend hinter ihm ins Schloss. Mit erhobenem Messer wirbelte der Schlächter herum, bereit, zuzustechen. Doch nun umgab ihn völlige Finsternis. Die Dunkelheit tastete mit nachtschwarzen Fingern nach ihm. Er hörte ein Geräusch und fuhr herum, stieß die Klinge ins Nichts.

Der Wind heulte durch die Ritzen zwischen den Bretterwänden. Vorhin war es noch nicht so stürmisch gewesen. Nein, es war eine windstille Nacht. Die Bewohnerin der Hütte bediente sich ihrer faulen Magie.

»Zeig dich, Hexe«, rief er in die Dunkelheit.

Ein heiseres Lachen ertönte. Keckernd und boshaft. Mit erhobenem Messer drehte sich der Schlächter einmal um sich selbst, war auf alles gefasst.

Die Temperatur im Raum fiel abrupt ab. Der Wind heulte immer stärker. Die gesamte Hütte bebte, immer lauter klirrten die Windspiele draußen. Selbst in der Dunkelheit erkannte der Schlächter, dass sein Atem plötzlich weiß aus seinem Mund kam. Einen Moment lang schnürte ihm seine Angst die Kehle zu. Nein, dies war nicht der Tag, an dem er sterben würde. Ihre Tricks würden die Hexe nicht retten.

Er glaubte, ein Geräusch zu hören, und sprang vor. Doch im selben Moment legten sich eiskalte Finger von hinten um seinen Hals. Spitze Nägel bohrten sich in seine Haut. Ein Gewicht drückte auf seine Schultern. Langes knochenweißes Haar ergoss sich von oben über sein Gesicht.

Der Griff wurde fester, seine Luftröhre wurde langsam zerquetscht. Mit einer fließenden Bewegung drehte er das Messer in der Hand und stach unter seiner Armbeuge hindurch zu. Ein Schrei. Das Gewicht verschwand von seinen Schultern. Dann schlug der reglose Körper der Hexe hinter ihm auf dem Boden auf.

Kurz darauf trat der Schlächter aus der kleinen Kate. Er

machte sich nicht die Mühe, die Tür hinter sich zu schließen. Angelockt von dem Blutgeruch würden die Tiere und Kreaturen des Waldes die Spuren seiner Tat für ihn beseitigen. Allerdings nicht seine Fußabdrücke auf dem weichen Waldboden. Bevor er sich darum kümmerte, sie zu verbergen, wischte er sein Messer sorgfältig an einem Farn ab. Er wusste, dass er verfolgt wurde. Die Seilschlaufe um seinen Hals zog sich langsam zu und irgendwie … beruhigte ihn diese Tatsache mehr als das Wissen, dass nun eine Hexe weniger in Middangard lebte. Vielleicht würde er sich bald endlich nicht mehr so schuldig fühlen. So schäbig. Und grausam. Vielleicht war bald alles vorbei.

Da knackte ein Zweig und der Schlächter hob den Kopf. Ein Mann kam zwischen den dicht stehenden Baumstämmen auf ihn zu. Ein Mann, dessen Gang er erkannte, noch bevor er das Gesicht im schwachen Licht der Sterne zu sehen bekam.

»Wir müssen reden«, sagte er zu dem Schlächter, der Klang seiner Stimme so vertraut wie seine eigene.

»Ich dachte, du wärst hier, um meine Spuren zu verwischen. Wie immer. Obwohl ich dich nie darum bitte.«

Der Mann furchte die Stirn. Sorge stand in seinem Blick. »Das wird bald nicht mehr ausreichen.«

»Was meinst du?«

»Unter den gegebenen Umständen werde ich dich nicht mehr lange decken können. Sie sind dir schon viel zu dicht auf der Spur.«

»Und doch werden sie mich nicht fangen. Du wirst es nicht zulassen.« Der andere Mann schnaubte. »Was ist? Irre ich mich etwa? Es gibt kaum einen Menschen, der mich nicht längst für meine Taten angeschwärzt, wenn nicht sogar eigenhändig umgebracht hätte. Du hattest Gelegenheit genug. Und doch hast du es nie getan.«

»Das bedeutet nicht, dass ich gutheiße, was du tust.«

»Früher war es dir egal.«

»Dinge ändern sich.«

»Nicht für mich.«

Der Mann trat näher an den Schlächter heran, das Gesicht vor Gram verzerrt. »Ist dir dein eigenes Leben wirklich so wenig wert, dass du es dermaßen leichtfertig aufgeben würdest? Nur um weiterhin das zu tun, was dich von innen zerfrisst?«

»Du vergisst, dass ich überhaupt erst damit angefangen habe, um mein Leben zu schützen. So wenig kann es mir also nicht wert sein.«

»Deine Taten sagen etwas anderes. Es ist, als wolltest *du geschnappt werden.«*

»Und wäre das wirklich so schlimm? Hat nicht jeder seine gerechte Strafe verdient?«

»Das Leben ist nicht gerecht. Das weißt du besser als die meisten.«

»Und doch bist du hier. Immer noch an meiner Seite. Immer noch bemüht, mich vor mir selbst zu retten.«

»Tja.« Der Mann lachte hart auf. »Offenbar bin ich der größte Narr von allen.«

KAPITEL 50
SMILLA

Auf der weiteren Reise durch das Gebirge genossen Smilla und Gent gestohlene Momente im Mondschein, wann immer sich die Gelegenheit dafür bot. Allerdings nur noch dann, wenn keiner von ihnen zur Nachtwache abgestellt war.

Smilla versuchte mehrmals, den Vorfall mit Leif anzusprechen, doch Gent wich ihr jedes Mal aus. Sie las in seinen hochgezogenen Schultern und der dauergerunzelten Stirn, wie sehr ihn das Verhalten seines besten Freundes verletzte, doch sie verstand, dass sie nicht diejenige war, der er sich diesbezüglich anvertrauen wollte. Oder konnte. Schließlich ging es bei dem Konflikt um sie, auch wenn sie ahnte, dass Gents Beziehung zu ihr nur die Spitze des Eisbergs war. Smilla sah ein, dass sie sich nicht weiter einmischen durfte. Sie hoffte nur, dass Leif Gent nicht irgendwann zum Kampf um die Befehlsgewalt über die Wilde Jagd herausfordern würde. Bisher gingen sich die beiden glücklicherweise aus dem Weg.

In den Bergen gab es nicht viele Pfade, die der Schlächter genommen haben konnte. Die Truppe hatte einstimmig beschlossen, das Gebirge auf dem schnellsten Weg zu verlassen, in der Annahme, dass der Schlächter auf seiner Flucht denselben Pfad genommen haben musste. Sie waren nun besonders vorsichtig, da es im Gebirge nicht nur ihretwegen, sondern auch wegen des Hexenmords vor Tempelwächtern wimmelte. Die Nachtwache wurde verdoppelt und sie rasteten nie länger als ein paar Stunden am Stück.

Nach fünf Tagen kam die Truppe an einen Fluss, der sich über Jahrtausende einen Weg durch das Gebirge gepflügt haben musste. Das Flussbett war beinahe vollkommen glatt geschliffen. Sie folgten seinem Lauf bergab, bis die Hänge steiler wurden, sodass sich das Wasser hier und da in rauschenden Kaskaden über Klippen ergoss.

Die Steilhänge waren schwerer passierbar, doch die Wilde Jagd bahnte sich trotzdem langsam, aber stetig ihren Weg abwärts. Bald waren die kargen Felsen, von denen sie seit Tagen umgeben waren, mit Büschen und Gräsern und schließlich mit immergrünen Bäumen gespickt, zwischen denen sie Schutz vor dem beißenden Wind suchten. Längst hatten sie die heißen Quellen und Dämpfe hinter sich gelassen. Hier und da war der Untergrund mit Schnee und Eis bedeckt, sodass sie vorsichtig sein mussten. Doch alle waren erpicht darauf, das Gebirge, und damit hoffentlich auch die Gefahr, die vom Tempel ausging, endgültig hinter sich zu lassen.

Als sie endlich auf eine Brücke stießen, dank derer sie den reißenden Gebirgsfluss überqueren konnten, rasteten sie eine Weile am Ufer. Sie befanden sich in einer Schlucht, zu allen Seiten umgeben von hohen Felswänden.

Während sich die anderen um ihre Waffen und Pferde kümmerten, winkte Óinn Smilla zu sich. Er stand neben der Brücke. Das imposante Steinkonstrukt ragte an einer schmalen Stelle in einem steilen Bogen über den Fluss. Es bestand aus vielen Steinen, die teils so klein wie Smillas Faust und teils größer als sie selbst waren. In mühevoller Arbeit mussten sie aufeinandergestapelt worden sein. Und das vor langer Zeit. Nun waren sie an vielen Stellen von dickem Moos überzogen, ihre Oberflächen glatt geschliffen von Wind und Wetter.

»Diese Brücke wurde von Trollen erbaut«, sagte Óinn

voller Ehrfurcht. Er schob einige Farne beiseite und deutete auf den rechten Brückenpfeiler. Als Smilla näher herantrat und in die Hocke ging, drang ihr der Duft des feuchten Moses und des klaren Gletscherwassers in die Nase. Halb verborgen von den grünen Flechten entdeckte sie in den Stein geritzte Symbole. »Die alte Sprache.« Staunend fuhr sie mit dem Finger über die unebenen Linien.

»Eine Warnung«, erklärte Óinn. »Wenn wir diese Brücke überqueren, betreten wir ihr Reich. Eine große Schlacht wurde vor Jahrhunderten ganz in der Nähe geschlagen. Es ist ein Ort der Erinnerung, der Stille und des Gedenkens. Reisende sind willkommen, sollen sich aber respektvoll verhalten, sonst riskieren sie den Zorn der Trolle, die hier leben.«

Schaudernd hob Smilla den Kopf und sah sich um. Sie hatte das Gefühl, beobachtet zu werden. Zum ersten Mal fiel ihr auf, wie viele mögliche Verstecke die Steilklippen boten. Felsvorsprünge, Ritzen und Höhlen – selbst im Schatten unter der Brücke mochten sich Angreifer verbergen. Der perfekte Ort für einen Hinterhalt.

Óinn musste ihr Unbehagen spüren. Er schenkte ihr ein entschuldigendes Lächeln. »Steintrolle sind friedliche Wesen. Solange man sie in Ruhe lässt. Wir müssen uns lediglich vor ihren langen Fingern in Acht nehmen.« Mit einem Daumen deutete er über die Schulter zu den Pferden, deren Mähnen er frisch geflochten hatte.

Das entlockte Smilla ein Lächeln. »Solange wir dich bei uns haben, dürfte uns also nichts passieren.« Sie legte ihm einen Arm um die Schultern und zog ihn mit sich zurück zu den anderen. »Danke, dass du nie vergisst, uns vor unsichtbaren Gefahren zu beschützen.«

»Ganz so unsichtbar ist diese Gefahr nun auch wieder nicht.« Óinn zuckte mit den Achseln. »Schließlich haben die Trolle eine eindeutige Warnung an der Brücke angebracht.«

»Aber nur für jene, die wissen, wo sie zu finden ist.«

»Man muss bloß richtig hinsehen«, entgegnete er mit gerunzelter Stirn, als verstünde er nicht, wie einem die Warnung entgehen könnte. »Wer mit offenen Augen durchs Leben geht und sich nicht vor Magie verschließt, den wird sie finden.«

Smilla konnte nur nicken, da sich ihre Kehle plötzlich zuschnürte. Ein weiteres Mal trafen Óinns Worte sie direkt ins Herz. Sie hätten auch von ihrer Mutter stammen können. Nach über einem Monat bei der Wilden Jagd hätte es sie nicht mehr überraschen dürfen, wenn Óinn derart weise Dinge von sich gab, doch sie hatte nie zuvor einen Menschen getroffen, der besser unter Hexen als unter seinesgleichen aufgehoben wäre. Diese Tatsache und ihre Gefühle für Gent ließen sie das Bild, das sie von den grobschlächtigen und magieverschlossenen Menschen hatte, zum ersten Mal überdenken. Auch wenn Gent streng genommen nur ein halber Mensch war.

Als sie nun den Arm von Óinns Schultern löste und zu Gent hinübersah, trafen sich ihre Blicke. Er sah aus, als wollte er einen abfälligen Witz darüber reißen, dass sie und Óinn die Brücke so ehrfürchtig inspiziert hatten. Den Mund hatte er schon geöffnet. Doch dann glätteten sich seine Züge und er schenkte Smilla stattdessen ein warmes Lächeln.

Wie sehr hatte sie sich noch vor wenigen Wochen gewünscht, ihn lächeln zu sehen. Nun tat er es beinahe jeden Tag. Zwar meistens nur, wenn sie allein waren, doch das machte es noch kostbarer. Als wäre sein Lächeln nur für sie bestimmt. Mit anschwellendem Herzen strich sie sich das Haar hinters Ohr und grinste zurück.

Kurz darauf war die Rast vorbei und Gent ließ alle wieder aufsitzen. Im Gänsemarsch ritten sie über die Brücke. Unruhig warfen die Pferde die Köpfe hin und her. Auch die Truppe war angespannt. Mit den Händen an den Waffen suchten alle die umliegende Schlucht mit den Augen nach möglichen Angreifern ab. Wie ein Mann seufzten sie auf, als sie das Steinkonstrukt sicher überquert hatten. Doch das Gefühl, beobachtet zu werden, wollte Smilla auch dann nicht loslassen, als sie in lockererer Formation weiterritten. Eine dunkle Vorahnung lag über allem, als braute sich am Horizont ein unsichtbares Gewitter zusammen.

»Schauriger Ort«, murmelte Andórr und sie konnte ihm nur zustimmen. Jofur war mit Leif vorausgeritten, um den sichersten Weg auszukundschaften. Óinn betastete vor sich hinmurmelnd sein Amulett und selbst Frigga sah aus, als könnte sie es kaum erwarten, diesen Ort zu verlassen.

Sie befanden sich nun in den letzten Ausläufern des Gebirges. Der Fluss rauschte zu ihrer Rechten dahin, während das Gelände immer mehr abflachte. Wie durch ein unausgesprochenes Einverständnis ließen sie die Pferde in einen flotten Trab verfallen. Die Tiere schienen das Gebirge ebenso dringend hinter sich lassen zu wollen wie die gesamte Truppe.

Nach einer Biegung lichteten sich plötzlich sämtliche Bäume und vor ihnen tat sich ein weites Feld auf. Dort warteten Jofur und Leif auf sie. Beide waren blass geworden. »Wie soll es jetzt weitergehen?«, wandte sich Leif an Gent. Die ersten Worte, die die beiden seit dem Vorfall im Gebirge miteinander sprachen.

Smilla hörte die daraufhin einsetzende Diskussion der anderen kaum, so eingenommen war sie von der Aussicht, die sich ihr bot. Auf den ersten Blick sah es nach einer großen, leeren Fläche aus, mehr Moor als Wiese. Auf dem morastigen Untergrund wuchs nichts als vereinzelte windgepeitschte Grasbüschel. Erst bei näherem Hinsehen fiel Smilla auf, dass hier und da merkwürdig spitze Zacken aus dem

Boden ragten. Alles Blut wich ihr aus dem Gesicht, als sie begriff, worum es sich handelte.

Knochen. Das gesamte Feld war übersät mit Knochen, die auf unheimliche Weise aus dem Schlamm stachen.

Mit weit aufgerissenen Augen lenkte sie Tófa an den anderen vorbei. Sobald die Stute einen Huf in den Matsch setzte, spürte Smilla es. Die Knochen sangen zu ihr, erfüllten die Luft mit einem unheimlichen Vibrieren, einem Rhythmus, der Smillas Gefährten verborgen zu bleiben schien. Wie in Trance sprang sie von Tófas Rücken. Der Schlamm schmatzte unter ihren Sohlen, als ihre Stiefel bis zum Knöchel darin versanken. Sie zog ihren Stab vom Sattel und stieß ihn tief in den Boden, um sich zusätzlichen Halt zu verschaffen.

Als sie loslief, war da neben ihren schmatzenden Schritten noch ein anderes Geräusch. Ein Knacken und Knirschen. Smilla versuchte, den Knochen auszuweichen, doch es war beinahe unmöglich. Sie bedeckten das gesamte Feld wie Wildblumen im Frühling. Ein weißer Teppich aus scharfen Kanten und Spitzen.

Smilla sprang über einen beinahe vollständig intakten Brustkorb, dessen Rippen sich wie die Fangzähne eines unterirdischen Biests aus dem Matsch reckten. Viel größer als die eines Menschen sein dürften. Fast wäre sie auf zersplitterten Zehenknochen ausgerutscht, die halb verborgen unter dem Schlamm lagen. Sie strauchelte und nutzte den Stab, um sich abzufangen. Dabei stieß sie mit dem Knie gegen einen Totenschädel, der aus leeren Augenhöhlen zu ihr raufstarrte.

Verstohlen blickte Smilla zu den anderen zurück, die nach wie vor diskutierten. Die Versuchung war groß, ihre Hand nach dem Schädel auszustrecken. Seine Magie rief sie, lockte sie. Es wäre so einfach.

Nein. Smilla krallte die Hände um ihren Stab und zog sich

daran auf die Beine. Die Macht, die auf diesem Feld herumlag und darauf wartete, aufgesammelt und benutzt zu werden, ließ sie schwindeln. Sie müsste nur die Hand ausstrecken, um die Knochen zu berühren und die in ihnen verbliebene Lebensessenz der Verstorbenen in sich aufzunehmen. Trotzdem kam es ihr falsch vor, das zu tun. Die Warnung von der Brücke hallte in ihren Ohren nach.

»Es ist ein Ort der Erinnerung, der Stille und des Gedenkens. Reisende sind willkommen, sollen sich aber respektvoll verhalten, sonst riskieren sie den Zorn der Trolle.«

Einige Knochen waren menschlich, andere, wie der Brustkorb, waren so groß und robust, dass sie nur Trollen gehören konnten. Was immer hier vor langer Zeit geschehen war, es stand Smilla nicht zu, die letzte Ruhe der Gefallenen zu stören. Außerdem war es zu riskant, während die anderen in der Nähe waren. So lange hatte sie ihr Geheimnis bewahrt. Dies war nicht der Moment, den anderen zu offenbaren, wer sie wirklich war.

Erst da fiel Smilla auf, dass sie, angezogen vom Ruf der Knochen, ein ganzes Stück aufs Feld hinausgewandert war. Augenblicklich blieb sie stehen und sah sich verstohlen zur Truppe um. Niemand nahm Notiz von ihr. Auf den Gesichtern der anderen entdeckte sie jedoch dasselbe Staunen, das sich auch auf ihrem abzeichnen musste. Nur Gents Miene war völlig unbewegt, während er seinen finsteren Blick über das Knochenfeld schweifen ließ.

Óinn war als Einziger vom Rücken seines Pferds gestiegen und lief nun ebenfalls ein paar Schritte auf das Feld hinaus. Er umklammerte sein Medaillon und murmelte vor sich hin.

Smilla änderte ihre Richtung, um sich ihm anzuschließen. Vorsichtig umrundete sie einen halb im Matsch verborgenen Beckenknochen und stellte sich neben Óinn. Er sah sie nicht an, flüsterte nur weiter vor sich hin. Es klang wie ein Gebet. Er musste ebenfalls spüren, dass dieser Ort eine geradezu heilige Bedeutung hatte.

Als Smilla direkt vor sich eine vollständig intakte Skeletthand entdeckte, ging sie fasziniert in die Hocke. Die Finger ragten aus dem Boden, als versuchte der Besitzer, seinem Grab zu entfliehen. Vorsichtig berührte Smilla die Spitzen mit ihren Fingerkuppen. Augenblicklich floss Energie aus den Knochen in sie hinein. Smilla riss ihre Hand zurück, als hätte sie sich daran verbrannt. Sie hatte die rituellen Worte nicht ausgesprochen und trotzdem …

Es war zu spät. Die Magie versank in ihrer Haut und die Skeletthand zerfiel zu Asche. Panisch blickte Smilla zu Óinn auf, doch er beachtete sie nach wie vor nicht. Erleichtert atmete sie aus, während sich die Lebensessenz des Verstorbenen in ihrem Körper ausbreitete. Ein warmes Kribbeln, das freigesetzt werden wollte. Doch das war unmöglich.

Smilla schloss die Augen und konzentrierte sich darauf, die Kraft in sich zu bewahren. Sie hatte noch nie davon gehört, dass eine Hexe die Magie der Knochen länger als ein paar Minuten in sich getragen hätte, doch sie musste es versuchen, konnte die Magie hier unmöglich freisetzen, ohne dass ihr Geheimnis aufflog.

Die Wärme kroch durch ihre Adern, ließ ihren Haaransatz prickeln. Verbissen versuchte Smilla, sie an einem Ort zu bündeln, auch wenn es sich so anfühlte, als hätte die Magie ein Eigenleben entwickelt. Sie konnte es unter keinen Umständen riskieren, dass ihr Haar wieder weiß wurde wie in der Nacht am Waldteich, als sie sich wie neugeboren gefühlt hatte. Unter größter Anstrengung sammelte sie die Magie in ihrer Brust. Mit einem Mal war es, als schlügen dort zwei Herzen. Ihres pochte vor Aufregung viel zu schnell, das magische pulsierte langsam und gleichmäßig.

Smilla presste sich eine Hand auf die Brust. Reglos hockte sie dort, ließ das berauschende Gefühl über sich hinwegbranden, während sie versuchte, die überwältigende Kraft in ihrem Inneren zu zähmen. Erst als sie sich sicher war, dass sie sie endgültig unter ihre Kontrolle gebracht hatte, öffnete Smilla die Augen.

Ein erschrockener Laut entwich ihr, als sie neben sich nicht mehr Óinns braune, sondern Gents schwarze Stiefelspitzen im Schlamm entdeckte. Ein weiteres Mal hatte sie ihn nicht kommen gehört. Er bewegte sich einfach zu lautlos.

Vorsichtig spähte sie zu ihm auf. Hatte er gesehen, was sie getan hatte? Sie glaubte nicht, dass er bereits lange genug neben ihr stand, um mitbekommen zu haben, dass die Skeletthand nach ihrer Berührung zu Asche zerfallen war.

Zu ihrer Erleichterung sah Gent sie nicht an, sondern blickte, wie Óinn vor ihm, auf das Knochenmoor hinaus. Smilla räusperte sich und richtete sich auf. »Atemberaubend, nicht wahr?«, fragte sie, wobei sie das Gefühl hatte, dass die neue Macht, die nun in ihrem Brustkorb saß, in ihrer Stimme mitschwang. Irgendwie klang sie nun voller – mächtiger.

Gent schien es jedoch nicht aufzufallen. »Ja«, antwortete er leise, als wollte er die Toten nicht wecken. Er sah sie immer noch nicht an. Eine Weile blickten beide schweigend auf das Meer aus Knochen hinaus.

Smilla fragte sich, ob dies womöglich der Moment war, um Gent alles zu erzählen. Wer sie war. Was es mit ihrer Familie auf sich hatte. Warum sie ermordet worden waren. Und warum sich Smilla der Wilden Jagd angeschlossen hatte. Das doppelte Herz in ihrer Brust schlug augenblicklich schneller. Gent hatte sich ihr längst anvertraut. Würde sie ebenfalls genug Mut aufbringen können?

Gerade als sie den Mund öffnen wollte, begann Gent zu sprechen. »Viele große Helden der Menschen sind auf diesem Feld gestorben.« Er klang nachdenklich, fast ein wenig verloren. »Und laut den Legenden haben die Walküren sie in die Hallen der Leuchtenden geleitet. Aber was mit den Trollen passiert ist, mit den Kobolden und dem Lindwurm …« Er deutete auf einen gigantischen Rippenbogen, der in weiter Ferne so hoch wie ein Haus aus dem Morast ragte. »Was meinst du, was mit Kreaturen passiert, wenn sie sterben?«

Nun sah er Smilla an und plötzlich lag so viel Schmerz in seinem Blick, so viel Reue und Scham, dass sie ihre eigene Beichte vergaß. Eilig stieß sie ihren Stab in den morastigen Boden, wo er steckenblieb. Dann schlang sie beide Arme um seine Hüfte und presste ihr Gesicht in seine Halsbeuge.

Sie konnte die Frage nicht beantworten, auch wenn er klang, als bräuchte er dringend eine Antwort darauf. Smilla wusste lediglich, was nach ihrem Tod mit Hexen geschah, wie sie es von Kindesbeinen an gelernt hatte. Sie bekamen Ehrenplätze an der Seite der Großen Mutter, der Göttin, von der sie laut den Legenden abstammten. Jedoch nur jene, die ordnungsgemäß bestattet wurden, damit sie in die Halle der Mutter reisen konnten. Nicht so wie Smillas Zirkel. Als ihre Augen zu brennen begannen, schmiegte sie das Gesicht noch fester in Gents Kragen.

»Meinst du, wenn ich nach Helheim komme, warten sie dort auf mich?« Gents Stimme klang so leer, so bar jeden Gefühls, dass Smilla schauderte. »Alle, die ich dorthin befördert habe? Werden sie mich im Nachleben für meine Sünden büßen lassen?«

»Für einen, der nicht an die Leuchtenden glaubt, klingst du gerade sehr götterfürchtig«, versuchte sie ihn vorsichtig aufzuheitern. »Helheim ist nur für die Schlimmsten der

Schlimmen, Gent. Für Mörder und Vergewaltiger, Kindsräuber und Leichenschänder. Warum solltest du nach deinem Tod dorthin kommen?«

Als Gent sich über das Gesicht wischte, hob sie verwundert den Kopf. Seine Augen waren trocken, auch wenn sie einen beinahe fiebrigen Glanz aufwiesen. »Manchmal …«, raunte er so leise, dass sie ihn trotz der Nähe kaum verstand. »Manchmal glaube ich, dass ich genau dorthin gehöre, Smilla.«

Sie legte zwei Finger an sein Kinn und drehte sein Gesicht zu sich herum, sodass er sie endlich ansehen musste. »Das ist nicht wahr. Du hast ein gutes Herz, Gent. Du versteckst es zwar, weil du nicht willst, dass es jemand herausfindet, aber du hast es mich in den letzten Tagen sehen lassen.«

Er starrte sie einen Moment an. Seine Augen waren so finster wie ein sternenloser Nachthimmel. Kein Gefühl regte sich darin. »Ich habe Dinge getan, Smilla. Dinge, die ich nie zurücknehmen kann. Sie werden mich immer verfolgen. Noch lange nach meinem Tod.«

»Aber du hast auch gute Dinge getan. Wenn du tötest, dann, um Menschen zu retten. Um dieses Land sicherer zu machen. Oder um deine Truppe – deine Familie – zu beschützen. Um *mich* zu beschützen.«

Erneut fuhr sich Gent über das Gesicht, rieb sich kopfschüttelnd den Bart. Er wirkte so weit weg. Wie sollte sie ihn erreichen?

Smilla zog den Stab aus dem Boden. »Weißt du nicht mehr?« Sie deutete auf die Kerben. »Du hast mich so oft gerettet. Genau wie ich dich. Und ich werde es weiter tun, egal, ob du findest, dass du es verdienst oder nicht.«

Er sah aus, als wollte er etwas erwidern. Mit gerunzelter Stirn blickte er auf sie herab. Seine Kiefermuskeln mahlten, als würde er einen inneren Kampf mit sich ausfechten. Sie hatte das Gefühl, dass er ihr etwas Wichtiges sagen wollte. Würde er ihr endlich alles über die Dunkelheit verraten, die ihn von innen aufzufressen schien?

Schließlich ließ Gent müde den Kopf hängen. »Ich verdiene dich nicht.«

Smilla wollte aufbrausen, wollte ihm so viele Gründe nennen, die bewiesen, dass er falsch lag. Doch Gent zog sie fest an sich. »Komm her.«

Er bebte am ganzen Körper, sodass Smilla ihre Worte herunterschluckte und stattdessen beide Arme um ihn schlang. Gents Griff wurde noch fester. Er legte sein Kinn auf ihren Scheitel und seufzte so tief, dass Smilla glaubte, den Boden beben und die Knochen klappern zu hören.

KAPITEL 51
GENT

Gent war ergriffen. Er konnte es nicht anders beschreiben. Während Smilla sich auf dem windgepeitschten Feld inmitten der Knochen der gefallenen Helden an ihn klammerte, musste er gegen den wachsenden Kloß in seinem Hals ankämpfen.

Ihre Haare waren weich unter seiner Wange. Er schloss die Augen, während er ihren Duft in sich aufsog. Im Kopf wiederholte er ihre Worte, hoffte, so vielleicht irgendwann selbst daran zu glauben.

»Du hast ein gutes Herz, Gent. Du versteckst es zwar, weil du nicht willst, dass es jemand herausfindet, aber du hast es mich in den letzten Tagen sehen lassen.«

War es möglich, dass sie ihn wirklich so sah? Hoffnung keimte in ihm wie die ersten Triebe der Frühlingsblumen tief unter der gefrorenen Erde. Fast hätte er das Gefühl nicht erkannt, so neu war es.

In den letzten Wochen hatte Smilla eine Lawine in ihm losgetreten und seitdem suchten ihn Gefühle zu den unmöglichsten Gelegenheiten heim. Es war neu. Und anstrengend. Doch er hasste es nicht. Irgendwie machte es ihn leichter, als trüge er weniger Ballast mit sich herum als vorher. Auch wenn da noch diese eine Sache war, die er Smilla nicht anvertraut hatte. Die er ihr nie anvertrauen konnte. Gerade war er so kurz davor gewesen. Denn zum allerersten Mal in seinem Leben empfand er Hoffnung, auch wenn er das noch nicht ganz glauben konnte. Nach so langer Zeit war da dieser Funke, den Smilla in ihm entfacht hatte. Hoffnung, dass sie tatsächlich bei ihm bleiben würde. Hoffnung, dass ihre Liebe überdauern konnte, im Gegensatz zu dem meisten Guten in seinem Leben. Und die völlig närrische, völlig unrealistische Hoffnung, dass sie vielleicht auch die Wahrheit ertragen konnte. Die ganze Wahrheit über ihn.

Wenn er nur den Mut aufbrächte, sich ihr vollkommen zu öffnen. Doch da war immer noch die Furcht, dass sie ihn verurteilen würde. Dass sie ihn nie wieder so ansehen würde wie gerade eben, als sie behauptet hatte, er hätte ein gutes Herz. Er selbst verurteilte sich schon seit Monaten. Und doch konnte er nicht aufhören. Die Dunkelheit in seinem Inneren, die unerbittlich an ihm nagende Furcht war zu stark. Er wusste, dass dies keine Entschuldigung war. Dass er längst für alle Zeit verdammt war. Doch Smilla und auch Leif schienen daran zu glauben, dass es nie zu spät war, einen besseren Weg einzuschlagen. Seine Taten konnten nicht rückgängig gemacht werden, doch vielleicht war es tatsächlich endlich möglich, dass er ein besserer Mann wurde.

Nun hatte er zum ersten Mal wirklich einen Grund dafür. Eine Person, für die es sich lohnte, mit dem Blutvergießen aufzuhören. Die an ihn glaubte. Mehr in ihm sah. Auch wenn er immer gedacht hatte, dass es das war, was ihn ausmachte. Die Gewalt. Das Blut. Der Tod. All das gehörte schon seit er denken konnte zu seinem Leben. Doch in den letzten Monaten hatte er alle Grenzen überschritten, die er sich jemals selbst auferlegt hatte. Er war so weit in die Dunkelheit abgerutscht …

Zum ersten Mal gab es nun eine Alternative. Eine echte Chance auf ein Leben, von dem er nie zu träumen gewagt hatte. Auch wenn ihm die Vorstellung fast mehr Angst einjagte als jene, nach seinem Tod in Helheim zu schmoren.

Als Smilla sich in seinen Armen regte, öffnete Gent die

Augen. Er hob das Kinn von ihrem Scheitel und sie trat einen halben Schritt zurück, ohne ihn loszulassen. »Sollen wir zurück zu den anderen gehen?«

Sein Blick wanderte zu den fünf Gestalten, die am Rand des Felds warteten. Seine Familie. Die ihn Tag für Tag rettete. Das einzig Gute, was in seinem Leben bisher geblieben war. Sie hatten die Umhänge fest um sich geschlungen, die Kragen gegen den Wind hochgeklappt und erdolchten ihn aus der Ferne mit Blicken.

»Ich glaube, wenn wir nicht sofort zurückgehen, kommen sie her, um uns den Hintern aufzureißen«, grollte er mit einem unterdrückten Glucksen.

Smilla lächelte ihn an. Sie musste spüren, dass es ihm bereits besser ging als noch vor wenigen Minuten. Diesen Effekt hatte ihre Nähe auf ihn. Und er sollte verdammt sein, wenn er sich ihr nicht erkenntlich zeigte.

Als sie sich abwenden wollte, zog er sie an sich. Sie stieß einen überraschten Laut aus, sah ihn fragend an, doch da lagen seine Lippen bereits auf ihren. Wärme schoss durch seinen Körper, umhüllte ihn ganz und gar, während Smilla an seinem Mund aufkeuchte und den Kuss dann erwiderte.

Für einen Moment gab es nur sie und ihn und den Wind, der mit ihrem Haar spielte, sodass es sie beide umtanzte, als wollte es sie von der Welt abschirmen. Ihre weichen Lippen, ihr Körper an seinem, ihre kalten Wangen unter seinen Fingern, als er ihr Gesicht in beide Hände nahm. Es war ihm egal, ob die anderen sie sahen. Ob sie das mit Smilla und ihm guthießen. Denn alles daran war richtig. Gent hatte das Gefühl, seine Zukunft in den Händen zu halten – und er würde alles tun, um sie nicht wieder zu verlieren.

Viel zu schnell war es vorbei. Als er in Smillas glänzende Augen sah und ihre leicht geschwollenen Lippen musterte, entwich ihm ein leises Lachen.

»Wofür war das denn?«, fragte sie atemlos.

»Dafür, dass du *du* bist. Und mich daran erinnerst, wer ich an deiner Seite sein kann.«

Sie blinzelte ergriffen und lächelte dann. »Jederzeit gern.«

Er hauchte ihr einen letzten Kuss auf die Wange, legte einen Arm um sie und führte sie über das ehemalige Schlachtfeld zu den anderen.

* *

Das Knochenmoor war so groß, dass die Dämmerung bereits einsetzte, als sie das andere Ende erreichten. Kahle weiße Bäume säumten den Rand, reckten ihre gespenstisch leeren Äste in den Himmel. Stumme Wächter. Ihre Rinde war so weiß wie die vielen kleinen Knochen, die von sämtlichen Zweigen hingen und im Wind klapperten. Ein Wald aus toten Bäumen, seltsam passend neben dem Feld voller Gefallenen.

Gent fragte sich, ob es ein Zufall war oder ob die Bäume vor Gram über das viele Leid der Kämpfenden gestorben waren. Vielleicht hatte es aber auch mit faulem Zauber zu tun. Denn die Knochen, die von den Ästen baumelten, deuteten vor allem auf eins hin: Hexen. Wenn er die Augen mit der Hand abschirmte, erkannte er in der Ferne eine gedrungene Hütte zwischen den weißen Stämmen. Rauch schlängelte sich aus dem Schornstein. Mit grimmiger Miene wandte er sich in die entgegengesetzte Richtung und ritt zwischen die Knochenbäume. »Wir rasten heute Nacht hier.«

Auf seine Worte folgten erleichtertes Stöhnen und wohlwollende Kommentare der anderen. Sie saßen ab und machten sich sogleich daran, die Pferde abzusatteln und die Zelte aufzubauen. Gent blickte währenddessen in die Ferne, wo sich dunkle Wolken auftürmten. Sie rasten über das Feld auf sie zu und trieben einen eisigen Wind vor sich her, der nichts Gutes verhieß.

Die weißen Bäume würden ihnen kaum Schutz vor dem Unwetter bieten, da es ihnen an Laub fehlte. Bereits jetzt bogen sich die Stämme im Wind. Das tote Holz knarzte und knirschte. Glücklicherweise hatte Jofur die Idee, Decken und Zeltplanen zum Schutz vor dem Unwetter zwischen den Stämmen aufzuspannen. Während es immer dunkler wurde und der Wind auffrischte, machten sie sich mit vereinten Kräften ans Werk.

Mit dem provisorischen Dach über dem Kopf gelang es ihnen, ein Feuer zu entfachen, obwohl die Luft immer feuchter wurde und der Sturm bereits die ersten Regentropfen unter die gespannten Stoffe wehte.

Die Truppe versammelte sich dicht ums Feuer. Sie nahmen ein schnelles Abendessen aus kaltem Fleisch und Brühe zu sich. Danach saßen alle eng aneinander geschmiegt, reichten die übrige Koboldpisse herum und wärmten die klammen Finger über dem Feuer. Es wurde nicht viel gesprochen, doch Óinn holte seine Flöte hervor und spielte ein paar Lieder, um das Heulen des Winds zu übertönen. Smillas Kopf lag auf Gents Schulter, ihr Duft in seiner Nase, ihr warmer Körper an seinem. Mit geschlossenen Augen lauschte sie Óinns Flötenspiel. Langsam wurden ihre Atemzüge gleichmäßiger, ihr Kopf immer schwerer.

Gent wusste, dass Schlaf für ihn in dieser Nacht unmöglich sein würde. Wie so oft. Eine weitere einsame Nacht am Feuer. Allein mit seinen düsteren Gedanken.

Nach und nach flüchteten die anderen in ihre Zelte. Als schließlich nur noch er und Smilla zurückblieben, herrschte ein Moment unheimlicher Stille. Die Flammen knisterten, doch der Rest der Welt schien den Atem anzuhalten. Jeden Moment würde das Gewitter sie erreichen. Ein Blitz erhellte den Himmel, der ohrenbetäubende Donner folgte viel zu schnell. Smilla regte sich nicht. Sie musste erschöpft von der Reise sein. Von all den Dingen, die sie in den letzten Wochen zusammen erlebt hatten.

Als der Regen unerbittlich auf das provisorische Dach zu prasseln begann, zog Gent sie behutsam auf seinen Schoß. Smilla murmelte etwas Unverständliches im Schlaf, erwachte jedoch nicht. Einen Moment lang betrachtete er ihr Gesicht, fuhr im Geist die mittlerweile vertrauten Linien ihrer Nase, ihrer Brauen, ihrer Lippen nach. Dann küsste er sie auf die Stirn und schob beide Arme unter ihren Körper, um sie hochzuheben.

Smilla schmiegte sich an seine Brust, während er sie zu ihrem Zelt trug. Nachdem er sie hineingelegt, gut zugedeckt und sich vergewissert hatte, dass das Zelt dem Sturm standhalten würde, kehrte er allein ans Feuer zurück. Ohne Smillas Wärme grub die Nacht ihre eisigen Klauen in seinen Körper. Doch es lag nicht nur an Smillas plötzlichen Abwesenheit, dass er schauderte. Einmal mehr war er allein mit seinen Gedanken. Und dies war eine gefährliche Nacht, um allein zu sein. Er wusste nicht, ob er die Dunkelheit im Zaum halten konnte. Ob er sie vielleicht endlich besiegen würde. Oder würde sie ihn erneut in die Knie zwingen? Dies war eine Prüfung und er hatte fest vor, sie zu bestehen.

Mit einem weißen Stock stocherte Gent in der Glut und blickte dem Gewitter entgegen, das dem Sturm in seinem Inneren um nichts nachstand.

KAPITEL 52
SMILLA

Smilla erwachte, als ein Blitz die Dunkelheit der Nacht zerriss. Erst mehrere Herzschläge später folgte der Donner. Das stetige Prasseln des Regens, das ihren Schlaf begleitet hatte, war verebbt. Sie hatte das Gewitter verschlafen. Es musste bereits ein gutes Stück weitergezogen sein.

Ihre Stirn stieß gegen die eisige Zeltplane, als sie sich aufsetzte. Mit tauben Fingern rieb sich Smilla über die Arme. Obwohl Gent sie bis zum Kinn zugedeckt hatte, zitterte sie am ganzen Körper. Alles war klamm und feucht. Von den Zweigen über dem Zelt tropfte es auf den Stoff direkt über ihrem Kopf. Smilla tastete nach ihrem Wolfsfell und schlang es sich um die Schultern, bevor sie aus dem Zelt kroch.

Die nächtliche Finsternis wich einem grauen Zwielicht, sodass Smilla mühelos erkennen konnte, dass niemand am Feuer saß – und dass es vollkommen heruntergebrannt war. Verwundert bahnte sie sich einen Weg an den Zelten der anderen vorbei, aus denen teils lautes Schnarchen, teils nur Stille drang.

Der Wind wirbelte ihr Asche entgegen, als sie ans Lagerfeuer trat. Nichts als schwelende Glut war davon übrig geblieben. Sie hob einen weißen Stock auf, der im Gras lag, und stocherte ein wenig darin herum, konnte die Flammen jedoch nicht wieder hervorlocken. Zitternd rieb sie die Hände über der Glut aneinander, die nur wenig Hitze abgab. Dabei sah sie sich nach Gent um. Sie sehnte sich nach seiner Körperwärme und hätte nichts lieber getan, als ihn in ihr

Zelt einzuladen. Doch er hielt sich eindeutig nicht in der Nähe auf.

Das war merkwürdig, denn augenscheinlich war niemand sonst zur Wache abgestellt worden. Es sah Gent nicht ähnlich, seine Truppe und das Lager schutzlos zurückzulassen. Vor allem nicht seit dem Vorfall mit Leif im Gebirge.

Vielleicht hatte er sich nach einer weiteren schlaflosen Nacht nur ein wenig die Beine vertreten wollen? Smilla versuchte, ihre aufsteigende Sorge zu unterdrücken, doch da war es wieder, dieses Gefühl, das sie bereits am Vortag auf dem Knochenmoor überkommen hatte. Das Gefühl, dass etwas nicht stimmte. Dass etwas Schlimmes passieren würde. Smilla wollte es abschütteln, doch es klebte an ihr wie Spinnweben, die sich immer fester um sie schlangen, je mehr sie daran zerrte. Sie war keine Seherin, doch sie hatte gelernt, derartige Vorahnungen nicht zu missachten.

Schaudernd erhob sie sich. Sie musste Gent finden. Sich vergewissern, dass es ihm gut ging. Wachsam wanderte sie zwischen den gespenstisch weißen Baumstämmen hindurch und rief seinen Namen, so laut sie es wagte, ohne die anderen zu wecken. Der vom Regen aufgeweichte Boden erschwerte die Suche nach Spuren. Alles war matschig und voller Fußabdrücke der anderen.

Auf gut Glück wandte sich Smilla in die entgegengesetzte Richtung. Als sie an ihrem Zelt vorbeikam, blieb sie stehen. Die dunkle Vorahnung ließ sich nicht abschütteln und so nahm sie sich einen Moment, um ihre Kurzschwerter herauszuholen. Sie legte das Wolfsfell ab und schob die Arme durch die ledernen Riemen, mit denen sie die Schwerter auf ihrem Rücken festschnallte. Dann befestigte sie die Klingen darin und legte sich das Fell wieder um die Schultern. Durch das vertraute Gewicht auf dem Rücken fühlte sie sich sofort wohler. Was auch immer kommen würde, sie war gewappnet.

Nachdem sie wieder aus ihrem Zelt herausgekrochen war, stellte sich Smilla auf die Zehenspitzen und reckte sich, um zwischen den weißen Bäumen nach Gents breiten Schultern Ausschau zu halten. Dabei machte sie in einiger Entfernung Rauch zwischen den kahlen Ästen aus.

Ihr Herz begann augenblicklich schneller zu schlagen. War das ein Brand? Womöglich von einem Blitzeinschlag? Nein, dafür war die Rauchfahne zu schmal und schlängelte sich zu gerade nach oben. Vage erinnerte sie sich an eine Hütte, so weiß wie die umstehenden Bäume. Als sie am Vorabend das Lager aufgeschlagen hatten, war Smilla zu erschöpft gewesen, um die Verbindung zwischen der Hütte und den Knochen herzustellen, die von den meisten Zweigen baumelten. Doch das stetige Summen der Schutzzauber war ihr nicht verborgen geblieben. Nun begriff sie, wer am Rande dieses mit Macht aufgeladenen Schlachtfelds wohnen musste.

Ihre Angst verflog und wurde sofort von Neugier ersetzt. Gleichzeitig überkam sie eine starke Sehnsucht danach, mit ihresgleichen zu sprechen. Den vertrauten Duft von Kräutern, Salben und Tinkturen einzuatmen, die diese Hexen mit Sicherheit in ihrem Heim aufbewahrten. Außerdem hatte sie so viele Fragen. Über das Knochenmoor und die seltsame Magie dieses Ortes. Über das Leben an einer solch starken Quelle der Macht. Sollte sie es wagen, ihnen einen Besuch abzustatten?

Smilla warf einen zögernden Blick zurück zum Feuer. Noch war es früh. Die anderen schliefen tief und fest und sie hatte keine Spuren von Gent gefunden. Ein Schauer schüttelte ihren Körper. Je länger sie still stand, desto tiefer kroch die Kälte in ihre Glieder. Der Atem tanzte ihr weiß vor dem

Mund, als sie ihre Finger anhauchte und aneinanderrieb. Da das Feuer erloschen und Gent nicht hier war, gab es keinen besseren Weg, um sich aufzuwärmen, als einen kurzen Spaziergang zu dem Haus.

Mit steifen Fingern zog Smilla sich das Wolfsfell fester um die Schultern. Dann richtete sie den Blick wieder auf die Rauchfahne zwischen den Ästen und marschierte los.

KAPITEL 53

Als die ersten Sonnenstrahlen die Schatten der Nacht vertrieben, trat der Schlächter aus der Tür. Der Eingang war so niedrig, dass er sich ducken musste. Sorgfältig wischte er sein Messer am Türrahmen ab. Es hinterließ einen roten Streifen auf dem makellosen Weiß.

Die Hütte war aus dem Holz der seltsamen Bäume gebaut, die sie umstanden. Alles an diesem Ort war seltsam. Von den Knochen, die von den Ästen baumelten, bis zu den beiden Frauen, die in der Hütte wohnten. Gewohnt hatten, verbesserte er sich in Gedanken.

Plötzlich hatte er es eilig, vom Ort des Geschehens fortzukommen. Eine Düsternis drohte ihn zu übermannen, der er sich jetzt nicht stellen konnte. Diese Nacht hatte ihm bewiesen, dass er sie niemals besiegen würde. Er war zu schwach, seine Furcht zu groß. Davonlaufen war die bessere Option.

Er machte einige Schritte von der Hütte fort. Da fiel ihm auf, dass noch immer Blut an seinem Messer klebte. An diesem Messer, mit dem er so viele Leben genommen hatte, um sein eigenes zu beschützen. Er hielt es sich mit dem Knochenheft voran vors Gesicht, halb versucht, es von sich zu schleudern, um es für immer los zu sein. Doch das konnte seine Hände nicht reinwaschen von dem Blut, das an ihnen klebte. Und schon gar nicht seine Seele.

Plötzlich knirschten Schritte hinter ihm im gefrorenen Gras. Mit erhobenem Messer fuhr der Schlächter herum und …

KAPITEL 54
GENT

Gent blieb wie angewurzelt stehen.

»Smilla?« Mit schreckgeweiteten Augen taumelte er ein paar Schritte rückwärts. »Was machst du denn hier?«

KAPITEL 55
SMILLA

Smilla?« Gent taumelte rückwärts, als werfe ihn ihr Auftauchen völlig aus der Bahn. »Was machst du denn hier?«

Smilla blinzelte gegen die langsam aufgehende Sonne an, die den Horizont hinter Gent erstrahlen ließ.

Was hielt er da in der Hand?

»Gent?« Er blickte so gequält drein, dass sie sofort wusste, dass etwas nicht stimmte. »Ist alles in Ordnung?« Die Leere in seinem Blick jagte ihr einen Schauer über den Rücken. Ihre düstere Vorahnung schien sich in diesem Moment zu bewahrheiten.

Mit einer Hand schirmte sie die Augen ab und erkannte endlich, was er umklammert hielt. Das Messer in seiner Hand war klein, mit besonders scharfer Klinge. Sie hatte es noch nie zuvor in seinem Besitz gesehen. Was hatte er hier in den frühen Morgenstunden zu suchen? Noch dazu mit einem Messer, das zum Ausweiden von Fischen gedacht war? War das Blut an der Klinge?

»Gent, was ist passiert?« Smillas Stimme klang schrill. Sie machte zwei Schritte auf ihn zu, doch er wich vor ihr zurück wie ein in die Enge getriebenes Tier.

»Bleib weg«, raunte er, mehr Knurren als Worte. »Bleib weg von mir.« Sein Blick zuckte zu der Hütte.

Da erst fiel Smilla auf, dass die Tür offen stand. Eis sammelte sich in ihrem Magen, schwer und kalt, bis es sich anfühlte, als müsste sie sich jeden Moment übergeben.

»Was ist passiert?«, wiederholte sie, wartete jedoch keine Antwort ab. Sie rannte los, machte instinktiv einen Bogen um Gent, doch er rührte sich nicht. Er stand nur da, mit dem Messer, das sie noch nie zuvor gesehen hatte, und diesem furchtbar leeren Blick.

Noch während sie rannte, regte sich bei dem Anblick der schmalen Klinge etwas in Smillas Erinnerung. Doch ihr blieb keine Zeit, den Gedanken zu verfolgen, denn schon stolperte sie durch die offene Tür in die Hütte. Sie hatte so viel Schwung, dass sie sich am Rahmen festhalten musste, als sie auf dem feuchten Holzboden ausrutschte. Rote Tropfen spritzten auf.

Blut. Das war Blut.

Im nächsten Moment drang ihr der metallische Geruch mit voller Wucht in die Nase. Smilla würgte.

Inmitten des schneeweißen Hauses mit den schneeweißen Wänden und schneeweißen Möbeln lagen zwei Frauen in einer roten Lache auf dem Boden. Frauen mit schneeweißen Haaren. Der Kontrast war so stark, dass es surreal wirkte. Weiß und Rot. Leben und Tod.

Beide Kehlen waren durchgeschnitten worden. Ein feiner Schnitt mit einer sehr scharfen Klinge.

Die Erkenntnis überkam sie so heftig, dass Smilla strauchelte. Ihre Nägel gruben sich ins Holz des Türrahmens. »Das kann nicht wahr sein, das kann nicht wirklich passieren«, flüsterte sie mit zittriger Stimme, während sie wild den Kopf schüttelte.

Doch sie konnte die Worte nicht loswerden, die in einer Endlosschleife durch ihren Geist tanzten. Worte, die der Jarl von Tørrheim vor so vielen Wochen an einem anderen Tatort ausgesprochen hatte.

»Der Schlächter hat ein besonders scharfes Messer benutzt. Sie war in wenigen Sekunden tot.«

Gefolgt von Friggas Worten vor wenigen Tagen.

»Er hat einen Hexer vor dessen eigenem Haus erstochen. Mit einer sehr scharfen Klinge. Der Hexer muss sofort verblutet sein.«

Smilla ging die Opfer im Kopf durch. Die weise Frau von Tørrheim. Die Tote in der Hütte im Wald. Der Hexer im Gebirge. Und nun diese zwei Frauen.

Alle waren mit demselben Messer getötet worden. Mit dem Messer, das Gent in der Hand hielt. Dem Messer, an dem noch Blut klebte.

Als Smilla endgültig begriff, entwich ihr ein erstickter Schrei. Ihre Beine gaben unter ihr nach. Heftig schlugen ihre Knie auf den Boden. Blut spritzte auf, sickerte durch ihre Hose. Es war noch warm.

Monster.

Monster.

Monster.

So hatte Gent sie immer genannt. Jene, die er jagte. Nicht nur Kreaturen, das wurde Smilla nun klar. Sondern auch Hexen.

Alles drehte sich um sie, als ihr Verstand rasend schnell die Verbindungen herstellte.

Deshalb waren sie dem Schlächter so dicht auf den Fersen gewesen, hatten ihn jedoch nie erwischen können.

Deshalb waren all die Morde in ihrer unmittelbaren Nähe geschehen.

Deshalb schlief Gent nicht.

Deshalb schlich er sich nachts aus dem Lager.

Smilla konnte nicht mehr atmen. Sie schnappte nach Luft, ohne dass etwas in ihrer Lunge ankam. Schwarze Punkte explodierten vor ihren Augen. Doch sie durfte sich jetzt nicht von dem Entsetzen überwältigen lassen, das sie zu verschlingen drohte. Von dem Schmerz, der so scharf in ihre Brust schnitt, wie die Klinge in die Kehlen dieser Frauen und der anderen toten Hexen geschnitten haben musste.

Denn ihr Leben war in Gefahr.

Ahnte Gent, wer sie wirklich war?

Hatte er es die ganze Zeit über gewusst?

Und nur auf den richtigen Moment gewartet?

Um sie ebenfalls zu töten?

Smilla wollte es nicht glauben.

Sie *konnte* es nicht glauben, wenn sie nicht den Verstand verlieren wollte.

Mühsam kämpfte sie sich auf die Beine. Wandte sich von dem Blutbad ab. Setzte einen Fuß vor den anderen. Die eisige Morgenluft schlug ihr entgegen, als sie aus der Hütte trat, um Gent zur Rede zu stellen. Um die Wahrheit aus seinem Mund zu hören. Noch klammerte sie sich an den Glauben, dass es irgendeine andere Erklärung geben musste. Nur die Hoffnung, dass alles ein Missverständnis war, hielt sie noch aufrecht.

Gent war dabei, das Messer in eine versteckte Brusttasche seines Hemds zu schieben. Als er sie kommen hörte, zog er es jedoch wieder heraus.

Smilla konnte es nicht ertragen, dass er ihr entgegenblickte, als wäre sie eine mögliche Gefahr für ihn. Als könnte er nicht einschätzen, wie sie reagieren würde. Als müsste er sich, nach dem, was sie in der Hütte gesehen hatte, nun womöglich vor ihr schützen.

Dabei war *sie* es doch, die gerade *sein* Geheimnis aufgedeckt hatte. *Sie* war es, die sich vor ihm fürchten müsste. Denn die Wahrheit über ihn war schlimmer als alles, was sie sich je hätte vorstellen können.

Er wusste es. Er wusste, wie furchtbar seine Taten waren. Wusste, dass Smilla nur auf eine einzige Weise reagieren konnte. Deshalb hielt er das Messer noch in der Hand. Deshalb musterte er sie nun so misstrauisch.

Dabei wusste Smilla selbst nicht, was sie sagen, was sie tun sollte. Es war, als watete sie durch zähen Matsch, als befände sie sich in einem dieser Träume, in denen sie rannte und rannte und trotzdem nie vorankam. Sie konnte keine Logik in all dem erkennen, konnte den Gent, den sie kannte, nicht mit der Person in Einklang bringen, die zu solchen Gräueltaten fähig war. Die nun vor ihr stand.

Sie hatte geglaubt, Gents dunkles Geheimnis längst aufgedeckt zu haben. Sie hatte es ihm abgekauft, als er sich ihr endlich anvertraut und ihr von seiner geheimen Identität erzählt hatte. Von seiner schrecklichen Kindheit und dem Gefühl, nie dazuzugehören, nie er selbst sein zu können. Aus Angst, verurteilt und gejagt zu werden. Er hatte seine Traurigkeit mit ihr geteilt. Und sie hatte geglaubt, endlich jemanden gefunden zu haben, der sie wirklich verstand. Der so sehr gelitten hatte wie sie.

Doch die Leere, die nun in seinem Blick lauerte, war ihr gänzlich fremd. Er hatte diesen Teil von sich die ganze Zeit über vor ihr verborgen, sie glauben lassen, dass sie ihn wirklich kannte. Schlimmer noch, dass sie ihn liebte. Trotz all seinem Ballast, all seiner Traurigkeit und Verlorenheit hatte sie ihn geliebt. Das war die größte und entsetzlichste Erkenntnis an diesem hässlichen Morgen. Sie hatte sich in ein Monster verliebt. Ein Monster im wahrsten Sinne des Wortes, nicht in dem, wie Gent das Wort zu benutzen pflegte.

Wenige Schritte von ihm entfernt blieb Smilla stehen. »Bitte sag mir, dass es nicht wahr ist.« Die Worte entwichen ihr so leise, dass ein Mensch sie nicht gehört haben konnte, doch Gent verzog trotzdem das Gesicht. Er war schließlich ein Wyrd.

»Smilla …« Er klang flehend, fuhr sich durchs zerzauste Haar. »Ich wollte aufhören. Ich schwöre, ich wollte es nie wieder tun.«

Also stritt er es nicht einmal ab. Smilla schwankte, wollte sich an irgendetwas festhalten, doch es gab nichts. Sie hatte jeglichen Halt verloren.

»Aber ich konnte nicht, Smilla, ich konnte nicht«, fuhr er fort. »Mein Leben steht auf dem Spiel.«

Smilla blinzelte, versuchte, sich trotz des Schmerzes auf seine Worte zu konzentrieren, doch sie verstand nicht, was er ihr sagen wollte. »Dein Leben?« Was sollte das verdammt noch mal bedeuten?

Noch als die Frage ihre Lippen verließ, traf sie die Erkenntnis wie ein Kinnhaken. Erst vor wenigen Tagen hatte er es ihr erklärt. Sie erinnerte sich so klar an seine Worte, als hätte er sie gerade erst ausgesprochen.

»Vor knapp einem Jahr hat mir eine Seherin prophezeit, dass mich der Tod auf … übernatürliche Weise ereilen wird.«

»Die Prophezeiung der Seherin«, flüsterte Smilla, während Eis durch ihre Adern kroch. »Es ging dabei um eine Hexe. Du sollst durch die Hand einer Hexe sterben. Nicht wahr?«

Gent ließ den Kopf hängen.

»Nicht wahr?«, schrie sie ihn an.

Er nickte. Seine Augen waren so schwarz und leer, dass es Smilla Angst machte. »Ich habe versucht, mein Schicksal abzuwenden. Versucht, zu überleben.«

»Indem du jede Hexe in ganz Middangard ermordest?« Smillas Stimme überschlug sich beinahe vor Entsetzen. Sie vergrub die Finger in ihren Haaren und zog heftig daran, um den Schmerz zu betäuben, der ihren gesamten Körper lähmte. »Indem du *meine* Familie ermordet hast?!« Sie lachte auf. Es klang hysterisch. Vollkommen verzweifelt. Sie war dabei, den Verstand zu verlieren.

Als sie von ihren Haaren abließ, um sich die Tränen aus den Augen zu wischen, begegnete sie Gents Blick – und erstarrte. Sie hatte einen Fehler gemacht.

Er hatte die Augen weit aufgerissen. »Was hast du gerade gesagt?«

KAPITEL 56
GENT

»Was hast du gerade gesagt?«

Weiter kam Gent nicht. Mit einem Aufschrei sprang Smilla vor. Noch in der Luft zog sie beide Kurzschwerter von ihrem Rücken.

Gent taumelte rückwärts, entging knapp einer Klinge und duckte sich unter der zweiten hinweg. Er hielt das Messer noch in der Hand, wollte es jedoch nicht gegen Smilla benutzen. Er wollte mit ihr reden, ihr alles erklären. Doch in ihrem Blick stand nichts als Abscheu. Sein schlimmster Albtraum war eingetreten. Seine größte Angst hatte sich bewahrheitet. Sie hasste ihn.

Doch ihre Worte … Was hatte sie damit gemeint, als sie von ihrer Familie gesprochen hatte?

Er hatte keine Zeit, darüber nachzudenken. Smillas Fuß traf ihn in den Magen, sodass ihm die Luft keuchend entwich. Gent stolperte rückwärts, fing sich wieder, doch da zischte ihre Klinge bereits durch die Luft.

Gent sah sie auf sich zurasen. Er hätte ausweichen oder sie mit dem Unterarm abblocken können, doch er regte sich nicht. Stattdessen blickte er seinem Tod entgegen.

Einen Fingerbreit vor seiner Kehle hielt die Klinge an. Gent schluckte. Sein Kehlkopf berührte den kalten Rabenstahl. Smilla war ihm nun so nah, dass er die Tränen in ihren Augen glitzern sehen konnte. Und den Hass.

Sie biss die Zähne aufeinander, schien mit sich zu ringen. Sein Leben lag in ihren Händen. Mit einer einzigen Drehung ihres Handgelenks konnte sie ihn hinrichten. Doch sie tat es nicht. Sie starrte ihn bloß schwer atmend an, während die Tränen ihr nun frei über die Wangen liefen.

»Ich habe dich geliebt«, flüsterte sie mit erstickter Stimme.

Er wollte eine Hand heben, ihr die Tränen von den Wangen wischen, sie in die Arme schließen und trösten. Doch er rührte sich nicht. Er wusste, dass er nicht von Smillas Hand sterben würde. Eine Hexe war für seinen Tod verantwortlich. Das hatte die Seherin ihm prophezeit. Mit voller Wucht wurde Gent in die Vergangenheit katapultiert.

Er saß in dem stickigen Hinterraum einer Schenke, dessen Fenster mit dunklen Tüchern verhangen waren. »Nimm dich in Acht, Fürst der Unterwelt«, schnarrte die Frau mit den schwarz umrandeten Augen und dunkelroten Lippen, der er nach einem besonders langen Tag einige Münzen hingeworfen hatte, um sich ein wenig zu amüsieren. Eigentlich glaubte er nicht an Prophezeiungen und derlei Altweibergewäsch. Oder doch?

Anhand der Dringlichkeit in ihrer Stimme setzte er sich auf den Schemel ihr gegenüber und konnte den Blick plötzlich nicht mehr von ihren funkelnden grauen Augen abwenden.

Sie packte seine Hand, starrte auf die Linien und Narben, die sie überzogen, als könnte sie darin lesen. »Nimm dich in Acht, denn dein Untergang wird kommen. Schneller, als dir lieb ist. Dein Tod wird dich durch die Hand eines übernatürlichen Wesens ereilen. Eine Hexe wird dafür verantwortlich sein.«

Furcht kroch durch Gents müde Glieder. Entsetzen schnürte ihm die Brust zu. »Wie? Wann?«, stammelte er, doch die Seherin lachte nur.

»Das wirst du schon selbst herausfinden, wenn die Zeit ge-

kommen ist.« Sie grinste verschlagen. »Ich kann dir nur empfehlen, dich von Hexen fernzuhalten. Du hast die Wahl. Sie oder du.«

Nachdem Gent sich daraufhin an der Bar betrunken hatte, torkelte er mitten in der Nacht aus der Schenke. Er musste sich an der Hauswand abstützen, weil sich alles drehte. Als jemand die Tür hinter ihm öffnete, torkelte er weiter. Weg von der Musik und dem Licht. Von den feiernden Menschen, die klangen, als wollten sie ihn auslachen. Im Halbdunkel tastete er sich an der Steinwand des Gasthauses entlang, hinein in eine Gasse.

Nachdem er sich dort erleichtert hatte, schloss er kurz die Augen und lehnte seine Stirn an die kühle Hauswand. Wieder und wieder hörte er die Worte der Seherin in seinem Kopf. »Du hast die Wahl. Sie oder du.«

Aus den Schatten tasteten flinke Finger nach seiner Geldbörse. Beinahe hätte er es nicht bemerkt. Doch dann klimperte es und Gent fuhr taumelnd herum.

Er verlor keine Zeit, zückte nicht einmal eine Waffe, sondern schlug den Dieb mit einem einzigen Fausthieb bewusstlos. Als er sich über die reglose Gestalt am Boden beugte, erkannte er, dass es eine junge Frau war.

Etwas blitzte in ihrer Hand auf. Ein Messer. Mit einem Knochenheft. Eine Knochenkette zierte ihren Hals. Und ihr Haar … Unter der Dreckschicht, die ihre Haut und Kleidung überzog, war es gerade noch erkennbar: Ihr Haar war weiß. Hexe, *fuhr es ihm durch den Kopf.*

Eiseskälte lähmte ihn. Plötzlich war sein Kopf völlig klar. Erneut hallten die Worte der Seherin in seinen Ohren wider. Was, wenn doch etwas an ihrer Prophezeiung dran war? War er seinem unmittelbar bevorstehenden Tod gerade nur knapp entkommen?

Hastig löste er das Messer aus den schlaffen Fingern der

Hexe und riss ihr die Kette vom Hals, damit sie ihm nicht mehr gefährlich werden konnte. Niemals würde ihn eine von ihresgleichen erwischen. Dafür würde er sorgen.

Wenn diese Frau das Bewusstsein zurückerlangte, musste er weit fort sein. Oder … Es gab noch eine andere Möglichkeit. Zögernd sah er sich in der Gasse um.

Womöglich war dies der einzige Weg, sein Schicksal abzuwenden. Und doch war da eine Stimme in seinem Inneren, die ihn anflehte, es nicht zu tun.

Sie oder ich, *hätte er dieser Stimme am liebsten zugerufen.*

Die Frau am Boden stöhnte leise. Ihre Lider flatterten. Gent zuckte zusammen. Schließlich war es die Furcht, die ihn alle Vorbehalte vergessen ließ. Er musste sich selbst wählen. Denn in seinem Leben hatte sich niemand sonst je für ihn entschieden.

Das Messer in seiner Hand flüsterte ihm zu, dass es so einfach wäre. Er hatte bereits so viele Male getötet. Kreaturen, die den Menschen den Tod brachten. Doch gab es wirklich einen Unterschied zwischen ihnen und den Hexen?

Er musste sich schützen. Er durfte nicht sterben. Durfte seine Truppe, seine Familie, nicht im Stich lassen. Sie brauchten ihn. Middangard brauchte ihn.

Gent schluckte, beugte sich dichter über die Frau. Mit einer einzigen raschen Bewegung schnitt er der bewusstlosen Diebin dann mit ihrem eigenen Messer die Kehle durch.

»Sie oder ich.« Gent blinzelte, als er wieder in die Gegenwart zurückfand. Smilla starrte ihn weiterhin mit tränenverschleiertem Blick an, die Klinge an seiner Kehle. Er konnte es nicht ertragen, sie leiden zu sehen. Vielleicht hatte er doch noch eine Chance, alles wiedergutzumachen. Selbst wenn Smilla ihm nie vergeben konnte, wollte er wenigstens, dass sie wusste, wie viel er für sie empfand.

»Ich werde dich immer lieben«, raunte er. »Egal, wie du dich entscheidest.«

Sie seufzte so tief, dass es ihm die Brust zusammenschnürte. Er wollte nicht für ihren Schmerz verantwortlich sein. Das war schlimmer als die Furcht vor dem Tod. Als sein allgegenwärtiges schlechtes Gewissen. Schlimmer als die Angst, nach Helheim zu kommen und bis in alle Ewigkeiten von seinen Opfern heimgesucht zu werden.

Fast wünschte er sich, Smilla würde es zu Ende bringen. Damit er ihr nicht mehr wehtun konnte. Sie hatte etwas Besseres verdient. Das hatte er ihr längst gesagt.

Während er in ihre Gletscheraugen blickte und wartete, frischte der Wind auf. Er blies Smilla Strähnen ihres rabenschwingenschwarzen Haars ins Gesicht. Beinahe hätte Gent reflexartig eine Hand ausgestreckt, um sie ihr aus der Stirn zu streichen. Doch er wollte sie nicht gegen ihren Willen berühren. Wollte ihr nicht noch mehr wehtun.

Da erregte etwas seine Aufmerksamkeit. Zwischen dem so vertrauten Schwarz ihres Haars stach eine andere Farbe heraus. Zuerst glaubte er, es wäre eine Täuschung, hervorgerufen durch das immer intensiver leuchtende Licht der aufgehenden Sonne. Doch auch nachdem er mehrmals geblinzelt hatte, waren sie noch da. Weiße Strähnen. Zwischen dem Schwarz waren sie kaum zu verfehlen. So knochenweiß wie die Haare der Frauen in der Hütte. Wie die des Hexers in den Bergen. Der Frau im Wald. Und die der jungen Frau in jener Nacht vor der Schenke. Hexenweiß.

Gents Herz blieb stehen. Dann trommelte es in doppeltem Tempo gegen seine Rippen. Er starrte in Smillas feuchte Augen, musterte ihre vor Wut zusammengezogenen Brauen, die bebende Unterlippe. Und plötzlich ergaben ihre Worte Sinn.

»Indem du jede Hexe in ganz Middangard ermordest? Indem du meine *Familie ermordet hast?!«*

Ihre Familie.

»Du bist eine von ihnen«, entfuhr es Gent.

Smillas Augen verengten sich. Jeden Moment würde sie zum Schlag ausholen. Nun musste sie es tun.

Resignation legte sich über ihn wie eine warme, tröstende Decke. Eine seltsame Ruhe überkam ihn. Gent wollte die Lider schließen. Sich seinem Schicksal ergeben. Denn in diesem Augenblick begriff er es. Alles ergab plötzlich einen Sinn. Dies war der Moment, den die Seherin prophezeit hatte. Der Moment, den er seit Monaten abzuwenden versuchte. Wie hätte er ahnen können, dass er sich in seine Henkerin verlieben würde? In eine Hexe.

Der Gedanke war nicht so furchtbar, wie er hätte sein müssen. Denn es war Smilla, die hier vor ihm stand. Ihr gehörte sein Herz. Egal, wer sie war. Egal, woher sie herkam.

Es war vorbei. Er würde sich nicht wehren, nicht gegen Smilla kämpfen. So lange hatte er versucht, sein Schicksal abzuwenden und nun, als es ihn schließlich doch heimsuchte, war er beinahe erleichtert. Und dankbar. Dankbar, Smilla ein letztes Mal zu sehen, bevor er für immer die Augen schloss.

Doch gerade als Smilla tief Luft holte – entweder, um ihm zu antworten, oder, um zum Todesstoß auszuholen –, zerriss ein schrilles Kreischen die morgendliche Stille.

KAPITEL 57
SMILLA

Smilla wusste gar nichts mehr. Ihre Gefühle und Gedanken wirbelten durcheinander, während Gent ihr tief in die Augen sah und ihr seine Liebe gestand. Seine ewige Liebe, selbst wenn sie sich nun entschied, ihn zu töten. Ihr Schwertarm zitterte, die Klinge nicht mal einen Fingerbreit von seiner Kehle entfernt. Doch bevor Smilla eine Entscheidung treffen konnte, weiteten sich Gents Augen und er hauchte: »Du bist eine von ihnen.«

Es fühlte sich an, als hätte er eine Hand durch ihren Brustkorb gestoßen und hielte nun ihr wild pochendes Herz umklammert, während er langsam zudrückte.

Er hatte es nicht gewusst. Bis zu diesem Augenblick hatte Gent nicht gewusst, wer sie wirklich war.

Bedeutete das, dass seine Gefühle für sie aufrichtig waren? In all den Wochen hätte er Smilla mit Leichtigkeit töten können. Es hatte so viele Gelegenheiten gegeben. Sie waren so oft allein gewesen. Doch stattdessen hatte er ihr das Leben gerettet. Mehrmals.

Doch was, wenn er es früher erfahren hätte? Hätte er sie dann ebenso kaltblütig ermordet wie ihre Brüder und Schwestern? Hätte er sie gehasst und gefürchtet – aufgrund der Prophezeiung einer vermaledeiten Seherin? Wenn sie ihn nun laufen ließe, würde er sie ebenso unerbittlich jagen wie die anderen?

Der Schmerz in Smillas Brust schien sie schier zu zerreißen. Es war zu viel. Sie atmete zitternd ein, um ein Schluchzen zu unterdrücken. Doch bevor sie etwas anderes tun konnte, als in Gents dunkle Augen zu starren, die vorher so leer gewesen und plötzlich so voller widersprüchlicher Gefühle waren, ertönte ein Schrei aus dem Himmel.

Einen Herzschlag lang regte sich Smilla nicht. Dies war der Moment, auf den sie seit Monaten hinarbeitete. Der Schlächter stand vor ihr, ihre Klinge an seiner Kehle. Sie konnte ihn nicht gehen lassen, durfte sich keine Ablenkungen erlauben. Doch als Gent aufblickte und sich seine Augen vor Schreck weiteten, wusste sie, dass der Moment vorbei war. Denn dieser Schrei und die Furcht in Gents Blick konnten nur eins bedeuten: Walküren.

Smilla ließ das Schwert sinken, sprang zurück und fuhr herum. Der Himmel hatte sich verdunkelt. Über das Knochenmoor bewegte sich eine finstere Wolke auf sie zu. Smilla schnappte nach Luft.

Es waren so viele und sie flogen so tief, dass sie die aufgehende Sonne verdeckten. Sie warfen einen riesigen Schatten, der sich lautlos über das Feld schob – wie der dunkle Zwilling der Armee am Himmel. Die Knochen der Gefallenen wurden in Dunkelheit getaucht. Wenn sie sich nicht sofort in Bewegung setzte, würden sich Smillas Überreste bald dazugesellen.

Sie schluckte, packte ihre Schwerter fester, während sie langsam zwischen die weißen Bäume zurückwich. Auch wenn sie längst wusste, dass es kein Entkommen gab. Mindestens sechzig Walküren rasten auf sie zu. Das Donnern ihrer Flügelschläge mischte sich mit dem Blut, das laut durch Smillas Ohren rauschte.

»Komm schon, Smilla!« Gent packte sie am Arm und zog sie mit sich in Richtung des Lagers. »Lauf!«

Sie wollte sich ihm entziehen, seine Berührung abschütteln, doch ihr Körper hatte noch nicht verstanden, dass

Gent nun der Feind war. Dort, wo sich seine Finger in ihren Oberarm gruben, strahlte Wärme durch ihren ganzen Körper – das vertraute Kribbeln, das seine Berührungen sonst in ihr auslösten.

Smilla kämpfte gegen die aufsteigenden Tränen an. Dafür war jetzt keine Zeit. Sie stieß einen erstickten Laut aus, verstaute die Schwerter auf ihrem Rücken und stolperte hinter ihm her.

Gent drosselte sein Tempo und zog sie vor sich, um sie mit seinem breiten Körper vor ihren Verfolgerinnen abzuschirmen, während er sie vor sich her zum Lager trieb. Wollte er sie wirklich beschützen? Trotz allem, was gerade passiert war? Obwohl sie nun wusste, was er getan hatte? Obwohl *er* nun wusste, wer *sie* war?

Smilla hatte keine Zeit, sich mit den bohrenden Fragen auseinanderzusetzen. Sie konnte nur rennen. Sich über die Augen wischen. Und immer wieder über die Schulter zurückblicken, während das Donnern der Dutzenden Flügel stetig lauter wurde.

Im Näherkommen sah sie, wie die anderen aus ihren Zelten stolperten. Frigga war barfuß. Hüpfend versuchte sie, in ihre Stiefel zu schlüpfen. Leif war mit nacktem Oberkörper bereits dabei, alle Köcher mit Pfeilen zu füllen. Óinn stand bei den Pferden, um sie zu beruhigen. Jofur und Andórr blickten Arm in Arm zum Himmel auf. Das Entsetzen auf ihren Gesichtern spiegelte Smillas eigene Stimmung wider. Sie klammerten sich aneinander, als wäre dies das letzte Mal, dass sie sich berühren würden. Ebenso wie Smilla mussten sie ahnen, dass es bereits vorbei war. Gegen eine solche Übermacht aus der Luft konnten sie selbst mit vereinten Kräften nicht bestehen.

Offenbar war Gent anderer Meinung. »Bogenschützen, bereitmachen«, brüllte er im Rennen.

Als sie unter das provisorische Deckendach stolperten, zog er an Smilla vorbei. Das Messer des Schlächters – *sein* Messer – hatte er wieder in seiner Brusttasche verschwinden lassen.

Für einen Moment fragte Smilla sich, ob die anderen Gents Geheimnis kannten. Ob sie die ganze Zeit für ihn gelogen hatten. Unmöglich. Gent hatte sie alle getäuscht. Hatte sie durchs halbe Land reiten und nach dem Hexenschlächter suchen lassen, während er die ganze Zeit über mitten unter ihnen gesessen, mit ihnen gegessen, gelacht und gekämpft hatte. Was war sein Plan gewesen? Die sinnlose Suche einfach irgendwann aufzugeben und das Geld von Torje sausen zu lassen? Die anderen mit neuen Aufträgen abzulenken? Oder einen Unschuldigen zu töten, um die Belohnung einzustreichen?

Als ein weiteres Kreischen ertönte, fuhr Smilla herum. Sie brauchte einen klaren Kopf, konnte sich nicht erlauben, jetzt über alles nachzudenken, was sie an diesem Morgen erfahren hatte. Sie konnte sich nicht erlauben, zusammenzubrechen, obwohl ihre gesamte Welt aus den Fugen gerissen worden war. Schon wieder. Selbst wenn sie diesen Morgen überlebte, glaubte sie nicht, dass sie sie je wieder in die richtige Bahn würde lenken können. Dass sie je wieder dieselbe sein würde wie noch vor wenigen Minuten. Doch zuerst musste sie diesen Kampf überstehen.

Leif, Andórr, Jofur und Óinn hatten sich am Rand des Lagers mit gespannten Bögen in einer Reihe aufgestellt. »Pfeile auflegen!«, wies Gent sie an. Es knirschte, als Sehnen gespannt wurden.

»Zielen!« Die vier Männer zielten in den Himmel, auf die düstere Wolke, die sich unerbittlich auf sie zuschob. Darin wimmelte es von Leibern und Federn, von hassverzerrten Fratzen und messerscharfen Klauen.

Gent schnappte sich den fünften Bogen, legte einen Pfeil auf und reihte sich neben Leif ein. Er zielte und brüllte dann: »Schießen!«

Die Pfeile zischten durch die eisige Morgenluft. Smilla hielt den Atem an, während sie ihren Flug verfolgte. Fünf Walküren stürzten mit ohrenbetäubenden Schreien zu Boden. Zwei wurden von aufragenden Knochen auf dem Schlachtfeld aufgespießt, die anderen blieben mit verdrehten Gliedmaßen liegen. Doch die entstandenen Lücken wurden sofort von ihren Waffenschwestern geschlossen. Die schwarze Masse schien sich kein bisschen dezimiert zu haben.

Während Gent Befehle brüllte und die Männer die nächsten Pfeile auflegten, stellte sich Frigga neben Smilla. Mit steinerner Miene reichte sie ihr die letzte Flasche Koboldpisse. »Nimm einen kräftigen Schluck«, sagte sie. »Du wirst es brauchen.«

Smilla sah sie einen Augenblick wortlos an. Dankbarkeit wallte in ihr auf. Frigga musste den Schmerz in ihrem Gesicht lesen. Smillas rotgeränderte Augen und die blutigen Hosenbeine mussten ihr verraten, dass etwas geschehen war. Doch sie fragte nicht nach. Stattdessen stieß sie Smilla mit der Schulter an. »Wir sind die Wilde Jagd. Das wird ein Klacks für uns.«

Smilla nahm ihr die Flasche aus der Hand und prostete ihr damit zu. Der Alkohol brannte ihr in der Kehle, weckte sie auf. Warm breitete er sich in ihrer Brust aus und vertrieb die letzten Zweifel. Sie würde das hier überleben. Und sich dann Gedanken darüber machen, wie sie mit Gent – mit dem Schlächter – umgehen sollte.

Die Männer schossen ein letztes Mal. Weitere Walküren fielen. Dann ließen sie die Köcher und Bögen fallen und eilten in Deckung.

Stahl klirrte, als Leif und Óinn ihre Schwerter zogen. Andórr tänzelte auf der Stelle und drehte einen furchterregenden Speer zwischen den Händen. Jofur nahm seinen schwarzen Rabenstahlstab vom Gürtel und stieß ihn in den Boden, woraufhin er sich zu seiner vollen Länge ausdehnte. Die Wurfmesser an seinem Gürtel funkelten verheißungsvoll. Friggas Peitsche knallte durch die Luft. Eine Warnung, die die Walküren mit ekstatischem Gekreische beantworteten.

Neben dem erkalteten Lagerfeuer versammelte sich die Truppe um Gent, der seine Streitaxt fest umklammert hielt. Ihnen blieben nur Sekunden, bevor die Walküren über sie herfallen würden. Smilla hielt Abstand. Sie lehnte den Rücken an einen der weißen Baumstämme und versuchte, ihre zitternden Hände unter Kontrolle zu bekommen. Gents Blick streifte sie flüchtig. Er war unleserlich.

»Nutzt die Bäume und das Deckendach«, wies er seine Truppe an. Keine Spur von Furcht schwang in seiner Stimme mit. Nur grimmige Entschlossenheit. »Stellt ihnen Fallen, lasst sie auflaufen. Ihre zahlenmäßige Überlegenheit wird ihnen auf diesem Terrain nichts nützen. Zeigen wir ihnen, dass sie sich nicht mit der Wilden Jagd hätten anlegen sollen.« Er ließ seinen Blick über jeden Einzelnen von ihnen wandern. An Smilla blieb er hängen. Er sah ihr tief in die Augen, als er die nächsten Worte aussprach. »Heute ist nicht der Tag, an dem wir sterben.«

Die anderen brachen in lautes Kampfgebrüll aus. Sie hoben ihre Waffen, schlugen die Klingen gegeneinander. Frigga tauchte einen Finger in die erkaltete Feuerstelle und zog sich schwarze Rußstreifen über Wangen, Nase und Stirn. Im nächsten Moment wurde es dunkel, als die Walküren über das Lager herfielen.

Instinktiv duckte sich Smilla hinter den Baumstamm. Sie

blickte auf, doch da war kein Himmel mehr. Nur schwarze Schwingen, nackte Haut und blitzende Krallen. Wie eine undurchdringliche Masse wogte die Armee der Walküren über das provisorische Deckendach hinweg. Smilla wurde vom Wind der Schwingen erfasst. Ihr Haar wirbelte umher, sodass sie es rasch mit den Händen zusammenfasste und sich unter den Kragen stopfte. Mit wild schlagendem Herzen hockte sie hinter dem Stamm und wartete auf den ersten Angriff.

Nicht weit entfernt stand Frigga, den Rücken an einen anderen Baum gepresst, die Peitsche in der Hand. Mit ihrer Kriegsbemalung sah sie furchterregend aus. Sie schenkte Smilla ein Lächeln mit gebleckten Zähnen, das diese erwiderte. Mit einer fließenden Bewegung zog sie sich beide Schwerter vom Rücken. Kurz wagte sie es, nach den anderen Ausschau zu halten, konnte den Rest der Wilden Jagd jedoch im gedämpften Licht nicht erkennen. Eilig sandte sie ein Stoßgebet zur Großen Mutter und bat um ihren Schutz für die gesamte Truppe – selbst für Gent, auch wenn sie dieser Gedanke erneut in einen Strudel der Verwirrung zu reißen drohte.

Bereits einen Wimpernschlag später rückten ihre verworrenen Gefühle allerdings in den Hintergrund, als die erste Walküre schrill kreischend herabstieß. Mit eng an den Körper gelegten Flügeln schoss das Wesen kopfüber durch eine Öffnung zwischen den Decken. Keine fünf Rabenschwingen von Smilla entfernt landete es auf dem Boden und sah sich kampfeslustig um. Smilla hob ihre Schwerter. Trat ihm entgegen.

Die Augen der Walküre leuchteten gelb, als sie sich Smilla zuwandte. Sie leckte sich über die menschlichen Lippen, verzog sie zu einem grausamen Lächeln, wobei spitze Eckzähne zum Vorschein kamen. Auf ihren gekrümmten Beinen und klauenbewerten Füßen stakste sie auf Smilla zu, die schwarzen Schwingen hinter sich ausgebreitet, die in Krallen endenden Finger nach ihr ausgestreckt. Die schwarze Rüstung, die ihren gesamten Oberkörper bedeckte, bot kaum Gelegenheit für Angriffe.

Smilla packte ihre Klingen fester und trat ihr entgegen. Da zischte etwas dicht an ihrem Ohr vorbei. Ein Pfeil bohrte sich fünf Rabenschwingen von ihr entfernt in das glühende Auge der Walküre. Mit einem erstaunten Keuchen taumelte die Kreatur rückwärts und krachte dann zu Boden. Sie blieb reglos liegen.

Mit zitternden Knien fuhr Smilla herum. Óinn winkte ihr von seinem Platz auf einem niedrigen Ast. Er lächelte grimmig. Smilla nickte ihm zu und zog sich wieder hinter ihren Stamm zurück.

Die kahlen Zweige der Bäume boten einen überraschend effektiven Schutz vor einem Angriff aus der Luft. Die spitzen Äste hielten die Walküren in Schach, während sie versuchten, Öffnungen zu finden, ohne sich darin zu verheddern oder aufgespießt zu werden. Dabei wurden sie von ihren mächtigen Schwingen behindert.

Óinn und Leif nutzten die Verwirrung der Angreiferinnen, um weitere Pfeile auf sie abzufeuern. Ein halbes Dutzend Walküren stürzte vom Himmel und wurde von den Ästen aufgespießt. Es regnete schwarze Federn mit roten Spitzen, so lang wie Smillas Unterarm. Das ohrenbetäubende Kreischen der Wesen erfüllte die Luft und wurde mit jeder verstreichenden Minute zorniger.

Als schließlich immer mehr Walküren mit Gewalt durch das Geäst brachen, nahm die Wilde Jagd den Kampf am Boden auf. Rechts von Smilla grub Andórr seine Speerspitze in die ungeschützte Armbeuge einer Walküre. Blut spritzte auf und sprenkelte die weißen Stämme. Smilla duckte sich gerade rechtzeitig, um keins abzubekommen. Sie schluckte gegen die in ihr aufsteigende Übelkeit an, da der Geruch sie an die toten Hexen in der Hütte erinnerte.

Mit einem gellenden Schrei rannte Frigga an ihr vorbei. Sie sprang hoch, stieß sich mit den Füßen an einem Baumstamm ab und warf sich einer Walküre entgegen, die es zwischen den Zweigen hindurchgeschafft hatte. Noch im Sprung holte Frigga aus und wickelte ihre Peitsche mit einer Drehung ihres Handgelenks um die Kehle der Kreatur. Dieser entwich ein ersticktes Kreischen, während Frigga sie mit sich zu Boden riss. Gurgelnd krachte die Walküre auf eins der Zelte. Ein Flügel stand in falschem Winkel von ihrem Körper ab, als sie sich mit hasserfülltem Blick aufzurichten versuchte. Frigga zog die Peitsche um ihren Hals unerbittlich fester. Die Eisenstacheln an deren Ende bohrten sich in die Kehle der Walküre. Blut sprudelte aus ihrem Mund, sie ächzte und gurgelte mit weit aufgerissenen Augen. Dann sackte sie in sich zusammen und hauchte ihr Leben mit einem letzten Röcheln aus.

Smilla starrte das tote Wesen an, während Frigga ihre Peitsche mit einer raschen Handbewegung von dessen Kehle löste und weiterrannte. Stahl klirrte, Walküren kreischten, doch Smilla stand inmitten des um sie tosenden Sturms und konnte den Blick nicht von der Leiche lösen, aus deren Mundwinkel immer noch Blut rann.

Im Tod sah die Walküre so harmlos aus. Die Krallen an ihren nackten Füßen wunderschön statt tödlich, das Gefieder an ihren gekrümmten Beinen glänzend und weich. Ihr Oberkörper und ihre Arme waren menschlich, auch wenn ihre Finger in schwarzen Klauen endeten. Und ihre Flügel – beide mit je einer Spannweite so lang wie Smillas Körper – waren atemberaubend. Ihr Oberkörper wurde mit einem Brustpanzer aus glänzend schwarzem Rabenstahl geschützt, der ihr im Kampf gegen Frigga jedoch nichts genützt hatte. Das lange schwarze Haar verdeckte die Hälfte ihres Gesichts, doch Smilla erkannte die hoheitsvollen Züge darunter.

Diese Kreatur war einst eine Königin der Lüfte gewesen. Stolz und stark hatte sie die Toten von den Schlachtfeldern in die Hallen der Götter geleitet. Was war geschehen, dass sie plötzlich so von Hass zerfressen wurde? Dass sie die Schöpfung der Leuchtenden nun angriff, statt sie ins Nachleben zu führen?

Smilla begriff in diesem Moment, dass die Walküren Krieg führten. Dass es nicht bloß willkürliche Angriffe waren, die überall in Middangard stattfanden. Warum sie die Menschen angriffen und wofür sie eigentlich kämpften, wusste Smilla nicht. Doch sie verspürte den Drang, es herauszufinden, um sich so vielleicht endlich gegen die Übermacht aus dem Himmel zur Wehr setzen zu können, statt in ständiger Angst zu leben.

Ein kehliger Schrei riss sie jäh aus der Betrachtung des schönen Wesens. Jofur wurde von drei Walküren auf einmal belagert. Sie hatten kaum Platz zwischen den Bäumen, flatterten wild mit den Flügeln, während sie ihn auf ihren gekrümmten Beinen umkreisten. Jofur blutete bereits aus einer Hüftwunde, ließ seinen Stab jedoch so schnell um sich kreisen, dass Smilla der Bewegung kaum folgen konnte. Er pflügte durch die Angreiferinnen, riss eine von ihnen von den Füßen. Doch es war nicht genug. Eine der riesigen Schwingen traf ihn und beförderte ihn zu Boden.

Erschrocken keuchte Smilla auf. Andórr rief Jofurs Namen, doch er war zu weit entfernt, kämpfte auf der anderen Seite des Lagers selbst gegen zwei Walküren. Seine Bewegungen waren längst nicht mehr so kraftvoll wie sonst und ein langer Kratzer zog sich über seine Stirn. Er würde es niemals rechtzeitig zu Jofur schaffen.

Smilla jedoch schon.

Sie dachte nicht nach, folgte nur ihrem Instinkt. Mit einer fließenden Bewegung schob sie beide Schwerter in die Halterungen an ihrem Rücken. Für das, was sie vorhatte, brauchte sie sie nicht. Nun, da Gent Bescheid wusste, war es an der Zeit zu zeigen, wer sie wirklich war. Sie würde sich nicht mehr verstecken, sich nicht mehr zurücknehmen. Um ihre neue Familie zu retten, musste sie all ihre Kräfte nutzen, ungeachtet der Konsequenzen. Sie würde nicht schon wieder scheitern. Diesmal nicht.

Smilla hob die Hände über den Kopf. Die Knochen, die in ihrer unmittelbaren Nähe von sämtlichen Ästen baumelten, begannen zu klappern wie von einem geisterhaften Wind in Bewegung gebracht. Sie erhoben sich in die Luft, zerrten an den Schnüren, mit denen sie an die Bäume gebunden waren. Alle neigten sich Smilla zu, als warteten sie nur darauf, dass sie sie kommandierte.

Smilla schloss die Augen, konzentrierte sich ganz auf die Schutzzauber, mit denen die Knochen aufgeladen waren. Sie sangen zu ihr, erfüllten sie mit einem sanften Vibrieren. Smilla tastete im Geist nach ihnen, streckte unsichtbare Fühler aus, um die Knochen zu berühren. Nachdem sie jeden einzelnen ertastet hatte, murmelte sie »Aus Rauch geboren, aus Asche geformt« und riss die Augen auf.

Sie stieß die erhobenen Hände in Richtung der drei Walküren, die sich mit zum Todesstoß erhobenen Krallen über Jofur beugten. Augenblicklich zerfielen sämtliche Knochen in Smillas unmittelbarer Umgebung zu Asche. Die grauen Flocken wurden vom Wind erfasst und wirbelten durch die Luft. Smilla spürte die Lebensessenz jedes einzelnen Knochens in sich. Ein berauschendes Kribbeln, das sie beinahe von den Füßen hob. Doch sie konzentrierte sich, formte die Magie nach ihrem Willen. Mitten in der Luft zog sich die

Asche zu einer Wolke zusammen, während sie weiter auf die Walküren zuraste.

Aus der grauen Masse schälten sich die Umrisse von Pfeilspitzen, scharf und tödlich. Sie wurden fester, bekamen mehr Substanz je näher sie den Walküren kamen. Im letzten Moment ballte Smilla die Fäuste. Die silbern glänzenden Pfeilspitzen wurden noch schneller. Kaum konnte sie ihrem Flug mehr mit den Augen folgen.

Nur einen Atemzug später bohrten sie sich in die Herzen der drei Walküren. Mit schreckgeweiteten Augen gingen alle drei gleichzeitig zu Boden.

»Asche zu Asche, ich danke euch für das Opfer«, murmelte Smilla mit einem grimmigen Lächeln, während sie herumfuhr und nach den nächsten Gegnerinnen Ausschau hielt.

KAPITEL 58
GENT

Mit einem lauten Schmatzen zog Gent seine Streitaxt aus dem Körper einer am Boden liegenden Walküre. Er wusste nicht, wie viele der Kreaturen er bereits niedergemäht hatte. Immer wenn eine fiel, wurde sie sogleich von einer anderen ersetzt. Gents Arme waren bereits schwer, sein Körper war blutbesudelt. Er nahm sich nicht zurück, benutzte seine übermenschliche Schnelligkeit und Stärke, um überall gleichzeitig zu sein und seine Truppe so gut es ging vor den blutrünstigen Biestern zu schützen. Doch das kostete ihn viel Energie und er spürte bereits, wie seine Beine zitterten.

Er gönnte sich eine kurze Verschnaufpause, stemmte das Auge seiner Axt auf den Boden und sah sich um. Schwarze Federn regneten vom Himmel, Stahl klirrte und Walküren kreischten. Das provisorische Dach aus Decken und Zeltplanen war längst zerfetzt, viele Äste von den Bäumen gerissen worden.

Gents Herzschlag beschleunigte sich, weil er keinen von seinen Leuten erkennen konnte. Der Boden war übersät mit Walkürenleichen, das frostweiße Gras blutgetränkt. Er hörte Kampfgeräusche, Ächzen und Stöhnen. Doch durch die vermaledeite Brut Helheims, die den Himmel weiterhin verdunkelte, konnte er kaum etwas sehen.

Er hatte sich zu weit von den anderen entfernt. Es machte ihn nervös, dass er Smilla aus den Augen verloren hatte. Nicht weil er glaubte, dass sie ihn inmitten des Chaos angreifen würde, sondern weil er sich nicht voll und ganz auf den um ihn herum wütenden Kampf konzentrieren konnte, wenn er sich um sie sorgte. Natürlich konnte Smilla auf sich selbst aufpassen, doch er hatte sie schon einmal vor einer Walküre gerettet. Damals war sie nur knapp mit dem Leben davongekommen. Das durfte sich nicht wiederholen – egal, was zwischen ihnen geschehen war.

Selbst wenn sie ihn nun hasste, glaubte er nicht, dass sich seine Gefühle für Smilla jemals ändern würden. Und wenn sie diesen Kampf überlebten, wenn sie endlich eine ruhige Minute hätten, würde sie ihn hoffentlich alles erklären lassen. Er würde für seine Taten einstehen, für die es keine Ausreden, keine Entschuldigungen gab. Smilla musste die gesamte Wahrheit erfahren und dann entscheiden, wie sie von nun an mit ihm umgehen würde.

Er horchte auf, als Andórrs verzweifelter Schrei durch den Schlachtlärm drang. »Jofur!«

Ohne zu zögern, rannte Gent los. Er sprang über herausgerissene Walkürenflügel, wich den Krallen einer am Boden liegenden Furie aus und bohrte seine Axt in eine, die ihn aus der Luft angreifen wollte. Doch er blieb wie angewurzelt stehen, als die Knochen an den Bäumen plötzlich zu rasseln begannen.

Schaudernd drehte Gent sich einmal um sich selbst. »Krieger steh uns bei«, murmelte er, als sich die Knochen wie auf einen lautlosen Befehl hin in die Luft erhoben. Sie schwebten hoch über seinem Kopf, als wollten sie sich jeden Moment losreißen und davonfliegen. »Magie«, knurrte er und packte seine Axt fester.

Sein Blick fiel auf Óinn, der ein paar Schritte entfernt stand. Seine Augen hatten einen faszinierten Glanz angenommen. Er umklammerte das Amulett an seinem Hals mit einer Hand. Die andere, mit der er seinen Bogen hielt, stieß er freudig in die Luft, als hätten sie gerade einen Sieg davongetragen. »Wusste ich es doch!«, rief er.

Verwundert folgte Gent seinem Blick. Smilla stand mit geschlossenen Augen und erhobenen Händen inmitten der schwebenden Knochen und murmelte vor sich hin. Die Knochen neigten sich ihr zu, antworteten auf ihren Ruf. Als Smilla die Augen öffnete, stockte Gent der Atem. Etwas blitzte darin auf, während sie die Arme vorstieß – rohe Macht. Im selben Moment zerfielen sämtliche Knochen zu Staub. Nein, es war kein Staub, dafür waren die Flocken zu dick, die nun durch die Luft wirbelten. Es war Asche. Sie wurde vom Wind erfasst und zog sich im Flug zu einer Wolke zusammen. Gent blinzelte erstaunt, während Óinn ausgelassen in die Hände klatschte, als wollte er Smilla anfeuern.

Offenbar hatte die Magie ein Ziel, denn Smilla hatte den Blick auf etwas gerichtet, das Gent nicht sehen konnte. Er trat um den nächsten Baum herum und verfolgte den Flug der Aschewolke, die immer schneller durch die Luft raste. Inmitten des wabernden Graus erkannte er Pfeilspitzen. Zuerst glaubte Gent, sie wären substanzlos, doch dann wurden sie fester, spitzer, tödlicher. Sie rasten auf drei Walküren zu, die über einer Gestalt am Boden aufragten. Jofur!

Mit unglaublicher Geschwindigkeit bohrten sich die Pfeilspitzen in die Herzen der Kreaturen, die daraufhin in sich zusammensackten.

Zwei Atemzüge lang starrte Gent auf die toten Walküren, dann riss er den Kopf zurück zu der Stelle, an der Smilla stand. Ohne ihn zu bemerken, lächelte sie grimmig. Dann wandte sie sich um und rannte los, als wäre nichts geschehen. Die an den übrigen Bäumen verbliebenen Knochen neigten sich ihr zu, als sehnten sie sich nach ihrer Nähe, als würde Smilla sie mithilfe einer unsichtbaren Kraft zu sich rufen.

Da begriff Gent, was sie tat. Sie nutzte die Magie der Knochen. Denn sie war eine Hexe. Das wusste er längst, doch erst jetzt wurde ihm das volle Ausmaß ihrer Macht bewusst. Es hätte ihm Angst einjagen und in ihm den Drang wecken müssen, sie zu töten, wie er es in den letzten Monaten in der Gegenwart anderer Hexen so oft erlebt hatte. Stattdessen stieg Bewunderung in ihm auf. Er konnte den Blick nicht von Smilla lassen, als sie weitere Aschepfeile durch die Luft schickte, um eine Walküre niederzumähen, die Andórr von hinten hatte angreifen wollen.

Mit schreckgeweiteten Augen drehte sich der Hüne zu der toten Walküre um. Er blinzelte ein paarmal, ebenso erstaunt wie Gent. Doch dann rief er Smilla einen Dank hinterher, bevor er losstürzte, um sich zu vergewissern, dass es Jofur gut ging. Smilla rannte bereits weiter, begleitet vom Klappern der Knochen.

Über das Schlachtfeld hinweg traf Gents Blick den von Leif. Vollkommen reglos stand er in einiger Entfernung und hatte die Augen zu Schlitzen verengt. Blut tropfte von seiner Schwertklinge, während er so erschrocken dreinschaute, als hätte er einen Geist gesehen. Fast glaubte Gent, Leif würde Smilla mit erhobener Waffe hinterherstürzen, doch stattdessen ließ er seinen Blick nicht los und öffnete den Mund. Wollte er Gent etwas zurufen? Eine Warnung? Da stieß eine weitere Walküre vom Himmel und Leif wandte sich ab, um sich zu verteidigen.

Gent konnte sich hingegen einen Moment lang nicht rühren. Er hatte Mühe zu verarbeiten, was er sah. Und was er fühlte. Smilla war eine Hexe. Und gerade hatte sie zwei seiner Freunde gerettet. So, wie sie ihm bereits mehrmals das Leben gerettet hatte. Mithilfe von Magie. Die Sache, die er in den Monaten seit der Prophezeiung so sehr zu fürchten gelernt hatte, weil er wusste, dass es die Waffe war, die ihn töten würde. Die Waffe einer Hexe. Nun war er sich dessen plötzlich nicht mehr so sicher.

Und das vermutlich Wunderlichste war, dass die anderen Smilla nun in Aktion sahen und keinen Anstoß daran zu nehmen schienen – mit Ausnahme von Leif, wenn er dessen Blick richtig deutete. Óinn machte sogar den Anschein, als hätte er längst geahnt, was in Smilla schlummerte, und würde es begrüßen.

Während die Gedanken in seinem Kopf durcheinanderwirbelten, verfolgte Gent Smillas Lauf durch das Lager. Wo immer es eine Walküre durch das Astgeflecht schaffte, war sie zur Stelle. Gemeinsam mit Frigga wehrte sie vier Angreiferinnen auf einmal ab und ging ohne einen Kratzer aus dem Kampf hervor. Auch Frigga bedachte die neue Smilla mit einem anerkennenden Blick. So lange hatte sie ihr wahres Ich – ihre wahre Macht – vor ihnen allen verborgen. Dabei musste Gent zugeben, dass sie wunderschön war. So wunderschön, dass es ihm Tränen in die Augen trieb.

Bevor sie weiterliefen, stießen sich die beiden Frauen kurz mit den Schultern an und sagten etwas zueinander, das Gent über den Kampfeslärm nicht hören konnte. Er machte einen Schritt in Smillas Richtung, verspürte den Drang, ihr jetzt nahe zu sein. An ihrer Seite zu kämpfen. Auch wenn sie dieses Bedürfnis vermutlich nicht teilte. *Nicht mehr.*

Doch als Smilla in einiger Entfernung stehenblieb, um eine kurze Pause einzulegen, fiel ihm auf, dass sie mit der Zuschaustellung ihrer beeindruckenden Fähigkeiten auch die Aufmerksamkeit der Walküren auf sich gezogen hatte. Ein halbes Dutzend der geflügelten Furien zog Kreise über der Stelle, an der Smilla stand. Die Kreaturen flüsterten miteinander und deuteten mit ihren Klauen auf sie.

Mit einem Mal wurde Gents Kehle furchtbar trocken. Er schluckte, wollte Smilla eine Warnung zurufen, doch sie würde ihn aus der Entfernung nicht hören. Eiseskälte legte sich um sein Herz, als die Walküren ihre Kreise immer enger zogen. Smilla hatte sie noch immer nicht bemerkt. Sie stemmte die Hände auf die Knie und atmete tief durch.

Die erste Walküre löste sich aus der Gruppe und Gent rannte los. Er rannte so schnell, wie er noch nie in seinem Leben gerannt war. Die Bewegung zog Smillas Aufmerksamkeit auf sich. Sie blickte ihm erschrocken entgegen. Was musste sie wohl denken, als sie ihn auf sich zurasen sah? Dass er schließlich doch gekommen war, um sie zu töten?

»Smilla!«, brüllte er. »Pass auf!« Mit seiner Axt deutete er nach oben auf die Walküre, die im Sturzflug auf Smilla zuraste. Doch sie verstand nicht, starrte ihn nur an. Mit diesen Augen, die ihn seit ihrer ersten Begegnung verzaubert hatten. Und da wusste er, dass er Smilla niemals hassen oder fürchten konnte. Dass er mit allem falschgelegen hatte. Denn er würde sein Leben für diese Frau geben. Für diese Hexe.

Die Zeit schien sich auszudehnen, sich zu strecken und zu verzerren, während er auf sie zurannte.

Smillas Blick bohrte sich in seinen, während er sein Tempo verzweifelt beschleunigte, ahnte, dass er den Wettlauf nicht gewinnen konnte. Ihre Lippen öffneten sich, formten seinen Namen. Ihre Brauen zogen sich zusammen. Fragend. Besorgt.

Da traf sie ein Windstoß von oben, wirbelte ihre Haare auf. Die Walküre war nun so nah, dass der Sturm ihrer Schwingen Smilla nach vorn taumeln ließ.

Das war der Sekundenbruchteil, den Gent brauchte. In dem Moment, als sich die Krallen der Walküre auf Smilla herabsenkten, warf er sich vor. Im Sprung streckte er die Arme aus und stieß Smilla beiseite, so fest er konnte.

Dann bohrten sich die Krallen der Walküre in seinen Oberkörper, zerfetzten Haut, Muskeln und Sehnen. Gent brüllte vor Schmerz, doch alles, was er hörte, war Smillas herzzerreißender Schrei.

KAPITEL 59
SMILLA

In dem Moment, in dem die Krallen Gents Körper zerfetzten, bohrten sich Smillas rasch geformte Pfeilspitzen in die angreifende Walküre und ihre Waffenschwestern in der Luft. Sie waren augenblicklich tot, doch Smilla nahm kaum Notiz von den Leibern, die nun um sie herum vom Himmel stürzten.

Gents schmerzerfülltes Brüllen zerriss ihr das Herz. Ihr eigener Schrei entfuhr ihr mit solcher Verzweiflung, dass sie ihre Stimme kaum wiedererkannte. Gents Körper krachte so heftig auf den Boden, dass die Äste der umstehenden Bäume erzitterten. Sofort war Smilla bei ihm, fiel neben ihm auf die Knie. Vorsichtig hob sie seinen Oberkörper an, bettete ihn in ihren Schoß. Er keuchte vor Schmerz.

Als Smillas Blick auf seine tiefen Wunden fiel, explodierten Tränen in ihren Augen. Sie tropften auf Gent, hinterließen helle Spuren im dunkelroten Blut.

Da war so viel Blut. Es weichte sein zerfetztes Hemd auf, lief in Sturzbächen über seine einst starke Brust, an die Smilla sich so gern geschmiegt hatte. Über seine Arme, die Smilla so oft gehalten, sie immer beschützt hatten. Über seine großen Hände, in denen sich ihre stets winzig angefühlt hatten.

Und da verstand Smilla, dass dies der Moment war. Der Moment, den ihm die Seherin prophezeit hatte. Ein Schaudern schüttelte sie so heftig, dass ihre Zähne aufeinanderschlugen.

Gent hustete, während sein Blick hin und her zuckte und ihr Gesicht absuchte.

»Geht es dir gut?«, flüsterte er. So leise. So schwach. Seine Lebensessenz wich bereits aus ihm. Smilla konnte es spüren.

Sie zwang sich zu einem Lächeln. Es misslang ihr kläglich. »Mir?«, schluchzte sie. »Ist das dein Ernst?«

»Ja.« Er zog die Brauen zusammen.

»Es geht mir gut.« Sie wischte sich über die tränenfeuchten Wangen. »Mir ist nichts passiert.«

Gent nickte erleichtert, stöhnte jedoch im nächsten Moment vor Schmerz.

Smillas Herz verkrampfte sich. Sie fühlte sich so hilflos wie noch nie zuvor. »Gent, ich …«

Er schnitt ihr das Wort ab, indem er eine zitternde Hand hob und ein paar ihrer Haarsträhnen hindurchgleiten ließ. »Dein Haar … Das Weiß gefällt mir.« Er versuchte sich an einem Lächeln, das jedoch in einem Hustenanfall endete.

Smilla lachte und weinte, schmeckte Salz und glaubte, ihr Herz würde jeden Moment für immer stehen bleiben. Denn wie konnte es weiterschlagen, wenn Gents gleich für immer verstummen würde?

Sie schlang die Arme um seinen Oberkörper, beugte sich dicht über ihn und ließ ihr Haar um sie beide herumfallen, um sie von der Außenwelt abzuschirmen. »Bleib bei mir«, flüsterte sie. »Bitte geh nicht. Ich kann dich nicht verlieren.«

»Aber verstehst du denn nicht?« Gent hustete wieder. Es klang wie ein Rabenkrächzen. »Es ist genau so gekommen, wie es vorherbestimmt war. Eine Hexe ist für meinen Tod verantwortlich. Aber anders, als ich immer dachte.« Er verzog das Gesicht, schloss kurz die Augen, als ihn eine Welle des Schmerzes zu überrollen schien. »Ich habe mein Leben für deins gegeben. Es war *meine* Entscheidung. Das war es immer. Es tut mir leid, dass ich so lange gebraucht habe, um das zu begreifen. Dass ich so viel unnötiges Leid verursacht habe.«

Smilla konnte nicht mehr sprechen. Schluchzer schüttelten sie, während sie ihn in ihren Armen wiegte.

»Es ist in Ordnung so«, fuhr er so leise fort, dass sie ihn kaum noch verstand. Sie beugte sich noch dichter über sein Gesicht, strich ihm das Haar aus der Stirn, fuhr seine Brauen, seine Wangenknochen, seine Lippen nach.

»Jetzt kann ich endlich Frieden finden.« Er hob eine Hand an ihren Hinterkopf und zog sie sanft noch näher, bis sich ihre Lippen berührten. Sein Atem ging flach, doch seine Lippen waren warm. So warm wie immer.

Smilla legte all ihre Liebe für ihn in diesen Kuss, all ihre Sehnsucht und Hoffnung. Ihre Tränen benetzten seine Wangen, verfingen sich in seinen Wimpern. Und doch küsste sie ihn weiter, so innig, als könnte sie ihn allein mit diesem Kuss am Leben halten.

Als sie sich von ihm löste, waren seine Augen so dunkel wie noch nie. »Smilla …« Seine Stimme war nicht viel mehr als ein Keuchen.

»Nicht.« Sie legte ihm eine Hand an die Wange. »Das Sprechen strengt dich zu sehr an.«

Er schüttelte schwach den Kopf. »Ich habe nicht mehr viel Zeit … Ich muss dir noch etwas sagen.« Er schloss die Augen, atmete rasselnd ein. Als er sie wieder öffnete, waren sie feucht. »Das mit deiner Familie … Es tut mir so unendlich leid. Es gibt keine Entschuldigung dafür. Keine Ausrede. Ich wünschte, ich könnte es ungeschehen machen. Alles.«

Tausend Fragen brandeten über Smilla hinweg. *Warum?*, wollte sie schreien. *Warum? Warum? Warum? Warum hast du das alles getan? Warum habe ich nicht geahnt, wer du wirklich bist? Warum habe ich dir mein Herz geschenkt? Warum hast du dich in mich verliebt? Warum verlässt du mich jetzt für immer? Wie sind wir an diesen Punkt gekommen? Warum tut es so weh?*

Doch all ihre Fragen mussten warten. Denn Gents Zeit lief ab. Sie konnte ihn trotz allem nicht gehen lassen. Doch konnte sie ihn heilen? Bei ihrer Familie hatte sie es nicht geschafft. Die Verletzungen waren zu schwer gewesen. Doch das würde sie auch jetzt nicht davon abhalten, zu versuchen, ihre Gabe bis zuletzt für das Gute einzusetzen.

»Wage es ja nicht, dich von mir zu verabschieden«, antwortete sie. »Wir werden noch viele Gelegenheiten haben, darüber zu sprechen.«

Doch noch während sie ihn ansah, wurde Gent immer blasser. Seine Lippen zitterten, seine Hand in ihrer wurde immer kälter. »Versprich mir, dass du dich nicht mehr unnötig in Gefahr bringst«, hauchte er. »Deine Suche nach dem Hexenschlächter endet hier. Versprich mir, dass du ein langes und glückliches Leben führen wirst.«

»Nein, nein, das muss ich dir nicht versprechen, weil du es sehen wirst. Bitte! Du wirst es mit eigenen Augen sehen.«

Hilflos verharrte ihre freie Hand über seinem Körper, der immer schwerer wurde. Er schien in ihr zu versinken, während seine Seele diese Welt immer schneller verließ.

Smilla tastete im Geist nach den Knochen in den Bäumen, doch es waren keine mehr übrig. Verzweiflung überkam sie.

»Bleib bei mir«, befahl sie erneut, während sie gegen die Tränen ankämpfte. »Du darfst nicht gehen … Gent? Hörst du mich?«

Er antwortete nicht mehr, sah sie nur an. So liebevoll. So friedlich. Smilla konnte ihn nicht gehen lassen. Sie *würde* ihn nicht gehen lassen. Es musste einen Weg geben.

Da kam ihr eine Idee. Tief horchte sie in sich hinein, tastete nach der Magie, die sie seit dem Vortag in sich aufbewahrte. Die Lebensessenz der Knochenhand vom Schlachtfeld. Das zweite Herz in ihrer Brust. Und als sie so in sich hineinhorchte, antwortete ihr ein leises Pulsieren. Warm und kribbelnd erwachte es in ihrer Brust, wurde immer wärmer und heller, bis es aus ihr herauszustrahlen schien. Smilla griff zu und schickte es durch ihren Arm in ihre Hand.

»Warte!«, rief sie. »Gent, warte, ich kann dich heilen, ich kann …«

Doch er lächelte sie nur an. Ein schiefes Grinsen, das ihn all seine verbliebene Kraft zu kosten schien. »Ich liebe dich, Smilla.«

Dann richtete sich sein Blick auf etwas über ihr am Himmel. Etwas, das nur er sehen konnte.

Und gerade als Smillas Magie glühend in ihre Finger floss und Gents Gesicht ein letztes Mal erhellte, wich alles Leben aus seinen Augen. Seine Gesichtszüge entspannten sich und ihm entwich ein letztes erleichtertes Seufzen.

KAPITEL 60
SMILLA

Smillas Herz war zerbrochen. Es *musste* zerbrochen sein. Denn die Bruchstücke stachen ihr nun in die Brust, raubten ihr den Atem, entzogen ihr alle Kraft. Alle Hoffnung.

Ihr verzweifelter Schrei hallte von den weißen Bäumen wider. Der Wind trug ihn über das nahe Moor, über Schlamm und Knochen und die dahinterliegenden Berge bis hinaus aufs Vergessene Meer.

Niemand antwortete.

Stumm standen die Mitglieder der Wilden Jagd in einigem Abstand zwischen den Bäumen, umgeben von toten Walküren, von Blut und Gedärmen. Niemand rührte sich, niemand sagte ein Wort. Stumm rannen ihnen Tränen über die Wangen, während sie ihren Befehlshaber, ihren Waffenbruder und Freund verabschiedeten.

Noch immer strahlte das warme Licht aus Smillas Fingerspitzen, doch es hatte keine Wirkung.

Sie war zu spät gekommen.

Wieder einmal.

Wie betäubt saß sie da, klammerte sich an Gents leblosen Körper, während ihre Tränen auf ihn tropften, sich mit denen vermischten, die selbst im Tod noch aus seinen Augenwinkeln kullerten.

Die Sonne wanderte über den Himmel und ging schließlich im Westen unter. Immer noch wiegte Smilla Gents Körper. Presste ihn an sich. Konnte ihn nicht gehen lassen.

Als die Nacht hereinbrach, wurde die Dunkelheit von einem riesigen Feuer erhellt. Die Wilde Jagd hatte die toten Walküren in einiger Entfernung zu einem Hauf aufgetürmt und angezündet. Sie hatten gesiegt. Doch für Smilla fühlte es sich nicht so an. Sie hatte das verloren, was sie am meisten geliebt hatte. Ein zweites Mal in ihrem Leben. Nun gab es nichts mehr, wofür ihr Herz schlug. Mit jedem Atemzug gruben sich die Splitter tiefer in ihre Brust.

Irgendwann hörte sie, wie sich Schritte näherten. Der Feuerschein tanzte über Friggas Gesicht, als sie sich neben Smilla hockte. Vorsichtig strich sie ihr einige blutverklebte Strähnen aus dem Gesicht. »Es ist an der Zeit, Smilla.« So sanft hatte sie die Stimme der Kriegerin noch nie gehört. »Lass ihn gehen.«

Smilla schüttelte den Kopf, klammerte sich noch fester an Gent. »Ich kann nicht.«

»Du musst.« Härte kroch in Friggas Tonfall. »Wenn wir ihn nicht bestatten, kann er seinen Weg zu den Leuchtenden nicht finden.«

Smilla schluckte. Sie wusste, dass Frigga recht hatte. Auch wenn sie sich nicht sicher war, ob Gent in den Hallen der Götter aufgenommen werden würde. Er hatte geahnt, dass er in Helheim enden würde. Die anderen wussten jedoch nichts von seinen Taten und Smilla wollte das Bild, das sie von ihrem Befehlshaber hatten, nicht zerstören. Nicht, nachdem er nicht mehr da war, um seine eigene Geschichte zu erzählen. Nicht, nachdem er sie alle mit seinem Opfer beschützt hatte.

Behutsam löste Frigga Smillas Hände von seinem Körper. Dann setzte sie sich neben sie. Während Leif und Andórr Gent aufhoben und davontrugen, strich sie ihr sanft über den Rücken und murmelte beruhigende Worte.

Smilla hatte keine Tränen mehr. Stumm saß sie dort und

starrte ins Nichts, während eine Kälte in ihre Knochen kroch, die nichts mit der eisigen Nachtluft zu tun hatte. Ihr ganzer Körper zitterte, die Zähne schlugen aufeinander. Sie wusste, dass ihr nie wieder warm werden würde.

Selbst Friggas Körper konnte sie nicht wärmen, obwohl diese einen Arm um sie legte und sie beide in eine Decke wickelte. So saßen die beiden Frauen aneinandergeschmiegt zwischen den weißen Bäumen. Vereint in ihrer Trauer.

Irgendwann schlief Frigga an Smilla gelehnt ein, doch Smilla starrte weiter in die Dunkelheit, während sich eine Taubheit in ihr ausbreitete. Sie dachte nichts, fühlte nichts, sah nichts und hörte nichts.

Als graues Morgenlicht durch die Zweige sickerte, näherten sich weitere Schritte.

»Ihr macht einen Fehler«, hörte sie Leifs aufgebrachte Stimme. »Es wird der letzte Fehler sein, den ihr jemals begeht.«

»Sie hat uns alle gerettet, auch dich«, antwortete Andórr. »Gent hat ihr vertraut.«

»Gent war vieles, aber er war nicht naiv. Sie hat ihn verhext, ich sage es euch. Nie hätte er ihr sonst über den Weg getraut. Einer Hexe! Wenn ihr wüsstest, was ich über ihn weiß …«

»Ohne Smillas Knochenmagie wären wir jetzt alle tot«, unterbrach ihn Andórr mit kaum unterdrücktem Zorn.

»Aber er *ist* tot!«, brüllte Leif. »Gent ist tot, und er hätte nicht gewollt, dass ihr …«

»Gent war der Einzige, der ihr wahres Potenzial von Anfang an gesehen hat.« Das war Óinns Stimme. Leise und erschöpft. »Er hat sie bei uns aufgenommen. Und er hat sein Leben bereitwillig für Smilla gegeben. Wir haben es alle gesehen.«

»Ich mache da nicht mit!« Smilla hörte ein lautes Krachen. Ein Baum erzitterte. Leif musste gegen den Stamm geschlagen haben.

»Dann geh«, sagte Andórr kalt. »Niemand hält dich auf.«

Smilla war so betäubt, dass der Streit nichts in ihr auslöste. Sie drehte nicht den Kopf, mischte sich nicht ein, obwohl es eindeutig um sie ging. Nur die Information, dass Leif offenbar von Gents wahrer Identität gewusst hatte, speicherte sie für später ab.

Als die Schritte näher kamen, erwachte Frigga neben ihr und rieb sich über die vom Weinen geschwollenen Augen. Sie nickte den anderen zu, die einige Schritte entfernt stehen blieben. Widerwillig hob auch Smilla den Kopf.

Vor ihnen stand die Wilde Jagd. Óinn, Jofur, Andórr und Leif. Frigga erhob sich ebenfalls, schlüpfte unter der geteilten Decke hervor und gesellte sich zu ihnen. Alle hatten ernste, wenn auch feierliche Mienen aufgesetzt. Alle außer Leif, der geradezu mordlustig wirkte. Offenbar hatten sie Smilla etwas Wichtiges mitzuteilen.

Sie konnte jedoch nur eins denken: Sie waren nicht vollständig. Jemand fehlte und er würde nicht zurückkehren. Nie wieder Befehle brüllen. Nie wieder die Nachtwache übernehmen, damit sich die anderen ausruhen konnten. Nie wieder sein Leben aufs Spiel setzen, um seine Familie zu beschützen. Nie wieder mit Frigga trinken, Jofur um Hilfe bitten, mit Leif flüstern, mit Andórr scherzen oder Óinn wegen seines unerschütterlichen Glauben aufziehen.

Ohne Gent war die Wilde Jagd nicht mehr dieselbe. Sie wirkten verloren. Nur eine Gruppe gesetzloser Streuner, die das Schicksal zusammengebracht hatte. Nein, nicht das Schicksal. Sondern Gent. Er hatte etwas in jedem Einzelnen von ihnen gesehen. Und Smilla sah es auch.

Ihr zerbrochenes Herz regte sich in ihrer Brust, als die Liebe für diese Personen die Bruchstücke näher zusammenrücken ließ. Diese Liebe heilte es zwar nicht, fügte es nicht wieder zusammen, doch es schmerzte ein kleines bisschen weniger als zuvor.

Óinn machte einen Schritt auf Smilla zu und ging vor ihr auf ein Knie. Er streckte beide Hände aus und präsentierte ihr den Holzstab mit der silbernen Spitze. Gents Geschenk. Die hellen Kerben stachen aus dem dunklen Holz hervor. Drei auf ihrer Seite. Zwei auf Gents.

Smillas Augen waren trocken, doch ihre Kehle brannte, sodass sie mehrmals schlucken musste. Als Óinn sie ansah, war sie überrascht, Anerkennung in seinem Blick zu entdecken. Anerkennung, Dankbarkeit und Respekt. Doch was sie am meisten berührte, war das Vertrauen, das er ausstrahlte. Vertrauen in sie.

»Gent kann niemals ersetzt werden«, sagte Óinn mit belegter Stimme. »Doch sein Platz muss besetzt werden. Die Wilde Jagd braucht einen Anführer.« Er räusperte sich. »Eine Anführer*in*.«

Smilla wischte sich über das Gesicht. »Ich verstehe nicht.«

Frigga trat vor. »Unter Söldnern ist es Brauch, dass die Person, die den Befehlshaber besiegt, seinen Platz einnimmt.«

»Aber ich habe ihn nicht … So ist das nicht passiert.« Mit großen Augen blickte Smilla von einem zum anderen.

»Nein, aber Gent hat sein Leben für dich gegeben«, antwortete Andórr.

»Und das ist die größte Ehre, die größte Vertrauensbekundung«, schloss Óinn.

Smilla wurde klar, dass sie es gemeinsam entschieden haben mussten. Während sie trauernd hier gesessen hatte, hatte die Wilde Jagd genug Zeit gehabt, um die Toten zu begraben und die Zukunft zu besprechen. Sie waren sich einig. Die Entscheidung war längst gefallen.

Die Truppe wollte *sie*. Als neue Befehlshaberin.

Alle sahen sie erwartungsvoll an. Nur Leif wandte sich mit wutverzerrter Miene ab und stapfte davon. Smilla fiel auf, dass sein Pferd gesattelt war. Er würde die Truppe verlassen. Sie konnte es ihm nicht verdenken.

Die anderen ignorierten ihn. Óinn hielt ihr weiterhin den Stab hin. Zögernd streckte Smilla eine Hand danach aus, während die widersprüchlichsten Gefühle in ihr um die Oberhand kämpften.

Diese Ehre konnte sie unmöglich annehmen. Sie war keine Söldnerin. Keine Anführerin. Allein aus einem einzigen Grund hatte sie sich dieser Truppe angeschlossen. Nun war da nichts als Leere in ihrem Leben. Keine Rache. Kein Grund mehr, morgens aufzustehen. Kein Grund außer diesen vier Personen, die vor ihr standen und sie hoffnungsvoll anblickten.

Smilla schluckte. Ihre Familie brauchte sie.

Als sie die Finger um das vertraute, glatte Holz schloss, waren die Tränen zurück. Sie fuhr über die Kerben, spürte Gent in jeder Einzelnen von ihnen.

Ihr Griff wurde fester und sie nahm Óinn den Stab aus der Hand. Die anderen brummten zustimmend. Es war kein Jubeln, dafür war an diesem stillen Morgen kein Platz. Trotzdem wurde Smilla ein wenig leichter ums Herz, als sie sich den Stab an die Brust drückte.

Jofur löste sich aus der Gruppe und kniete sich neben Óinn. Mit einem traurigen Lächeln reichte er ihr eins seiner Messer. Smilla nahm es entgegen. Ihre Hände zitterten. Ihre Brust schmerzte. Doch in ihren Ohren hallte Gents Stimme wider.

»Versprich mir, dass du dich nicht mehr unnötig in Gefahr bringst. Versprich mir, dass du ein langes und glückliches Leben führen wirst.«

Nie würde sie sicherer sein als an der Seite dieser Menschen. Die einzigen, die ihr noch etwas bedeuteten. Die *sie* als ihre Anführerin auserkoren hatten.

Sie setzte die Messerklinge unter die bereits vorhandenen Kerben, gekrönt vom Symbol der Axt. »Gleichstand«, flüsterte sie, in der Hoffnung, dass Gent sie hören konnte, wo immer er nun war.

Und während Smilla Gents dritte Kerbe in den Stab schnitzte, fasste sie einen Entschluss. Sie war am Leben und das bedeutete, dass sie weiterkämpfen würde. Sie hatte Fußstapfen zu füllen. Eine Familie zu beschützen.

Und obwohl sie innerlich nach wie vor taub war, regte sich ein neues Lebensziel in ihr. Zaghaft klopfte es an und bot ihr eine Möglichkeit, weiterzumachen. Einen Grund, um nicht zusammenzubrechen. Gents Tod sollte nicht umsonst gewesen sein. Sie würde die Walküren finden und ihn rächen. Wenn es sein musste, würde sie den Himmel in Brand stecken und bis zum Ende Middangards reisen, um die Kreaturen der Götter in ihre Schranken zu verweisen und das Land wieder sicher zu machen. Und sie wusste, dass diese vier Personen sie dabei begleiten würden. Sie würden ihr überallhin folgen.

Schwankend stand Smilla auf, stützte sich auf den Stab, der ihr seit jener Nacht auf der Lichtung immer Halt geboten hatte. Selbst jetzt spürte sie seine Kraft noch durch ihre Finger fließen. Gents Kraft.

Sie musterte ihre Truppe, nickte jedem Einzelnen mit aller Entschlossenheit zu, die sie in sich trug, und sagte: »Gehen wir Walküren jagen.«

Ende des ersten Bands

DANKSAGUNG

In dieses Buch ist mein ganzes Herzblut geflossen. Beim Schreiben habe ich mir selbst immer wieder das Herz gebrochen und es dann wieder zusammengeflickt. Deshalb muss ich zuallererst dir danken, liebe Leserin, lieber Leser, dass du die Reise durch Middangard bis hierhin auf dich genommen hast. Ich weiß, es war kein leichter Weg, aber es ist ja zum Glück noch nicht vorbei.

Für dieses Abenteuer hatte ich absolute Powerfrauen an meiner Seite, ohne die das Buch nicht so geworden wäre, wie es jetzt ist. Maria, tausend Dank für deine unerschöpfliche Begeisterung und deinen unermüdlichen Einsatz für diese Geschichte. Von Anfang an hast du an Smilla und Gent geglaubt und gemeinsam haben wir ihre Geschichte in unzähligen Telefonaten und Videocalls ausgearbeitet. Ich hätte ihr Schicksal in keine besseren Hände legen können als in deine. Danke, dass du so sehr für diese zusammengewürfelte Truppe aus verlorenen Streunern brennst wie ich. Und im Sinne der perfekten Überleitung: Danke, dass du Anika als meine Lektorin mit ins Boot geholt hast.

Denn ohne dich, liebe Anika, geht bei mir nichts mehr. Wir sind schon seit Jahren das absolute Dreamteam und auch abseits des Lektorats möchte ich dich in meinem Leben nicht mehr missen. Danke, dass du der Geschichte den nötigen Schliff verpasst hast und dabei – wie immer – voller Leidenschaft bei der Sache warst. Ich entschuldige mich hiermit offiziell für sämtliche Tränen, die eventuell beim Lektorat verdrückt wurden.

Wie immer hatte auch bei diesem Projekt die beste Agentin der Welt ihre Finger im Spiel. Tausend Dank, Sarah, fürs Händchenhalten, Gutzureden und Anfeuern. Auf viele weitere Nachrichten von dir, die mit »Jo, Frau Schnell« beginnen.

Dem Cover-Flüsterer Alexander Kopainski danke ich für das atemberaubende Cover, das meine kühnsten Träume übertroffen hat.

Jess, Yvonne und das ganze Knaur-Team: Euer Einsatz und eure Leidenschaft sind unglaublich. Mein Buchbaby hat von euch allen so viel Liebe erfahren. Danke dafür!

Danke fürs Testlesen, liebe Stella, und danke an Liza Grimm und Justine Pust fürs frühe Lesen und die wundervollen Quotes, die mir eventuell das ein oder andere Tränchen entlockt haben.

Von ganzem Herzen danke ich wie immer meiner Familie, allen voran meinen Eltern. Wer mich kennt, weiß, dass sich meine nerdige Fantasy-Seele in diesem Buch voll und ganz austoben konnte. Und dass ich diese Seite an mir nie unterdrückt habe, sondern immer ausleben durfte, habe ich zu großen Teilen euch zu verdanken.

Chris: Du kennst diese und alle anderen Seiten von mir und bist bisher nicht schreiend davongelaufen. Danke für deine Geduld, dein Verständnis und deine Liebe. Du gehst mit mir auf jede Reise (egal ob mit dem Flugzeug oder nur in meinem Kopf), sprichst alle möglichen Buchideen mit mir durch und versorgst mich, wenn ich so sehr in fiktiven Welten versinke, dass ich vergesse, mich um mich selbst zu kümmern. Ich könnte mir keinen besseren »partner in crime« auf meiner Lebensreise wünschen.

Und dann sind da noch all die großartigen Buchmenschen in meinem Leben. Autorenkolleg*innen, Lektor*innen, Blogger*innen, Leser*innen, Agent*innen, Buchhändler*innen, Verlagsmitarbeiter*innen in allen möglichen Abteilungen. Ihr alle wirkt tagtäglich eure ganz eigene Magie. Danke für eure großartige Arbeit. Die Welt braucht euch!

GLOSSAR DER NAMEN UND BEGRIFFE

Andórr	Mitglied der Wilden Jagd
Berserkr	Kreatur; halb Mensch, halb Bär
Blót	Ein den Göttern geweihtes Opfer
Draug	Bösartiges untotes Wesen
Einäugige, der	Göttervater und Schöpfer Middangards, auch Allvater genannt
Einherjer	Gefallene Helden, die von den Walküren in die Hallen der Leuchtenden gebracht werden
Eldowar-Gebirge	Gebirge am Vergessenen Meer
Frigga	Mitglied der Wilden Jagd

Gent	Befehlshaber der Wilden Jagd
Golvarsund	Hafenstadt, in der Gent aufwuchs
Grim(bold)	Gents schwarzer Hengst
Große Mutter, die	Göttin der Liebe und Fruchtbarkeit, Schutzgöttin der Frauen und Schöpferin der Hexen
Helheim	Die Unterwelt
Hirtin	Bezeichnung der Priesterinnen im Tempel des Einäugigen
Hirtinmutter	Hohepriesterin im Tempel des Einäugigen
Huldra (pl.)	Wassergeister
Jarl, der	Titel eines Fürsten oder Statthalters
Jofur	Mitglied der Wilden Jagd
Kalle	Fährmann, der am Ufer des Sigra lebt

Kanot	Kanuartiges Holzboot mit Paddeln, in dem zwei Personen hintereinander sitzen können
Koboldpisse	Starker Schnaps
Krieger, der	Gott des Kriegs; steht für Gesetz und Ordnung; schützt Haus und Hof, gebietet über das Wetter
Leif	Mitglied der Wilden Jagd
Leuchtenden, die (pl.)	Bezeichnung für die Götter Middangards
Middangard	Nordisches Land voller alter Magie
Narr, der	Gott der Redekunst, des Weins und der Trickserei
Nöck	Wassergeist
Óinn	Mitglied der Wilden Jagd
Rabenflug/ wie der Rabe fliegt	Distanzangabe; Luftlinie

Rabenschwinge(n)	Längenangabe; eine Rabenschwinge entspricht ungefähr einem Meter
Rashäst	Robustes Rassepferd aus der westlichen Tundra
Sigra, der	Längster Fluss Middangards
Sjöfn	Hirtin im Tempel des Einäugigen; rechte Hand der Hirtinmutter
Skog	Ältester Wald Middangards
Smilla	Angehendes Mitglied der Wilden Jagd
Svitjod	Ein Gebirgspass im Eldowar-Gebirge
Thrym	Große Hafenstadt am Vergessenen Meer
Tófa	Smillas Fuchsstute
Torje von Tørrheim	Jarl von Tørrheim
Tørrheim	Große Menschensiedlung im Osten Middangards

Vergessenes Meer	Meer im Osten Middangards
Walküre(n)	Vom Göttervater erschaffene Wesen, die einst auf dem Schlachtfeld gefallene Helden in die Hallen der Leuchtenden brachten, nun aber außer Kontrolle geraten zu sein scheinen und wahllos Menschen angreifen
Wiedergänger	Geisterwesen
Wyrd	Halbwesen; halb Mensch, halb Kreatur/Gott

Vorsicht, Suchtgefahr!
Romantische Fae Fantasy im malerischen Schottland

CARINA SCHNELL

ALBA
Zwischen den Welten

Die kanadische Journalistin Catriona Keith reist nach Schottland, um vor Ort über die politischen Unruhen im Land zu berichten. Auf ihrem Ausflug durch die Highlands begegnet sie im Pub einem mysteriösen Fremden, zu dem sie sich sofort hingezogen fühlt. Als sie kurz darauf angegriffen und gejagt wird, fällt sie auf ihrer panischen Flucht durch einen Tümpel und findet sich plötzlich in Alba, dem Reich der Feen, wieder.
Schnell wird klar, dass der gutaussehende Fremde aus dem Pub ein Feenkrieger namens Carrick ist, der zu einem einzigen Zweck ausgebildet wurde: Seherinnen wie Catriona, die Feen sehen und in ihre Welt reisen können, zu töten. Doch als eine Bedrohung heraufzieht, die sowohl das Ende Albas als auch der Menschenwelt bedeuten könnte, müssen die beiden sich zusammentun, um die uralte Fehde zwischen Menschen und Feen beizulegen und ihre beiden Völker zu retten.

KNAUR